江苏省社科基金重大委托项目（编号：19WTD004）

县级融媒体中心建设

全国坐标与江苏经验

卜宇　丁和根　主编

南京大学出版社

图书在版编目(CIP)数据

县级融媒体中心建设：全国坐标与江苏经验 / 卜宇，丁和根主编. — 南京：南京大学出版社，2022.12
ISBN 978-7-305-26046-9

Ⅰ.①县… Ⅱ.①卜… ②丁… Ⅲ.①县—传播媒介—建设—研究—中国 Ⅳ.①G206.2

中国版本图书馆CIP数据核字(2022)第143387号

出版发行	南京大学出版社
社　　址	南京市汉口路22号　　邮　编　210093
出 版 人	金鑫荣

书　　名	县级融媒体中心建设：全国坐标与江苏经验
主　　编	卜　宇　丁和根
责任编辑	高　军　　　　　编辑热线　025-83592123
照　　排	南京南琳图文制作有限公司
印　　刷	南京玉河印刷厂
开　　本	718 mm×1000 mm　1/16　印张 21　字数 370 千
版　　次	2022年12月第1版　2022年12月第1次印刷
ISBN	978-7-305-26046-9
定　　价	58.00元

网址：http://www.njupco.com
官方微博：http://weibo.com/njupco
官方微信号：njupress
销售咨询热线：(025) 83594756

* 版权所有，侵权必究
* 凡购买南大版图书，如有印装质量问题，请与所购
　图书销售部门联系调换

目　录

上编　调研报告

第一章　区域性云平台建设管理运维模式创新研究 …………… 3
 一、概述 ………………………………………………………… 3
  （一）中央高度重视媒体融合发展 ………………………… 4
  （二）江苏省全力推进县级融媒体中心建设工作 ………… 5
  （三）江苏广电总台具备良好的区域性云平台建设基础 … 6
 二、区域性云平台建设情况 …………………………………… 7
  （一）区域性云平台建设的思路 …………………………… 7
  （二）采用云计算技术为核心的平台架构 ………………… 10
  （三）平台数据架构建设 …………………………………… 14
  （四）平台业务体系建设 …………………………………… 16
  （五）平台安全体系建设 …………………………………… 18
  （六）平台建设突出亮点 …………………………………… 21
 三、区域性云平台管理模式 …………………………………… 22
  （一）项目建设管理 ………………………………………… 22
  （二）建立平台业务管理系统 ……………………………… 23
  （三）安全保障管理 ………………………………………… 24
 四、区域性云平台运维模式 …………………………………… 26
  （一）运维需求 ……………………………………………… 26
  （二）运维模式 ……………………………………………… 27
 五、区域性云平台建设及运维中遇到的问题和对策 ………… 31
  （一）媒体融合业务流程还需进一步优化 ………………… 31
  （二）媒体服务的内涵需要持续扩充 ……………………… 31

（三）公众服务的外延需要持续放大 ·················· 32
　　（四）用户还需进一步拓展 ························ 32
　　（五）宣传及服务的能力仍需强化 ·················· 32
　　（六）网络和信息安全能力仍需进一步加强 ············ 32
　　（七）基础设施支撑能力仍需向下延伸 ················ 33

第二章　县级融媒体中心发展动态考核评价体系研究 ········ 34
　一、县级融媒体中心发展动态考核评价的重要意义 ········ 34
　　（一）为把握县级融媒体中心动态发展成效提供客观依据 ···· 34
　　（二）为提炼成功经验形成示范效应提供典型借鉴 ········ 35
　　（三）为落实顶层设计推动规范管理提供有力保障 ········ 36
　　（四）为衡量财政资金投入产出效益提供科学参照 ········ 36
　　（五）为探索规律和引导可持续发展提供坚实基础 ········ 37
　二、县级融媒体中心发展动态考核评价的基本原则 ········ 38
　　（一）科学评价原则 ···························· 38
　　（二）前瞻引领原则 ···························· 39
　　（三）动态考察原则 ···························· 40
　　（四）长效驱动原则 ···························· 41
　三、县级融媒体中心发展动态考核评价的指标体系 ········ 42
　　（一）传播效力指标 ···························· 43
　　（二）引导效力指标 ···························· 44
　　（三）服务效力指标 ···························· 46
　　（四）经营效力指标 ···························· 47
　四、县级融媒体中心发展动态考核评价的实施办法 ········ 54
　　（一）实施主体 ································ 54
　　（二）考核对象 ································ 55
　　（三）操作步骤及方法 ·························· 56

第三章　县级融媒体中心助推基层社会治理建设研究 ········ 58
　一、县级融媒体中心介入基层社会治理的理论空间 ········ 58
　　（一）社会治理语境中的融媒体角色演进 ·············· 58
　　（二）媒介技术变迁与社会治理的现代化 ·············· 63
　二、县级融媒体中心参与基层社会治理的现状及问题 ······ 70
　　（一）基本现状 ································ 70

（二）存在问题 ·· 73
　三、县级融媒体中心助推基层社会治理建设的对策建议 ··············· 77
　　（一）助力维护基层社会稳定与安全的维度 ······················ 78
　　（二）助力优化基层管理与公共决策的维度 ······················ 79
　　（三）助力加强基层民主政治建设的维度 ························ 80

第四章　县级融媒体中心可持续发展路径研究 ························ 82
　一、县级融媒体中心建设运营的基本情况 ··························· 84
　　（一）机构重组有效整合媒体资源 ······························ 84
　　（二）技术创新再造生产流程 ·································· 85
　　（三）内容融合有力引导舆论 ·································· 88
　　（四）多元运营拓展业务空间 ·································· 89
　　（五）队伍建设优化人才结构 ·································· 90
　二、县级融媒体中心建设运营的主要问题 ··························· 91
　　（一）扶持措施不完善 ·· 91
　　（二）考核机制不健全 ·· 93
　　（三）融合生产不到位 ·· 94
　　（四）技术创新力量弱 ·· 94
　　（五）经营能力有欠缺 ·· 96
　　（六）队伍建设跟不上 ·· 96
　三、县级融媒体中心可持续发展的建议 ····························· 97
　　（一）深化体制机制改革 ······································ 97
　　（二）提升优质内容传播力 ···································· 99
　　（三）强化政务服务功能建设 ·································· 106
　　（四）创新开展产业经营 ······································ 109
　　（五）打造复合型全媒体人才队伍 ······························ 112

第五章　江苏市级媒体融合发展路径选择和比较研究 ·················· 116
　一、全国市级媒体融合发展的基本现状 ····························· 117
　　（一）全国市级媒体融合发展的基本类型 ························ 117
　　（二）全国市级媒体融合发展的初步成效 ························ 121
　　（三）全国市级媒体融合发展的现实困境 ························ 124
　二、比较视角下江苏市级媒体融合发展的优劣势 ····················· 126
　　（一）横向比较视角下江苏市级媒体融合发展的优势 ·············· 126

（二）纵向比较视角下江苏市级媒体融合发展的劣势 …………… 129

三、比较视角下江苏市级媒体融合发展路径选择 ………………… 134

（一）树立供给侧改革思维，建设地市级融媒体中心（集团）势属必然
……………………………………………………………… 134

（二）利用传播新技术赋能，统筹协调各类传播资源有机整合
……………………………………………………………… 137

（三）发挥制度创新之优势，着力化解深度融合可能遭遇的各种难题
……………………………………………………………… 141

下编　案例汇编

湖北省黄石市大冶市融媒体中心建设和运营案例／陈月飞 ………… 145

湖南省岳阳市湘阴县融媒体中心建设和运营案例／荆亚萍 ………… 156

河南省周口市项城市融媒体中心建设和运营案例／陈袁博 ………… 167

陕西省西安市蓝田县融媒体中心建设和运营案例／马　俊 ………… 178

广西壮族自治区桂林市灵川县融媒体中心建设和运营案例／刘思彤 … 191

浙江省湖州市长兴县融媒体中心建设和运营案例／龙　盼 ………… 205

四川省成都市双流区融媒体中心建设和运营案例／李　洁 ………… 217

山东省德州市宁津县融媒体中心建设和运营案例／郑青华 ………… 223

甘肃省酒泉市玉门市融媒体中心建设和运营案例／陶　艺 ………… 234

宁夏回族自治区中卫市中宁县融媒体中心建设和运营案例／陶　艺 … 245

江苏省淮安市盱眙县融媒体中心建设和运营案例／赵一燊 ………… 255

江苏省镇江市扬中市融媒体中心建设和运营案例／姜　雪 ………… 265

江苏省扬州市高邮市融媒体中心建设和运营案例／姜　雪 ………… 277

江苏省无锡市江阴市融媒体中心建设和运营案例／陈惠娟 ………… 289

江苏省苏州市昆山市融媒体中心建设和运营案例／董　安 ………… 298

江苏省泰州市姜堰区融媒体中心建设和运营案例／丁明玥 ………… 308

江苏省徐州市邳州市融媒体中心建设和运营案例／
　　潘雨荷　孔令博文　张婕　张小芳　郭治权 ……………… 318

后　记 ……………………………………………………………… 330

上编

调研报告

第一章
区域性云平台建设管理运维模式创新研究

在媒体融合背景下,江苏省积极响应、贯彻落实中央要求,加强顶层设计与路径规划,全面布局,决定由江苏广电总台建设区域性云平台,采用"1+N"("1"指省级技术平台,"N"指县级融媒体节点)的模式,扎实推进江苏全省县级融媒体中心建设。其中省级技术平台依托江苏广电总台云平台相关建设和运营经验,负责为县级融媒体中心开展媒体服务、党建服务、政务服务、公共服务、增值服务等提供云平台技术能力支撑,为县级融媒体中心的业务开展提供基础资源支持,为宣传管理部门提供宣传管理和内容监管的技术支撑;县级融媒体节点立足县(市、区)实际,接入省级技术平台,共享全省技术、流量、内容、用户等,实现县级融媒体中心"跨地组合、区域联动、成片发展"。下文将以江苏广电总台建设的区域性云平台为例,对区域性云平台的建设管理运维模式进行研究分析。

一、概述

推进媒体融合发展是国家的一项重要战略举措,建设区域性云平台是推动媒体融合向纵深发展而实施的重点工程,其目的在于肩负起主流媒体推进主流舆论阵地建设的使命任务,为主流媒体实现转型发展,提升舆论传播力、引导力、影响力、公信力提供重要支持。建设好区域性云平台,将为江苏各县(市、区)建设融媒体中心提供全方位的技术支撑、内容运营、产品开发和平台运维等服务,实现内容互通、信息共享、协同发展,更好地推动习近平新时代中国特色社会主义思想在江苏落地生根。

（一）中央高度重视媒体融合发展

2014年8月18日，习近平总书记在中央全面深化改革领导小组第四次会议上指出："推动传统媒体和新兴媒体融合发展，要遵循新闻传播规律和新兴媒体发展规律，强化互联网思维，坚持传统媒体和新兴媒体优势互补、一体发展，坚持先进技术为支撑、内容建设为根本，推动传统媒体和新兴媒体在内容、渠道、平台、经营、管理等方面的深度融合"。"媒体融合"正式上升为国家战略。

2018年8月21日至22日，习近平总书记在全国宣传思想工作会议上指出，"要扎实抓好县级融媒体中心建设，更好引导群众、服务群众"。党中央在高度重视并持续推进媒体融合发展进程中，再次作出"抓好县级融媒体中心建设"的重大决策部署，为打通宣传工作"最后一公里"指明了方向。

2018年9月20日至21日，中宣部在浙江省湖州市长兴县召开县级融媒体中心建设现场推进会，对在全国范围推进县级融媒体中心建设作出部署，要求2020年底基本实现县级融媒体中心在全国的全覆盖，努力把县级融媒体中心建成主流舆论阵地、综合服务平台和社区信息枢纽。这标志着推动媒体深度融合发展的新进程已经开启，县级融媒体中心建设成为这一阶段工作的重心。

2018年11月14日，习近平总书记主持召开中央全面深化改革委员会第五次会议。会议指出，组建县级融媒体中心，有利于整合县级媒体资源、巩固壮大主流思想舆论。要深化机构、人事、财政、薪酬等方面改革，调整优化媒体布局，推进融合发展，不断提高县级媒体传播力、引导力、影响力、公信力。要坚持管建同步、管建并举，坚持正确政治方向、舆论导向、价值取向，坚守社会责任，把社会效益放在首位。

2019年1月15日，中宣部与国家广播电视总局联合发布《县级融媒体中心建设规范》《县级融媒体中心省级技术平台规范要求》，明确了县级融媒体中心省级技术平台建设规范，建立了标准体系，为指导全国县级融媒体中心建设，提供了基础性、关键性技术支撑的标准和要求。

2019年1月25日，中共中央政治局第十二次集体学习时，习近平总书记再次强调："加快推动媒体融合发展，构建全媒体传播格局"，"要从政策、资金、人才等方面加大对媒体融合发展的支持力度"。

2019年4月11日，中宣部新闻局和国家广播电视总局科技司联合发布了《县级融媒体中心网络安全规范》《县级融媒体中心运行维护规范》《县级融媒体中心监测监管规范》，分别对县级融媒体中心网络安全、运行维护范围、自我监测系统和第三方监管平台的功能、系统架构、数据接口要求等进行了规范，进一步丰富和完善了县级融媒体中心建设的各项具体规范。

（二）江苏省全力推进县级融媒体中心建设工作

县级融媒体省级技术平台以大数据、云服务、智能化等为技术支撑，以"云"为载体，从节目研发、技术支撑、内容分发、媒资共享等方面为县级融媒体中心进行全方位赋能，助力县级融媒体中心形成渠道丰富、覆盖广泛、传播有效、可管可控的移动传播矩阵。全国媒体积极响应中央顶层设计要求，纷纷投身于媒体融合改革浪潮中。中央级媒体发挥领跑带头作用，2019年2月，"全国县级融媒体智慧平台"上线。在省一级层面，湖北广电的"长江云"平台、云南广电的"七彩云"平台、陕西广电的"秦岭云"平台等也已经上线运行。

江苏的宣传思想文化工作一直走在全国前列，在推进媒体融合工作方面也是率先谋划、率先布局、率先试点。2014年江苏省对媒体融合推进作出部署，明确要认真学习贯彻习近平总书记关于媒体融合发展重要讲话精神，坚持超前谋划、创新思路、扎实推进，加快推进媒体融合发展，并将其作为江苏文化改革发展的一个重点任务。在此背景下，江苏广电总台率先行动，坚持系统谋划、技术引领，搭建"荔枝云"平台，着眼为全台媒体融合提供技术支撑服务工作，运用技术创新改造传统媒体，更好地适应新兴媒体互动传播、即时传播、海量传播的需求。

2018年10月，江苏省委宣传部加强顶层设计与路径规划，全面布局，扎实推进江苏省县级融媒体中心建设，明确我省县级融媒体中心省级技术平台建设由江苏广电总台承担，要求各县、县级市和拥有国家广播电视总局正式批准的广播电视频率、呼号的市辖区，依托"荔枝云"平台，展开县级融媒体中心建设。

2019年2月20日，省委宣传部等八部门印发《关于加强县级融媒体中心建设的实施意见》的通知。通知中确定了坚持正确方向、坚持集约发展、坚持移动优先、坚持"媒体＋"理念、坚持因地制宜的工作原则。通知明确了县级融媒体中心建设的主要任务，包括整合现有媒体机构、创新采编传播机制、建设技术支撑平台、明确机构人员资质、加强人才队伍建设等。通知还制定了详细的工作计划：第一阶段从2019年初到2019年三季度，重点建设省级技术云平台和首批28个县级融媒体中心;第二阶段计划从2019年三季度到2020年底,完善提升省级技术云平台支持服务功能,实现全省63家县(市、区)融媒体中心建设全覆盖。

2019年4月16日,江苏省委宣传部发布《关于明确县级融媒体中心验收指导指标(试行)的通知》,要求江苏各地按照中宣部、国家广电总局联合发布的系列标准规范要求,加快推进县级融媒体中心建设工作,在2019年三季度前完成第一批县级融媒体中心建设,同步推进第二批县级融媒体中心建设。

(三)江苏广电总台具备良好的区域性云平台建设基础

江苏广电总台在全国率先启动"荔枝云"融合媒体平台建设。2014年,江苏广电总台着力谋划媒体融合的基础性云平台,形成了云平台建设的整体构想。2015年,江苏广电总台率先起步,抓住牵头编制国家课题《融合媒体平台建设技术白皮书》的契机,遵循媒体融合创新理念,将课题研究成果加以转化和运用,充分应用先进技术打造"荔枝云"平台。2016年,江苏广电总台深化体制机制改革,正式组建了"融媒体新闻中心",整合电视新闻、广播新闻、新媒体新闻等不同业务板块,实现新闻融合传播的流程再造。2017年江苏广电总台建立"融媒体调度指挥中心"并在十九大召开期间正式启用,进一步推动了全台新闻报道从"几张皮"转变为"一盘棋",有力推动了电视、广播、新媒体等各平台间的新闻制播融合。经过几年的优化,"荔枝云"平台已发展为适应融合媒体多类型业务的综合性技术云平台,形成了云架构下的服务生态,为江苏省县级融媒体中心省级技术平台项目建设打下了扎实的基础。

江苏广电总台积极利用"荔枝云"建设过程中形成的技术支撑能力与服务,以及江苏广电总台强大的内容生产、新媒体运营和技术研发能力。2018年9月,江苏广电总台助力县级融媒体中心建设的全面系统方案在江苏省淮安市洪泽区率先落地,从优化新媒体发布渠道、整合各类媒体融合采编能力、提供丰富内容资源等方面入手,为洪泽区量身打造洪泽区融媒体中心技术平台,助力洪泽区完成融媒体中心建设。通过助力市县媒体开展融媒体中心建设及打造新媒体产品等工作,为全面助力全省县级融媒体中心建设积累了丰富的实践经验。江苏广电总台还为淮安日报、苏州日报、宜兴广电、金坛广电等传统报社与广电媒体开发打造了一系列融媒体产品,也建立了一套符合市县媒体融合转型、流程再造的系统性方案。

江苏广电总台接到省委宣传部下达的建设全省县级融媒体中心的任务

后,迅速成立了市县融媒体工作部,联合总台技术部门,牵头对接全省各县(市、区),积极开展县级融媒体中心平台建设及未来运营工作。同时,技术团队认真研究规划,制定了建设区域性云平台的可研报告、概要设计,在台内自有"荔枝云"平台的基础上,扩容建设支撑全省县融业务的区域性云平台,强化技术支撑能力,全面助力县级融媒体中心建设。

二、区域性云平台建设情况

江苏广电总台区域性云平台是根据中央对媒体发展的要求,按照媒体融合的创新理念,举全台之力,通过台内新闻部门、新媒体部门、电视频道、广播频率、技术部门等多部门联合探讨调研业务需求,分析总结广播电视和新媒体业务规律,研究最先进互联网和媒体应用技术发展,历经三年多时间建设而成的适应融合媒体多种类型业务的云技术平台。

2015年,在承担总局《融合媒体平台建设技术白皮书》课题研究的基础上,江苏广电总台按照"技术平台化、业务产品化、服务生态化"的设计理念,应用云计算、大数据等技术,采用"公有云+私有云"的混合云模式,构建云平台的三层架构,采用多租户、容器化的服务部署模式,制定适应媒体应用服务的标准体系和接口规范,建立全方位的云平台安全保障体系,完成了从制播网络技术架构向符合融合媒体发展的云平台技术架构的整体升级,形成了支撑传统媒体与新兴媒体融合发展的平台化技术体系。

(一)区域性云平台建设的思路

1. 落实政策要求,壮大主流舆论宣传

习近平总书记强调,读者在哪里,受众在哪里,宣传报道的触角就要伸向哪里,宣传思想工作的着力点和落脚点就要放在哪里。县级融媒体中心建设的首要目的就是巩固和壮大基层主流舆论宣传阵地,让主流媒体覆盖更多的人群。通过建设统一的县级融媒体区域性云平台,可以实现省市县多渠道多形态内容采集汇聚,可与国家级、省级主流媒体平台、第三方互联网平台进行内容共享和应用对接;支持推动县广播电视台、县党委政府开办的网站、内部报刊、移动客户端微信、微博、第三方账号等县域公共媒体资源的整合;牢牢把握舆论导向,提高县级融媒体中心的新闻舆论传播力、引导力、影响力、公信力,更好引导群众、服务群众。区域性云平台通过建设功能强大的本土化政务互动、便民资讯服务等应用,通过平台推动省市县新闻宣传有效联动,充分发挥集聚宣传的放大效应,可以把党委、政府和主流媒体的权威性和公信力及时、有效地传递到基层一线,抢占基层新媒体舆论阵地。

2. 深化媒体融合,打通"最后一公里"

县级融媒体中心是党的政策上传下达的重要渠道,是打通媒体融合"最后一公里"的有效途径。为了更好地推动媒体融合向纵深发展,中央提出加强县级融媒体中心建设的战略部署,江苏高度重视,对加快县级融媒体中心建设提出了具体的工作要求和规划安排,江苏省委宣传部明确由省广电总台承担全省县级融媒体中心省级技术平台的建设任务。立足于江苏广电总台的优势推动区域性云平台的建设,可以为江苏媒体融合纵深发展提供重要的支撑平台,坚持"融合发展、移动优先"的原则,为江苏省内各市县打造符合业务发展需求的定制化融媒体中心技术系统,可以大大提升融合新闻生产效率,实现"多来源汇聚、多媒体生产、多渠道发布"的目标。区域性云平台专门为县(市、区)移动优先战略落地实施打造的 App 生产发布系统,具有快速开发移动客户端的能力和迭代更新的技术优势,弥补了县(市、区)新媒体技术开发能力不足的短板。发挥区域性云平台的支撑作用,可在短期内实现全省县级融媒体中心技术系统和移动新媒体建设的全覆盖,极大提升江苏媒体融合推进的力度、广度和深度,可以使内容和服务快速直达用户,更高效解决媒体融合"最后一公里"的难题。

3. 实现可管可控,增强新媒体内容管控能力

新媒体时代,人人都有"麦克风",新媒体成为当前时代信息传播的重要方式,也增加了宣传与管理的难度。加强对新媒体的舆论管控,强化对新媒体的舆情管理,坚持正确的舆论导向,是当前和今后一段时间的一项重大挑战。区域性云平台以牢牢把握正确舆论导向为原则,遵循互联网信息服务管理规定,借助大数据、云计算、人工智能等技术,充分发挥宣传管理、内容监管、舆情监控、传播分析等功能,可实现对全省移动新媒体舆情的实时监测、实时管控,快速消除有害信息的负面影响,提升对新媒体、融合媒体的监管能力。

4. 规范标准体系,形成"一平台多节点"模式

区域性云平台依据中宣部、广电总局相关标准建设实施,全面符合《县级融媒体中心建设规范》《县级融媒体中心省级平台规范要求》等标准,按照《县级融媒体中心建设验收指导指标》进行验收,是符合标准规范的省级技术平台

及县级融媒体中心技术系统。建设覆盖全省的区域性云平台,可以充分发挥省级媒体在融合实践方面的经验优势,快速满足县级融媒体中心建设的技术要求,协助县级融媒体中心开展媒体融合业务,实现资源信息共享、区域协同发展,为县级融媒体中心在宣传服务、融媒体内容策划、党建服务、政务服务等方面提供完整的技术支撑手段。集约建设省级技术平台并支撑各县级融媒体中心,较各市县独立建设可以极大节约开发成本、技术成本和人力成本,真正发挥省级平台技术先进、功能完备、服务规范、传播迅捷、安全可靠的价值。

5. 整合"媒体+"服务能力,开展综合服务

区域性云平台不仅支撑传统媒体业务发展,也是一个功能极其丰富、生态共生互联的互联网+综合服务平台,县级融媒体中心可以通过区域性云平台建设整合县级区域内的所有媒体资源,成为当地新闻传播和舆论引导的主力军,向当地用户提供各类本土化服务,包括各类政务服务、党建服务、公用事业服务以及各种生活服务,可以进一步下沉到社区、街道、农村,成为当地社区信息交互、相互促进的重要空间,更好地促进文明程度的提升,可以借助区域性云平台作为当地智慧城市建设的合作方,真正成为党委和政府提升现代治理能力的重要抓手。另外各市县通过区域性云平台共享省级媒体产品、市场、渠道、技术等方面资源的同时,也能依靠自身力量更多地创造和分享具有本地特色的应用和服务内容,提升县级融媒体中心的影响力和传播力。

6. 促进技术赋能,推动 5G 等新技术应用

在传统媒体与新兴媒体的融合转型之路上,5G、人工智能、云计算、大数据等新技术,超高清视频、移动化转播等新应用会起到巨大的助推作用,可以有力推动信息融合传播体系的构建,让传媒更好地跨界融合发展。在信息化时代,区域性云平台充分利用 5G、4K、8K 等技术,媒体可以实现更有表达力的全息媒体架构、直播节目的"5G+VR"式呈现、"5G+VR"三维动漫互动式等产品呈现。在新闻及短视频的制作过程中,可以充分利用人工智能辅助快速剪辑的功能,提升内容生产效率。在高清化节目制作过程中,可以充分利用 5G+4K 等手段,给用户提供多维度报道、高清直播等优质媒体服务。

7. 推动协作共生,实现省市县全方位合作

区域性云平台建设还可以在省广电总台和各县级融媒体中心之间搭建全方位合作的桥梁,推动全方位、多领域、深度化的协同发展。内容合作方面,省广电总台与各县级融媒体中心建立内容资源共享机制,县级媒体可以通过内

容入驻的方式进行内容分享,省广电总台也可将新闻等优质内容分享至各县级平台,从而实现内容共享和价值最大化;产业合作方面,省广电总台可以借助区域性云平台,实现资源整合,开展 MCN 业务,扶持各县特色产业的开发运作,共同打造特色产业 IP 和文化 IP;技术合作方面,区域性云平台利用先进技术打造的智慧媒体,可以为县级广电媒体融合发展提供全方位技术支持和赋能指导;智力合作方面,通过区域性云平台,拓展不见面、个性化、移动化、多样化的培训方式和人才交流方式,提升县级媒体技能水平,为加快推动县级媒体融合发展提供智力支持。

8. **强化安全防护,保障网络信息安全**

习近平总书记指出,网络安全和信息化是事关国家安全和国家发展、事关广大人民群众工作生活的重大战略问题,要从国际国内大势出发,总体布局、统筹各方、创新发展,努力把我国建设成为网络强国。区域性云平台通过建设高安全级别的云平台,从平台、接口、业务、内容和传输等各层面为县级融媒体中心技术系统提供安全保障,形成完备的平台安全保障体系。平台对照信息等级保护(三级)的标准,结合部署在县级融媒体中心技术系统节点的安全边界防护,可以为县级融媒体中心提供全面有效的信息安全防护服务,从而全面提升县级融媒体中心的整体信息安全水平。

(二)采用云计算技术为核心的平台架构

县级融媒体中心省级技术平台覆盖江苏全境,与省域内县级融媒体中心实现互联互通、信息共享、协同互动,为省域内县级融媒体中心的业务开展提供基础资源支持、云端服务和技术能力支撑,为宣传管理部门提供宣传管理和内容监管的技术支撑。

根据中宣部、国家广电总局联合发布的《县级融媒体中心建设规范》《县级融媒体中心省级技术平台规范要求》,江苏省县级融媒体中心建设采用"1+N"("1"指省级技术平台,"N"指县级融媒体节点)的模式运行。其中省级技术平台依托江苏广电总台云平台相关建设运营经验,负责为县级融媒体中心开展媒体服务、党建服务、政务服务、公共服务、增值服务等提供云端服务和技术能力支撑,为县级融媒体中心的业务开展提供基础资源支持,为宣传管理部门提供宣传管理和内容监管的技术支撑;县级融媒体节点立足县(市、区)实际,接入省级技术平台,共享全省技术、流量、内容、用户等,实现县级媒体"跨地组合、区域联动、成片发展"。

```
                省级技术平台
    荔枝云
    ┌─────────────────────────────────────────┐
    │ 宣传管控与媒体协作：宣传管理、内容管控、通联协作、内容交换、培训指导 │
    ├─────────────────────────────────────────┤
    │ 服务提供：媒体服务、党建服务、政务服务、公共服务、增值服务        │
    ├─────────────────────────────────────────┤
    │ 资源提供：计算、存储、网络                            │
    └─────────────────────────────────────────┘
```

宣传管理 使用系统 使用资源   使用资源 使用系统 宣传管理
媒体协作 开展业务 部署业务   部署业务 开展业务 媒体协作

县级融媒体节点1 …… 县级融媒体节点N

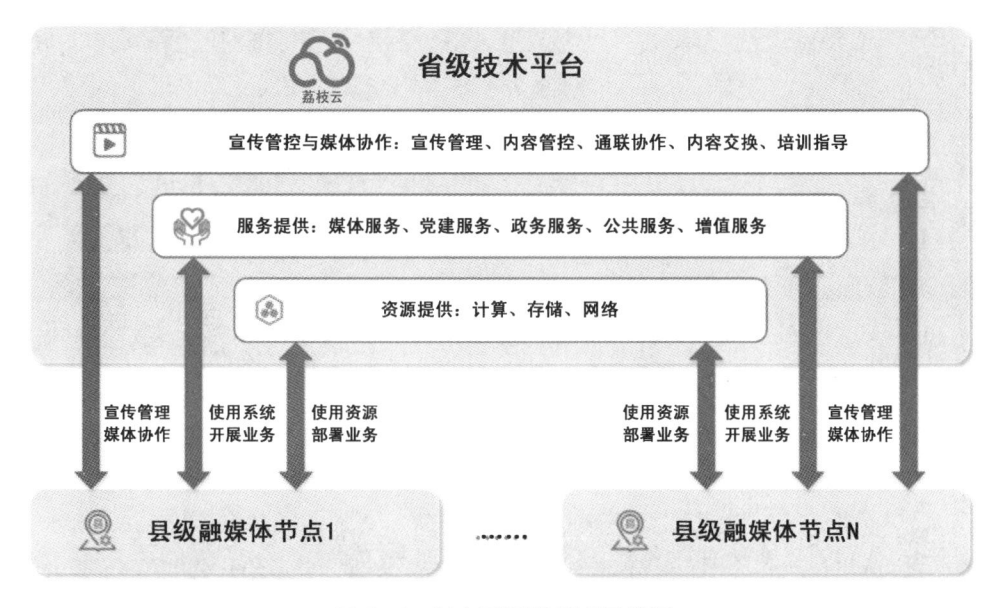

图1-1 "1+N"建设模式示意图

县级融媒体中心省级技术平台充分利用互联网的先进技术架构，借鉴省内现有业务与服务能力，对相应资源进行扩充、对能力进行提升、对应用进行丰富，按照"技术平台化、业务产品化、服务生态化"的建设路线，采用先抓基础平台建设、优先样本产品、以点带面、分阶段实施的策略，统一规划、统一管理、分步实施、重点突破，确保高效务实。

依据中宣部、国家广电总局联合发布的《县级融媒体中心省级技术平台规范要求》等五项标准要求，结合各级融媒体中心对区域性云平台的总体需求和业务应用需求，区域性云平台总体架构如下：

县级融媒体省级技术平台总体功能架构包括媒体设施服务层(IaaS)、媒体平台服务层(PaaS)与媒体软件服务层(SaaS)，同时还包括安全管理体系和运维管理体系。

1. 媒体设施服务系统

媒体设施服务系统(IaaS)为媒体平台服务系统(PaaS)与媒体软件服务系统(SaaS)提供统一的平台基础环境，实现计算资源、存储资源、网络资源等基础资源的弹性共享、动态适配、灵活调用和统一管理。

媒体设施服务系统主要包括基础设施和云资源池两个部分。

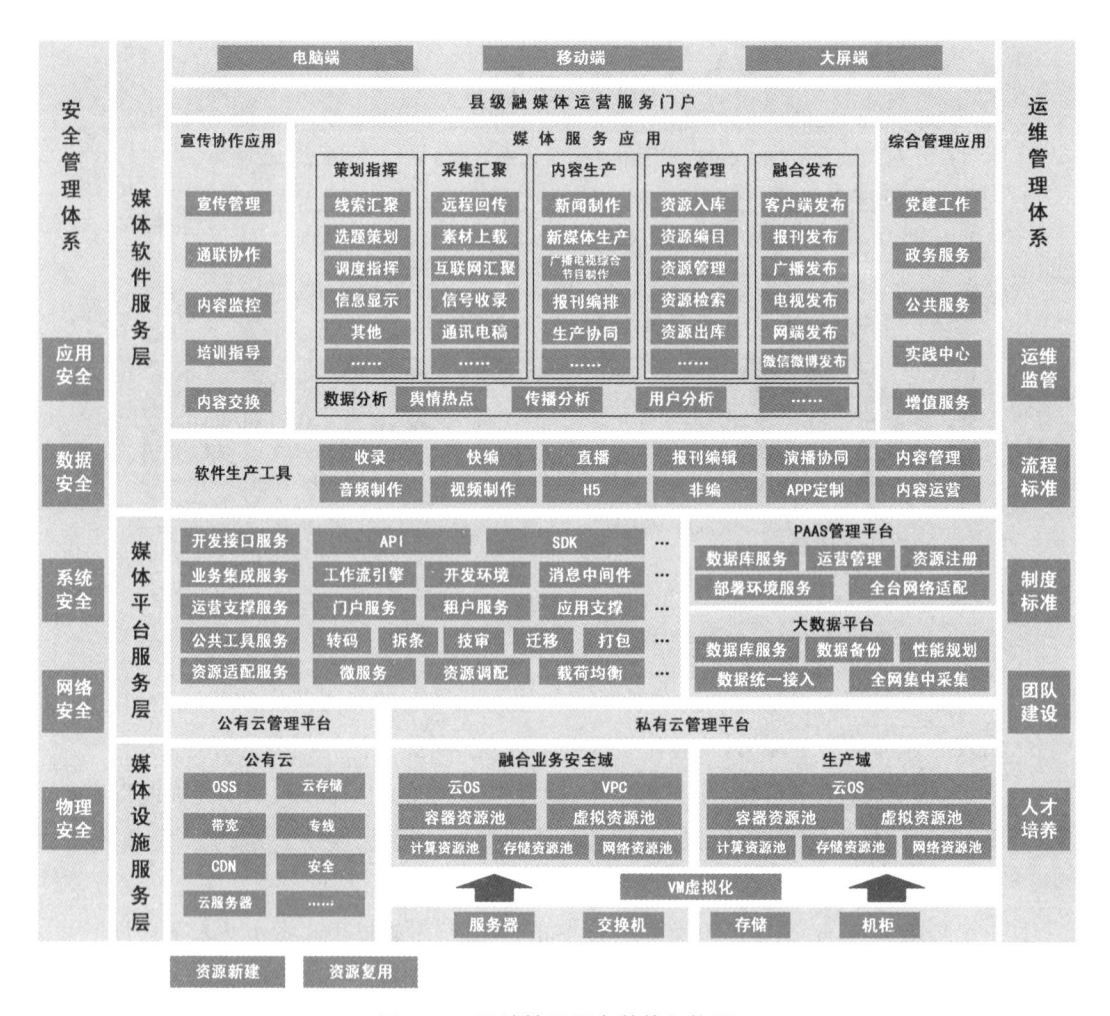

图 1-2　区域性云平台整体架构图

2. 媒体平台服务系统

媒体平台服务系统(PaaS)向下根据区域性云平台业务能力需要测算基础服务能力,向媒体设施服务系统(IaaS)调用云资源;向上为媒体软件服务系统(SaaS)提供业务调度支撑服务,实时监控平台资源,并将这些资源开放给媒体软件服务系统(SaaS)用户。

媒体平台服务系统将转码、拆条、技审、打包等功能封装为公共工具注册在平台上,为区域性云平台融媒体业务提供统一的公共服务能力。媒体平台服务系统(PaaS)通过智能引擎驱动工作流程,并提供标准接口服务。

3. 媒体软件服务系统

媒体软件服务系统(SaaS)承载区域性云平台各类应用软件,通过内网、互联网两张网络为内部用户和社会公众提供服务。媒体软件服务系统更侧重于平台功能而非内容,为用户提供更加稳定、可靠的软件应用服务。

媒体软件服务系统(SaaS)承载的区域性云平台所需要的各类应用,能同时覆盖PC端与移动端。建设SaaS层诸多工具模块,降低软件功能使用成本。在区域性云平台运行过程中,不断收集分析全平台数据,提升媒体软件服务系统(SaaS)数据分析能力,持续优化提升业务应用。

4. 安全管理体系

为了确保区域性云平台达到广播电视安全播出和网络安全的要求,区域性云平台面向物理与环境安全、网络与通信安全、设备与计算安全、应用与数据安全开展安全防护,制定了一系列平台全局安全策略、本地服务安全策略、访问控制安全策略、业务应用应急策略;通过云动态密码、深度解析与白名单认证等技术,从平台、接口、业务、内容和传输等各层面提供安全保障,构建了公有云与私有云之间媒体文件和信息交换的安全通道,在管理上明确落实安全责任、增强技术系统防范、严格执行制度规范、强化培训应急演练,形成了全链路的安全保障体系。区域性云平台需符合"信息系统安全等级保护测评"三级标准。

5. 运维管理体系

为区域性云平台建设全面完善的运维管理体系。完整的运维管理体系,不仅确保省级广播、电视和新媒体业务的安全播出和信息网络安全,还能确保县级融媒体节点的技术安全,支撑业务应用正常运行。

总平台负责对云平台相关软硬件,包括物理设备、云操作系统、资源池、云管理、云服务及云应用等进行一体化维护和管理,具备配置管理、设备管理、资源管理、数据管理、故障管理、日志管理等功能,能够实时监控各个设备及子系统的运行情况并产生告警。

运维管理体系技术难点在于:

(1) 设施资源混合云的弹性部署,业务应用从烟囱式垂直系统向智能化流程引擎驱动转变;

(2) 服务对象从单一台内用户向县级融媒体中心用户转变;

(3) 生产模式从传统节目制作向融合内容生产转变;

(4)从单一的安全播出保障向播出安全和信息安全并重转变等等。

(三)平台数据架构建设

区域性云平台数据流程及体系的构成与发展,是一个长周期、持续化的过程。平台建设注重数据基础设施层面的建设与数据架构的发展构思。区域性云平台承载全省业务流与数据流,必须拥有与业务流程相匹配的中心化数据架构,该架构能随业务增长而扩展,并随技术进步而发展。

区域性云平台的数据架构使数据的各个方面清晰明了,从而可以高效地处理可信的数据并解决复杂的业务问题,同时协助县级融媒体中心调整业务承接与数据传输能力,利用新兴技术特别是5G的高速发展,迅速抓住新的机遇,通过管理整个行业中的复杂数据和数据交互能力来提高整体效率。

区域性云平台数据架构以主数据、分析数据为重点,进行数据架构设计,构建基础资源模型、运营分析模型、主数据模型、设计数据集成模型等,并借助专业工具进行数据架构建模。数据的管控体系通过大数据平台和云管平台统一运维管理实现。

1. 源数据

(1)省内共享交换平台数据:通过共享交换平台,获取区域性云平台综合云服务业务和宣传协作业务所涉及数据;

(2)上级单位数据:区域性云平台承接上级单位,主要包括国家广电总局及江苏省委宣传部等部门的要求,接收相关数据;

(3)业务系统数据:区域性云平台内部数据,包括业务数据、办公数据、用户租户数据和管理数据等;

(4)互联网数据:基于网络爬虫等互联网工具,按需采集互联网的价值数据(如舆情信息、政策法规等价值数据);

(5)其他数据:通过接口调用获取行业数据等。

2. 采集清洗层

(1)数据归集。

建立统一数据采集机制,建设具备前置机交换、数据库直接读取、接口调用、消息队列等功能的数据采集系统,同时具备库表管理、连接管理、任务管理、调度管理等功能。通过统一调度实现资源的负载均衡和采集任务的有序展开,保障数据采集的执行效率、异常处理,达到资源的合理利用。

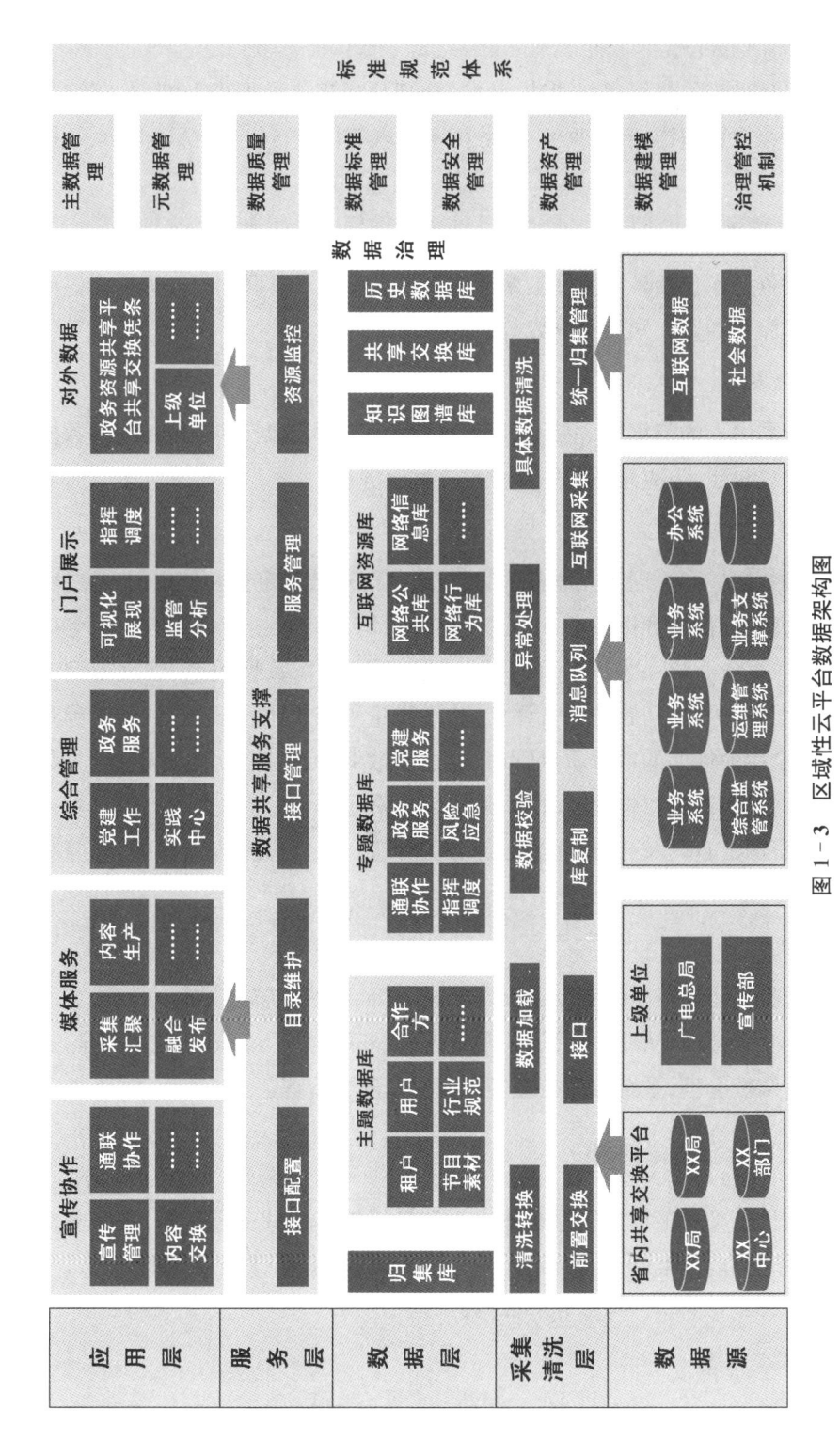

图1-3 区域性云平台数据架构图

（2）清洗整合。

对采集过来的数据进行清洗、转换，梳理分析现有数据资源情况，沉淀的历史数据存在数据错误、数据冗余、数据不关联等情况，经过清洗，加载入数据中心。

3. 数据资源层

数据资源库包括各类数据汇聚形成的归集库以及数据加工处理后生成的各类主题库、专题库、知识图谱库等数据资源。

4. 服务层

从数据中心的归集库、主题库等信息资源库提取数据，并进行相关的数据处理或接口封装，为应用系统提供数据支撑服务。

5. 数据治理

通过数据标准管理增强业务部门、技术部门对数据定义和使用的一致性，减少数据转换，保障数据质量；以元数据为驱动，构建数据管理和数据服务体系，帮助数据中心统一数据口径、标明数据方位、分析数据关系、管理模型变更；通过对数据质量问题的分析评估，建立质量稽核规则及监控机制，明确责任，实现全生命周期的数据质量管理；通过主数据管理，建立集中统一的主数据规范和管理；通过数据资产管理，建设数据资源目录，对数据资源进行可视化，便于资源的查询及分析；通过数据分类分级、审计认定、权限管控，保障数据安全。

6. 数据安全

对数据安全进行全面规划建设，从数据访问、数据传输、数据存储等方面考虑数据安全建设；从用户认证、权限管理、业务处理等方面健全应用安全；从系统日常维护管理、系统故障处理等方面健全安全管理。

（四）平台业务体系建设

区域性云平台根据县级融媒体中心和各级媒体的业务需求，开展采集汇聚、策划指挥、内容生产、内容审核、融合发布、数据分析、综合服务等业务，形成媒体融合完整的生产传播业务体系。

1. 采集汇聚

为用户采集并汇聚多来源的媒体数据，包括互联网上的新闻资讯，来自

UGC、PGC、OGC 等上传的线索,全媒体记者采集内容,各电视频道播出的新闻内容等。

2. 策划指挥

为县级融媒体用户提供的互联网汇集和融合新闻生产等主要功能,新闻协同平台应用可以将多来源汇集、多媒体生产、多渠道分发的内容信息和业务流转等数据,以可视化的图文形式呈现在指挥中心大屏等终端上,供用户在选题策划、指挥调度、视频会议等业务场景下使用。

3. 内容生产

融合生产服务可以让县级融媒体中心实现对新媒体及传统电视广播、报纸新闻的统一策划、一体化制作、快速发布、节目生产资源的统一调度、生产业务的统一管理等,并对云新闻业务的生产进行管理和监控。

4. 内容审核

平台支持对内容进行在线审核,融合新闻应用服务中的线索、选题、稿件可以进行多级审核的配置,审核节点数量、参与审核角色、参与审核人员等都可根据用户需求进行自定义配置。此外提供图形化的审核流程节点管理,便于管理人员方便快捷地了解内容的审核状态。

整个内容审核流程贯穿内容生产的各环节。审核后的文稿及素材,推送到报社采编、新媒体推荐等下游制作环节时,同样可以在对应的应用中进行审核,通过审核后方可签发或发布。

5. 融合发布

全媒体发布渠道包括广播、电视、报纸、两微、客户端等融合传播手段。

6. 数据分析

(1) 两微监控。

利用互联网信息采集技术、智能信息处理技术和全文检索技术,对境内外网络资源进行全网采集、定向采集和智能分析,提供舆情信息检索、热点信息发现、热点跟踪定位、敏感信息监测、辅助决策支持、舆情实时预警、舆情监管、统计分析等多层次、多维度的舆情信息服务,根据用户的网络舆情监测和定向追踪等信息需求,形成简报、报告、图表等分析结果。

(2) 媒体数据分析。

利用大数据分析引擎,完成海量数据的整理分析工作,完成广电媒体应用的分析模型,主要实现新闻热点、智能专题、舆情监控、传播分析、个性化首页等功能,这些能力在新闻制作过程中为节目编辑人员提供了强有力的数据支撑,同时更好地辅助相关人员从多维度深入了解事件背后的故事。

7. 综合服务

平台支持在 App 客户端提供政务服务、民生服务、文化服务、教育服务等功能,统一开展信息查询、申报审批、投诉受理等一站式政务服务。App 客户端上综合服务功能通过接口对接方式实现,在平台上建立相关功能,通过接口获取政务、党建等相关数据并呈现。

8. 安全交互

为实现县级融媒体中心系统与本地生产系统的安全快速交互,需要在云平台和本地生产系统之间部署一套网络安全交互系统,该网络安全交互系统要求同时满足功能、性能、安全性等方面的要求。

通过网络安全交互系统可实现非编内网工作站单向访问云平台,网络链路通过网闸和防火墙进行隔离,通过防火墙集成的防病毒和入侵防御模块确保网络安全,同时系统通过信息安全交互管理系统,实现整体安全的监控、管理。

(五)平台安全体系建设

"荔枝云"省级技术平台建立了完整的安全防护体系,按照业务部署特点,分级分类,划分了不同的安全区域,分域进行安全防护。边界采用防火墙、入侵防御设备等进行南北向防护,各安全区域内均根据安全防护需求,部署防护软、硬件,进行东西向防护。

公有云:利用阿里云平台进行建设,由于业务更面向互联网,用户不仅包括媒体行业的专业用户,还包括移动客户端的用户,面临的安全风险较为复杂,主要以阿里云安全服务进行全面防护。

物理与环境安全方面,底层租用阿里云资源,按照信息安全等级保护三级要求,由阿里云全面负责公有云平台的物理与环境安全。

网络与通信安全方面,部署 DDoS 安全防护,日常提供基础的安全防护,在两会等重点安播期,部署额外的高防服务,最高可防护 300Gbps 的攻击流量;部署 Web 应用防火墙,WAF 为平台 Web 应用提供更深层次的安全防护,对各类 HTTP 请求进行内容检测和验证,确保其安全性与合法性,对非法请求予以实时阻断;部署堡垒机,运维人员的命令操作将被记录,操作日志支持搜索,远程桌面操作将被录屏,同时堡垒机开启双因子认证;部署态势感知,能够实时呈现平台所有信息资产安全状态,并进行联动分析,最终给出修复建议。

设备与计算安全方面,配置安全组策略,可针对单台虚机设置访问控制策略,也可对虚机进行分组,为整个分组设置访问控制策略,访问控制颗粒度细化到端口级别;部署安骑士软件,公有云平台每台虚机都部署安骑士软件,通过安装在虚机上的轻量级 Agent 插件与云端防护中心的规则联动,实时感知和防御入侵事件(漏洞扫描、木马查杀、异常登录检测等);采集主机日志,平台每台虚机均启用日志采集功能,Linux/Unix 服务器开启 Audit 审计服务,Windows 服务器开启本地安全策略。

私有云生产域:采用自建模式,该区域主要为台内用户提供服务,与互联网隔离,通过 DMZ 区的安全防护与公有云平台进行数据和业务的交互。平台具有完善的网络边界防护及云主机防护,可以实现云平台的防恶意代码、漏洞管理、业务系统间的访问控制、东西向流量的防护等安全防护要求。

物理与环境安全方面,云平台机房配置电子门禁系统,并有专人值守,来访人员须通过审批后方可进入。设备机房有温、湿度自动调节设置,使机房温、湿度的变化在设备运行所允许的范围之内。机房有两路外电,并配备 UPS 冗余电源,使机房主要设备在外电异常时能够正常工作。

网络与通信安全方面,实现运维审计,运维人员可以通过堡垒机对服务器(虚拟机)、网络设备、Web 应用等进行操作,所有操作接受审计;部署日志审计设备,用于网络中主机日志、设备日志、应用日志等的集中采集、关联分析、报警呈现;不同等级安全区域的边界都部署有防火墙,并配置病毒、负载均衡、入侵检测模块,实现多层面的安全防护,防火墙既可以实现安全区域之间的安全隔离,又可以为云平台内部各租户分配单独的虚拟防火墙,从而实现租户之间的隔离。

设备与计算安全方面,部署了主机安全软件,私有云平台所有虚机/机架式服务器均安装企业级安全软件,能够为每台虚机/机架式服务器提供多层次安全防护,包括防病毒、访问控制、虚拟补丁、入侵防御、虚拟补丁等;实现主机日志采集,私有云平台每台虚机/机架式服务器均启用日志采集功能,Linux/Unix 服务器开启 Audit 审计服务,Windows 服务器开启本地安全策略。

内外网交互方面,视频类大文件交互通过安全摆渡系统实现,安全摆渡系统底层基于 Infiniband 实现,流程包含文件杀毒、文件头解析、用户鉴权等模块;消息交互通过 DMZ 区实现,DMZ 区包含防火墙、入侵检测设备、Web 应用防火墙、网闸等安全设备。

私有云融合业务安全域:主要部署新媒体内容生产与发布、收录拆条等业务,同时为县级融媒体中心业务提供能力支撑。该区域正在建设中,由于业务复杂度较高,面向的用户种类也较多,且业务要求的可用性也很高,因此该区域的安全防护将是平台整体防护设计的重点之一。

省级技术平台参考三级等保要求,制定了一套安全管理制度,包括人员管理、岗位管理、资产管理、应急预案、招标及工程实施管理等。

安全防护是个动态的过程,为了满足全省县级融媒体中心及各级媒体机构业务的发展需求,需要持续提升平台的安全保障能力,以满足未来发展的需要。

1. 实现云平台与本地生产系统的网络安全交互

为了实现县级融媒体中心系统与本地生产系统的内外网安全快速交互,省级技术平台将在云平台和本地生产系统之间部署一套网络安全交互系统,该网络安全交互系统同时满足功能、性能、安全性等方面的要求。

通过安全设备实现非编内网工作站单向访问云平台,网络链路使用网闸和下一代防火墙设备进行隔离,利用防火墙集成的防病毒和入侵防御模块确保网络安全。

2. 增强融合业务安全域的安全防护能力

在建的融合业务安全域将为县级融媒体中心提供新媒体平台的开发能力、运行能力,为县级媒体融合发展提供丰富的媒体生产、管理工具与服务,未来还将承载更多的媒体生产业务系统交互和数据处理业务,因此亟须增强融合业务安全域的安全防护能力以及持续监测和风险预警等安全基础能力。将新增防火墙、入侵防御设备、Web 应用防护系统、VPN 设备、交换设备等软、硬件,实现安全区域划分、安全边界访问控制以及区域边界入侵防护,确保用户关键 Web 应用正常稳定运行,整体提升融合业务安全域的安全防护能力。

3. 建立本地数据安全备份模块

通过硬件+软件的方式,构建本地数据安全备份模块,对重要业务信息进行备份和恢复,满足云租户在本地保存其业务数据备份的需求,并支持云租户数据及备份存储位置的查询。

（六）平台建设突出亮点

区域性云平台再造了融媒体新闻生产流程，整合新闻资源，面向广播、电视、报刊、新媒体融合业务，提供"多来源内容汇聚、多媒体制作生产、多渠道内容发布"的全新生产模式。平台拥有过硬的内容资源汇聚能力、智能化的内容大数据处理能力、丰富的融合生产工具服务能力、高效的互动发布能力、便捷的移动业务支撑能力等特征。

区域性云平台具备可靠、弹性的技术架构，丰富、灵活的产品服务，采用微服务技术、容器技术、多租户、智能工作流引擎等技术建立县级融媒体支撑服务平台。平台创新开发了业务应用集成服务，按照用户角色定制个性化服务，以"工具＋能力服务＋内容管理＋业务流程"的方式，高效、快捷、优质地满足媒体内容生产业务。平台通过多租户技术可为每个县级融媒体中心建立可独立管理的融媒体生产平台，提供互联网信息采集、数据分析推荐、移动采编、融合新闻生产与指挥调度管理、App 产品、互动直播、舆情分析等丰富的融媒体平台服务。平台具备资源动态调整、灵活配置，业务快速部署、高效运行的业务生态。

区域性云平台建立了统一、开放的接口标准体系，部署了国内外二十多家公司、六大类、八十多款融合媒体生产应用与工具服务，形成"可管可控，灵活配置"的应用服务产品体系，可对多个单位、部门和个人进行统筹管理、分别授权，提供内容生产、审核、分发、管理等全方位的服务。

区域性云平台全面实现对"移动优先"战略的支持，提供面向移动互联网"采、编、审、发"的云服务，可通过智能移动终端实现拍摄视频实时上传、新闻稿件编写、全媒体内容审核和发布功能，提高了融媒体新闻业务的机动性和时效性。"荔枝云"部署了自主研发的 App 平台，可针对县市媒体的实际需求，提供可灵活配置、功能丰富、自主可控的 App 产品，具备党建、政务、民生、文化、教育等服务的整合或接入能力。

区域性云平台建立了完整的安全保障体系，建立了公有云与私有云之间媒体文件和信息交换的安全通道，并通过内容检测、数据摆渡、动态密码、深度解析与白名单认证等关键技术从平台安全、接口安全、业务安全、内容安全、传输安全等各个层面为融媒体云平台提供安全保障，并提供了实时监控与智能自动防护能力。全平台达到信息安全等级保护三级要求。

按照《县级融媒体中心建设规范》《县级融媒体中心省级技术平台规范要

求》及后续标准规范要求,江苏省广电总台还将进一步完善区域性云平台,高质量地做好县级融媒体中心建设省级技术平台支撑服务。同时,依托"荔枝云"融合媒体云平台强大的技术与服务能力,整合总台强大的内容生产、运营和研发能力,为县市融媒体中心建设提供技术支撑、内容运营、产品开发、平台经营、培训等全面服务。

三、区域性云平台管理模式

(一) 项目建设管理

1. 组织架构管理

成立总体领导小组。由省委宣传部牵头,协同省委网信办、省广电局成立领导小组,指导江苏广电总台具体落实项目的实施工作。各设区市委宣传部组织县委宣传部、县级融媒体中心积极配合建设工作。

项目建设团队组建统筹协调组、项目管理组、平台建设组、商务执行组、运行保障组等管理团队,落地落实各项工作。

统筹协调组:负责区域性云平台相关项目的进度、计划、质量、安全、资源、人事等工作,并负责市县融媒体联络对接及内容策划、活动推广等工作。

项目管理组:负责具体分项的综合管理,包括前期决策论证,分项实施过程中的设计、评审、采购、施工组织设计、成本进度质量安全控制、合同管理,沟通协调项目相关人员、材料、设备等资源,组织相关平台的调测、验收等。

平台建设组:负责在需求和架构前提下,完成系统功能设计,确保业务贯通、数据共享;负责平台集成部署、安装以及与其他平台、数据之间的联调测试等工作;根据项目实施方案实现各功能模块功能、性能调优等工作;负责制定测试方案、测试计划、测试用例等,并根据项目需求进行集成测试、系统测试等工作。

商务执行组:负责根据项目需求和已有资源,确定各业务或功能研发单位、设备材料供货单位的遴选方式,并根据工作进度,组织相关的招标、合同签订等工作。

运行保障组:负责系统上线的运行维护,为县级融媒体中心业务运行提供技术支撑服务。

2. 建设实施管理

监督控制项目任务进度,确保项目的各项任务及时地完成。项目负责人需对项目每一任务的实施进行监督,及时发现问题并确保项目实施计划顺利进行。采用填写进度控制表、进行阶段性评估、计划管理、需求变更等方式控制进度。

项目实施单位严格执行以下要求:

第一,所有软件产品经测试合格后方可上线运行,提交给业主单位相关文档和代码,包括最新程序源代码、最新程序维护文档、相关脚本、上线计划和操作步骤。项目实施单位在业主单位相关部门的配合下进行上线工作。

第二,完成好上线前的准备工作,严格按照上线操作步骤执行,不得在上线过程中对上线工作随意修改,也不允许在上线过程中现场修改代码,如发生以上情形,业主单位可按开发工作未按时完成对实施单位进行相关处理。

第三,在上线工作完成后生成相关上线报告和观察报告,详细记录上线过程,并进行备案。同时对上线程序进行跟踪观察,并按时提交《系统应用软件上线观察报告》。

第四,若出现新增业务以及较大修改变动程序,项目实施单位应在上线之前对业主单位相关人员进行培训,并提供相应培训文档。

第五,上线期间,项目实施单位派专人配合维护和程序开发,不得擅离岗位。

3. 决策与沟通管理

建立决策与沟通管理制度。项目通过监理例会、项目专家论证会、项目组内部例会、专题讨论会等会议制度对建设过程进行管理。

项目重大事项为项目范围的重大变更、项目重大延期、项目重大的商务问题等,一般情况下可采用书面报告的形式进行沟通和协调,必要的时候采取专题会议的形式进行决策,会议最终决定以参与建议方书面签字的方式确定。

4. 培训服务管理

面向县级融媒体中心建设,为区域性云平台运维团队、各县融媒体中心骨干员工提供观念转变、平台操作、内容运营、平台维护等方面的培训,通过人员培训强化队伍建设,进一步提升县级融媒体中心的运营水平。

(二)建立平台业务管理系统

建立平台业务管理系统,可满足县级融媒体中心日益增长的产品和运营需求。系统实现县级融媒体中心用户单点登录的需求,实现用户对平台应用服务的自主申请、试用、使用、管理的需求,同时有效帮助产品升级优化、提高用户体验。通过该系统实现技术平台化、业务产品化、服务生态化。业务管理系统包括服务门户子系统与租户门户子系统。

1. 服务门户系统的功能

对县级融媒体中心各租户账户及其子账号新建、修改、删除;支持对应用服务的上下架管理功能,并能对应用服务计费、查询功能开通明细;能够接入"荔枝云"PaaS平台上转码、技审、截图等公共能力服务的功能以及具备接入媒体属性的云非编服务器、云转码服务器、云技审服务器等资源的能力,并提供多种规格配置以满足用户多样化的需求;支持面向全平台及指定租户的公告发布功能。

2. 租户门户系统的功能

具备用户服务功能,包括对租户账户、租户订单信息查询及租户内多账号管理功能。租户通过该门户系统实现应用开通申请和申请撤销等操作,并支持给租户下的子账号分配应用权限;可依据业务场景,自主将"荔枝云"转码、技审、非编等能力与硬件资源组合,实现媒体云服务器的采购使用。控制台界面具备公告显示、租户信息概览、上架应用显示和应用开通及使用功能,界面显示简介符合现在全屏化、扁平化的展示要求。

(三) 安全保障管理

区域性云平台将防范各类安全风险放在非常重要的位置,从整体安全、物理安全、基础网络安全、主机安全、应用安全、数据安全、云安全、安全监测等方面构建平台的安全保障管理体系。

1. 平台物理安全

机房具备电子门禁系统等物理访问控制手段,利用光、电等技术建设机房防盗报警系统;机房环境、机房消防设施满足国家及行业相关标准;机房配电符合《广播电视安全播出管理规定》实施细则相关要求。

2. 平台基础网络安全

保证主要网络设备的业务处理能力和网络带宽具备冗余空间,满足业务高峰期需要;为核心交换机、汇聚交换机等关键网络设备配置冗余,避免关键节点存在单点故障;根据播出相关度进行层次化网络架构设计,形成网络纵深防御体系,重要系统位于纵深结构内部;安全域内根据业务类型、业务重要性、物理位置等因素,划分不同的子网或网段;对关键网络设备的运行状况、用户行为等重要事件进行日志审计;具备防御大流量 DDoS 攻击的安全防护能力。

3. 平台主机安全

对登录用户进行身份识别和鉴别,禁止多人使用同一用户名,管理用户的口令有复杂度要求;根据需要禁止通过 USB 等端口进行数据交换,关闭不必要的服务和端口;定期更新操作系统补丁,部署具有统一管理功能的防恶意代码软件;对物理资源和虚拟资源按照策略做统一管理调度与分配,保证虚拟机仅能使用为其分配的计算资源。

4. 平台应用安全

将登录控制模块集成到统一的门户认证系统中,对登录应用系统的用户进行身份识别和鉴别,禁止多人使用同一用户名,管理用户的口令有复杂度要求;保证不同云租户的应用系统及开发平台之间的隔离;启用访问控制功能,依据安全策略控制用户对资源的访问,控制颗粒度为文件和数据库表级;采用校验码、密码等技术手段,保证应用使用过程中的通信保密性,并确保通信过程中的数据完整性。

5. 平台数据安全

平台能够检测用户身份鉴别信息、播出节目等重要业务数据在传输过程中是否受到破坏;采取加密或其他技术手段防止敏感资源被非法访问;能够对重要业务信息进行备份和恢复;云租户在本地保存其业务数据的备份,提供查询云租户数据及备份存储位置的方式。

6. 平台云安全

提供基于租户的计算存储资源的隔离,不同租户接入云平台基于身份认证和权限控制,提供租户资源端口、协议的安全机制;多个云之间的文件交互采用多重、异构网络病毒查杀;交互的业务数据、安全设备运行数据等进行审计;当远程管理云平台中设备时,管理终端和云平台之间建立双向身份验证机制。

7. 平台安全监测

支持安全事件、运行状态、脆弱性与威胁和策略与配置的分析;支持安全告警信息的保存、展示、统计和分析处理;支持安全事件、运行状态、脆弱性与威胁和策略与配置的图形、报表展示。

8. 构建安全管理中心平台

开发运行监测、安全管理和审计管理等功能,实现终端、网络、边界、应用、数据的安全日志统一收集、监控,以及风险的统一展示。

四、区域性云平台运维模式

(一) 运维需求

县级融媒体中心服务平台建设是一次平台模式的转变,要在支撑现有平台级别业务的同时,为区域内县级融媒体中心提供生产赋能、内容运营等融媒体综合能力。随着融媒体业务生态的拓展和变化,平台开放性还会逐步提升,满足更多综合性场景需求。因此,区域性云平台的运维管理,不仅是对现有区域性云平台运维经验的总结和提升,同时也是平台运维能力向商业级别提升的重大机会,给运维工作带来了深层次的变革,具体表现在如下几个方面:

1. 更高的平台性能需求

区域性云平台在综合服务、媒体服务、宣传协作等诸多业务方面进行拓展和升级,平台能力大幅提升。在更好地支撑业务运营的同时,给运维管理带来了更高的要求。

2. 更全面的客户群体需求

区域性云平台的建设连接了多家县级融媒体中心技术系统,进一步拓展了平台的内部用户和外部用户群体。同时,融媒体业务的发展,面对的核心用户群体也与传统媒体业务核心群体有所区别,其观赏喜好与特征也会逐步影响平台生产的开展,进而带来更复杂的平台运维环境。

3. 更融合的业务生产需求

区域性云平台建成后,运维人员面对的不仅是内容生产业务需求,还有内容运营业务需求。传播融媒体节目的同时,内容运维和用户氛围营造需求逐步提升。融合内容生产、传播与运营,需要更高的业务敏捷度,同时用户个性化需求也变得更加丰富多样。

4. 更完善的平台安全需求

安全是区域性云平台的生命线,是一切工作的重中之重。随着更丰富的数据信息向区域性云平台不断汇聚,信息安全的重要性也随之提升,在充分满足融媒体生产业务的前提下,实现对政务服务等社会服务业务的保证,同时保障平台系统的安全,也是运维工作的重点。

(二) 运维模式

区域性云平台要提升系统一体化智能运维管理水平,提升系统主动性、智能化水平,以保障区域性云平台的业务开展。提升 IT 服务质量,真正意义上降低系统风险,提升管理工具和能力,进一步加强对云平台网络状态、硬件设备、虚机性能、资源配置和软件服务、业务流程运行状态的一体化、智能化监控管理,结合平台日志、报警信息、版本管理等运维工具,提供虚拟化资源统一纳管、全平台日志分析预警、业务全生命周期管理和自动化工单管理等应用。

1. 明确运维服务内容

区域性云平台建成后,在分类上,运维服务管理对象并无太大变化,仍包括基础设施、应用系统、用户、供应商以及 IT 运维部门和人员等,但运维服务管理的体量有巨大增长。

2. 提升运维服务技术

基于运维需求增长,提升运维技术手段,需要建设智能化运维系统:

(1) 快速判断系统设备健康程度,实时展示设备关键信息。

智能化运维系统能够对云平台网络状态、硬件设备、虚机性能、资源配置和软件服务、业务流程运行状态进行一体化、智能化监控管理。

(2) 实现不同业务场景下故障快速定位。

根据业务需求,创建相应业务生产流程时,智能运维管理平台能够自动形成应用拓扑。当平台业务发生故障时,智能运维平台可根据该应用拓扑及时对故障根源进行分析和定位。

(3) 主动式巡检,实现自动化运维。

通过自动化的业务巡检以及硬件巡检,及时发现平台存在的问题;发现问题后前台进行报警,并帮助运维人员进行故障定位、快速恢复,实现一键式运维;能够自动导出相关故障节点日志,供运维人员排查分析问题。

(4) 提供风险预测、节目资源配置、战略决策等数据智能化分析。

基于对历史访问数据的分析,通过预测算法预估未来业务增长情况下的潜在风险点与业务所需资源配置,提前规避风险及有效保障应用健康运行,从而扭转原有的被动的运维方式。

根据以往历史数据智能预测节目制作体量(站点资源、存储资源、工作站配置)等,提供不同配置资源,给予用户最具性价比的选择,为用户节省节目制作成本。

(5) 重复运维工作自动化。

将传统枯燥、重复的运维工作逐渐用机器自动化代替,例如磁盘不够用时自动清理无用数据、定期开关服务等,无须人为参与。

(6) 运维知识库。

建立运维知识库,将平台历史故障问题及解决方案记录进运维知识库,帮助运维人员排查故障。

(7) 工单系统。

根据区域性云平台不同组织、部门(技术、业务、职能)的需求,有针对性地进行管理、维护和追踪一系列问题和请求。

(8) 版本管理。

对平台各服务软件历史版本进行管理,实现一键升级、降级操作。

3. 规范运维服务制度

在运维团队不断扩大、运维服务对象不断增长的情况下,运维服务制度的建立和推行成为一种提升管理水平和执行效率的重要保障。

(1) 运维制度概述。

为了加强区域性云平台的运行维护管理,保障区域性云平台高效地发展和稳定可靠地运行,并具有可持续发展的能力,根据国家广电总局出台的技术体制、技术业务规程、法规、规定以及江苏广电总台现行的管理体制,制定运行维护基本管理制度。

(2) 运维管理的原则。

第一,坚持区域性云平台运维体系的先进性、统一性和完整性的原则,加强区域性云平台的运行维护管理,实现全网协调、高效和快捷发展,确保区域性云平台的安全运转。

第二,完善运行维护管理体系,建立健全运行维护规范,提高运行维护管理效率,使区域性云平台的运维指标和技术指标始终保持在一个较好的水平,并不断提升平台质量和服务能力。

第三,采纳国内国际先进的维护管理经验和机制,实施 ISO 9000 系列质量管理体系。逐步使平台运维不论在网络规模、用户数量、服务质量,还是在运行维护管理上都成为行业内首屈一指的品牌。

第四,在确保完成平台技术指标、功能指标和质量指标等的基础上,充分开发和综合利用平台资源,提高平台资源利用率,降低运行维护管理成本,提高区域性云平台和运维服务的市场适应能力和服务能力。

在运维服务制度中,对区域性云平台的工作内容也作出具体要求。其内容包括机房管理制度、值班与交接班制度、保密制度、请示报告制度、维护作业计划管理制度、仪表仪器备品备件管理制度、数据管理制度、割接管理制度、例会制度、代维管理制度、运维安全管理制度、应急通信管理制度、巡检制度、设备管理制度、设备验收管理制度、维护人员管理制度、运维管理文档管理制度、费用管理制度、考核及奖励管理制度,等等。

4. 筹备运维服务应急响应

提高处理区域性云平台在运行过程中出现的各种突发事件的能力,有效预防和最大限度降低平台内各个系统可能遇到的突发事件的危害和影响,保障信息系统安全、稳定运行,完善运维服务项目的应急响应能力和应急预案的编制,提前发现隐患,及时解决问题,降低应急时间可能带来的不良影响。

运维服务应急响应,主要适用于由硬件及软件或其他基础设施发生故障及其安全事件造成的信息系统业务中断、系统数据损坏或丢失,以及各种突发自然灾害及人为失误造成的安全事件等。

运维服务应急响应制度在应急准备工作方面,首先需要明确角色及职责,建立应急响应工作组。需要设计以角色和事件为关键节点的应急响应管理流程,建立风险评估体系,预先考虑风险事件簿,为应急事件定级,并组织相应的培训和实战演习,确保在第一时间进行应急预案的制定和发布。

在应急处置方面,建立应急调度机制,根据应急流程设置,明确应急响应涉及人员和负责人,保持应急响应持续追踪,直到事件结束。对排查诊断、处理恢复、事件升级、信息通报、事件关闭等各个环节的工作内容和细节均进行详细的安排。

设计总结改进机制,保证运维服务应急响应功能、性能各方面能够持续优化,不断改进。

(1) 建立运行维护支持技术系统。

平台为县级融媒体中心提供运行维护系统,通过该服务能够对正式上线运行前的信息系统的程序代码进行性能检测,对已正式上线运行的信息系统应用的性能进行实时监测和预警,对于出现的应用性能问题,能够及时发现,并予以自动告警和及时通知，同时具备快速定位、评估和分析能力，以便快速定位问题根源，并及时处理，保证系统正常运行。

业务系统模拟探测：针对页面和关键业务接口，进行主动式网络质量监测，以最终用户视角进行监测，评估网站整体访问性能，出现故障能第一时间收到通知，提前解决问题。

App性能监控：针对App应用的客户体验收集和性能检测，形成客户体验的准确分析依据和性能诊断报告，以提升系统性能和改善使用体验。

Server端应用性能监控：通过完整规范的评估体系，将应用性能模糊形容的好坏、快慢变成可量化的明确数值，实现应用系统端到端全链路、细粒度的统一监控管理。

前端页面性能监控：针对业务系统前端(Web/Wap/H5)用户体验的关键性能指标，服务器资源的性能指标。通过完整规范的评估体系可将应用性能模糊形容的好坏快慢变成可量化的明确数值，从而增强对各应用系统质量的把控能力。

告警服务：对于超过设定告警阈值的，应予以自动告警通知系统运维人员，以便帮助系统运维人员及时发现问题，快速处理。

（2）建立用户分析服务平台。

区域性云平台服务大量的用户，拥有丰富的数据资源。应用大数据采集技术，收集用户终端数据、用户互动数据、用户行为数据等用户服务数据，真正意义上把观众发展为用户，不断提升平台入驻融媒体中心业务服务的传播力和影响力，带来创新发展的空间。

县级融媒体中心具有较强的公信力和权威性，其覆盖面积广、用户数量多。用户在媒体内容收看、收听、消费、互动、分享过程中产生大量有价值的信息，这些信息既包括用户在各类终端应用中产生的注册登录、浏览访问、订阅订购、互动分享等数据，也包括为用户提供服务过程中产生的终端信息、运行维护、安全管理、运营服务等相关数据。全面整合已有子系统，深度融合现有数据资源，脱离数据孤岛。对各类数据源中的信息进行统一数据预处理，依靠大数据技术深度学习挖掘，打造安全可靠、事件驱动、物联人事、智慧决策、高效运营的可视化用户数据平台。具体功能包括：

分析用户喜好：针对受众用户深度洞察分析，实现对基本信息、偏好特征、行为特征、消费偏好等特征维度进行客观的深度掌握，为用户运营及用户营销工作提供高效精准的分析能力。

提升业务量：挖掘受众用户真实的需求、兴趣、特征，能够向用户推荐他们感兴趣的内容，提供个性化内容，解决用户异质性的问题，提升用户黏度、降低用户流失率、吸引用户，促成整体访问业务量提升。

提升忠诚度：精准分析用户行为喜好，推荐有价值的物品，投其所好，增强客户黏性，从而与用户建立长期稳定的关系，有效保留用户，提升用户忠诚度，防止用户流失。

形成产业生态圈：基于受众价值，拓展活动创收、演艺经纪、娱乐产业衍生品开发的新形态，构建新的产业生态圈。

五、区域性云平台建设及运维中遇到的问题和对策

在江苏省县级融媒体中心建设和运行的过程中，我们项目团队和各县级融媒体中心也遇到了新的问题和挑战。县级融媒体中心的建设，需要我们不断提升平台支持能力，完善运行保障体系，以适应媒体融合发展的需要。

（一）媒体融合业务流程还需进一步优化

县级媒体有报纸、电视、新媒体采编人员，内容生产具有不同的流程。县级融媒体中心作为新建媒体机构，在体制上已经破除各媒体单位自成一体的藩篱，但是距离实现全媒体融合生产，还有很长的路要走。区域性云平台要提供优化选题策划会、编前会制度，实现选题全媒统筹策划、采访力量统一调度的策划指挥；要设立统一的新闻信息采集中心，充分依托融合生产系统，倒逼一线记者编辑打破原有工作习惯，重构策采编发网络，再造策采编发流程；要根据媒体融合特点，进一步完善融合生产、内容审核、绩效考核等内部制度体系，通过制度让媒体融合生产尽快产生"化学反应"，还有一个转型的过程。

（二）媒体服务的内涵需要持续扩充

区域性云平台要具备支撑区域内多个省域县级融媒体中心的集群优势，支撑宣传管理部门对省域内县级融媒体中心的统一宣传管理和内容监管的功能，要充分发挥宣传工作的上传下达作用，要支撑好县级融媒体中心的通联协作和内容交换业务，实现省域内县级融媒体中心的联合报道和新闻内容交换，还有很多工作要做。随着互联网、移动互联网媒体内容传播业务快速发展迭代，区域性云平台具备的宣传管理、媒体服务功能需要进一步提升，如内容监管的手段不高、通联协作的效率较低、培训指导的互动性不强、媒体策划指挥

的及时性不足、内容生产和分发的质量仍需加强等问题,需要持续完善宣传管理与协作、媒体服务等核心功能。

(三)公众服务的外延需要持续放大

传统的媒体服务只完成"分内工作",即面向用户提供电视、广播、报纸等基础媒体服务,还要考虑将媒体服务与互联网服务融合、与政务服务融合,消除县级融媒体中心与群众的距离感。对照中宣部县级融媒体中心的建设要求,就是要借助区域性云平台,将原先只面向媒体体系内的宣传、媒体服务职能向普通观众、听众等公众用户不断延展,将党建服务、政务服务、公共服务、增值服务等多样化需求与县级融媒体中心、与区域性云平台快捷对接与动态交互,将区域性云平台建成功能强大、业务丰富的综合服务平台和社区信息枢纽。

(四)用户还需进一步拓展

建设好在县域广覆盖、具有较强传播力、影响力的移动客户端,是县级融媒体中心建设的工作重点,也是检验融合传播能力的主要标尺。目前来看,各地普遍存在轻移动客户端建设、重微信公号和其他商业平台建设的倾向,移动客户端下载量、活跃度不够高。根据中宣部要求,移动客户端下载量占县域常住人口的25%左右,是县级融媒体中心移动客户端建设的基本目标。区域性云平台发挥出了强大的技术优势,通过模块化建设移动客户端,帮助各县级融媒体中心着力打造具有本地特色、较强用户黏性的移动客户端,但还需提升移动客户端建设和管理能力,提升移动客户端的覆盖面和用户黏性。

(五)宣传及服务的能力仍需强化

县级融媒体中心可基于省级技术平台提供的多渠道信息汇聚能力、强大的音视频处理能力、大数据分析能力、多渠道发布能力和新媒体开发运营能力,实现"一次采集、多种生成、全媒传播",根据"移动优先"的原则,还需要加强传播手段和话语方式的创新,采用融合传播方式和多样态融合产品,实现宣传内容最大范围的有效传播,为用户提供个性化服务。

(六)网络和信息安全能力仍需进一步加强

目前的网络和信息安全防护更多的是物理安全的防护,针对内容、数据安全的防护需要与区域性云平台的建设同步规划、同步设计、同步建设,特别是要引入"五维"的安全防护框架服务,真正构建包括物理安全、网络安全、数据安全、应用安全、云安全在内的全方位立体化的安全管理体系,全面满足新一版《网络信息安全等级保护 2.0》的规范要求。

(七) 基础设施支撑能力仍需向下延伸

区域性云平台要为省域内县级融媒体中心宣传服务、媒体服务和综合服务的开展提供计算、存储、网络等基础资源支持,但现有的 IT 基础设施能力尚不完整,云资源池的储备能力尚不充足,各县级融媒体的内容边缘制作能力尚不充分,移动化的随时随地的内容摄录生产设施尚不具备,因此需要一方面完善省级节点的存储、计算支撑能力,另一方面强化各县级站点的网络能力,通过进一步建设基于"云+边缘计算"技术的服务平台,更好地发挥县级融媒体中心快捷接入、快速响应、敏捷生产、快步分发的功能作用。

第二章
县级融媒体中心发展动态考核评价体系研究

至 2020 年底,我国县级融媒体中心建设工程已经完成了"建"的任务。从 2021 年起,县级融媒体中心建设的重心将转移到"用"上,能否"建强""用好",将成为今后几年县级融媒体中心建设成败的关键。在此过程中,构建对县级融媒体中心发展进行动态考核的评价体系,能够为县级融媒体中心的日常运作提供客观参照,为上级主管部门、地方党委和政府对县级融媒体中心进行宏观管理提供科学依据,对推动县级融媒体中心的高质量、可持续发展具有非常重要的意义。

一、县级融媒体中心发展动态考核评价的重要意义

(一)为把握县级融媒体中心动态发展成效提供客观依据

县级融媒体中心发展既要追求速度,更要讲求实效。在前期建设过程中,县级融媒体中心针对平台建设、资金需求、技术壁垒、人才缺乏等诸多问题,已经开展了多项改革与创新,在优化整合组织架构、再造策采编发流程、打造移动传播矩阵、拓展"拓展媒体+"综合功能、建设系统平台和加强人才队伍建设等方面,取得了一系列突破。在此基础上,县级融媒体中心后续的运营情况到底如何呢?就需要有一套动态的考核评价系统,通过定期的评估或不定期的抽检,对其发展成效进行综合或单项的考评,这样才能有助于精准把握其各项工作的完成情况,促进其打造工作亮点,补齐工作短板,实现高质量可持续发展。

考核将重点围绕传播渠道建设、内容生产数量与质量、媒体公信力和影响力、重大活动的宣传力、舆情监测和引导力、提供服务的内容与效果、产业经营的开拓能力与结果等方面展开。县级融媒体中心融合发展的实际状况将通过对这些方面的动态考评的结果得到客观呈现。其结果一方面会给上级主管部门、县级党委和政府把握县级融媒体中心的运行状况提供有力的依据；另一方面也会反馈给各县级融媒体中心，使其能够进行对标检查，进一步理顺各种关系，调整工作目标和功能定位，改善组织架构和管理方式，制定更加合理有效的内部考核机制等，从而不断提高运营效率与效益。

（二）为提炼成功经验形成示范效应提供典型借鉴

在县级融媒体中心建设过程中，全国各地涌现出不少媒体融合发展的"排头兵"，它们在平台建设、内容生产、舆论引导、拓展服务等方面取得了一系列成绩，成为全国各地的学习参照。江苏省也不乏这样的优秀典型。它们或通过承办县属党政职能部门的大型庆典、晚会、展览、展销会以及一些协会的专业活动、颁奖活动、成果展示汇演等，从单一广告合作向项目制、平台化、活动化方向发展，力求打造重点活动名牌，并将用户的需求通过多元化的线下活动实现；或依托技术平台，以新媒体执行团队为牵引，为合作单位提供新闻宣传、信息发布、数据共享、新媒体托管、活动策划、技术研发等一对一精准服务，吸引当地多家政企单位合作。其结果不但突出了新型融媒体平台的服务功能，也从实质上体现和加强了区域化融媒体主流舆论阵地的作用。

从各地县级融媒体中心涌现出的部分典型来看，县级媒体只有与市场及用户相结合、与产业和技术相结合，才是真正意义上的融媒体。融媒体的服务应围绕人们的商品需求、消费行为、人格特质等层面，使受众高效地享受服务，更好地发挥县级融媒体中心的公信力；实现媒体与各领域的跨界融合，提高县级融媒体生命力，各媒体通过积极搭建活动运营板块，保证活动平台内容的多元化，提高信息的适配性，以传播力、影响力形成辐射带动效应。因此，有必要对县级融媒体中心实行动态性的考核，进一步总结和挖掘我省各家县级融媒体中心的特色经验，提炼媒体融合的优秀典型，向全省乃至全国推广分享，为媒体融合状况相对滞后、实践发展仍显薄弱的县市提供借鉴参考，从而形成示范带动效应，助力全省乃至全国县级融媒体中心更好更快地发展。

(三) 为落实顶层设计推动规范管理提供有力保障

建设和发展县级融媒体中心是党中央为建构和完善国家传播体系所发起的一项重大工程。这项工程能否取得成功,不但取决于基层的实践创新效果,也取决于各省主管部门以及各县党委和政府有没有高度的思想认识、周密的宏观规划和规范的管理制度。对县级融媒体中心进行动态考核评价,有利于上级主管部门以及地方党委和政府落实中央的顶层设计,以有效的宏观政策引领县级融媒体中心建设,整合优势资源、推动集约发展、强化服务功能,实现将基层党委和政府的决策部署由县级融媒体传播出去,基层群众的声音由县级融媒体汇集上来;有利于上级主管部门以及地方党委和政府从宏观上把握县级融媒体中心的运作现状、工作亮点、发展不足,在后续的管理工作中把握正确方向,提出规范化要求,使管理做到有据可依、有条可查、有例可循,推动县级融媒体中心宏观管理的规范化和制度化。

动态考核评价有利于上级主管部门以及地方党委和政府不断完善建设方案,让县级融媒体中心发展得更"准"。虽然中宣部会同国家广电总局等部门出台了具有顶层设计性质的县级融媒体中心建设规范和指导意见,但全国各县的情况毕竟千差万别,不可能一种模式包打天下,这就需要各县级融媒体中心结合自身实际选择最适合自己的发展道路,需要上级主管部门和地方党政的精准指导。动态考核评价有利于上级主管部门以及地方党委和政府根据各单位发展的实际情况和需要,加强统筹规划和组织协调,提供有力的组织和资金保障,让县级融媒体中心发展得更"顺"。动态考核评价还有利于上级主管部门以及地方党委和政府不断改进宏观的管理体制,按照"深化机构、人事、财政、薪酬等方面改革,调整优化媒体布局"的总体要求,持续推动各单位的改革创新,让融媒体中心发展得更"稳"。

(四) 为衡量财政资金投入产出效益提供科学参照

县级融媒体中心建设是我国重建基层传播体系的一项重大工程,在此过程中必然需要大量的资金投入。前期,县级融媒体中心的建设资金来源主要是县级财政的支持和自主经营的收入。由于受县域市场规模较小、资金实力不强等因素制约,大多数县级融媒体中心靠自身运营实现盈利比较困难,因而财政资金的投入对于县级融媒体中心建设是至关重要的经济基础。今后,大多数县级融媒体中心的发展仍需要各地财政予以大力支持,这是县级融媒体中心正常运营和深化发展的主要保障。当然,我国财政资金的使用有一整套相应的规定,其中对投入产出的效益进行必要的评估就是一项必不可少的工作。在考核体系中加入相应的评价指标,能够较为科学地衡量用于县级融媒体中心的财政资金的投入产出效益,从而为后续的投入提供客观依据和科学参照。

随着媒体融合向纵深推进,各县级融媒体中心应坚持财政"输血"和平台"造血"双管齐下,逐步实现财政资金之外收入渠道的多元化。如整合平台资源,充分发挥"媒体＋政务＋服务"功能,提供线上线下的策划、创意、推广、执行等专业服务,间接带动或直接参与产品销售;依靠搭建平台来做强"新闻＋服务",由单纯宣传向多元化服务拓展,延伸各类增值服务;以"项目制"为抓手,深度融合与产业扩展并重,参与生态智慧城市建设等。因此,考核体系中可以通过加入拓展服务经营的指标,为未来县级融媒体中心的资金投入产出结构的动态调整提供前瞻性和引领性的参照。

(五)为探索规律和引导可持续发展提供坚实基础

按照中央的精神和要求,建成县级融媒体中心只是第一步,实现其可持续发展才是根本目标。为此,县级融媒体中心的建设和发展就必须遵循媒体融合的内在规律,按科学态度和客观规律办事。动态考核评价除了能够具体评估县级融媒体中心发展的实际情况,为上级主管部门以及地方党委和政府提供政策性需求外,还能够探索和揭示基层媒体深度融合的内在规律,引导县级融媒体中心的健康和持续性发展。

动态考核评价将使深度融合的理念更为明晰。县级融媒体中心将着力于机构、内容、渠道、平台、人员、经营、管理等方面的深度融合,而不是简单的技术平台的搭建;县级融媒体中心在由简单相加向深度相融转变过程中,将保持四个"变"与"不变":传播渠道有变,党媒属性不变;体制机制有变,人才导向不变;创收模式有变,价值要求不变;传媒技术有变,内容为王不变。

动态考核评价将要求县级融媒体中心在负责好日常的新闻传播本职工作以外,切实坚守党在基层的思想舆论文化阵地的角色定位,完成政治任务,履行宣传使命,贯彻新闻宣传与当地经济社会发展相配合的方略,使当地百姓对媒体的新需求在融媒体中获得赋能,形成满足新需求、赢得新市场的能力。

二、县级融媒体中心发展动态考核评价的基本原则

县级融媒体中心发展动态考核评价的基本原则是其持续健康发展的基础理论问题，也是今后该项工作实践层面的指导思想。它决定了县级融媒体中心的管理属性、技术属性和相关利益者构成。随着县级融媒体中心发展的不断推进，探索实施切实有效的动态考核评价体系，成为进一步整合县域媒体资源，巩固壮大主流思想舆论，不断提高县级融媒体中心的传播力、引导力和服务力必须要做的一项工作。因而其背后支撑动态考核评价的基本原则，也就显示出愈加重要的指导性价值。

作为县级融媒体中心进一步发展的"定位仪""风向标"和"助推器"，动态考核评价体系的建构需要承担起科学客观评价、先进理念引导、深入动态考察和长效内在驱动的职能。据此，本研究提出了县级融媒体中心发展动态考核评价的四个基本原则，以期为指标体系的细化建构和未来的操作实施提供方向性的指导。

（一）科学评价原则

1. 坚持评价的科学性

科学性原则是指考评者坚持以科学的思维方式全面、准确地完成考核工作，动态考核评价体系的层级划分、信息收集、数据取舍、研究方法等都应依托各类学科基础和科学依据，使其能够综合适用于各种不同问题的真实评价。

在实际应用过程中，考核评价的指标体系应考虑到不同地区的客观条件差异或县级融媒体中心建设模式的差异，使评价兼具全面性和针对性。另外，指标体系应紧紧围绕"定位仪""风向标"和"助推器"的功能定位，分解县级融媒体中心逐步趋于深度融合的多层级表现，综合考虑其党建服务、政务服务、公共服务、民生服务、增值服务等多样化的业务类型，将抽象的传播效能、引导效能、服务效能和经营效能进行进一步细分，使指标内涵得以准确适用。

另外，考评工作的进行应与评价对象处于一致的时间轴上。脱离时空语境讨论问题，会使得个案带来的偏见被不断扩大，最终影响评价的初衷。当然，科学性的评价原则并不意味着整个考核评价的过程和体系需要多么繁复庞大。坚持以简洁有效的评价方法完成考评工作本身也是整个动态考核评价摆脱形式主义，切实迈向科学化路径的一个体现。

2. 坚持评价的客观性

科学评价原则中的客观性，是指考核过程和行为应在坚持事物原有客观面貌的基础上，尽力避免考核主体的主观因素对考察评价产生影响，切实反映县级融媒体中心发展的真实状况和成效。同时，指标体系的设置也应以客观真实的数据结合定性分析的结果进行确认、计算和报告，保证最后取得的反馈内容真实可靠，内容完整有效。

从监测主体出发，上级相关主管部门＋自我监测＋第三方评估机构的多元主体评价模式能够为评价结果的质量和客观性提供一定保障。尽管这一评价工作本身不涉及商业行为，但引入必要的竞争机制，是避免相关人员变相获取个人利益的重要抓手，也是促进评价水平与评价工作提高的一大利器。另外，整个评价过程应尽力做到公开透明、清正廉洁，在保证工作正常进行的基础上，公开评价数据、评价指标、评价方法及评价结果。在减少指标数据所受干扰的同时，尽量减少人为因素的影响。

（二）前瞻引领原则

1. 全媒体建设理念的引领

2019年1月25日，习近平总书记在中共中央政治局第十二次集体学习时的重要讲话中指出"推动媒体融合发展、建设全媒体成为我们面临的一项紧迫课题"。会议讨论了人们信息交互过程中媒体出现的"全程""全息""全员""全效"特性，这也为当前县级融媒体中心发展迈向新高度提供了方向。

作为前瞻性指导意见，"全媒体建设"的指标应该在县级融媒体中心发展动态考核评价的原则梳理中被予以充分关注。考核应将"舆论引导、思想引领、文化传承、服务人民"作为县级融媒体中心传播体系建设过程中的基本功能，充分评价不同县级融媒体中心在传播过程中是否能集成多种媒体形式形成数字化、智能化传播信息矩阵，在"水波式"的信息共享体系中把握自身角色，适应互联网时代全媒体传播体系效能的形式，真正担负起普通公众参与社会事务的沟通者角色，为打通媒体融合建设和舆论传播的"最后一公里"作出贡献。

2. 移动优先理念的引领

当前，新闻等各类信息抵达用户的主要端口通常基于各种移动通信网络的移动终端完成，移动互联网以精准传播为主导的信息分发方式，高效率、低成本地解决海量信息供需匹配问题，已经成为新闻热点生成和舆论发酵的主要阵地。因此,"移动优先"在现阶段应当成为我国媒体深度融合工作的关键性理念。

在县级融媒体发展过程中,各县级融媒体中心是否能够积极利用移动传播平台,做到第一时间引导舆论,发出权威声音;在面对社会热点、重大事件和突发事件时,是否考虑"先网后台",即手机平台,尤其是三微一端先期发声,广播电视端等传统传播形式深度跟进应当成为考核评价县级融媒体中心建设的又一个重要标准。

3. 深度融合理念的引领

至2020年底,虽然全国县级融媒体中心的建立已进入尾声,但后续发展中存在的问题依然较多,如形融而实未融、管理机制落后、内容同质化严重、用户黏性较低、企业化运营和"造血"能力不足,等等。这就要求各县级融媒体中心将深度融合作为今后运营发展的首要任务。因此,从定位上看,县级融媒体中心的动态考核评价标准,应以深度融合理念为指引,将那些能够体现深度融合的指标纳入考核系统,以考核推动县级融媒体中心的融合向纵深发展。

(三) 动态考察原则

1. 实行动态考评

县级融媒体中心的建设和发展并非一个静态过程,而是随着现实环境的改变不断更新增殖的。因此,在考核评定的过程中应适当关注一定时限范围或不同时限周期间的跨期比较,以揭示其动态发展的特征。

一方面,在考评过程中对于每个考评指标的周期需要作出明确划定。任何工作都是在一定的时空背景下展开的。如果脱离这种时限范围的划定,指标体系就可能存在以个体规律代替总体规律的风险,反而容易给县级融媒体中心发展状况的衡量带来一定的负面影响。另一方面,相较于每个一定时间重复进行的固定评价周期模式,实现考评因子跨期可比,使得不同年度评价的权重不完全依赖数据,也是实现考评动态化、科学化的重要抓手。这就需要考评体系从历时的轴线出发,不仅对县级融媒体中心建设和发展的横向因素做出评估,也应从纵向角度挖掘不同时限周期中县级融媒体中心发展的内在规律和未来方向。

2. 实行持续考评

持续考评原则是指考评者针对县级融媒体中心的建设和发展情况构建持

续、稳定的调查系统,一方面使考评行为和过程对县级融媒体中心的长期发展起导向引领作用,也在另一层面上让考评的反馈结果及时帮助后续建设,减轻问题处理的滞后性。

从县级融媒体中心前半程的建设情况来看,部分地区对于媒体融合"最后一公里"的建设依然存在形式化现象。为避免交差式的形式主义,对县级融媒体中心的考核评价就需要具备连续性和流动性的特质,落实持续考评的基本原则。在县级融媒体中心的发展过程中,考评者应依据其"发展初期"到"发展常态化"的不同节点,通过量化、质化相结合的原则,持续、有效地对整个发展体系的构建起到定位和助推作用。不断总结前半程的建设经验,过程可监测、结果可回溯的考评体系,以便县级融媒体中心在发展过程中不断发现问题,不断向好发展。

(四) 长效驱动原则

1. 考核的长效性

长效性原则是指对县级融媒体中心的动态考核评价,应有益于其长期稳定健康运行。县级融媒体中心的建设和发展不可能是一劳永逸、一成不变的,它必然随着时间推移不断丰富、变革和完善。为防止县级融媒体中心发展过程中出现时热时冷的现象,建构一个既具有相对稳定的内涵又能随条件变化不断更新的可持续适用于县级融媒体中心发展考核的评价系统显得尤为重要。因此,应避免选择那些只是反映短期效应或只能作为特殊个案对待的指标,而尽量选择那些具有相对稳定性且能体现长期发展理念的指标。

2. 考核的内驱性

在对县级融媒体中心进行考核评价的过程中,想要通过考评体系及时发现县级融媒体中心建设发展中存在的问题,其首要前提是考评者能够深入了解、观察调查样本的内在运行模式和规律,准确描摹事物的本来面目。更细化来看,考评结果应更加重视县级融媒体中心建设的产出而非投入,通过定量指标为主、定性指标为辅这种量质化结合的方式,深入探索县级融媒体中心发展过程中,在业务适用性、舆论引导、人才机制、薪酬体系、经营模式、网络安全等方面的一般规律和特殊现象,在更宏观的媒体融合生态视野下,挖掘社会变迁和媒体再结构的内在驱动性力量。在此基础上,做好考核评价与县级融媒体中心之间的协调联系与信息反馈,使得考核评价成果能及时传导到发展实践,而发展实践中出现的新问题新情况也能及时促成指标体系的调整更新,让这种双向建构的有效运行成为县级融媒体中心持续健康发展的内在驱动力量。

三、县级融媒体中心发展动态考核评价的指标体系

建构科学合理的考核评价指标体系,既是对县级融媒体中心进行考评的基础性工作,也是后续考评顺利进行的关键。这一指标体系应该具有很强的科学性、前瞻性,同时又能够体现动态考核和长效驱动的原则。因此,在建构指标体系时,要坚持定量指标和定性指标相结合,突出关键核心指标,选择最具代表性的典型性、约束性指标,一方面要做到重点突出、精准清晰,另一方面还要做到简便易行、可操作与可检验。通过构建合理可行的指标体系,不仅能够衡量在一定的考评期内县级融媒体中心已经"干了什么",还能够引导它们今后"应该怎么干",从而保障县级融媒体中心在未来的发展过程中能够实现高质量建设、有效率运行和可持续发展。

2018年8月,习近平总书记在全国宣传思想工作会议上要求:"要扎实抓好县级融媒体中心建设,更好引导群众、服务群众。"[①]2018年9月,中宣部在县级融媒体中心建设现场推进会上指出:"努力把县级融媒体中心建成主流舆论阵地、综合服务平台和社区服务枢纽。"[②]从这两次会议对县级融媒体中心建设的表述来看,在国家层面,建设县级融媒体中心的核心要义主要通过"引导""舆论""服务""群众"这几个关键词来体现。就县级融媒体中心的功能而言,强调其引导和服务两项功能;就其功能的作用对象而言,引导的是舆论,服务的是群众。结合媒介发展的总体趋势以及县级媒体发展的历史经验,笔者认为,这里所说的"引导"应该是指县级融媒体中心充分发挥媒体融合传播的优势,利用日常新闻报道、专项任务宣传和重大突发事件处理,对地方公众的态度、情感、意见、观念及行为进行影响和引领;而"服务"应该是指县级融媒体中心依托其特殊的身份和属性向社会公众提供能够满足其生存与发展的多种需求的行为,也就是广义上的公共服务。将县级融媒体中心的核心功能定位为"舆论引导"和"公共服务",既符合国家顶层设计的要求,也是对传统县级媒

---

① 张洋:《习近平在全国宣传思想工作会议上强调:举旗帜聚民心育新人兴文化展形象更好完成新形势下宣传思想工作使命任务》,《人民日报》2018年8月23日第1版。
② 顾春:《县级融媒体中心建设全面启动》,2018年9月22日,http://media.people.com.cn/n1/2018/0922/c40606-30308803.html。

体引导和服务功能的继承、开拓与创新。

有鉴于此,我们将引导效力和服务效力列为两个核心的一级指标。而引导与服务要能实际发挥作用,又必须具备两个基本条件:一是有效的传播,二是一定的经济基础。因此,我们又将传播效力和经营效力列为另外两个核心的一级指标。这样,我们就建构了传播效力、引导效力、服务效力和经营效力四个一级指标。"效力"一词是"效果"与"能力"的结合,它一方面是指显在的可测量的结果,另一方面也是指支撑这种结果发生的内在能力。一般而言,前者可以用定量的方法直接计算,后者则要结合定性与定量的方法加以研究后才能得出相应的结论。以下是对四个一级指标的概略性说明。

(一)传播效力指标

传播功能是县级融媒体中心作为媒体的一项最基本的功能,传播是否能够覆盖更广泛的受众,是否能够产生预期的效果,是县级融媒体中心的舆论引导、政务服务和生活服务等一系列其他功能是否能正常发挥的最根本的前提。这涉及通道、受众、内容三个方面的因素。

首先是要具备有效的传播通道。县级融媒体中心的传播通道一般包括电视、广播、报纸、网站、App、微信和微博公号以及入驻其他平台型媒体(如抖音、头条、百家等)的注册号。在这些传播通道中,传统媒体不仅受众数量在不断萎缩,影响力总体上也呈下降趋势。而在平台型媒体上的注册号,虽然点击量常有惊人的个案,但毕竟不太常见,而且也不是县级融媒体中心自己的传播平台。因此,用县级融媒体中心自建的App作为其传播通道的代表,既能体现媒体融合的本质要求,又能体现移动优先的发展趋势。

其次是要覆盖尽可能多的受众。电视的收视率、广播的收听率、报纸的发行量、网站和平台小号的点击率等,都可以作为衡量受众覆盖率的标准。但根据调查的情况来看,县域范围的报纸往往发行量非常有限;电视和广播的覆盖面虽然很广,但只有在特定情况下才有较高的收视率和收听率,而在平时则开机率和利用率不高;平台型媒体的注册号虽有时点击率惊人,但毕竟不都是本地用户,且高点击率的情况并不常见。因此,用县级融媒体中心自建的App来衡量受众覆盖面更具有代表性。

再次是能提供足够数量的内容以及内容质量要有一定的保障。在具备传播通道的前提下,"内容为王"的规律就会得到充分的体现。没有足够数量的内容,无论是传统媒体还是新媒体,都无法对受众形成吸引力。然而,如果没有优质的内容,即使内容数量众多,也无法真正吸引受众;且从长期来看,越是优质的内容才越能形成稳定和忠实的受众群。从内容的来源来看,又可分为原创和转载(播、摘、用)两大类,只有前者才能衡量县级融媒体中心自身的内容生产能力和内容生产的可持续性。内容的质量无法靠定量的方法简单进行统计,只能靠定性评价,而各级各类评奖可以为衡量内容的质量提供一个直接的参照。

根据上述逻辑,我们在传播效力指标下设立了"App注册用户比""内容生产数量""单条内容点击率""内容获奖数及等级"四个二级指标。

(二) 引导效力指标

县级融媒体中心的引导功能具体而言是指其舆论引导功能,有人把舆论比喻为"飘扬在社会意识领域里的'气团'"[①],这些气团若不加以疏导,很容易集结而形成"乌云"。这种精神层面的意识流具有很强的扩张性,这种扩张性若不能实现外在的显性扩散便会转变为一种内在的隐性渗透,这种潜移默化的渗透是无法通过外在力量进行干预的。因而,融媒体时代的公众舆论不能仅仅靠监督或封堵,而必须加以有效的引导。所以,县级融媒体中心作为"打通舆论引导最后一公里"的主阵地,为实现"更好引导群众",其核心功能之一必须是"舆论引导功能"。舆论引导功能是县级融媒体中心对以往县级媒体舆论动员、舆论宣传、舆论导向的有效继承。与传统县级媒体的舆论引导相比,县级融媒体中心的舆论引导作用对象的性质和范围发生了变化,引导手段和引导方式更加丰富灵活,同时引导效果变得可测可控。[②] 要正确、有效地发挥县级融媒体中心舆论引导的效果和能力,需要重视以下三种引导方式。

首先,坚持常规性新闻舆论引导。具体而言:一是在理念上坚持党性和人民性一致原则,将它们与遵循新闻价值规律有机统一起来。换言之,就是要将本地在党和政府领导下所取得的最能反映时代和社会发展变化、最受基层百姓关注并且真正有新闻价值的新事物、新做法、新经验等迅速报道出来,从而达到增强信心、鼓舞士气和凝聚民心的作用。二是在业务操作上要在单个新闻报道的事实选择和样式上多下功夫,更要在发挥融媒体优势进行融合新

---

① 刘建明:《社会舆论原理》,北京:华夏出版社,2002年,第79页。
② 马俊:《继承与创新:县级融媒体中心核心功能的新思维》,《当代传播》2020年第4期,第69页。

报道上多做文章。县级融媒体中心将各种传统媒体和新媒体的特性融合起来,这正是其相对于传统媒体的优势所在,只有融媒体新闻产品才能适应它的传播需要,也才能取得更好的舆论引导效果。这种融媒体新闻产品尤其要"大力调整宣传话语体系,以更富有活力的新话,更淳朴、更贴近生活、更切实的短话传播主流声音,以受众喜闻乐见的、朴实无华的文风取得更好的正面宣传效果"①。三是要防止片面理解正面宣传的含义,只报喜不报忧,将舆论监督与舆论引导截然对立起来。要善于利用新闻舆论监督这一利器,回应民众关切,批评不良现象,化解矛盾纠纷,促成问题解决,这样才能为日常新闻舆论引导奠定公众信任基础和营造良好的实践氛围。

其次,重视任务性专项宣传引导。具体而言,一是要及时、准确、高效地将中央、上级省和市的各项路线、方针、政策、法律、法规以及重要会议精神等传递给广大人民群众,使群众能够听到党和政府的声音、感受到党和政府的温暖,确保"上情"顺畅"下达"。二是要积极主动地对上述各项内容进行多方位和深层次的解读,让群众在认识上真正理解它们,在行动上愿意接受它们。三是要结合本地域在落实上级精神、弘扬社会正气、促进社会发展、维护稳定团结等方面涌现出的先进事迹、成功经验,进行有针对性的报道宣传,力争良好的宣传效果。

最后,利用重大突发事件进行引导。具体而言,一是要改进和优化重大突发事件的快速新闻报道机制,压缩谣言的传播空间。正如李普曼所言:"很自然,在事件有了某种形态,能够加以报道时,也就有了产生广泛的舆论分歧的空间。"②所以要完善重大新闻的快速报道机制,牢牢掌握舆论引导的话语权和主动权。二是在制作和传播重大突发事件新闻时,一定要在认真调查事实、严格核实内容、充分了解民意的基础上进行报道或转发,在尊重事实的基础上尽量不与多数意见发生直接的碰撞。在此过程中,还要建立和完善其舆情监测和应对机制,从而形成县级融媒体中心全链条的舆论引导功能。③

根据县级融媒体中心舆论引导有效发挥的方式和手段,其引导效力指标又可进一步分解为"公信力""影响力""重大事项宣传力"和"舆情监测力"四个二级指标。

---

① 朱清河:《"正面宣传为主"话语体系的历史构建与实践要义》,《学术界》2019年第7期,第24页。
② 沃尔特·李普曼:《公众舆论》,阎克文、江红译,上海:上海人民出版社,2006年,第244页。
③ 丁和根:《县级融媒体中心核心功能的实践路径与保障条件探析》,《南京师范大学学报》2020年第4期,第134-135页。

（三）服务效力指标

县级融媒体中心的建设不但整合了地方报纸、广播电视和各类基层网站，也聚合了各种生活服务平台，更是引入了大数据、人工智能、云计算等技术手段，为公众提供了多元化的服务，可以实现从单一服务向综合服务的转变。它不但有效继承了传统基层媒体的基础服务功能，同时有力拓展了基层门户网站、网络平台的政务服务功能。而最关键、最重要的是，它可以利用自身的官方属性和融媒体平台的新媒体技术属性，发展出其典型的公共服务功能。县级融媒体中心这种多层次、全方位的服务可以定义为广义的公共服务，具体而言，县级融媒体中心服务功能的效力应该从以下三个层面进行考察。

第一个层面是一般性基础服务，它是对基层传统媒体服务功能的有效继承。具体包括：通过多种方式为公众提供政治、经济、文化、教育、娱乐等不同类型的信息，满足公众对各类信息全方位需求的信息服务；通过整合社会资源，为公众提供教育、医疗、法律、娱乐和衣、食、住、行等基本生活保障的生活服务；通过对数据的整合与挖掘，实现区域内生产和消费资源的有效配置，提升县级融媒体中心产业服务的效度和力度的产业服务。一般性基础服务是公众最为关心的社会服务，所以提供全方位的基础服务是提高县级融媒体中心受众黏性和用户使用率的根本保障，也是提升县级融媒体中心满意度的重要渠道。

第二个层面是政务服务，它是对基层门户网站、网络平台政务服务的有力拓展。这里所说的政务服务是指县级政府、相关部门及事业单位根据法律法规，通过政务服务平台为社会团体、企事业单位和个人提供的许可、确认、裁决、奖励、处罚等行政服务；政务服务也要求政府部门利用服务平台和门户网站进行政务公开，接受公众的监督和批评，让公众有效地参与到公共事务的决策中来。这就要求县级融媒体中心利用官方属性，尽量聚合县域各政府机构的服务端口，使广大群众能在县级融媒体中心的App上一站式完成县域内的各种行政事务；县级融媒体中心还可以利用省级官方平台，对省市级的行政事务网络办事端口进行链接，尽量做到群众少跑腿、信息多跑路。

第三个层面是典型的公共服务，它是对县级融媒体中心"服务群众"要求的创造性发展。这里所说的典型的公共服务是指县级融媒体中心利用其官方属性和技术优势，通过整合社会公共资源、搭建参政平台、引入监管机制等措施，提升政府公共事务决策科学化和民主化的社会性服务。具体而言，是指其在公共政策的制定和实施过程中，在民意搜集、公众讨论、政府决策、政策实施、效果反馈等环节所体现的服务。县级融媒体中心作为政府服务、引导、管理群众的平台和窗口，有责任、有义务、有条件在县级政府公共事务、公共政策的决策和执行中做好服务工作。包括：① 进行民意收集。当县级政府需要启动某项重大民生工程或制定某项重要政策之前，需要利用县级融媒体中心的信息发布和互动功能，在对其进行大力宣传的基础上广泛收集各方民众的意见和态度，并将它们提供给政府及其相关部门作为调整决策和行动方案时的参考。② 组织公众讨论。将调整后的决策或行动预案发布到融媒体平台上，引导公众进行讨论，检验其可行性，协助政府及相关部门形成执行方案。③ 跟进推广宣传。对已经形成的决策和执行方案进行推广宣传，引导各利益相关方加深理解、获得支持、克服困难、推动落实。④ 重视效果反馈。对于已经实施的政策或行动，融媒体平台利用其留言、评论、跟帖等功能，广泛搜集落实情况，辅助政府及相关部门及时掌握变化动态，以采取科学合理的应对措施。

根据县级融媒体中心服务功能的内涵及其具体评价方式，县级融媒体中心服务效力包含服务端口数、用户使用率、用户满意度和用户美誉度四个二级指标。

（四）经营效力指标

县级融媒体中心作为国家层面推行的基层媒体改革的一项重要举措，官方属性决定了其在运营上是以财政拨款为主，但从目前已建成的县级融媒体中心的运营状况来看，仅靠财政拨款会在很大程度上限制县级融媒体中心的发展，不利于县级融媒体中心核心功能的有效发挥。因而，通过适度有效的经营，既可以保证县级融媒体中心内部的有效运营，也能使其更广泛地接触市场和受众，更广泛地服务受众。具体而言，可以从以下几个方面判断县级融媒体中心经营的效果和能力。

首先，县级融媒体中心所经营业务和服务市场的范围。县级融媒体中心由于其特殊的定位，其主要的服务对象是县域内的各级受众，因此对于县级融媒体中心而言，其受众市场必定以县域内的受众为主体，但对于县级融媒体中心的广告市场而言，较窄的受众市场会影响县级融媒体中心的二次售卖，所以其广告市场的收入就会相对较低。因此，县级融媒体中心经营市场的范围是评价其经营状况的重要指标，这就要求县级融媒体中心利用各种资源与优势，不断拓展业务范围和类型。具体而言，就是要：① 立足融媒体资源拓展延伸业务。延伸业务实际上就是融媒体中心各种资源的变现途径，通过经营部门的桥梁作用实现了市场与媒体的双赢。延伸业务的开展也使媒体突破了主要依靠经营人员进行创收的运作模式,让融媒体中心的每一个工作人员都参与到经营中来,不仅增加了县级融媒体中心的收入,调动了一线人员的积极性,更重要的是提高了媒体的资源利用效率,扩展了县级融媒体中心直接从事的业务范围,通过多重业务的开展推动融媒体中心向县级综合智慧平台的建设目标靠近。② 依托媒体优势开发跨界业务。媒体经营的跨界业务是利用媒体的影响力和公信力发展"媒体+行业"的经营模式,与其他行业深度合作,优势互补。跨界业务与延伸业务的最大区别就在于此类业务的开展并不需要县级融媒体中心采编业务人员的直接参与,主要依靠经营人员。在某种程度上跨界业务只是"借名",业务开展独立于县级融媒体中心,通常需要成立专门公司来运作。由于跨界业务不需要过度依赖融媒中心的资源,所以业务类型百花齐放。③ 借助跨区域联合开拓业务市场。区县经济体量较小,人口流动不大,市场需求很容易饱和,县级融媒体中心的经营业务发展到一定规模后往往会遭遇瓶颈。由于我国媒体不能跨行政区域开展业务,对于县级媒体来说不可能通过自身的力量拓宽市场,只能依靠媒体之间的跨区域联合,通过共享各自的覆盖区域来扩大市场范围。一般来说,县级融媒体都根据"相邻"原则进行跨区域联合,打造"片状"联盟,因为相邻地域的受众在生活、消费、文化等方面比较相近,市场容易一体化。①

其次,县级融媒体中心经营性收入的总量以及经营性收入占其总收入的比例。如前文多次所提,县级融媒体中心由于其特殊的官方身份和行业定位,几乎所有已建成的县级融媒体中心的前期投资都是依靠政府财政投资,并且大多数县级融媒体中心在后期的运营过程中仍然依靠财政拨款维系,在具体的媒体经营方面大多数县级融媒体中心存在经营方向不明确、平台协调度不够、媒体经营积极性不强等问题。因此,能否将靠输血维系转变为造血发展成为判断一个县级融媒体中心运营状况的重要指标。由于不同地区县级融媒体中心的规模大小不一,经济发展程度也有别,因此不但要从县级融媒体中心经营收入的总量判断其经营状况,还要看经营性收入占其总收入(财政拨款、其他投资和经营收入的总和)的百分比。具体而言,为了提高县级融媒体中心经营性收入的总量与百分比,县级融媒体中心要做到:① 确定融合发展的经营

---

① 张博:《县级融媒体中心经营模式的转型路径》,《中国广播电视学刊》2020年第12期,第109页。

目标。要把经营目标细化为一个个切实可行的项目,例如,县级融媒体中心在开展"中央厨房"建设项目过程中,可以将有效布局"两微一端多屏",支持全网数据抓取、本地舆情监控、在线移动采编、远程视频连线、内容生产调度、内部考核统计等功能,覆盖内容选题、生产调度、信息发布、效果反馈、考核追踪等业务全流程的综合性融媒体平台作为项目的目标,为项目建设的有序开展提供明确的方向指导。② 开展媒体平台深度融合。需要做到推动平台高、精、准发展。县级融媒体中心要以用户的关注度为导向对各类型平台的优势、劣势进行深入、细致分析,从中获得真正符合融媒体发展的平台,将其作为平台开发的重点。还需要提高平台经营的开放性、兼容性。县级融媒体中心在平台经营中,要摒弃以往的传统媒体发展思想,确立开放、兼容的媒体发展理念,在汲取广播电视台长期发展经验的同时,深入学习微信、微博、客户端等网络新媒体发展的成功经验,拓宽县级融媒体中心经营的思路和方法。①

最后,县级融媒体中心经营收入的投入产出比。因为县级融媒体中心大多是以政府财政拨款的形式建设和运营,所以其正常运营和经营性活动的前期投资都是由政府财政承担。在中国由于南北、区县等地域的差异,不同区域民众的消费能力、消费习惯,政府财政投资的力度等相差巨大。就资本市场而言,一般高产出就意味着要有高投入,因此,不能仅仅以经营性收入的绝对数量去判断县级融媒体中心的经营效力,而要综合考虑不同地域的县级融媒体中心在生产经营中的投入和产出之间的比例,也就是经济学中所说的投入产出比。具体而言,县级融媒体中心在经营业务上可以借鉴横向企业化管理,利用"项目制"和"平台化"有效推动县级融媒体中心运营由传统方式向市场化融媒体转型升级,不断提高其经营的投入产出比。"项目制"要求在人员配置上以兴趣与专长为导向,激发人员的创作积极性,增强其与项目发展的可适性,最大限度地挖掘人才的价值;在项目设置上,以用户需求为导向,有利于吸引资金注入;在经营体系上,项目制成员由中心内部人员组成,可避免媒体踏足房地产等其他不相关领域,重归媒体本身;在意识形态导向上,立足主流意识形态宣传,政治导向鲜明,在满足用户需求的同时适应意识形态建设的需要。平台化运作已成为如今互联网企业运营的核心优势,作为体制内的媒体单位,县级融媒体中心具有其他市场企业不可比拟的连接优势——行政力量。依靠县委县政府的重视,融媒体中心利用行政力量连接政务服务,打通与民生相关

---

① 李启宏:《县级融媒体的经营策略探析》,《中国传媒科技》2020年第7期,第59页。

联的政务服务渠道;同时让地方公务员成为第一批平台用户,这种首批高净值用户有利于打造平台的高站位,提升平台影响力,促进可持续发展。其后,中心再利用政务连接普通用户。当两种用户连接规模达到临界点时,经济效益自然就产生了。[1]

根据县级融媒体中心经营效力的评价方式和具体策略,县级融媒体中心经营效力又可分为市场覆盖率、年经营性收入增长率、经营性收入比和投入产出比四个二级指标。

由一级指标和细分的二级指标共同构成的指标体系,如表2-1所示:

表2-1 县级融媒体中心考核评价指标体系

一级指标	权重	二级指标
传播效力	0.25	App注册用户比
		原创内容数量
		单条内容点击率
		内容获奖数及等级
引导效力	0.25	公信力
		影响力
		重大事项宣传力
		舆情监测力
服务效力	0.25	服务端口数
		用户使用率
		用户满意度
		用户美誉度
经营效力	0.25	市场覆盖率
		年经营性收入增长率
		经营性收入比
		投入产出比

以下是对各二级指标的释义:

App注册用户比——这里所说的App,是指县级融媒体中心自建的包含新闻传播与各类服务功能的综合性客户端。注册用户指该客户端的注册总

---

[1] 郭迎春:《县级融媒体中心运营机制探索》,《长春师范大学学报》2020年第11期,第188页。

数,注册用户比指注册用户总数与该县(市、区)人口总数之比。① 由于各县人口总数相差较大,因此用 App 注册用户比来测量各县的融合媒体发展状况更符合实际,也更具有可比性。

原创内容数量——原创内容数量是指县级融媒体中心自建的 App 上所刊发的县级融媒体中心自创内容的数量。App 作为一个信息发布平台,不但可以发布自创的信息内容,还可以转发其他平台上的信息内容,而转发内容目前是大多数县级融媒体中心自建 App 的主要输出内容。只有原创内容的数量才能真正反映一个县级融媒体中心的信息生产能力,所以以发布原创信息内容数量评价其传播效力较为科学。

单条内容点击率——点击率是指点击的次数与展现次数比,简单来说,就是有多少人看了这个界面,又有多少人点击了这个界面的比率。点击率并不是简单地点击某一内容链接的数量,因为点击量与某一内容的展现时间与平台有关,所以用点击率这个数据来体现一条信息内容创意的吸引力更科学。县级融媒体中心 App 上的原创内容,既可以通过自建 App 发布,也可以通过县级融媒体中心在各级各类平台上的公号来传播,因此,不同内容的绝对用户点击量是与其信息发布、传播平台密切相关的,所以,单条内容点击率可以更真实准确地反映出原创内容的吸引力和影响力。

内容获奖数及等级——内容获奖数及等级是指县级融媒体中心原创的新闻信息在各级各类评奖活动中所获得奖励的次数和获奖等级。如果说原创内容数量是对县级融媒体中心新闻信息生产力量上的考察,那内容获奖数及等级则是对其所生产的信息内容质上的考量。获奖数及等级能有效地判断信息内容整体质量的高低,并且是与其他媒体的信息内容在比较中进行评判,是不同于受众点击量和点击率的对信息内容质量的另一个评价标准。

公信力——县级融媒体中心的公信力是指其作为社会公共机构能够获得受众信任的能力,反映了县级融媒体中心以新闻报道为主体的信息产品被受众认可、信任乃至赞美的程度。公信力的核心是信任、信赖,而这种信任的主体是受众,媒介公信力建立在受众对媒体的信用体验和认定的基础上,所以县级融媒体中心的公信力集中反映了县级融媒体中心所服务的广大受众对其服务能力和服务效率的认可程度。

影响力——县级融媒体中心的影响力就是其能影响主流人群、代表主流

---

① 为表述简便,以下所有县级市、区统称为县。

意识、传播主流新闻、形成强大社会影响的能力。县级融媒体中心影响力的大小并不完全取决于融媒中心的体量和级别，媒体所叙述的事、所占有的理、所具备的情、所蕴含的美，作为重要元素，共同参与了其影响力的构成。

重大事项宣传力——重大事项宣传力是指县级融媒体中心对党和国家的重大决策、指示、精神以及各种突发事件的传播和引导能力。县级融媒体中心作为各级政府和广大人民群众上通下达的重要节点，作为"打通舆论引导最后一公里"的重要阵地，其必须时刻紧跟国家需要、党的需求和时代步伐，才能体现主流阵地的引导力，所以重大事项宣传力是评价县级融媒体中心引导效力的重要指标。

舆情监测力——这里所说的舆情监测力是指县级融媒体中心对互联网上公众的言论和观点进行监视和预测的能力。这些言论主要为对现实生活中某些热点、焦点问题所持的有较强影响力、倾向性的言论和观点，这些言论和观点如果持续传播、发酵并形成一定的社会影响时便成了舆情，而县级融媒体中心作为一个公众与政府交流互动的平台，要联合相关部门做好舆情的研判、引导和管控工作，因此，舆情监测力也是县级融媒体中心引导力评判的重要指标之一。

服务端口数——服务端口数是指县级融媒体中心自建App上嵌入的服务项目入口的数量。县级融媒体中心的公共服务功能需要通过各种基础性服务、政务服务和典型公共服务来实现，而每一种服务形式都需要与相应的各级政府机构通过网络端口进行有效链接，所以链接端口越多，说明县级融媒体中心可实现的服务类型越多，也就具有更强的服务效力。

用户使用率——用户使用率是指一定县域内使用县级融媒体中心自建App的受众数量占该地域受众总数的百分比。由于不同区县人口数量的差异较大，如果仅以某一县级融媒体中心App绝对用户的使用数量衡量其影响力会有一定的偏差，不能准确真实反映该App的区域影响力，而相较而言，以用户使用率来评判则更为公正。

用户满意度——用户满意度是指使用某一县级融媒体中心App的用户对该App各种功能、界面、便捷度、跳转速度、链接成功率等各项具体指标综合评价的满意程度。如果说用户使用率是受众使用某一App量上的评价标准，那用户满意度则是对其质上的考量。需要这一考量指标的原因是某些App由于其特殊性质而垄断了一些服务项目，受众只能通过这一端口办理相关事宜，所以这一县域的用户使用率自然会高，但用户使用率高的地域其用户满意度却不一定高,往往具有垄断资源的 App 其用户满意度却较低。

用户美誉度——用户美誉度是指使用某一县级融媒体中心 App 时因其能产生愉悦、舒爽等较高层次的精神满足时而对这一 App 的赞美程度。如果说用户满意度是对某一 App 实用层面受众认可度的要求,那么用户美誉度则是对其审美层面受众满意度的评判。

市场覆盖率——这里所讲的市场覆盖率是指某一县级融媒体中心经营活动在这一区域内所涵盖市场占该地区相关总市场的百分比。市场覆盖率能避免因不同地域市场总量大小的差异而对县级融媒体中心经营效力的评判误差。

年经营性收入增长率——考核年度的经营性总收入与上年度经营性总收入的比率。经营性总收入是对某一县级融媒体中心经营效力的整体性判断指标,反映的是该县级融媒体中心生产经营的绝对能力,因此需要用动态的增长率进行衡量,并且由于此指标的影响因素较多,因此需要配合其他指标共同使用。

经营性收入比——经营性收入比是指某一县级融媒体中心经营性收入占其总收入的百分比。由于不同地区的经济、县级融媒体中心的规模等差异,其整体经营能力的差异较大,而相应的政府财政投资的差异也较大,因此以经营性收入比评判其经营效力可以避免地域、经济发展不平衡所造成的误差。

投入产出比——投入产出比也称投入产出率,是指县级融媒体中心某一项目全部投资与运行寿命期内产出的增加值总和之比。这里的"投入"是指全部静态投资额,"产出"是指全部运行寿命期内各年增加值的总和,其数值越小,表明投入产出效果越好。投入产出比是衡量县级融媒体中心经营效力的一个静态指标。

以后还可以在应用实践中将二级指标再细分为若干三级指标,并对每个二级指标和三级指标进行权重赋值。权重赋值方法拟采用德尔菲法通过向 20～30 位选定的业界和学界专家征询意见,经过三轮的咨询与反馈,最终获得具有统计意义的判断结果。再根据层次分析法,将专家的评分值按照原始评分时各专家的权重进行测算,再分别计算专家意见协调程度以及指标权重,得到最终结果。其中,专家意见协调程度指各指标评价结果的变异系数。该系数代表专家之间意见的波动程度,变异系数越小,则说明专家的协调程度越高。其计算公式为:

$$V_j = \frac{\sigma_j}{M_j}$$

其中 σ_j 表示 j 指数的标准差；M_j 表示 j 指数的均值。

$$\sigma_j = \frac{\sqrt{\sum_{i=1}^{mi}(C_{ij} - M_j)^2}}{m_j}$$

其中，mi 表示参加 j 指数评价的专家数，C_{ij} 表示 i 专家对 j 指标的评分值。最终经过计算，可得出各级指标可运用的实际权重。

四、县级融媒体中心发展动态考核评价的实施办法

认识到对县级融媒体中心进行动态考核在科学评价、示范带动和促进管理等方面所具有的重要意义，明确考核的客观性、前瞻性、动态性等原则，建构出传播效力、引导效力、服务效力和经营效力的评价指标体系，是对县级融媒体中心进行客观有效考评的理论基础。除此之外，还需要制定实施动态考核评价的办法，以使整个考评工作能在可操作、可落实的轨道上进行。实施办法需要对实施主体、考核对象、操作步骤及方法等三大方面的问题作出清晰的界定。

（一）实施主体

本研究所提出的县级融媒体中心发展动态考核评价体系，应由省委宣传部作为实施主体。这主要是基于以下两个方面的考虑。

一方面，由省委宣传部负责牵头实施考核，具有合理的政治制度依据。2018年8月，习近平总书记在全国宣传思想工作会议上发表重要讲话，指出"要扎实抓好县级融媒体中心建设，更好引导群众、服务群众"。同年9月，中宣部召开了县级融媒体中心建设现场推进会，深入贯彻落实习近平总书记在全国宣传思想工作会议上的重要讲话精神，总结交流各地经验做法，对在全国范围推进县级融媒体中心建设作出部署安排，要求2020年底基本实现在全国的全覆盖。2019年1月15日，中宣部和国家广播电视总局联合发布了《县级融媒体中心建设规范》，指出县级融媒体中心是整合县级广播电视、报刊、新媒体等资源，开展媒体服务、党建服务、政务服务、公共服务、增值服务等业务的融合媒体平台。要求县级融媒体中心整合县级媒体资源，巩固壮大主流思想

舆论，不断提高县级媒体的传播力、引导力、影响力、公信力。中宣部作为意识形态的主管部门，代表中央对县级融媒体中心的建设进行顶层设计，指明宣传思想与工作方法，也是县级融媒体中心建设和发展的政策制定和实施的指导者，对县级融媒体中心的建设与发展负有领导责任。因此，从理论上讲，中宣部是县级融媒体建设的领导和指导者，而各省的省委宣传部则相应地对本省内各县级融媒体中心的建设和发展负有直接的领导和指导责任，由省委宣传部牵头对县级融媒体中心进行考核评价，具有充分的政治制度依据。

另一方面，由省委宣传部牵头负责实施考评，便于从宏观上集聚党政各部门的资源，更好地统筹全局来落实中央顶层设计的战略意图。县级融媒体中心建设是一项国家战略，根据党管媒体的原则和制度安排，参照中央三台及省级广播电视合并后的隶属关系，新建立的县级融媒体中心由当地县委宣传部管理。在县级融媒体中心的实际运作中，大量新闻消息与政务活动报道来源于县级党委、政府以及县委宣传部门，存在密切的内部关联关系。一般而言，各地县委、县政府对实施改革创新持较为谨慎的态度，更多地考虑的是创新发展会不会引发新的社会矛盾与不稳定因素。因此，从宏观管理的角度而言，省委宣传部作为上级领导部门，了解全省各县的总体情况，通过对县级融媒体中心进行动态考评，统筹把握其在建设与发展过程中的各项任务完成情况，有利于将考核的目标和意图落到实处，从而在深层次上推动县级融媒体中心建设与发展的可持续性。

当然，在实施动态考评的过程中，也可借助第三方机构进行数据收集和指标计算，提供考核评价的技术支持。利用擅长大数据分析与运营的科技公司，根据指标体系所设定的各项分析指标搭建计算机系统分析模型，以便于统计分析的智能化。省委宣传部最终根据各项指标的得分，出具考核意见和发展建议等，并将考评结果反馈给各县级融媒体中心。

（二）考核对象

本研究计划针对全省范围内已经建成的所有县级融媒体中心进行全面考评，但在考评过程中拟对各县级融媒体中心进行分类后再实施考评。考虑到良好的经济基础和社会背景是县级融媒体中心发展的必备条件，同时也是衡量一家县级融媒体中心发展状况的基本参照系，因此拟将各县的GDP（国内生产总值）和人口总数作为分类的主要依据。

具体操作方法：一是按照各县GDP进行划分，排在全省前30%的县计5

分,排在中间30%的计3分,排在后30%的计1分;二是按照各县人口总数进行划分,排在全省前30%的县计5分,在中间30%的计3分,排在后30%的计1分;三是将GDP得分与人口总数得分相加,得到该县级融媒体中心所在县总得分,从10分至2分不等。若得分相同,则按照GDP排名降序排列;若GDP相同,则按照人口总数排名降序排列。

由此可以确定,第一梯队是总得分降序排名前30%的县级融媒体中心,处于经济较为发达、人口较多地区,各类物质条件、技术条件、人才资源均有一定优势,因此对它们应有更高的标准和要求,考核应更侧重于县级融媒体中心所有指标的完成情况以及自我造血能力。第二梯队是总得分排名为中间30%的县级融媒体中心,它们具有较好的建设基础与发展条件,考核应针对考察其部分有特色的指标的完成情况,重点考察各县级融媒体中心的长板,即发展特色或主营板块的运行情况。第三梯队是总得分为后30%的县级融媒体中心,它们所处的地区往往经济基础较为薄弱,或人口规模较小,在发展基础方面缺少优势,因而考核需要更注重传播效力的凸显以及短板的弥补。

通过划分三类考评对象,针对各类县级融媒体中心分别进行排名比较,不光更为科学合理,其考评结果对各县融中心也更具有说服力。

(三) 操作步骤及方法

考核评价体系的完成不可能一蹴而就,需要有一个逐步完善的过程。可以通过试点的方式,微调需要修改的指标,检验各指标的完整性、适用性和有效性,最终确定正式考核的指标体系。在指标体系确定后,可由省委宣传部成立负责相关工作的小组,辅以第三方机构进行配合,按以下步骤和方法展开具体考核工作。

第一,各县级融媒体中心进行自我评估,提交年度总结报告。对县级融媒体中心进行每年一次的固定考核,可与县级融媒体中心的年度工作安排协调起来。县级融媒体中心可对标考评的各项指标,按年度对上一年的工作进行梳理总结,撰写年度总结报告,上报给省委宣传部备考。

第二,省委宣传部委托独立第三方,对相关指标项进行数据和材料搜集。考核指标中既有县级融媒体中心可以直接汇总提交的数据材料,也有其无法直接提交的数据材料,特别是定性评价的部分指标,这就需要有针对性地专门进行调查或搜集,而这可以委托给相关机构去做。

第三,考评主体对相关数据和材料进行审核和查验。省委宣传部针对各县级融媒体中心提交上来的材料进行审核,确保资料的真实性与完整性。而对数据核查、计算、数据汇总等,也可交由第三方机构操作,省委宣传部派专人再进行监督抽查,从而整理出每个受考评县级融媒体中心各项指标的完整资料。

第四,省委宣传部组织专家组,根据评估指标体系各项指标的权重对各参评单位进行打分。首先按照分类标准,对三类县级融媒体中心进行各指标之间的权重调整,确定各类县级融媒体中心的考核重点,使得同类县级融媒体中心按照统一标准进行打分并进行相应的排名。

第五,省委宣传部向各参评单位反馈考评结果,产出县级融媒体中心发展动态考核评价报告。报告应包含总体结果、指标分项得分、优劣势分析、发展建议等。这样可以帮助县级融媒体中心明确自身的成绩与不足,更明确看到需要改进和解决的问题,更有利于制定下一步的工作计划。同时,对省委宣传部和地方党委政府而言,也会使其更深入地了解情况,更规范地进行宏观和微观的管理。

第六,根据考评结果对优秀的单位进行奖励,对发展不理想的单位提出整改建议。省委宣传部可通过专项建设资金等方式对考评优秀的单位进行奖励,以起到示范带动作用;地方党委和政府也可以将考核指标的完成情况与政府财政资金支持的情况进行动态挂钩,使财政资金的投入更有针对性和精准性,用奖励性杠杆助力县级融媒体中心的发展。

(主要撰稿人:丁和根　参与写作:马俊、潘雨荷、姜雪、张婕)

第三章
县级融媒体中心助推基层社会治理建设研究

社会治理是国家治理的有机组成部分,基层社会治理则是社会治理的重中之重,只有从根本上解决了基层社会治理现代化问题,国家治理现代化才能落到实处,而媒体在这一过程中起着关键且不可替代的作用。长期以来,我国主流媒体在传播新闻信息、坚守舆论阵地、传承知识文化、促进经济建设等方面,一直扮演着重要角色。讨论媒体介入基层社会治理是国家治理现代化研究中的一个新话题。在社会治理的新语境中,媒体的角色发生了怎样的变化?在介入基层社会治理过程中,媒体的现实表现如何?在未来的操作实践中,媒体又可以从哪些维度更有效地参与其中?这些都是本章试图探寻答案的问题。

一、县级融媒体中心介入基层社会治理的理论空间

(一) 社会治理语境中的融媒体角色演进

角色与其功能是一体两分的关系,在大众传播发展史研究中,关于媒体社会角色的探讨主要就是围绕大众传播功能来展开的。最早的经典论述是美国著名政治学家、传播学奠基人之一拉斯韦尔所提出的大众传播三功能说。他认为:"任何过程都可以从结构和功能两个方面研究,我们的分析将探讨传播带来的某些特定功能。其中明显可区分的功能有:① 监视环境;② 使社会各

部分在对环境作出反应时相互关联;③ 使社会遗产代代相传。"①这通常被概括为大众传播的环境监视、社会协调和文化传承三大功能。其后,传播学家赖特、社会学家德弗勒、经济学家博尔廷等都从不同侧面对此进行了修正或补充。在此基础上,传播学集大成者施拉姆及其合作者波特对大众传播的社会功能做了归纳总结,共有以下三个大的方面。一是政治功能,包括"监测(收集情报)","协调(解释情报;制定、宣传和执行政策)","社会遗产、法律和习俗的传承"。二是经济功能,包括"关于资源及买卖机会的资讯","解释以上资讯;经济政策的制定;市场的动作与控制","经济行为的洗礼"。三是一般社会功能,包括"关于社会规范、角色等的资讯;接受或拒绝这些规范、角色等的资讯","协调公众的理解和意愿;市场控制的运行","关于社会规范和角色规矩向新社会成员的传承","娱乐功能(休闲活动,工作和现实问题中得到解脱,无意为之的学习,社会化)"②。虽然还有其他学者对这个问题进行过阐述,但总体上并没有超出这个范围。

如果换成从发挥这些功能的主体角度来看,以上内容也正是大众传媒所要扮演的社会角色的内涵。这种社会角色可以概括为:一是新闻与其他信息的生产和传播者,它需要在瞬息万变的环境中选择有价值的新闻和其他信息进行专业化的生产与传播;二是利用舆论影响意识形态的运作者,它既可以反映民意也可以引导民意,从而进行舆论引导、舆论监督或社会管理;三是文化与知识的传承、推广与普及者,其中核心任务是进行文化传统和社会规范的传播与教育;四是社会服务与民众娱乐的提供者,主要是通过公共服务和生活服务为受众提供具体的帮助和指导,通过轻松娱乐的内容产品丰富人们的日常生活与精神世界;五是经济生活的参与和推动者,主要是指媒体作为信息传播中介并且自身也作为市场主体直接或间接地促进国家的经济运行。

中国共产党领导下的媒体既有与世界范围内媒体发展普遍性相一致的一面,又有着自己的特殊运行轨迹。在革命战争年代,媒体主要扮演革命的宣传者和组织者的角色;新中国成立后至改革开放前,媒体扮演的角色主要是政治动员的工具;改革开放以来,媒体在继续充当党和政府喉舌的同时也开始走市场化发展之路,其作为经济组织和市场主体的角色也得以彰显。总体而言,除

---

① 拉斯韦尔:《社会传播的结构与功能》,《20 世纪传播学经典文本》,张国良主编,上海:复旦大学出版社,2003 年,第 200 页。
② 威尔伯·施拉姆、威廉·波特:《传播学概论》,何道宽译,北京:中国人民大学出版社,2010 年,第 31 页。

了作为新闻(信息)传播载体和渠道的基本角色内涵一以贯之外,改革开放前它主要扮演的是政治宣传工具的角色;而改革开放以来,则变成了政治宣传主体与经济活动主体两种角色并重的局面。可见,在大众传播时代,媒体只是社会管理的一种工具而不是社会管理的主体之一。

近年来,随着新媒体的广泛普及以及国家治理(含社会治理)概念的引入,媒体的角色和功能又增添了新的时代内涵。国家领导层和学术界都对从社会治理语境与视角阐述媒体角色和功能给予了较多的关注。

2016年10月9日,习近平总书记在主持中共中央政治局第三十六次集体学习时指出:"随着互联网特别是移动互联网发展,社会治理模式正在从单向管理转向双向互动,从线下转向线上线下融合,从单纯的政府监管向更加注重社会协同治理转变";要"加快推进网络信息技术自主创新""加快用网络信息技术推进社会治理"[①]。他的讲话既揭示了互联网发展是社会治理模式转变的重要动因之一,也强调了要充分利用新媒体实现社会治理方式转变的迫切性。实际上,由于实现国家治理现代化已经成为中国共产党执政的一个重大目标,因而在国家顶层制度设计层面也包含了对传媒在国家治理中角色与功能的阐述。2019年10月31日,中共十九届四中全会通过决定,提出"要构建社会治理的新格局"。在这种新格局中,要实现"精准化与精细化的服务",特别是要"构建网上网下一体、内宣外宣联动的主流舆论格局,建立以内容建设为根本、先进技术为支撑、创新管理为保障的全媒体传播体系"[②],这其中隐含的逻辑,实际上已经将媒体特别是基于互联网的全(融)媒体当成了社会治理主体的有机组成部分。

学术界也多有这方面的讨论。例如,有学者认为:"以协同治理的眼光看,感知风险、推动应对、参与治理,就应当是在社会治理中媒体应有的角色担当。媒体的社会角色之一就是担当发现者、感知者、瞭望哨,以其发现提醒人们,以其报道和观点引导人们理性活动、理性决策,以其报道和活动促使人们情感认同、价值认同。"客观上,媒体在社会运行中,既是舆论引导者,也是社会治理参与者。媒体的活动和发现,媒体的报道和观点,既引导利益相关的社会主体和

---

① 新华社:《中共中央政治局就实施网络强国战略进行第三十六次集体学习》,2016年10月9日,http://www.gov.cn/xinwen/2016-10/09/content_5116444.htm。
② 新华社:《中共中央关于坚持和完善中国特色社会主义制度 推进国家治理体系和治理能力现代化若干重大问题的决定》,2019年11月5日,http://www.gov.cn/zhengce/2019-11/05/content_5449023.htm。

个人以民主公开、审慎理性的方式,形成认知共识和行动协同,也通过报道这种认知共识和行动协同,推动、强化协同治理的进行。① 还有学者围绕公共政策的形成和执行,探讨了县级融媒体参与基层社会治理的问题,认为它应该扮演公共政策议题的设置者和推进者、公共政策协商的组织者和动员者、公共政策价值的解释者和引导者、公共政策执行的监督者和评价者及反馈者等角色。② 这些观点无疑是新颖并有针对性的。也有不少文章在论述媒体参与社会治理的角色时,其要旨仍然只是停留在强调传统大众传播语境中媒体的新闻报道、舆论引导或舆论监督等传统角色和功能层面,而对媒体在基层社会治理过程中所能发挥的独特作用则揭示不够。

应该认识到,新的媒介生态以及国家(社会)治理现代化的特殊要求,已经对媒体形成了一些新的角色期待。媒体除了继续发挥在传统语境中所能发挥的作用外,从基层社会治理这一特定语境和视角来说,还需要扮演以下新的角色。

一是社会对话的组织者。社会治理现代化的核心要义是要形成多元主体共建共治共享的新格局,这就必然涉及多主体之间的沟通和交流,当有公共议题需要讨论、政府与公众之间需要民主商议时,就需要形成有效的社会对话,以谋求较为广泛的共识。传统的大众传播模式无法承担这样的使命,因为它更强调的是单向性传播,缺乏充分的双向互动。而新媒体和新型的融媒体平台却可以较好地满足这种需要。县级融媒体中心这样的融媒体平台虽然仍是党和政府的喉舌,但它不再仅仅强调政治宣传的工具角色,它与公众(受众、用户)之间由于市场的纽带也形成了经济学意义上的交易关系。相较于过去政府与民众的管理与被管理关系,它与用户之间更偏向于服务与被服务的关系,它能比政府更感同身受地体会到公众的利益诉求,也能比公众更好地理解政府的管理目的,在组织社会对话过程中,媒体能"更好地理解政府与公众不同的运作逻辑,从而超越具体分歧,打开对话通道,创设对话语境"③,实现主体角色与工具角色的有机统一。

二是社会冲突的减压者。经过四十多年的改革开放,中国已经进入崭新的发展时代,但现代社会作为风险社会的诸多特征在我国同样存在,社会转型

---

① 陆小华:《风险感知与协同治理:社会治理中的媒体角色》,《中国广播》2020年第8期,第5-9页。
② 罗昕、蔡雨婷:《县级融媒体创新基层社会治理的模式构建》,《新闻与写作》2020年第3期,第48-55页。
③ 刘畅:《媒体在社会治理中的主体性探析》,《编辑之友》2019年第5期,第61-66页。

的任务在我国还没有彻底完成,人民群众在就业、教育、医疗、养老、环境、安全等方面仍面临不少挑战,各种社会矛盾和问题交织叠加,导致多种类型的危机舆情时有发生,这些都对国家治理体系和治理能力形成较大的挑战。媒体在应对舆情、化解冲突过程中,可以发挥作用的空间很大。除了可以加强日常的新闻舆论引导,还可以在融媒体平台中置入舆情预警系统,即时了解舆情演化的动态和趋向,为政府相关部门或涉事主体提供应对舆情的信息参照。一旦舆情演化成了危机性事件,则往往意味着社会冲突的发生,这时媒体所能扮演的角色就不仅是危机处理信息的发布中介,它还可以通过对危机事件进行权威性定义,向公众传达党和政府对事件的态度,适时向社会公开事件解决的方案,从而达到协助党和政府稳定民心、减弱甚至化解冲突的效果。

三是社会协同的链接者。习近平总书记在中共十九大报告中指出,要"打造共建共治共享的社会治理格局。加强社会治理制度建设,完善党委领导、政府负责、社会协同、公众参与、法治保障的社会治理体制,提高社会治理社会化、法治化、智能化、专业化水平"[1]。多主体协同共治是现代社会治理的精髓,其中的关键是不同主体之间的协同性能否建立起来。社会协同的第一步是信息的充分交互传播,在此基础上形成多元主体对某一事件的价值认同,最终形成解决问题的共识和措施。在这方面,新媒体或融媒体的互联网基因和特性,正好使其能够扮演多元主体间关系链接者的角色,它可以"将自下而上、联通各界的信息采集、加工、发布流程和实时反馈机制,引入基层治理,推动信息时代认知规律、传播规律、交互规律与传统政务管理的有效融合,使治理活动成为上下联动、各方协同、实时交互、反馈畅通、公开透明的新形态政务活动"[2]。社会治理视域的社会协同不光表现为多元主体之间的协同,也表现为不同层级媒体之间的协同。央媒、省媒、地市级媒体和县级媒体之间,可以"通过深化区域垂直协同合作形成区域内各级融媒体间智力、技术、渠道等资源共享,建立基层社会治理的区域化传播支持和援助体系,形成区域化媒体传播力上下凝聚和贯通的良好格局"[3]。

---

[1] 习近平:《决胜全面建成小康社会夺取新时代中国特色社会主义伟大胜利——在中国共产党第十九次全国代表大会上的报告》,2017年10月27日,http://www.gov.cn/zhuanti/2017-10/27/content_5234876.htm。

[2] 赵乐韵:《推进县级融媒体中心建设更好服务基层社会治理》,《国家治理》2019年第22期,第25-27页。

[3] 关琼严、李彬:《嵌入基层:县级媒体融合实践的治理转向及优化策略》,《出版广角》2020年第19期,第10-12页。

四是社会信任的催化者。人与人之间如果缺乏信任,就无法进行正常交往。同样地,一个社会如果没有普遍的信任,也必然会如同一盘散沙。信任既有微观层面的个人之间的信任,也有中观层面的社会群体和宏观层面的广大民众之间的社会信任。社会信任是社会治理的必要条件,催化广泛的社会信任是媒体在社会治理现代化过程中的重要历史使命。按著名社会学家齐美尔的观点,信任来自互动,而互动的基本形式是交换(如货币的交换)。信息的交换同样是人类互动的基本形式,如果没有充分的信息交换,社会信任的建立就无从谈起。但此处所说的信息交换与传统大众传播语境中的新闻传播有着重要的差异,它不光强调新闻或其他信息的真实性,还强调传播内容的针对性和满足需求的精准性,更强调传受主体之间的平等性和交互性。新型融媒体平台的用武之地正在于它可以借助各种新媒介技术,帮助基层社会治理的多元主体更及时、更精准、更均等地获取相关的信息内容,并且能够跨越圈层壁垒进行实时交流,消除观点分歧,增进彼此信任。媒体对信息结构与信息生态的建设性影响,可以对社会信任起到催化作用,这种独特角色是其他社会治理主体所不可替代的。

(二)媒介技术变迁与社会治理的现代化

1. 媒介技术变迁与社会治理现代化的内在逻辑

十九大以来,我国社会的组织架构、资源分配格局以及移动互联媒介的使用情况正在或已经发生了显著变化,无论从理论关切还是现实治理而言,社会治理,尤其是基层社会治理这一议题的关注度不断提升。媒介技术变迁带来的社会组织架构与信息交往范式的改变使得基层社会治理难度加大,信息碎片化、网民情绪化等非确定性因素增多,因此,实现社会治理的现代化转型也是国家治理体系和治理能力现代化研究的应有之义。

从2004年十六届四中全会提出"社会管理"概念到2012年党的十八大以后,我国真正开启现代意义上的"社会治理"新阶段。在这样的两个重要时间节点上,媒介技术创新带来的信息交往模式也分别发生了巨大的改变,不能不说媒介技术变迁给社会治理理念的演变带来了鲜明的时代因素和媒介因素。PC、BBS和Internet BBS相继在1996年和千禧年以惊人的速度在我国发展起来,这种信息的流通量对当时的信息体量而言无疑是巨大的,流通效率也是非常高的,更加值得关注的是BBS已经开始具备信息交互机制,而不仅仅是单向的信息流通。与此同时,我国的社会治理方式也从相对单一的由上至下的"社会管控"逐渐进入形式多样的"社会管理"阶段。2007年,全球两大智能移动终端苹果iPhone第一代智能手机与安卓系统年前头尾相继发布,这可以被看作是以两微一端、定位导航等为代表的社会治理现代化举措强有力的技术支持。无独有偶,"社会治理"概念被正式提出之前,也就是被称为微博元年的2010年,一个类似于BBS的个人言论发表平台——微博面世。在这个平台上,发布内容不需要预审,人们可以就自己关心的事情广泛关注并畅所欲言。这对比耗时费力的博客长文撰写,期盼信息高效流动的大众而言无疑极大地满足了他们发表个人观点和交流意见的需求,一时间全民微博,很多社会舆情经由微博发酵成为社会热点事件,继而引发一系列的媒体效应。"我爸是李刚"与药家鑫案在当时就快速积聚了高度的社会关注。紧接着,2011年被称为微信元年,然后经由新媒介技术的助力,公众号进入大众视野,至此两微一端成为全社会信息流通的联通站。由此,微信语音通信、公众号、短视频等深深嵌入我们的日常和各类组织的各种架构之中,对社会生活的渗透力和影响力正逐步扩大。由图3.1我们可以看出,每一次的媒介技术变迁都会带来社会治理理念的演变,并且这种经由媒介技术变迁引发的媒介使用变化作用于社会治理理念演变的时间间距越来越短,影响力却越来越大。

图 3-1 媒介变迁与社会治理理念演变时间轴

广泛应用的新媒介技术由点带面地影响着我国社会生活的方方面面并逐步形塑了当代中国发展的新形态,成为社会治理现代化的有力抓手。2022年2月发布的CNNIC第49次《中国互联网络发展状况统计报告》显示,截至2021年12月,我国网民规模达10.32亿,互联网普及率达73%[①]。"在网络基础资源方面,截至2021年12月,我国域名总数达3593万个,IPv6地址数量达63052块/32,同比增长9.4%;移动通信网络IPv6流量占比已经达到35.15%";"我国现有行政村已全面实现'村村通宽带',贫困地区通信难等问

---

① 中国互联网络信息中心:第49次《中国互联网络发展状况统计报告》,2022年4月1日,http://www.cnnic.net.cn/n4/2022/0401/c88-1131.html。

题得到历史性解决。我国农村网民规模已达 2.84 亿,农村地区互联网普及率为 57.6%,较 2020 年 12 月提升 1.7 个百分点"。未来,互联网在促进经济转型、社会治理、国际合作等方面还将进一步发挥更重要的作用。由此可见,新媒介技术对公众信息流通、文化传承和社会交流方式影响巨大,因而在不断改变的社会治理的条件与环境下,新媒介技术也会逐步成为社会治理现代化的重要技术支撑和常态化技术手段。

2. 社会治理现代化与数字乡村发展的时代聚焦

(1) 社会治理现代化与新媒介技术变迁并行,是中国特色社会主义现代化建设的必然选择。

在各路资本的持续加推下,新一代信息技术创新和应用空前活跃,新技术、新产品、新模式不断推动着全球经济格局和产业形态快速变革。新中国成立以来,由于特殊的历史原因,我国的工业发展以农业发展为代价,使得农村发展一直明显落后于城镇。尽管社会发展的大方向是城乡一体化,但似乎城乡间的鸿沟在不断扩大,区域差异也十分明显。农村基本公共服务供给总量有限且存在严重质量失衡。而相比城市居民,农村居民的法律意识、监督意识薄弱,无法促进诸如此类的公共服务不断完善,导致城乡"数字鸿沟"不断加大,并陷入恶性循环。在物价与货币购买力双双提升的背景下,农产品价格甚至出现二十年不变之怪现象。当下,结合全球疫情,我国的国情和农情,我国亟须进一步发掘数字信息在社会治理,尤其是在巩固脱贫成果、建设数字乡村中的巨大潜力。在这样的时间节点上,以人工智能、大数据、物联网为代表的现代信息技术的创新应用,不仅是当下社会治理现代化的有力抓手,更是弥补农业现代化短板、实现农村经济提档升级的重要突破口。

在《关于全面深化改革若干重大问题的决定》中,"社会治理"取代"社会管理"显示出中国共产党执政理念的重大转变。[①] 党的十九届四中全会突出强调"社会治理是国家治理的重要方面",丰富了社会治理现代化的内涵,提出了重大创新性要求,首次明确要求"坚持和完善共建共治共享的社会治理制度"[②],就是希望借力新媒介技术手段充分调动多元社会主体及其拥有的资

---

① 国际在线:《加快推进社会治理现代化(深入学习贯彻习近平新时代中国特色社会主义思想)》,2019 年 5 月 21 日,https://baijiahao.baidu.com/s?id=1634103206312181668&wfr=spider&for=pc。
② 人民网:《大力推进社会治理现代化》,2020 年 2 月 19 日,https://baijiahao.baidu.com/s?id=1658922369498200425&wfr=spider&for=pc。

源,建构人人有责、人人尽责、人人享有的社会治理共同体。

《中共中央国务院关于实施乡村振兴战略的意见》中明确提出举全党全国全社会之力,以更大的决心、更明确的目标、更有力的举措,推动农业全面升级、农村全面进步、农民全面发展,谱写新时代乡村全面振兴新篇章。[①] 我国的"十三五"规划提出了创新、协调、绿色、开放、共享五大发展理念。新的发展理念进一步服务城乡一体化战略,利用新媒介技术赋能数字乡村建设成为其中应有之义。

高速更新迭代的新媒介技术给社会发展带来了前所未有的新机遇,智慧城市、数字乡村、智能政务等新兴概念不断涌现。新媒介技术驱动的新媒介发展使得官民互动、线上线下互动成为现实,多元的社会治理结构逐步形成。这不仅有效保障了公众参加社会治理的权益,还提升了公众投身社会治理的热情,在推进政府信息公开、丰富舆论反馈渠道、拓宽权力监督路径方面发挥了积极的作用。

通过技术驱动变革供给方式,优化资源配置效率可以精准满足基层发展需求,只是还需要一个从量变到质变的过程。数字化的技术方案作为现如今的最优解决方案,在构建社会治理协同体系,实现线上线下联动,形成共建共治共享的社会治理格局方面是值得期待的,也是中国特色社会主义现代化建设的必然选择。

(2) 数字乡村不仅是建设数字中国的重要组成部分,还是国家实现乡村振兴、国家治理现代化的重要途径。

近年来,随着信息技术的发展与移动互联网的广泛普及,数字信息成为重要的生产、生活要素,数字经济作为一种新的经济形态日益成为全球经济发展的重要引擎。

乡村作为具有自然、社会、经济特征的地域综合体,兼具生产、生活、生态、文化等多重功能,是人类活动的主要空间之一。健全乡村治理体系,有利于打造共建共治共享的现代社会治理格局,推进国家治理体系和治理能力现代化。伴随着互联网的不断发展,新媒介技术和数字技术为乡村振兴提供了新动力与新助力。为进一步贯彻落实《中共中央、国务院关于实施乡村振兴战略的意见》《乡村振兴战略规划(2018—2022年)》和《国家信息化发展战略纲要》,

---

① 央视网:《中共中央国务院关于实施乡村振兴战略的意见》,2018年2月5日,http://www.moa.gov.cn/ztzl/yhwj2018/spbd/201802/t20180205_6136480.htm。

2019年5月，中共中央办公厅、国务院办公厅印发了《数字乡村发展战略纲要》并定调数字乡村建设既是农村现代化的重要内容，也是乡村振兴的发展方向。《纲要》要求坚持农业农村优先发展，按照产业兴旺、生态宜居、乡风文明、治理有效、生活富裕的总要求，弥合城乡"数字鸿沟"，培育信息时代新农民。

新媒介技术的发展和智能终端的普及为促进乡村社会治理优化提供了时代契机。以报刊、广播为代表的传统媒介难以满足乡村场域中更多闲暇时间的媒介使用需求，而新媒介作为网络信息时代的主体力量有着更为开放的话语空间、更低门槛的信息传播以及更加便捷的使用交互，在村域传媒空间和现代化社会治理场域中扮演着越来越重要的角色。加强农村数字化建设既是对乡村振兴战略的一种回应，也为运用新媒体促进乡村社会治理创造了良好条件[1]，数字乡村建设说到底就是要发挥新媒介、新技术在乡村场域中的价值，不断探索新的乡村社会治理模式，进而全面形成"共治共建共享"的社会治理格局。这既有利于促进乡村社会的繁荣发展，也关乎我国国家治理体系和治理能力的现代化。总的说来，我国现代社会治理格局的基础和根本在乡村，只有补足乡村治理能力现代化的这一短板，才能振兴乡村，才能实现真正意义上的国家治理现代化。

3. 媒介技术变迁与社会治理现代化的实践路径

"每一历史时代的经济生产以及必然由此产生的社会结构，是该时代政治的和智慧的历史的基础。"[2]第四次信息革命引发的信息交往变革必然与新形势下社会主义特色社会治理紧密相连，全媒体时代"四全媒体"（全程媒体、全息媒体、全员媒体、全效媒体）的提出对全媒体时代做了四个层次的阐述，与社会治理现代化的四个维度有着紧密的逻辑关联。

新的媒介生态下，信息无所不在、无所不及、无人不用，导致媒体生态、信息传播方式、舆论生态发生深刻变化。社会治理是一个全方位、全体系的工作，重在一抓到底，难在一抓到底，胜在一抓到底。新冠疫情防控一线的群防群治再次凸显了国家治理现代化的紧迫性和必要性。完善的机制是社会治理的重要环节，重点要统筹和健全各项制度，强化全面协同机制，坚持实事求是

---

[1] 张志文、周定才：《新媒体促进乡村社会治理的内在逻辑与实践路径》，《新媒体研究》2021年第2期，第48页。

[2] 中国社会科学院马克思主义研究院：《马克思恩格斯列宁论意识形态》，北京：人民出版社，第70页。

和政策落实,使得居民、村民自治常态化、规范化。因此,人人须有"尽责"意识和"尽责"能力,而媒介赋权就可以为严格管控和精准施策提供一个相对动态的信息平衡条件。媒介作为社会各个单元的联通枢纽,在搭建治理平台方面具有得天独厚的优势。新的传播生态在给社会治理带来诸多不确定性因素的同时,也带来了新的技术性支持和理念创新,不断丰富并完善了社会治理的时代内涵,提供了渠道创新的无限可能。

(1)全程媒体助力现代化治理理念的创新,防范和化解风险与安全发展互进。

社会治理的对象大多在基层,特别是在社区和乡村。作为社会治理的基本单元,治理工作直面居民百姓,这需要不断跟进基层治理实践,不断完善党委领导、政府责任、民主协商、社会协调与公众参与等在内的社会治理体系。党的十九届五中全会强调"把安全发展贯穿国家发展各领域和全过程,防范和化解影响我国现代化进程的各种风险",因此让数据多跑路,通过各种技术性、平台性响应机制追踪事件进程,全程为社会治理现代化提供技术支持和全程追踪的整体视角。全程媒体可以发挥媒介的技术优势和平台优势从源头防范(事前预警、风险评估),全过程监督、化解矛盾(多元化解、事后协商、共同治理),全链条传播积极服务并深度融入实现安全发展,进而助力建设高水平"中国之治"的大格局。

(2)全员媒体促进现代化治理格局调整,共建共治共享与"治理共同体"互通。

党的十九届四中全会指出,必须加强和创新社会治理,建设人人有责、人人享有的社会治理共同体。作为社会治理共同体,每个人、每一项工作、每一个环节都在发挥不同的作用,而非一个部门或一部分人的事情。每个人都是一个独立的传播节点,每个组织都有自己的发声平台,全员媒介就是在这个层面作为现代社会的有机组成部分,广泛而深刻地改变了现代社会的方方面面。在高度媒介化的今天,媒介带来的"时间观念"和"空间观念"变得更加弥散和无方向性。现代时间成为一种点状的时间现象,伴随叙事性张力的缺失,时间已"崩塌成诸多无方向的忙乱分本飞奔的点"。因此,有学者就提出了"媒介时间",因而在当下社会治理的现代化进程中,将社会治理的时间刻度与空间维度和媒介时间进行柔性对接,更容易在时间和空间上抢占先机,做全员治理、"弥散化治理"。政社互嵌和良性互动的"多元共治"的实践范式中,最核心的就是群众路线,发动全员,"依靠群众"参与信息传播与监督管理。这样才有利于促进社会治理现代化格局的调整,从顶层设计上确立"人人有责"借助全员媒体实现"人人尽责",从而在社会治理的全链条传播上细化"社会治理共同体"的微观操作,进而实现"人人享有"的社会治理新格局。

(3) 全效媒体创新现代化治理模式,自治法治德治与"三社"互鉴。

全效媒体特质体现在它是在传播的全链条中实时调整传播范围、监测传播效果,调整传播策略的精准传播。社会治理的现代化转型需要从社会治理实践的质态入手,不断调试现代化治理模式的信度与效度,使其达到自恰。从这个意义上讲,自治法治德治是主要的治理路径,侧重管理导向,与"三社联动"(社区、社会组织、社会工作者)机制的服务导向可以借由全效媒体的运行机制并驾前行、优势互补。基层工作者在推进村委会规范化建设,开展在线组织帮扶,培养村民公共精神方面也可以借助全效媒体进行长期的帮扶与培育。① 伴随移动互联网为代表的媒介技术助力,社会治理的多元主体逐渐有意识地搭建互联互通的媒介平台,在法律允许的范围内支持并引导社会治理的相关组织和个人积极参与,这对于提升治理效能、实现自我教育、自我管理、自我服务、自我监督具有重要指导意义和实践价值。这就好比在新冠疫情的群防群控中,只有每个人都积极参与进来(这种参与可以是线下的,可以是线上的,也可以是线上线下融合的),才有可能形成同舟共济、共克时艰的合力。

(4) 全息媒体推进现代化治理传播能效,科技加持与多范式传播互联互补。

全息媒体指的是媒体传播的信息多元,形式多样,如图文、视频、游戏、AR/VR 等科技加持后的全新体验。马克思在总结巴黎公社经验时说过:"政府应执行的合理职能,不是凌驾于社会之上的机构。"在"政社互嵌结构"中,各类信息集成化、社会管理精细化,一方面,媒介技术赋能个体海量信息,对社会治理现代化提出更高要求。社会治理场域中需要足够的信息供给,这种充足不仅仅指量的突破,更需要时和质的突破。鉴于此,全息媒体不失为是在寻求质的突破上的一个很好的抓手,如优化升级全国党员干部现代远程教育,推广网络党课教育、推动党务、村务、财务三公开等。另一方面,如果社会治理主体对新媒介技术使用得当,运用数据驱动、人机协同等技术对舆情、对个体行为轨迹和消费记录后期的搜集、处理,不仅可以快速精准捕捉基层情绪,在日常工作中提高工作效能,还可以增加社会治理中的信息传递、个体参与、民主协

---

① 新华社:中共中央办公厅国务院办公厅印发《数字乡村发展战略纲要》,2019 年 5 月 16 日,http://www.gov.cn/zhengce/2019-05/16/content_5392269.htm。

商与合作监督的方式方法,通过专题规划在增加趣味性、游戏性比例的操作下引导各治理主体和客体积极参与各种自治、创建共建共享的互动模式。这不仅有效提升了自治程度,也从基层起底有效提升了治理效能。

二、县级融媒体中心参与基层社会治理的现状及问题

(一) 基本现状

1. 治理角色:基层社会治理的生力军

在不断推进国家治理体系和治理能力现代化的背景下,整个社会对于社会治理的认识也更加全面和深入。党的十九大报告指出,要加强社区治理体系建设,推动社会治理重心向基层下移,发挥社会组织作用,实现政府治理和社会调节、居民自治良性互动。这从两个方面赋予了县级融媒体在基层社会治理中更大的角色。

一方面,社会治理的主体由过去的单一政府主导转变为包括政府、公众、媒体等社会组织在内的各种社会力量共同参与、协同共治,媒体尤其是新媒体在社会治理中的优势不断突出,成为社会治理的一个重要主体;另一方面十九大报告也同时强调了社会治理要向基层下移,基层社会治理是国家治理的重要支点和抓手。而县级融媒体由于其在地性优势,可以更好地在基层社会治理中发挥作用。

在实际调研中发现,县级融媒体中心参与基层社会治理的主体意识在不断增强。如徐州市铜山区融媒体中心自2020年以来所探索的社区服务站模式,通过在社区中招募通讯员并进行专业培训,建立融媒体社群,同时开设《铜心同行》民生栏目,让社区鲜活的新闻线索快速准确地传播出去,服务社区居民,让党的政策、政府决策迅速触底,让新闻的触角直接延伸到百姓中去,实现了新闻报道与百姓之间的"零距离",在铜山区的基层社会治理中发挥着县级融媒体应有的作用。

在社会治理主体意识不断增强的前提下,加之融媒体带来的技术和体制优势,以及得天独厚的在地化优势,县级融媒体在基层社会治理中的角色日渐突出,成为基层社会治理的生力军。

2. 治理维度:多种维度助推基层治理

参照国家对于基层社会治理所下发的任务,以及结合县级融媒体中心所

进行的具体实践,县级融媒体介入基层社会治理的操作维度主要有以下三大方面,分别是助力维护基层社会稳定与安全、助力优化基层管理与公共决策、助力加强基层民主政治建设。①

社会治安是社会治理的核心内容之一,基层社会治安更是整个国家和社会稳定的基石。在社会治理语境下,媒体在社会治安领域与其他主体的合作共治有了新的对接点。这表现在一是可以协助社会治安,如我国已经建立的县级融媒体平台可以通过连通天网平台,对所在地的刑事案件、治安案件、交通违章、城管违章等信息进行实时掌握,既为新闻报道提供最及时的消息来源,又可以让相关记者跟进事件现场,协助公安部门对各类治安事件的处置;二是与社区或乡村的人民调解员合作,助力化解民事纠纷;三是改善基层信访,通过与当地信访部门合作,为上访群众提供新的反映诉求的渠道,促进政府与信访群众之间的沟通交流,使群众理有地方讲,怨有地方诉,通过早发现、早沟通、早处理,让一部分信访事件消弭于萌芽之中。

而已经基本在全国范围内建成的县级融媒体中心通过自身的数字化、技术化优势,在助力优化基层管理与公共决策中也日益发挥着更大的作用。数字化建设是优化基层管理的前沿工程,也是一项基础性的工程。县级融媒体通过自身的数字化平台基础,介入这项工程,在打通、梳理、清理、评估、架构地方数据资源以形成地方数字行政的完整数据库方面发挥作用,深度介入基层社会治理;同时这个平台也可以成为政府、社会组织、企事业单位、社区、村民委员会以及公民个体等众多基层社会治理主体交流的平台,吸引和组织各主体共同参与公共决策,推动构建共建、共治、共享的社会治理格局。

除上述这些操作维度外,县级融媒体充分发挥其新媒体技术构成的融合性媒体平台特性,充当中介,助力加强基层民主政治建设。部分县级融媒体通过在平台上为地方群众提供发言的渠道,发挥其舆论监督功能,支持群众监督;以及在平台上建立村(社)务公开的平台和机制,让村民或社区居民直接参与到基层管理之中,这些都是县级融媒体介入基层社会治理的操作维度。

3. 治理方式:基于融媒平台的功能发挥

县级融媒体中心的成立整合了县内的媒体资源,可以更好地发挥传统媒体与新兴媒体的优势,增强融媒体的竞争力。关于传统媒体的功能,传播学四

---

① 丁和根:《媒体介入基层社会治理的现状、角色与维度》,《新闻与写作》2021年第5期,第11-13页。

大奠基人之一的拉斯韦尔曾提出过大众传播的三功能说,即环境监视、社会联系与协调、社会遗产继承功能。后来,传播学者赖特又增加了"娱乐"的功能,即"四功能说"。在参与基层社会治理的实践中,县级融媒体中心在传播新闻及其他信息的基本功能之外,拓展和衍生出诸多与基层社会治理有密切关联的服务性新功能。

首先是充分利用互联网和新传播技术的特点,为公众建构虚拟网络社区,提供实时交流平台。通过这些平台,县域内的用户可以对公共事务发表看法,参与公共讨论,形成公众参与社会治理的网络场域。其次是利用公共数据资源和数据挖掘技术,为政府或公众提供相关服务。由于本来就属于县级党政系统的有机组成部分,又拥有本地政府的公共数据资源,因此部分县级融媒体中心通过加强对公共数据资源的整合利用,推动当地提供政务服务的各部门形成良好的协同效应,促进了本地政务服务和其他相关服务的便捷化、精准化与高效化。再次是在保证舆论引导的同时,加强了群众监督与舆论监督的结合,发展了网络问政等新的监督形式。如长兴县级融媒体中心自2017年以来推出的季播型融媒体舆论监督节目《直击问政》,平均收视率达到5.38。常态化开设舆论监督栏目《直击一线》,全面聚焦种种乱象,对各种问题进行曝光,督促相关单位整改。曾获评浙江省新闻名专栏的《小彤热线》,舆论监督类新闻占新闻总量的50%,充分利用全平台报料通道以及市民监督团,发挥热线和督导两大功能。[①] 长兴县级融媒体中心通过监督问政的方式,积极承担县级融媒体中心在基层社会治理当中的角色和担当,不断提升自身引导功能和服务功能。县级融媒体中心充分利用融媒体平台,发挥融媒体资源优势,在基层治理中发挥着独到且不可或缺的作用。

4. 治理效果:助力矛盾就地化解决

对于社会治理来说,大量矛盾化解在基层,化解在萌芽阶段,可以极大节约社会治理成本,促进社会整体平稳运行。而从目前县级融媒体介入社会治理的具体实践来看,县级融媒体最终发挥的理想化效果就是促进"矛盾就地化解决"。其由两步组成:先凭借服务供给的"定向增发",为基层党委政府提供更好的社会治理工具,助力"问题解决在基层"而"不上交";再借由上述服务供给过程中所积累起的用户,最大限度地整合本地资源,最终成为可以有效引导

---

① 王晓伟:《构建现代县域全媒传播体系 透视基层社会治理传媒力量——长兴传媒集团助推基层社会治理的观察思考》,《传媒评论》2021年第2期,第26页。

舆论流向的信息传播枢纽,以便能在负面舆情发生时促进"舆情消化在属地"而"不外溢"①。

在助力问题解决在基层方面,以邳州融媒体中心的"邳州云长"社会治理平台为例,该平台在全市构建起"云长制"组织体系,由市委主要领导担任市总云长,各镇街、市直部门单位主要负责人为单位云长,全市居民以镇、村(社区)为单位注册加入组织管理,企业、商户、物业、校园、场所全部上云上平台,聚焦社会治理的热点、难点问题,主要以提升用户获得感幸福感安全感为出发点,帮助用户解决操心事、烦心事。通过使基层治理覆盖每个人,实现人人数字化、管理高效化、工作可视化,形成基层社会管理"主体责任落实、信息传递实时、隐患整改及时、信息数据可视"的格局,使基层治理覆盖每个人、社情上得来、精神下得去、问题不上交、解决在基层。

在促进舆论消化在属地方面,新沂市县级融媒体中心,以大数据技术为支撑,逐步完善新沂舆情信息采集监测研判和预警,针对倾向性、苗头性问题及时编写《舆情摘报》,为社会治理提供数据依据和信息支持。同时,该中心还在不断完善舆论监督应对机制、强化舆论监督报道,明确各部门舆情收集相关责任,加强舆情收集与反馈,注重与行政部门的协同联动,及时客观反映社情民意,全程跟踪解决百姓困难。2021年1—4月,新沂市融媒体中心"心意通"平台接收反映社会问题350条,问题回复解决率95%,引导和服务群众,促进舆论消化在属地。

实践证明,县级融媒体介入基层社会治理可以在抵御社会风险、化解社会矛盾、消除社会问题、重建社会信任、增进社会团结,最大限度地凝聚社会共识,营造健康良好、运转规范的社会秩序,保障社会整体平稳运行态势方面具有重要作用。

(二) 存在问题

当然,在调研中发现,虽然目前县级融媒体中心正在成为基层社会治理的生力军,对于基层社会治理贡献着越来越多的力量,但从认识程度到具体措施的落地等方面存在着一系列的问题,仍未成为基层社会治理的主力军。

1. 认识不到位

这首先表现在不同主体对于县级融媒体的基层社会治理认识不到位。县

---

① 张诚、朱天:《县级融媒体中心嵌入社会治理路径与成效:创造公共价值与矛盾就地化解》,《中国出版》2020年第22期,第30页。

级融媒体要参与社会治理,必然需要与政府部门、社会机构等产生更深入的联系,这就需要政府支持,从合法性、可行性上为县级融媒体创新社会治理赋能。因此,地方政府应转变观念,从治国理政的高度来看待县级融媒体中心建设,加强统一规划与领导,出台相关指导性或规范性文件,从牵头负责部门、机构编制、人员配置、建设标准、资金扶持等各个层面提供有力支撑。[①] 但目前仍有部分地区领导对于融媒体建设以及融媒体在基层社会治理中的作用重视程度不够,认识不到位,县级融媒体处在基层社会治理中视野的边缘。在基层社会治理中,县级融媒体由于缺乏来自地方政府的顶层设计和政策支持,很多工作都难以展开,影响了县级融媒体参与基层社会治理的效率和积极性。

不仅是外部,县级融媒体中心内部的负责人、媒体从业者对于其在基层社会治理中的认识也不完全到位。在调研中发现,在面对基层社会治理这一新的课题时,部分媒体负责人对于基层社会治理的认识较为模糊,未能担当起应有的责任,不能充分发挥自身的主体效能作用,仍停留在传统的"宣传本位"中,停留在单向的管理之中。在基层社会治理的具体实践中,部分县级融媒体中心的新闻从业者也暴露出了"本领恐慌能力不足"的问题,习惯于用老思路老套路来蛮干硬干,往往事与愿违,甚至南辕北辙,使得县级融媒体在基层治理中的信息传播和组织动员等能力难以得到有效发挥。

认识不到位还表现在对于社会治理现代化、社会治理现代化中媒体的角色认识不足。社会治理现代化的科学内涵,包括治理主体多元化、治理方式科学化、治理过程法治化、治理机制规范化。[②] 随着社会治理现代化理念的不断强调,社会对于治理主体多元化、治理过程法治化的认识逐渐明晰,但在另外两个内涵的认识上有所欠缺。治理方式科学化,是指充分依托现代网络技术,转变以前社会管理重稳定轻治理、"头痛医头,脚痛医脚"的"灭火式"治理模式,寓社会管理于公共服务之中。但当前不少人对社会治理的认识仍然停留在"社会治理就是社会管理,治理就是管控"的思维之中,过于强调管理维稳等,缺乏服务性的观念。而治理机制规范化,是指社会治理需要不同的主体在不同的治理领域相互协作,良性互动,需要有意见表达机制、利益协调机制、社会保障机制、公共安全机制、应急管理机制、基层治理机制等一系列的制度建

---

① 罗昕、蔡雨婷:《县级融媒体创新基层社会治理的模式构建》,《新闻与写作》2020年第3期,第54页。
② 王华杰、薛忠义:《社会治理现代化:内涵、问题与出路》,《中州学刊》2015年第4期,第67页。

设和机制创新。其中,媒体可以在意见表达机制、利益协调机制、应急管理机制、基层治理机制等诸多方面介入社会治理之中,及时反映、协调和处理人民群众各方面各层次的利益诉求,但现在对于社会治理现代化中媒体角色的认识仍停留个别层面,缺乏系统性、协同性、整体性的认识。

从县级融媒体中心介入基层社会治理中的具体实践来看,对于其功能的认识也有待进一步加强。基层社会治理,应是对基层社会生活的不同领域及社会发展的各个环节进行组织、协调、监督和控制等,涵盖社会生活政治、经济、文化的方方面面。但纵观目前各个县级融媒体中心在基层社会治理中的已有实践,无论是维护基层社会稳定与安全,还是助力优化基层管理与公共决策,抑或是助力加强基层民主政治建设,主要是强调发挥其政治功能为主,相较而言忽略了经济、文化、生态等方面的社会治理。县级融媒体中心应该在促进地方经济发展方面注入更多力量,通过直播带货新闻报道等将地方的优质产品推向全国,带领地方百姓走出一条致富路。同时,挖掘发展地方优秀文化,加强公民道德、家庭伦理、社区意识培养等都需要县级融媒体的参与,夯实共同体的道德和文化基础。基层社会治理,需要县级融媒体在经济、政治、文化、社会、生态等方方面面功能的发挥。

2. 条件无保障

县级融媒体中心想要在基层社会治理中发挥应有的功能,需要体制、机制、队伍、资金等一系列"后勤"条件的保障,但目前这些相应的保障条件不够成熟,影响了其作用的发挥。

体制机制方面,部分建成后的县级融媒体中心体制上仍较为混乱。不少县级主流媒体还属于市属派驻单位,人、财、物属市里管,和县级融媒体中心很难做到真正意义上的"相融"[①],影响了县级融媒体中心的统筹协调能力。一些县级融媒体采用的仍是事业单位管理体制,"大锅饭"的制度难以激起新闻从业人员在基层社会治理中的积极性、主动性和创造性。运行机制上,虽然各个县区均成立了自己的融媒体中心,但是不少地区却仅是停留在硬件设施的建设上,机构融合不彻底,保留了传统电视台、报社的组织架构,缺少新媒体融媒休的基因,在反应机制上难以适应扁平化的基层社会治理需求,使得其在基层社会治理中捉襟见肘。

---

① 朱子斌:《关于县级融媒体建设效果的思考》,2021年8月31日,http://www.dangjian.com/shouye/dangjiangongzuo/xianjirongmeitzhongxin/202108/t20210831_6159221.shtml。

人才队伍方面,县级融媒体中心相较于省市级融媒体中心更是显得尤为不足。媒体最重要的资源是人才资源,特别是在当下的Web3.0环境下,参与基层社会治理,需要有能够掌握人工智能、大数据、VR/AR、云计算等新媒体技术的专业人才,才能更加全面、迅速、精确地解决群众问题、营造健康舆论生态等。然而县级融媒体原有队伍人数庞大,年龄基数较高,缺乏有力的人才支撑。原有人才队伍不足以驾驭新的融媒体中心,这就需要面向社会招聘优秀高层次媒体人才。但在引进人才方面,总体而言,县级融媒体中心与中央级、省市级融媒体中心以及新媒体等相比,在区域、福利待遇、发展前景方面均不具备竞争优势,难以吸引优秀人才。而在留住人才方面,由于绩效考核方式、人才晋升制度等的不完善,一些聘用人员工作强度与收入不对等,未能实现多劳多得、优劳优酬,必将影响人员工作的主动性、积极性、创造性。这些因素的叠加,使得优秀人才流失多进入少,队伍老化严重。虽然县级融媒体中心的成立使得其参与基层社会治理有了相应的先进设备支撑,但"用得好"这些设备的人却仍然缺失,优秀人才的缺口进一步扩大,这必将影响到基层社会治理的效果。

资金方面,大部分县级融媒体中心并未形成贴近本土实际、用户策略下沉及自我造血的可持续发展模式。[①] 县级融媒体所服务的市场相对较小,用户规模有限,这就使得其吸纳商业广告和资本的能力较弱。目前,不少地方的县级融媒体中心仍然主要靠财政扶持,这种一次性的资金扶持来源受地方财政影响,长期来看并不稳定可靠,经营性收入相对较少,难以完全支撑平台的日常操作和运行。而县级融媒体参与基层社会治理,多是公益性服务,至少短期而言是一项支出大于收入的项目,这就需要有相应的专项资金以及多元化经营收入来维持相应的基层社会治理支出。在基层社会治理中,除了必要的专项资金扶持之外,县级融媒体探索面向政府的购买服务以及面向市场的融媒体增值服务都是可以尝试开发的方向,在这些方面提高自身"造血"能力的路径仍有待探索。

3. 措施难跟上

虽然很大一部分县级融媒体中心有了参与基层社会治理的意识,但在具体的实践中,包括统筹规划、操作方法、技术手段等一系列治理措施却很难跟上。

基层社会治理是不同主体的共同治理,包括政府组织、社会机构、县级融媒体在内的主体都需要参与进去,这就需要在基层治理中有统一的统筹策划,

---

① 唐绪军、黄楚新、王丹:《媒体深度融合:中国新媒体发展的新格局——2020—2021年中国新媒体发展现状及展望》,《新闻与写作》2021年第7期。

但在实际的基层社会治理中统筹策划方面却比较混乱。以政府服务功能为例,县级融媒体中心想要提供政务服务功能,必须打通各部门政务后台,拿到数据,构造 PC 端和移动端等接口,这些都需要县委县政府的地方领导乃至更高级领导的统一协调统筹,单凭自己的力量无法实现。但由于缺少了统一的统筹策划,事实上却是各部门之间的数据资源不互通、数据标准不统一、服务功能不集中等问题,一些县级融媒体缺少相应的政务服务权限,无法完全发挥相应的服务功能,这就需要政府在基层社会治理中加强统一的规划与领导。

在操作方法上,县级融媒体中心也存在一些问题。县级融媒体,以县域范围内的百姓为主要用户对象,相较于地市级、省级乃至中央级的融媒体而言,其在竞争中最大的优势应是地缘和心理上的接近性。因此,在传播信息的内容选择上,必然离不开本土化的内容;在话语的风格上,应是"接地气"的表达方式,满足用户的信息和情感需求。但目前部分县级融媒体所发布的新闻等信息很多却是简单的信息搬运,自主采集发布的信息较少;话语表达上"宣传味"也仍较浓重,不够贴近受众。平台建设方面,虽然很多县级融媒体中心都开发了 App,但实际上这些 App 在下载量、使用量上表现不够,影响力较弱。这使得县级融媒体中心所发布的内容,即使再优质也很难抵达用户。县级融媒体在线上线下的传播渠道探索上还需发力,不仅要懂得建好自有平台,也要懂得利用其他平台,使基层的声音更好触达县域内的用户。

县级融媒体参与到基层社会治理之中,提供更高效更精准的服务,必然需要大数据、人工智能、物联网等先进技术的支撑。在县级融媒体建设的浪潮之中,各个融媒体中心都在引进和更新融媒系统、云平台和广电设备等夯实硬件基础,这些硬件设备的购置花费了大量的资金,但在实际中这些设备的使用率却较低。来省省云平台的支持虽然减小了与地市级、省级、中央级媒体的技术差距,但由于自身技术基础的薄弱、融媒体运行的高成本以及优秀人才的匮乏等,县级融媒体中心对于技术设备的使用处于"不会用""用不起"等尴尬境地,在参与基层社会治理的技术手段上难以跟上。

三、县级融媒体中心助推基层社会治理建设的对策建议

2019 年 6 月,中共中央办公厅、国务院办公厅印发《关于加强和改进乡村治理的指导意见》,其中第二部分列出了要完成的十七项主要任务。对照这些任务并结合媒体特有的优势,今后媒体在参与基层社会治理时可着重考虑从以下三大维度寻求操作上的突破。

(一) 助力维护基层社会稳定与安全的维度

社会治安是社会治理的核心内容之一,基层社会治安更是整个国家和社会稳定的基石。长期以来,我国经过不断地探索总结,已经形成了相对成熟的社会综合治理体系,其指导方针是"打防结合、预防为主,专群结合、依靠群众",其工作内容主要包括"打击、防范、教育、管理、建设、改造"六大方面。因为社会治安一直是社会新闻的重要信息来源,所以即使是在传统语境中,这些工作内容与媒体也可以产生较强的关联。但在社会治理语境中,媒体在社会治安领域与其他主体的合作共治有了新的对接点。

1. 协助社会治安

打击和防范犯罪是社会治安的中心工作,这一工作的核心主体是公检法部门,尤其是公安部门承担着最前端的任务。近年来,随着 GIS 地图、图像采集、传输、控制、显示等设备和控制软件的日益成熟,我国已建成覆盖城乡交通要道、治安卡口、公共聚集场所、宾馆、学校、医院以及治安复杂场所的天网系统。天网系统的前端是高清的视频监控设备,而后台则是基于视频专网、互联网、移动网络的监控中心(即"天网工程"管理平台)。我国已经建立的县级融媒体平台可以通过连通天网平台,对所在地的刑事案件、治安案件、交通违章、城管违章等信息进行实时掌握,与公安部门进行实时互动,既为新闻报道提供最及时的消息来源,又可以让相关记者跟进事件现场,协助公安部门对各类治安事件的处置。

2. 化解民事纠纷

国家经济生活的活跃和持续的社会转型,必然带来诸多社会矛盾,民事纠纷就是基层社会矛盾的表现形式之一。民事纠纷多是日常生活中人身关系或经济关系中发生的矛盾,如果处理得好,有可能大事化小、小事化了;一旦处理不好,也有可能造成矛盾的激化,最后导致对簿公堂,或导致当事人之间的激烈冲突,甚至有可能酿成刑事案件,这不仅会损害当事人的合法权益,而且可能波及第三者并进而影响局部范围内的社会安定。人民调解员制度是我国长期采用的一种解决民事纠纷的社会救济机制,县级融媒体平台可以与社区或乡村的人民调解员合作,助力化解民事纠纷。

3. 改善基层信访

基层信访是涉及基层社会稳定的又一个重要领域。尽管确实存在一部分群众认识不到位造成的盲目上访甚至无理取闹等现象,但大多数信访事件渊源有自,或由于群众利益受到损害,或由于政治上没有受到尊重,或由于权益没有得到保障。许多信访事件如果不能得到及时合理的处置,就可能会引起危机性的舆情,甚至引发社会冲突。媒体可以与当地信访部门合作,为上访群众提供新的反映诉求的渠道,促进政府与信访群众之间的沟通交流,使群众理有地方讲、怨有地方诉,通过早发现、早沟通、早处理,让一部分信访事件消弭于萌芽之中。媒体可以引导基层单位将网格化管理机制与融媒体平台嫁接起来,使这种管理机制的效能得到更充分的发挥。

(二) 助力优化基层管理与公共决策的维度

1. 改善基层管理

基层管理很多情况下是通过政务服务来实现的。在中央关于传统媒体与新兴媒体融合发展和县级融媒体中心建设的相关政策推动下,至2020年底已完成普遍架构的县级融媒体中心,是媒体参与地方政府智慧政务建设的平台基础。它可以对接党政部门技术平台,提供申报审批、注册办证、社保办理、投诉受理等"一站式"政务服务,打造"指尖上的政务服务中心"。它还可以开展网上党建、干部培训、党务政务公开,及时跟进党政部门对群众反映问题的反馈和解决情况,推动民生热点和难点问题的解决。数字化建设是优化基层管理的前沿工程,也是一项基础性的工程,媒体如果能介入这项工程,在打通、梳理、清理、评估、架构地方数据资源以形成地方数字行政的完整数据库方面发挥作用,媒体便可以毫无疑问地深度介入基层社会治理之中。

2. 优化公共决策

公共服务除了政务服务之外,还涉及公共讨论和公共决策。社会治理现代化的精髓之一,是要推动多元主体的共建、共治、共享,主体的多元性体现在它包括了政府、社会组织、企事业单位、社区、村民委员会以及公民个体等众多的主体。但这并不是说所有事务都需要所有相关主体的直接介入,而是说关于这些事务的公共决策,事先需要通过相关主体进行充分的公共讨论,从而使得公共意志能够得到充分的体现。因此,媒体不应仅仅是技术层面接入公共服务的端口,更重要的是要吸引和组织各治理主体通过其融媒体平台对政府所提供的公共服务的质量与水准进行讨论和评价,成为政府与其他基层治理主体互动、交流的平台。

西方国家治理理论奉行社会中心主义和公民个人本位,因此,公民的社会自我治理在理论逻辑上构成了西方国家治理理论的核心内容。中国的社会制度与西方不同,因此在社会治理创新过程中既会吸收西方社会治理中值得借鉴的经验,也会根据我们自己的国情进行在地化的创新性实践。在公共决策过程中,既要充分了解民意、进行公共讨论、吸纳多方智慧,同时又不会放弃党的领导和政府的主导性责任。媒体作为地方党委和政府的主流舆论阵地,一方面会搭建公共讨论的平台、畅通政民沟通的渠道、汇聚多种渠道的信息,发挥媒体特有的主体性功能;另一方面又要做好政府决策的参谋和助手,做好矛盾调解、冲突化解、凝聚人心、提高共识等工作,使政府的公共决策既体现党和政府的意志,又符合民心走向,达到双赢和多赢的效果。

(三)助力加强基层民主政治建设的维度

1. 支持群众监督

当前,基层的微腐败现象依然普遍存在,各种形式的监督无疑是消除腐败的有效武器。以媒体为主体的监督可以称为媒体监督或新闻舆论监督,它主要是媒体通过议程设置功能,选择集中性地对某些事件进行报道,形成社会舆论,促使被监督对象作出改变。群众监督则是以社会个体为主体的监督,它既可以依托媒体进行,也可以进行面对面的直接监督。与以往传统媒体时代的舆论监督有所不同的是,在社会治理视域的舆论监督中,媒体既可以充当舆论监督的主体,也可以为公民作为监督主体的群众监督创造良好的条件,这时融媒体平台所发挥的更多是组织和协调作用。媒体不光可以为公众提供发言的话题和渠道,它还可以引导公众之间就事件展开对话与讨论,使事件向着有益于问题解决的方向发展。

2. 推动村(社)务公开

促进村务和社区事务公开是建设基层民主的重要一环,是保障群众监督和人民群众当家作主的直接抓手。在传统媒体时代,村(社)务公开这样的事在部分地区也是存在的,但它对于媒体而言最多只是新闻报道的素材。由于村(社)务既琐碎又繁杂,它们虽然与基层百姓的切身利益相关,但因大多只是日常事务而未必具有新闻价值,并且囿于传统媒体的版面或时段的有限性,媒体对这样的事情一般都是避而远之。但新媒体技术和融合性的媒体平台为克服这种局限创造了良好的条件。媒体可以与纪委和监察等部门合作,建立村

(社)务公开的平台和机制,让村民或社区居民直接参与到基层管理之中。

3. 促进协商民主

习近平总书记在党的十九大报告中指出:"发挥社会主义协商民主重要作用。有事好商量,众人的事情由众人商量,是人民民主的真谛。协商民主是实现党的领导的重要方式,是我国社会主义民主政治的特有形式和独特优势。要推动协商民主广泛、多层、制度化发展,统筹推进政党协商、人大协商、政府协商、政协协商、人民团体协商、基层协商以及社会组织协商。加强协商民主制度建设,形成完整的制度程序和参与实践,保证人民在日常政治生活中有广泛持续深入参与的权利"[①]。现代社会治理的创新有赖于多元治理主体通过平等的合作、对话、协商、沟通等方式,依法对社会事务、社会组织和社会生活进行引导与规范,最终实现公共利益的最大化。媒体可以与政协机关特别是所在地政协委员合作,促进政府相关部门、多元利益主体与政协委员面对面,形成广泛了解民意、征集民意的效果。"在此过程中,媒介空间作为国家与公民的中间领域,既是用以意见讨论的公共载体,也是国家与公民用以协商的先决条件。借由该形式的公众讨论,虽未与政府发生直接的意见交换,却发挥着间接的调节作用,同时也奠定了现代社会政民协商的基础。"[②]

结语

在社会治理视域中,媒体不仅是工具和中介,而且是治理主体之一,它依凭自身的独特性和不可替代性,对基层社会治理产生强大的形塑力量。这种力量一方面体现为技术与工具创新所带来的便捷性、精准性和有效性,另一方面更体现为媒体对多元主体共同参与治理的意识和行为的激发、协调与整合。传统媒体与新兴媒体融合发展所形成的新型融媒体平台特别是县级融媒体中心,应该成为今后媒体参与基层社会治理的中坚力量。

（主要撰稿人:丁和根　参与撰稿:陶俊宝、田莺）

[①] 习近平:《决胜全面建成小康社会夺取新时代中国特色社会主义伟大胜利——在中国共产党第十九次全国代表大会上的报告》,2017年10月27日,http://www.gov.cn/zhuanti/2017-10/27/content_5234876.htm。

[②] 熊茵、刘丹:《县级融媒体中心社会治理功能及"媒介化"实现路径》,《中国出版》2020年第18期,第26-29页。

第四章
县级融媒体中心可持续发展路径研究

随着互联网、移动互联网等信息技术快速发展,新媒体对广播电视报纸等传统媒体的冲击越来越大,导致传统媒体面临着被"边缘化"的挑战。特别是县级媒体,因受限于资源、技术、人才、平台等因素,在新闻宣传和产业经营方面受到的冲击更为突出,很大程度上影响了基层舆论阵地的巩固和引导群众、服务群众的成效。为了有效应对挑战,党中央在2014年作出推动媒体融合发展的战略部署,随后全国各级媒体积极探索,经过几年实践,中央及一些省市级媒体在推动媒体融合发展方面取得了积极成效,但是大部分县级媒体传播的有效性不够,引导群众、服务群众的能力还需提升。

2018年,习近平总书记指出:"要扎实抓好县级融媒体中心建设,更好引导群众、服务群众。"同年11月,总书记主持召开中央全面深化改革委员会第五次会议并发表重要讲话。会议指出,组建县级融媒体中心,有利于整合县级媒体资源、巩固壮大主流思想舆论。要深化机构、人事、财政、薪酬等方面改革,调整优化媒体布局,推进融合发展,不断提高县级媒体传播力、引导力、影响力。

为落实好习近平总书记的重要指示精神,中宣部在浙江省湖州市长兴县召开县级融媒体中心建设现场推进会,要求2018年先行启动600个县级融媒体中心建设,2020年底基本完成县级融媒体中心在全国全覆盖任务。全国各地县级融媒体中心建设全面铺开。2019年2月,中共中央政治局委员、中宣部部长黄坤明在媒体深度融合工作推进会上强调,要切实抓好县级融媒体中心建设,着力构建从中央到省市县的全媒体传播矩阵。要充分发挥各方面积极性,加大政策支持保障力度,共同写好媒体融合发展这篇大文章。

为了更好地指导县级融媒体中心建设,为县级融媒体中心建设提供政策依据,2019年1月,中宣部与国家广播电视总局联合发布《县级融媒体中心建设规范》《县级融媒体中心省级技术平台规范要求》,规定了县级融媒体中心建设总体架构、功能要求、基础设施配套要求、关键技术指标及测试验收要求等内容。2019年4月,国家广播电视总局发布《县级融媒体中心网络安全规范》《县级融媒体中心运行维护规范》《县级融媒体中心监测监管规范》。上述规范的发布标志着县级融媒体中心标准体系基本建立,为指导全国县级融媒体中心建设提供了关键性、基础性技术支撑。

随着媒体融合不断向纵深推进,中央对媒体融合工作提出了新要求。2020年9月,中共中央办公厅、国务院办公厅印发的《关于加快推进媒体深度融合发展的意见》指出,要按照资源集约、结构合理、差异发展、协同高效的原则,完善中央媒体、省级媒体、市级媒体和县级融媒体中心四级融合发展布局。作为"四级融合发展布局"中重要的一环,县级融媒体中心建设成为所在地区所在部门所在单位落实意识形态工作责任制的重要内容。

在中央部署要求下,全国各地积极响应,相继出台工作方案,颁布一系列政策,结合实际情况,对县级融媒体中心建设进行规划,明确时间表、路线图、重点任务、建设方式、配套措施等,全面推进县级融媒体中心建设。江苏确定江苏省广播电视总台自主研发的荔枝云技术平台为全省县级融媒体中心建设唯一省级技术支撑平台,确定分阶段规划建设县级融媒体中心,即第一阶段从2019年初到2019年三季度,重点建设省级技术云平台和首批28个县级融媒体中心;第二阶段计划从2019年三季度到2020年二季度,完善提升省级技术云平台支持服务功能,实现全省县级融媒体中心建设全覆盖。其他省份也按照中央部署,明确省级技术支撑平台,有序推进县级融媒体中心建设工作。甘肃确定由甘肃新媒体集团负责搭建省级移动新媒体平台新甘肃云,重庆确定由重庆日报报业集团与重庆广播电视集团(总台)出资成立重庆广大融媒科技有限公司建设市级技术平台,湖北明确长江云平台为湖北省县级融媒体中心建设的技术支撑平台……经过两年多时间的努力,到2020年12月,全国县级融媒体中心基本完成建设,进入运营阶段。

县级融媒体中心积极探索运营发展路径,在媒体资源融合、平台功能完善、舆论引领引导、产业空间拓展、队伍能力提升等方面取得了初步成效。但是,部分县级融媒体中心发展仍面临着内容融合力度不够大、技术创新力量薄弱、产业经营空间有限、团队综合能力不够强等问题,距离主流舆论阵地、综合服务平台和社区信息枢纽的定位要求尚有差距。在此背景下,本章内容聚焦并破解县级融媒体中心运营难题,探索可持续发展的路径与模式,对于县级融媒体中心更好引导群众、服务群众,进一步巩固拓展基层舆论阵地、助力基层治理现代化具有重要意义。

一、县级融媒体中心建设运营的基本情况

推动县级融媒体中心建设是党中央推进媒体融合向纵深发展的重要举措,也是构建中央省市县四级传播格局的重要组成部分。各地在机构整合、资金投入、机制保障、团队建设等方面出台了一系列支持政策,有力地推动县级融媒体中心建设和运营不断取得新进展。

(一)机构重组有效整合媒体资源

推动机构重组和资源整合是建设县级融媒体中心的第一步。在此之前,全国区县的媒体机构设置大致分为三种情况:第一种情况是只有广播、电视媒体机构,没有报纸,如新疆伊宁、西藏乃东等。这些区县建设融媒体中心,大多是在原先广播电视台的基础上进行全媒体业务转型升级,推动广播电视资源融合,加大对新媒体的资源投入,建设新媒体渠道、打造全媒体矩阵。第二种情况是拥有广播、电视、报纸机构,但是报纸无正式刊号,仅作为内部出版物,如江苏兴化、湖南湘阴等。县级融媒体中心组建后,报纸资源成为县级融媒体中心全媒体矩阵的重要组成部分。第三种情况是拥有广播、电视、报纸机构,报纸有刊号,如江苏东台、湖南浏阳。这些区县的报纸在县域范围往往具有一定的传播影响力和产业经营能力,报纸与广电在业务形态、薪酬激励等方面存在较大差距,机构调整涉及的利益面广,资源整合难度大,需要县委县政府统筹考虑,综合协调,大力推进。机构调整完成后,区县按照要求将县域内的广播、电视、报纸、内部资料性出版物、新媒体等各类媒体资源统一纳入县级融媒体中心,充分发挥各传播平台的不同优势,做到多触角采集、多兵种协作、多渠道发布,实现资源统一管理、高效统筹共享。

机构重组和资源整合完成后,全国各地县级融媒体中心陆续挂牌成立。2018年,北京在全国率先宣布建成16个区县级融媒体中心,福建84个县(市、区)融媒体中心全部挂牌……2019年,天津16个区级融媒体中心全部挂牌,江西100个县(市、区)融媒体中心全部挂牌,新疆85个县(市、区)融媒体

中心全部挂牌,甘肃79个县(市、区)融媒体中心全部挂牌,上海16个区级融媒体中心全部挂牌……

江苏结合不同地区发展特点、媒体工作基础,按照率先试点、全面建设、规范验收三个阶段,扎实部署推进县级融媒体中心建设各项重点工作。第一阶段是2017年8月起,选择昆山、溧阳、如皋、邳州4个地区,率先开展机构调整和资源整合试点工作。第二阶段是2018年10月起,在试点基础上,根据中宣部县级融媒体中心建设现场推进会部署要求,迅速启动县级融媒体中心建设;2019年2月,印发了江苏省《关于加强县级融媒体中心建设的实施意见》,确定由荔枝云平台作为江苏县级融媒体中心建设唯一的省级技术支撑平台,明确了在机构、内容、平台、管理等方面的目标任务。江苏大部分县级融媒体中心按照各自实际情况开展机构调整和资源整合工作,第一批县级融媒体中心于2019年三季度前完成了建设,第二批县级融媒体中心的建设也于2020年底前完成。第三阶段从2019年12月起,根据《江苏省县级融媒体中心建设验收办法》,第一批32家县级融媒体中心省级验收启动;2021年3月,64家县级融媒体中心和荔枝云省级技术平台验收全面完成,推动了各项反馈问题的整改提升。建成之后的64家县级融媒体中心分布在19个县、21个县级市和24个市辖区,其中12家拥有报纸正式刊号,63家拥有广播电视呼号;有23家公益一类事业单位,41家公益二类事业单位。

到2020年12月,经过两年多建设,全国县级融媒体中心建设全覆盖任务基本完成。机构调整和媒体资源整合为县级融媒体中心开展流程再造、打造融合传播平台、开展融合运营工作打下了基础。值得注意的是,我们在调研中发现,一些地区仅仅将挂牌作为县级融媒体中心建设完成的标志,离真正融合运营还有较明显的距离。

(二)技术创新再造生产流程

县级融媒体中心积极顺应全媒体发展趋势,探索云计算、大数据等技术运用,深化技术创新,搭建了融合技术平台和系统,完成了策采编审发等环节的流程再造,一些县级融媒体中心在"一次采集、多种生产、多元发布"方面取得了较好成效。

搭建融合技术平台和系统主要包括省级技术平台和县融融合技术系统。县融省级技术平台一般由省级媒体机构承担建设工作,为各自省域县级融媒体中心的建设运营提供支撑服务。省级技术平台建设大致分为以下两种类型：

一类是采用"一省一平台"的模式，有的省份（比如江苏、山东）的县融省级技术平台由省级广电机构承担，有的省份（比如甘肃）是由省级报业机构承担，有的省份（比如陕西）是由省级网络公司承担，还有的省份（比如重庆）是由省级广电机构和省级报业机构联合成立合资公司共建。在这种模式中，一些由熟悉媒体业务并且技术实力强、媒体融合成效好、人才队伍能力突出的传媒机构所建设的省级技术平台，不管是从技术支撑角度还是内容引领协同角度，都有力地推动了当地县级融媒体中心的高质量建设及良性运营发展。而有些省级平台承建方虽然也是传媒机构，但技术力量不强，过度依赖外部社会公司，有些省级平台承建方虽然拥有技术团队，但并非熟悉媒体业务的传媒机构，都不同程度出现了对县融技术系统的支撑能力不强、对内容业务流程的实用匹配不够等问题，影响了当地县级融媒体中心的建设质量及运营效果。

第二类是"一省多平台"的模式，即同一省内存在多个省级技术平台，比如浙江县级融媒体省级技术平台有浙江广电集团建设的中国蓝平台和浙江日报建设的天目云平台，湖南县级融媒体省级技术平台有湖南广播电视台建设的新湖南云平台和湖南红网新媒体集团建设的红网云平台。但在这种模式中，由于几个省级平台同步建设，往往会造成资源浪费，在实际操作中也存在着平台之间各自为政、相互掣肘的问题，可能导致本省各县级融媒体中心之间存在技术壁垒和内容屏障，无法实现省级主管部门对县级融媒体日常宣传的"一张网"运营、"一盘棋"管理。

县级融媒体中心建设融合技术系统，主要有两种类型：一类是依托省级技术平台建设融合技术系统。大部分县级融媒体中心借助省级技术平台的力量搭建融合技术系统，开发移动传播矩阵。县级融媒体中心技术系统和省级技术平台实现无缝对接，不仅有助于省县媒体强化资源共享与业务合作，而且通过"一键发布""一键删除"等功能，有助于主管部门加强宣传管理，强化舆论引导，打造全省县融"一张网"运营的良好局面。第二类是依托自身力量和社会力量建设融合技术系统，此类融媒体中心建设有些起步比较早，融合意识相对比较强，在全国各地县级融媒体中心建设全面铺开之前，主要依托自身技术力量和社会化公司先行开展了县融技术系统建设，完成了客户端开发等工作。但此类县融技术系统均为各自独立建设，技术运维、迭代升级的成本远高于省级平台统一支撑建设的县融技术系统，加上这类系统自身功能也有局限，技术升级的时效性无法得到保证。更重要的是在主管部门对全省县级融媒体平台的管理中,对这些独立建设的小平台管理上存在着瓶颈,无法做到"一键发布""一键删除",需要与省级技术平台充分融合打通,纳入一体化管理。

县级融媒体中心根据业务发展需求,通过融合技术平台和系统的构建,实现了流程再造,逐步打破过去传统的广播、电视、报纸、新媒体等不同业务部门各自的生产发布流程,将策划、采集、编辑、审核、发布等各个环节打通,提升生产发布效率,逐步实现了"一次采集、多种生成、多元发布"的目标。比如江苏射阳融媒体中心实现流程融合后,重点突出融媒宣传主责主业,2020年自有全媒体平台原创稿件首次突破万篇(条),较融合前增长了25%。

江苏实施省县共建县级融媒体中心模式,取得显著成效。作为省级技术支撑平台的"荔枝云"平台,采取"公有云+私有云"的混合云模式,具有高安全、前瞻性、标准化、可扩展等优势,技术水平达到国际领先水平。在"荔枝云"平台的全面助力下,截至2020年12月,江苏完成64家县级融媒体中心技术系统建设。在各县级融媒体中心对原有各自为政的广播、电视、新媒体、报纸等独立采访团队进行整合后,采编人员可以将文字、照片、视频等全媒体素材第一时间上传至"荔枝云"平台,各发布端口编辑在素材库里选取相应素材,对应不同平台特点进行编辑,审核人员在线对内容进行审核,审核通过后快速发布到广播、电视、报纸、新媒体等各个渠道。比如依托"荔枝云"平台,江苏赣榆融媒体中心成立了全媒体调度指挥中心,统一指挥全媒体记者对各个媒体平台的新闻内容生产负责,实行新闻策划、采访调度、编辑审稿、签发播出等环节"一站式"调度;江苏沭阳融媒体中心整合广播、电视和新媒体采编资源,重构了"策采编播发控"流程,将新闻传播的第一落脚点由传统媒体广播电视向手机移动端转变。两家融媒体中心的新闻内容生产都从单纯的"为报纸、电视、广播生产"转为"为全媒生产",真正实现一次采集、多媒体生成、多渠道分发。

为了落实好移动优先战略,"荔枝云"平台把移动传播平台建设作为主攻点,自主研发"荔枝App研创工场系统",支持县级融媒体中心打造自主可控的县融App。该系统通过多租户、微服务、模块化开发及自动化打包等技术,实现了App的可配置生产,大大缩短了App生产周期,使各县融App的快速上线发布成为可能,不到一年时间就开发完成了40家县融的新闻客户端。

依托"荔枝云"平台统筹打造的县融技术系统和App,安全性高,具有统一标准的接口,可以与省级技术平台实现无缝对接。这跟有些省级技术平台统筹性不强、县融接口没打通的省份相比,更加有利于构建全省县融"一张网"运营的良好局面,发挥省县媒体资源集聚的放大效应。

（三）内容融合有力引导舆论

县级融媒体中心建成后，不断强化内容融合生产与传播，在新中国成立70周年、建党百年、全面建成小康社会、疫情防控等重大主题宣传报道中积极探索融媒体生产、全媒体呈现、矩阵化传播，特别是在移动互联网上发出了强音，进一步提升了舆论引导能力，逐步成为基层舆论宣传的主力军。

县级融媒体中心在省级技术平台的支撑下，推动内容融合，充分发挥多平台内容资源集聚作用，提升了融合传播的针对性、精准性和有效性。在内部资源融合方面，强化融合思维，将全媒体策划方案作为县级融媒体中心开展内容宣传的"标配"。在内容生产制作发布的各个环节，充分整合广播、电视、新媒体等板块的内容资源，发挥不同板块人员的创意策划能力，集思广益，实现了内容资源融合最大化、传播效果最优化。在内容传播方面，坚持移动优先，通过不同平台载体进行多终端发布，扩大了传播范围。通过多工种充分协作、密切配合，提升了内容创制效率，强化了传播效果。在人员转型方面，推动单一业务条口的内容编辑人员向全媒体编辑转型，培养了一专多能的复合型业务能手。

江苏县级融媒体中心坚持围绕中心、服务大局，坚持深入基层一线，聚焦内容资源融合，加强精品内容生产，讲好群众身边故事，在重大主题宣传和日常的新闻传播中，打造了一批具有良好传播效果的精品力作，进一步巩固拓展了基层舆论阵地。常熟市融媒体中心以纪录片和短视频为抓手，不断增强内容供给能力，开设了"常熟融媒"视频号，制作推出短视频爆款产品，《来常熟，赢未来》《常来常熟 越来越美》《小康中国·千城早餐》等短视频观看量均突破100万。《梦碎了梦圆了》《幸存者》获得了"中国优秀国产纪录片"称号。高邮市融媒体中心策划推出了《融媒快评》栏目，围绕社会热点在新媒体端推出评论文章，社会反响热烈。在省县联动宣传方面，"荔枝云"平台与全省县级融媒体中心深化合作，共享资源，在重大主题宣传和日常内容传播方面联合策划了众多融媒项目，放大了声量。在庆祝新中国成立70周年主题宣传中，江苏广电总台旗下省级新媒体平台"我苏"客户端，基于"荔枝云"平台策划了"锦绣中华i拍我苏"短视频征集活动，集纳各县级融媒体中心147件短视频作品，在各地"两微一端"宣传推广，总点击量超5000万；围绕庆祝建党百年，推出了《百年华诞 不负荣光》等多个系列报道，联合县融开展了《百年初心 重走信仰之路》大型融媒体直播、《百岁生快！守护最好的党》Vlog接力活动等项目，总点击量超5000万;围绕党的十九届六中全会、江苏省第十四次党代会,联动全省县融连续推出了《百年奋斗 再启新程》《使命在肩 奋斗有我》等多个系列报道,点击量均破千万。

(四) 多元运营拓展业务空间

县级融媒体中心建成后,积极探索建立"新闻+政务服务商务"的多元运营模式,取得了一定成效。

在政务服务方面,县级融媒体中心抓住国家推进"放管服"改革和拓展"互联网+政务服务"的契机,充分整合各类资源,将县级融媒体中心贴近基层一线群众的优势发挥出来,做好政务服务资源与群众的连接。有些县级融媒体中心已经与当地的大数据中心合作上线了政务服务功能,成为智慧城市建设的重要参与方;有些县级融媒体中心则是与省级平台合作,借助省级平台集成的政务服务资源为当地用户提供各类政务服务,满足县域群众线上办事的需求。

江苏的"荔枝云"平台与省政务办合作,接入了1500余项政务服务资源,给县级融媒体中心用户带来了极大的便捷。淮安市率先实施市级政务服务平台与县级融媒体中心App对接一体化工程,将所有市级服务事项在县级App上应接尽接。"今日张家港""赣榆发布""如e融媒""无线江宁"等众多县融移动客户端逐步接入政务服务资源,提供线上服务功能。其中,"今日张家港"App已接入"在线办理"政务事项1494项,公共服务功能68个,统揽全市媒体服务、政务服务(一网通办)、公共服务、党建服务、增值服务,集中一个端口办理,还实现了健康码、行程卡、核酸/抗体检测等信息的"一页通查"。"赣榆发布"App打造24小时线上政务服务大厅,上线在线办理生育收养、入伍服役等23大类、1363项行政审批业务。抗击新冠肺炎疫情期间,江都、盱眙、东海等地融媒体中心开发了口罩预购、线上问诊、心理咨询等功能模块,深受群众好评。

在商务与产业拓展方面,有些县级融媒体中心发挥自身在信息技术方面的优势,充分运用主流媒体的公信力、权威性,在盘活内容创制、广告经营等存量资源的基础上,积极开拓增量业务,比如通过直播带货、公益助农等形式,帮助当地群众解决生活困难;结合当地的特色文旅资源,通过定制服务、创新宣传等形式进行产业拓展,逐步探索出一条适应自身实际的产业发展之路。

江苏县级融媒体中心积极打造本土特色活动,结合地域特色,参与组织筹划各类新时代文明实践活动和群众性文化、体育、科普、公益活动。比如,常熟市策划"虞歌唱晚 欢乐虞城夜"嘉年华活动,采取"线下活动+线上直播"形式,总观看人数超50万,实现经营收入超百万元。如皋、泗洪、新沂等融媒体中心在动漫、影视、教培、商贸等活动承办方面持续发力,实现了社会效益和经济效益协同提升。

(五)队伍建设优化人才结构

县级融媒体中心按照打造一支政治过硬、本领高强、求实创新、能打胜仗的宣传思想队伍的要求,采取了人才引进、激励优化、业务培训等一系列举措,一定程度上提升了人才队伍的整体能力,为推动县级融媒体中心平稳运营提供了重要的智力支撑。

县级融媒体中心推动人才队伍建设,重点在选育留用等环节进行了优化改革。在人才选择上,县级融媒体中心通过开展专项招聘、提升薪酬待遇、增加编制数量等手段,不断吸引综合性、复合型人才加入县级融媒体队伍,补充有生力量。比如,江苏溧阳将急需人才纳入《溧阳市事业单位紧缺专业人才引进实施方案(试行)》,急需人才年收入不少于13万元;安排人才公寓居住,免收租金;给予研究生50万元、本科生30万元的一次性住房购买补贴;累计两次考核优秀,优先纳入溧阳市优秀年轻干部库培养管理。

在人才培育上,加强马克思主义新闻观教育,强化政治把关能力、综合业务能力培养。针对县级融媒体中心人员迫切需要的全媒体方案策划、融合系统应用、新媒体技术应用、业务板块协同宣传等技能,组织开展专项业务培训、跟班学习、技能比赛等,补短板、强弱项。江苏广电总台作为省级技术平台的建设方,专门打造了"荔枝学院",依托总局中国(江苏)广播电视媒体融合发展创新中心,整合南京大学、东南大学、南京师范大学等共建院校师资力量,根据县级融媒体中心的业务需求开展多形式、多层次、多样化培训超过2500人次。比如针对县融采编人员开展的上门培训,针对业务骨干开展的集中培训,针对管理人员开展的高端培训等,协助县级融媒体中心人员树立融合观念、提升业务素质、增强运营能力,为县级融媒体中心的可持续运营提供坚实保障。浙江县级融媒体中心借助浙江传媒学院人才优势,着力打造"提笔能写、对筒能讲、举机能拍"的全媒体人才队伍,推动一线人员综合业务能力不断提升。

在留人方面,县级融媒体中心不断改革优化绩效考核机制和员工晋升机制等,推动薪酬激励方式向绩效考核转变,加大年轻业务骨干选拔任用力度,让有能力、有业绩的优秀人才成为中坚力量,不断激活优秀业务骨干的创造力与干事活力。广西横县融媒体中心薪酬分配制度改革实施方案中明确以实绩定薪酬,规定每年拨款不低于350万元作为薪酬改革经费。改革后,普通记者月平均工资比改革前增长约52%,总监年收入达18万元,充分激发了从业人员的积极性、创造性。

在人才使用上,县级融媒体中心根据发展定位、运营情况设置工作岗位,明确岗位职责和工作内容,寻找最合适的人才与岗位进行匹配。鼓励年轻人担任重要岗位,充分发挥"90后""00后"等互联网"原住民"的创意能力,调动年轻骨干的积极性,努力做到人尽其才、才尽其用。河南项城市融媒体中心对人员进行结构调整,将骨干人员平均年龄降至26岁,使得其中层干部多是富有开拓创新精神的"90后",成为融媒体中心的中坚力量。

江苏许多县级融媒体中心建立了相对完善的人才队伍培养建设体系,一方面,加大人才引进力度,通过提升薪酬待遇、特设岗位津贴、给予业务成果激励等方式来吸引更多优质人才加入。一些处于发展引领地位的县级融媒体中心,吸引到一些重点大学的优质人才,人才队伍结构不断优化。另一方面,强化业务骨干的专项培训,邀请高校专家、行业大咖等到县级融媒体中心开班授课,答疑解惑;主动送业务骨干到中央媒体、省级媒体、互联网企业跟班培训。截至2021年4月,江苏全省县级融媒体中心在职人员总数12536人,其中事业编制人员6215人,占比49.5%,聘用制和其他类别人员6321人,占比50.5%。各县级融媒体中心平均在职人数195人,采编人员占比46.8%,本科及以上学历人员占比62.6%,中级及以上职称人员占比20.9%。

二、县级融媒体中心建设运营的主要问题

全国县级融媒体中心建设完成后,通过体制机制改革、媒体资源整合、传播平台升级、内容产品创新、综合服务完善等举措,推动自身向全媒体发展转型,更好地发挥了引导群众、服务群众的作用。但是,调研也发现,县级融媒体中心在从前期建设转向常态运营的过程中,也面临着体制机制改革不彻底、财政资金投入不均衡、内容创新力度不够大、技术支撑力量较薄弱、产业经营思路不明晰、新型复合人才很缺乏等问题与困境。

(一)扶持措施不完善

推动县级融媒体中心建设是一把手工程,县委书记的重视程度直接影响着建设运营的实际成效。有些区县对融媒体中心建设的重要意义认识不深刻,只是被动按上级要求开展工作,在人员保障、资金投入、政策扶持等方面支持力度不够,相关政策尚未落实到位,融媒体中心发展受限。

在财政投入方面,主要表现为财政资金投入不均衡,一是有些区县资金投入不足,影响融媒体中心的基础运营。县级融媒体中心在很大程度上依赖当地财政,在当地财政支持力度有限、自身造血能力又不足的情况下,县级融媒体中心发展缓慢。调研发现,广西灵川融媒体中心2019年、2020年共获得上级财政拨款105万,用于建设和完善融媒体指挥中心、采购和更换采编仪器设备,还需兼顾工作人员的日常管理开支、外出采访制作节目等产生的各项支出,资金严重不足,导致硬件配套不能及时到位,无法适应新形势下的运营需求。江苏徐州铜山、贾汪等区县因财政困难,每年拨付的资金勉强维持融媒体中心的基本人员工资,在平台建设与运维等方面的投入严重不足。二是财政资金对县融建设的支持大多是一次性投入,主要支持县级融媒体中心的硬件建设,比如演播室、指挥中心、摄影摄像器材等。县级融媒体中心建成后,要维持常态化运营,比如技术系统升级、新媒体设备维护、人员培训激励等,尚需财政资金持续投入。但是,从实际情况来看,许多区县的财政资金对县级融媒体中心的后续运营支持力度不够。比如,四川双流融媒体中心的设施设备较为陈旧,基本不适应当前融合生产的需求,且数量与一线采编人员不匹配,亟须升级换代和增加设备投入。但是中心成立后,财政在技术设备、技术研发等方面的投入几乎为零。

在资金调配方面,有些区县对县级融媒体中心的经营性收入管控非常严苛,支出限制多,县级融媒体中心在经营性收入使用方面缺乏自主性,影响了其拓展经营的积极性。有的融媒体中心所有经营性收入均上缴财政,所有支出均需向财政申请,并必须在年初提交财政的预算报告范围内,也只能用于与中心发展直接相关的软硬件建设以及团队培训等,中心没有用于绩效考核的可自主支配资金。

在人才配备和引进方面,有些区县的政策扶持力度不够。县级融媒体中心对人员的专业性要求较强,需要在人员选配时充分考虑专业能力及从业经历。县级融媒体中心的"领头人"更需要政治过硬、业务精湛,并且能够统筹全媒体工作流程,具备较强的创新能力。但是有些县级融媒体中心的主任、总编辑从外部调入时间不长,对媒体方向导向的把关意识和能力不强,专业性不够,影响了县级融媒体中心工作开展的成效。有些区县虽然将融媒体中心人才当作急需紧缺人才,制定了人才引进政策,但是配套扶持政策的吸引力不强,难以真正吸引优秀的人才进入。有些区县对编制数量控制过严,县级融媒体中心编制数量有限,编制内外流动性不畅,无法吸引优秀人才加入。

(二)考核机制不健全

县级融媒体中心在绩效考核方面存在诸多问题,有的作为事业单位,没有明确的员工绩效考核措施;有的出台了考核办法,但受制于预算资金总量小,考核差距难以拉开,考核机制形同虚设,无法真正激发人才的创新活力。

有些县级融媒体中心的人力薪酬完全由财政托底,没有绩效考核。这些县级融媒体中心的薪酬发放参考全额拨款事业单位模式,每月的工资由当地财政固定发放,绩效考核奖励也与机关、事业单位一样,年底根据单位考核等次进行一次性发放,没有建立有效的激励机制,不能充分调动员工的积极性。有些县级融媒体中心过于强调员工身份,造成一定程度上的平均主义、大锅饭问题。比如,陕西蓝田融媒体中心51名事业编制人员由财政统一发放工资,按工龄、级别进行考核,这种论资排辈的现象,在一定程度上影响了年轻人才干事创业的干劲。

不少县级融媒体中心绩效考核机制在实际运营中缺乏操作性。例如,湖南湘阴融媒体中心在编员工实行固定工资制,而新媒体编辑部门非在编运营人员则实行"底薪+提成"制,一旦运营人员工资高于在编人员工资,就会对在编人员造成一定程度的影响,不利于调动整体员工的工作积极性。此外,由于涉及不同的分发终端,该中心不少稿件由多人合作修改完成,修改前后的稿件质量本身难以客观衡量,稿酬归属难以清晰界定,稿酬发放不科学,影响到内部协作的积极性。

有些县级融媒体中心虽然制定了绩效考核政策,但因自身可支配的资金有限,难以起到激励作用。比如,陕西蓝田融媒体中心的21名外聘人员,工资由县财政每月统一划拨,融媒体中心可根据绩效情况进行重新分配,但由于可自由支配的资金较少,人均绩效拉不开差距,难以调动团队的工作积极性。有些县级融媒体中心虽然制定了绩效考核标准,但在执行中形同虚设。广西灵川融媒体中心虽然采用"固定工资+绩效奖金"的考核制度,但基本上每人每月都能拿到全额工资和全额绩效奖金,绩效考核一直无法拉开差距。

（三）融合生产不到位

有些县级融媒体中心在机构整合、流程机制上没完全融合到位，没有形成融合策划生产机制，全媒体内容策划能力不够，爆款产品数量有限，用户吸引力不强，全媒体产品的传播力影响力仍需不断提升。

有些县级融媒体中心仅完成"物理合并"，尚未产生"化学反应"。虽然机构整合已经到位，建设了融合技术系统，拓展了新媒体渠道，但是广播、电视、报纸等各个业务板块还是按照原先的部门划分、采编思路、运营流程进行内容生产，没有从根本上解决各自为战、自行其是的问题。比如，湖北大冶融媒体中心在策划层面已经基本实现融合，但采、编、发等环节仍是报纸、电视、新媒体按各自流程运作，没有形成宣传合力，在很大程度上影响了内容传播的成效。四川双流融媒体中心是由双流广播电视台和双流新闻中心整合而成，原先两家媒体单位都具有一定的发展规模，这使得他们对于原有的传统内容生产模式产生依赖，对采编融合积极性不高。

有些县级融媒体中心员工缺乏互联网思维，存在传统媒体内容简单"搬运"问题。这些县级融媒体仍然用传统的广播电视制播习惯来制作新媒体内容，缺乏互联网思维、全媒体观念，存在简单"搬运"、内容同质的问题。比如，在2020年初疫情防控宣传期间，刚刚建成不久的江苏兴化融媒体中心发布的部分新媒体产品，把带有电视播出符号的文稿和视频直接搬到网上，没有进行任何再编辑，影响传播效果和用户体验。

融合策划能力不足，缺乏融媒体组合式报道也是一个突出表现。有些县级融媒体中心没能根据传播渠道特点、平台属性进行差异化策划，导致内容产品的影响力不大。比如，江西宁都融媒体中心成立后，资源与发布渠道增加了，各端口的产品却严重同质化，只做到了简单的"一稿多发"，传播效果差。有些县级融媒体中心缺乏整体策划观念和能力，没有针对同一主题展开全媒体策划、进行组合式报道，导致内容产品形式单一，所谓融合生产只是文字稿配图片，图片做成视频，新媒体属性不强，创新不足，传播力不够。

（四）技术创新力量弱

推动县级融媒体中心建设，需要深度整合各类媒体资源，建立全媒体内容管理系统，根据需求开发运营"两微一端一抖"平台等新媒体产品，而新兴技术人才缺乏、技术支撑能力薄弱，已成为制约县级融媒体中心互联网产品迭代升级和可持续发展的障碍。

新兴技术人才缺乏,无法满足全媒体技术发展需要。有些县级融媒体中心的技术人员数量不足,难以有效支撑融媒体中心的安全运维工作。县级融媒体中心的技术人员不仅需要掌握传统广播电视技术,还需要了解云计算、大数据等新兴技术。但是,有些县级融媒体中心的技术员仍以掌握传统广播电视技术为主,对新兴信息技术缺乏了解,有些基础较为薄弱的县级融媒体中心甚至连具有基本互联网技术和产品思维的对接人员都没有,无法在实际运营中就系统建设、产品运营进行有效沟通。比如,云南广南融媒体中心专业技术人才紧缺,科班出身的仅有 2 名,难以满足工作需要。还有一些县级融媒体中心虽然建设了融合技术系统,但由于培训不及时、不到位,相关技术人员对于各类新媒体、融合技术系统不会用或操作不熟练,内容生产得不到有效支撑。

融合技术系统存在缺陷,影响融合生产与传播。有些县融技术系统没有与省级技术平台打通,甚至其内部广播、电视、报纸等系统之间也互相割裂,成为一个个"孤岛",难以形成融合生产与传播能力。还有些县级融媒体中心依托社会化公司建设的融合技术系统,在功能性、兼容性上存在不足,没有统一的接口标准,整个技术系统无法与省级平台对接,不能便捷地获取到省级技术平台分享的资源。这些系统还存在安全性问题,因社会化公司在系统安全方面投入不足、能力不够,容易造成安全风险和事故。如由浙江方正印务有限公司开发的浙江金东区融媒体中心客户端"掌上金东",因安全性能不够在 2019 年遭受了黑客攻击,导致客户端服务器上数据库受损。更要注意的是,社会化公司建设的县融技术系统,主管部门无法第一时间下达宣传要求和了解宣传效果,监管难度大,影响舆论宣传的时度效,意识形态责任难以得到有效落实。

技术支撑能力不足,影响县融服务效能。部分省份的县融省级技术平台建设工作,往往是在中央全面部署县级融媒体中心建设任务后启动的。有些省级平台因自身技术力量不强,缺乏大数据、云计算等技术应用能力,直接依托单一的社会化技术公司来牵头建设,导致与其他需要接入使用的技术公司接口不兼容、不统一,私有云与公有云没有打通,媒资内容使用不方便,无法真正支持县级融媒体中心的一体化生产。一些社会化公司技术人员与一线新闻采编人员也缺乏磨合,没有真正了解一线采编人员的实际业务需求,造成使用不便甚至无法使用。有些省级技术平台在政务服务建设方面比较薄弱,无法支持基层群众使用政务服务功能。

(五)经营能力有欠缺

当前,不少县级融媒体中心存在着产业运营方向不清、经济实力不强,以及市场化运作的主体展开竞争时能力不足、手段不多等问题,难以实现可持续良性运营,制约了主流媒体更好履职尽责。

受新媒体严重冲击,传统媒体业务大幅萎缩。随着互联网、移动互联网快速发展,县级融媒体中心在广告、活动等传统板块的收入不断缩减。比如,江苏盱眙融媒体中心广告收入从10年前的1000万元下滑至2020年的200万元,其中有一半是联办节目的收入,纯广告收入不足三成。2020年,江苏有半数以上的县级融媒体中心营业收入环比下滑了30%以上,标准广告收入占比明显减少,大型活动收入更呈现断崖式下跌。

新营收手段还在探索,尚未成为业务支撑点。有些县级融媒体中心正在运用新媒体、新技术等手段,积极探索网络推广、直播带货等有价值的线上线下服务,但是因为县级融媒体中心"两微一端一抖"等新媒体的内容多而不精、良莠不齐,用户规模不大,黏性不强,整体传播力、影响力不够,商业模式不清晰,难以实现商业变现,新媒体还不能成为其新的业务支撑点。

县级融媒体中心自身经营能力有待提升,而外部竞争日趋激烈,经营空间被严重挤压。近年来,国家级、省市级媒体以及互联网公司战略重点下沉,纷纷建立分站、分公司等开展业务运营。县级融媒体中心自身可以整合的资源有限,产业运营形式较为单一,与其同台竞争时并不占优,难以产生良好的经济效应。

(六)队伍建设跟不上

不少县级融媒体中心面临着干部队伍年龄老化、青年人才难引进、业务骨干留不住等问题,没有构建起合理的人才梯队。

一些县级融媒体中心人员年龄偏大,技能老化,专业性不强,难以胜任融合传播的工作。融合传播环境下,县级融媒体中心与新媒体、央媒和省媒在互联网端直接竞争,而人才素质却与后者有较大差距。目前来看,大部分县级融媒体中心的人员年龄偏大,在江苏,县级融媒体中心40岁以上的人员超过60%。他们中有些人长期在传统媒体工作,难以转变观念,对于媒体融合的认识不深,互联网意识不强;有些人因年龄较大,学习能力有限,在从事某些专业要求较高的工作时力不从心,存在"本领恐慌"危机;还有些人习惯了单一的机械性工作,不具备全媒体综合性素养,无法适应媒体融合业务开展的要求。比如,江苏苏北部分区县的融媒体中心缺乏新媒体领域人才,没有相关的技术开发、设计、运营等专业人员,传统广电技术人员缺乏互联网思维,不懂新媒体产品逻辑。陕西蓝田融媒体中心在编员工绝大多数为原来电视台、广播电台的员工,其中40%的人难以胜任新媒体工作要求。

有些县级融媒体中心专业性强的岗位薪酬待遇不高,难以吸引合适人才。虽然县级融媒体中心在激励政策、人才引进等方面进行了一定程度的改革,但与互联网企业和市级以上媒体单位相比,薪资水准、激励政策等方面缺乏吸引力,一些专业性岗位如后期制作、技术研发、产品运营等严重缺乏人才。许多县级融媒体中心到高校去招聘年轻毕业生,往往报名人数寥寥无几。

部分县级融媒体中心发展空间有限,人才流失严重。县级融媒体中心一些年龄较大的员工占据了领导岗位,年轻业务骨干升职空间有限。一些能力较强的非在编年轻骨干型人才,遇到合适的机会,他们便跳槽到市级媒体、省级媒体、互联网企业,或报考公务员。比如,安徽泾县融媒体中心先后有10余名采编、播音等岗位的年轻业务骨干,通过参加公务员或事业单位招考等方式陆续离开。2017年至2021年,陕西杨凌融媒体中心19名工作人员离职,其中主持人就有7名。江苏姜堰区融媒体中心近5年有20位业务熟练的记者离职,严重影响融媒体中心的正常运行。一些融媒体中心在招聘编制内员工时强调一定年限的服务期,也从侧面反映出人才队伍不稳定、人才容易流失的现状。

三、县级融媒体中心可持续发展的建议

县级融媒体中心要实现可持续发展,需要运用系统化思维抓好运营工作,不断优化体制机制,完善机构设置,理顺业务流程,健全激励体系,加强队伍建设,推动县级融媒体中心在运营实践中不断发展。

(一)深化体制机制改革

推进县级融媒体中心运营,党委和政府要强化资金保障,加强政策支持,形成政策保障体系,支持媒体深度融合发展。

1. 完善运营政策

推进县级融媒体中心建设是"一把手工程",县委书记的重视程度直接影

响人事、财务、政策、薪酬、机构等层面的改革推进力度。县委书记高度重视,可以在机构设置、财政补贴、人事任命、利益协调等方面给予有力支持,制定更加有利于县级融媒体中心建设运营的政策,为县级融媒体中心可持续发展提供政策支持。

在中央、省委关于县级融媒体中心建设相关文件精神的指导下,不少地方根据自身实际,细化落实工作举措,为县级融媒体中心建设运营制定了可行性政策。比如,江苏泰兴出台了《泰兴市融媒体中心建设实施方案》,明确了机构整合、单位职能、组织架构等方面的相关要求。江苏昆山出台了《关于加快昆山媒体融合改革发展 高标准做好全国县级融媒体中心试点工作的若干意见》,从深化人事薪酬制度改革、创新人才引进激励政策、加大财政扶持力度、高标准加快推动县级融媒体中心建设等方面,给予政策支持、鼓励创新突破。

这些方案反映了区县建设融媒体中心的整体思路与目标,明确了机构设置、资金支持、人员配备等关键性问题。机构调整涉及广播电视报纸等各业务板块的权责划分,影响后续运营的统一调配、协同协作。要整合区县传播渠道,尽量将区县宣传资源统一纳入县融管理,增强传播能力和运营能力。财政不仅要对县级融媒体中心系统平台、设备等硬件建设,也要对人员收入、人才引进等"软件"建设给予充分支持。区县还要为县级融媒体中心创造良好的运营条件和政策环境。县级融媒体中心是主流媒体机构,需要选配政治站位高、业务能力精、开拓意识强的人担任县级融媒体中心负责人,发挥好"火车头"作用,切实地履行好媒体责任。

2. 优化管理架构

县级融媒体中心一般属于正科级建制,归口县委宣传部管理。县级融媒体中心需要不断优化运行机制,可选择事业单位企业化运行的模式,根据业务开展需要,组建本地传媒集团,负责产业经营创收等工作。推动管理扁平化,在中心组织架构设置时,可以考虑不再按照传统媒体形态进行部门设置,而是以职能来进行设置,以全媒体思维优化运行模式,建立协同联动高效机制。比如,江苏靖江市融媒体中心按照行政管理、内容生产、经营管理和技术保障四个职能来进行部门设置。江苏如东则是建立了"1+3+N"的组织架构,即"1个中心"——如东县融媒体中心,"3个委员会"——总编委员会、行政管理委员会和产业经营管理委员会,"N个下属部门"——各委员会分别下辖若干部门。相对扁平化的组织架构,有利于县级融媒体中心充分整合资源,在融合传播中快速响应,提升效率。

县级融媒体中心还需要设立调度指挥中心，建立常态化沟通协作机制，在融合技术平台的支持下，每日统筹调度县融采编人员，进行选题策划、需求对接、工作分工，针对新媒体、广播、电视、报纸等不同渠道做有针对性的策划，推动各业务板块协同协作，从而持续优化业务流程、提升融合传播效率。江苏绝大多数县级融媒体中心如睢宁、泗阳、赣榆等在荔枝云平台的技术支持下建设了融媒体指挥中心，形成"多来源汇聚、多媒体生产、多渠道发布"的融合生产模式，实现全媒体平台的素材共享、资源融合，有效保障了新闻调度的常态化开展。

3. 健全激励机制

在人员管理方面，县级融媒体中心要打破过去的以身份制为核心的人员管理机制，建立以"能力＋业绩"为导向的人员激励机制。比如江苏吴江融媒体中心打通编内编外的干部使用职数，从人才培养开发、评价发现、选拔任用、流动配置、激励保障等环节入手进行综合评价。江苏昆山融媒体中心全面推行目标责任制考核，实施"核岗定编""预算控编"机制，建立岗位能上能下、人员能进能出、薪酬能高能低的动态管理模式。

在薪酬激励方面，探索形成现代媒体考核激励机制，制定以绩效考核为核心的人员激励政策，根据人员岗位、能力职责、工作绩效等因素对人才队伍进行综合衡量。比如江苏东台融媒体中心对所有采编岗位人员均进行业务考核，根据岗位特点分类考核，实行定性与定量相结合。江苏高邮融媒体中心出台了《融媒体中心人事及分配制度改革方案》等绩效考核制度，统一考核标准，统一资源调配，统一薪酬发放，逐步建立以岗定薪、岗变薪变的人力资源管理及薪酬分配体系。江苏邳州融媒体中心进一步探索更加灵活的管理机制，新建银杏融媒智慧港，推行"实验室＋工作室"运作模式，已有30多名"85后"年轻人加盟各实验室、工作室，开展融媒体产品创意、孵化、生产，并根据创新效果给予优厚奖励。通过优化管理激励机制，强调"能力＋业绩"导向，突出绩效考核，可以更好地调动人才队伍的创造活力与积极性，营造干事创业的环境。

（二）提升优质内容传播力

县级融媒体中心在保障好运营安全的前提下，应持续升级完善技术平台功能，加强技术应用创新，运用好5G、大数据、云计算、人工智能、VR、AR等技术，构建立体化融合传播矩阵，增强传播效果。

1. 升级平台服务功能

省级技术平台需要持续完善平台功能,为县级融媒体中心开展媒体服务、党建服务、政务服务、公共服务、增值服务等提供技术支撑、运营维护。

一是做好技术应用、网络安全、运行维护等运维保障工作。比如,江苏县融省级技术支撑平台"荔枝云"平台提供内容汇聚、智能分析、策划组织、融合生产、多元发布、拓展合作基本功能,协助县级融媒体中心实现"多来源素材汇聚、多媒体制作生产、多渠道内容发布",重构生产发布流程,为融合传播提供有力支持。"荔枝云"平台部署了各类生产发布软件和工具94个并及时更新迭代,为全省各县级融媒体中心6200多名编辑记者和内容管理人员提供平台使用账号和权限,通过云平台的联通、内容的共享、服务的共用、矩阵的联动,实现县级广播、电视、报纸、新媒体等地方媒体平台与省级媒体平台协同运营,有效推动内容汇聚和资源共享,节省了人力,提升了工作效率。

二是提供内容共享和管理功能。省级技术平台要与县级融媒体中心实现互联互通,以实现用户数据、资源共享。宣传管理一键快速发布、一键删除等功能,既可以为县级融媒体中心提供共享的内容资源,又可以为主管部门加强对县级融媒体中心的统一管理提供技术支撑。比如,为了做好上级精神的快速精准传达,江苏"荔枝云"平台开发"一键推送"功能,稿件在20分钟内可在全省各县融App等新媒体平台的重点位置发布,能够实现稿件转发情况的统计、分析。从2021年全国两会开始,"荔枝云"平台借助"一键推送"功能常态化协助省委宣传部、省委网信办快速向县级融媒体中心转发重要稿件、推广各类优质内容,全年"荔枝云"平台共向各家县级融媒体中心推送内容达到14.3万条次。

三是提供政务服务类功能。县级融媒体中心省级技术平台可以与省级政务平台合作,接入政务服务资源,方便县级融媒体中心用户网上办事。还可以根据县级融媒体中心的业务需求提供功能性工具,比如在疫情期间上线健康码服务,在高考期间上线分数查询服务等,协助县级融媒体中心更好为用户服务。

2. 聚焦主题内容产品

无论媒介技术怎么改变,内容依旧为王。县级融媒体中心应当扩大主题性内容产品产能,创新内容表现形式,强化内容传播效果,不断增强主流媒体的传播力、引导力、影响力、公信力。

县级融媒体中心可以在以下方面发力：一是坚持互联网思维。制作适应互联网、移动互联网传播规律的全媒体产品，实现单向传播向互动式、服务式、场景式传播转变；二是创新为要。运用创新思维，在内容创新和形式创新两个层面下功夫，内容创新是要充分发挥县级融媒体中心贴近基层、贴近一线的优势，在选题角度、选题方向、报道内容等方面寻找新的突破口。形式创新是运用互联网、移动互联网、VR、AR 等信息传播技术的优势，多生产短视频、海报图片、数据新闻、有声新闻、H5 等产品，打造更多有品质、有格调、适合全媒体渠道传播的爆款产品。三是坚持用户导向。重视用户运营工作，运用好大数据、云计算等信息技术，分析用户行为，形成用户画像，根据用户的特点进行内容生产；强化用户互动，要发挥新媒体技术的互动性优势，鼓励用户参与内容制作，优化用户体验，增强用户黏性，扩大内容的影响力。

县级融媒体中心首先要抓好主题性内容生产。作为基层主流媒体，县级融媒体中心应坚持党媒姓党，坚持围绕中心，服务大局，坚持主题报道的方向导向不走偏；要适应新形势下媒体传播规律，坚持创新创意放得开，生产百姓喜闻乐见的主题性内容产品，做到精准传播、有效传播，更好地引导舆论，不断巩固强化主流思想舆论阵地。这些年许多县级融媒体中心在重大主题报道中不断增强内容创新创意能力，生产出了一批优秀的、具有网感的全媒体产品，营造了良好的舆论氛围。在庆祝新中国成立 70 周年主题宣传中，江苏如皋融媒体中心特别策划了《我爱北京天安门》《七十秒七十年》《寻找与共和国同龄的你》等全媒体子栏目；江苏盱眙融媒体中心拍摄短片《大红门帘》，记录了革命老区黄花塘的感人故事，成功入围"2019 年度江苏广电十件大事"网络评选。在疫情防控宣传报道中，江苏昆山融媒体中心推出《众志成城 战"疫"必胜》《让党旗在战"疫"一线高高飘扬》等一系列策划，"昆山发布"和"第一昆山"微信平台推送 1000 余条，阅读量超过千万，记录了昆山在疫情防控阻击战中的温情与作为，实现《新闻联播》发稿"七连发"。江苏灌云融媒体中心创新内容产品形式，运用微动漫、短视频、H5 等方式加大对疫情防控工作的宣传动员力度，推出抗"疫"宣传作品近 200 条(件)，各平台累计阅读量达千万。在庆祝建党百年宣传中，江苏溧阳融媒体中心制作百集微纪录片《水西百忆》，运用"沉浸式""档案式"艺术手法，通过实景搭建、网络互动、现场讲述与历史影像相结合的形式，生动还原新四军在溧阳的战斗和生活场景，获评 2021 江苏省"庆祝建党百年融媒体精品案例征集评选"活动"十佳案例"、2021 长三角广播电视媒体融合优秀案例。

围绕本地资源,倾力打造特色内容。在做好重大主题宣传报道的基础上,县级融媒体中心还可挖掘当地的特色资源,聚焦县域百姓的文化生活需求,打造具有本地特色的节目栏目、内容产品。比如,江苏邳州融媒体中心着力制作民生类、服务类、问政类、方言类等节目,制作的《政风热线》《有融有度》《搭把手》等品牌栏目受到当地群众的普遍欢迎。其中,融媒体直播问政节目《政风热线》解决百姓各类问题 1800 多件,深受群众信赖。江苏江阴融媒体中心以广播《快乐出发》《吃香喝辣》、电视《政风热线》《帮女郎》《江阴骄子》为主的重点栏目、节目,均以融媒体节目形态呈现,实现了多平台、全方位、立体式传播。浙江长兴融媒体中心坚持融媒传播,打造的省新闻名专栏《小彤热线》、舆论监督栏目《直击一线》,关注本地百姓生产生活,在电视端和新媒体端同步播出,扩大传播影响。

3. 创新内容呈现形式

县级融媒体中心要在融合策划和形式创新方面下功夫,强化"扮相"意识,充分利用省级技术平台安全便捷的融合生产发布功能、丰富先进的应用工具,针对用户的多元化、差异化需求,制定有针对性的全媒体策划方案,分众分平台"包装"内容,以不同的"扮相",将"应该给的内容"做成"用户喜欢的内容",提升内容产品的到达率、阅读量、点赞量、转发量。

内容制作要树立融合理念,需要充分发挥员工的创意策划能力,推出全媒体策划方案,打造适应新媒体传播规律、具有全媒体传播影响力的作品。要改变过去广播、电视、报纸等传统媒体执行的线性策划方式,打破原有媒体边界,充分整合各个业务条线人员。无论是日常的宣传策划会,还是重大主题报道的宣传策划会,都需要让广播、电视、新媒体等各板块的人参与进来,聚集思路与创意,制定全媒体宣传方案,最大限度提升内容产品的传播力和影响力。

县级融媒体中心还需要创新内容表现形式,充分运用全媒体方式、大众化语言、艺术化形式制作内容产品,通过形式创新来吸引用户、留住用户。比如,在疫情防控宣传中,许多县级融媒体中心充分发挥多媒体传播的优势,根据不同的对象特点进行创新,将老百姓喜闻乐见的"大喇叭、敲锣鼓、宣传车、快板、三句半、淮海琴书、花船调、知识问答、方言韵白 rap"等各种接地气、易共情、易传播的形式融入新媒体产品的创意制作中,开展多种"土味"又"硬核"的防控宣传,让这场没有硝烟的战"疫"行动,多了温度、趣味与人文关切。其中,江苏溧水融媒体中心在抗"疫"期间,运用航拍技术,策划"无人机小姐姐喊话"系列新媒体产品,被人民日报、央视等央媒和各大互联网平台广泛转发,微博阅读量超 4000 万,全网累计播放量超 3000 万。睢宁融媒体中心制作的《谢谢你们,可爱的睢宁人》、射阳融媒体中心制作的快板《疫情一定能战胜》、宜兴融媒体中心制作的《宜兴三句半,防控疫情从我做起》、昆山融媒体中心制作的《花桥防疫三字经》、高淳融媒体中心制作的《疫情防控,高淳在行动》等数十条视频点击量均超过 10 万。

县级融媒体中心还需要积极探索新技术应用,特别是员工要熟练应用省级平台提供的各类先进应用工具,打造 H5、短视频、AR、数据新闻等多元化的内容产品,增强用户互动体验。河南项城融媒体中心引进直播、H5、航拍、动画等新技术,根据用户的喜好对内容进行创意加工。福建尤溪融媒体中心将 AR 技术运用到《尤溪周刊》《小康时代》《振兴之路》电视栏目中,很多无法还原现场的节目,就可以利用主持人的走位来调试 AR 场景,有效补充实景中真实环境的缺失,让内容更具吸引力。

4. 构建立体传播矩阵

县级融媒体中心需要进一步强化移动优先,完善全媒体渠道建设,构建覆盖传统媒体和新媒体的多层次、立体化传播矩阵,发挥全媒体矩阵综合性优势,实现信息精准传播、有效传播,不断增强优质内容的传播力和影响力。

通过全媒体传播实现信息的全域覆盖。要充分利用县域内广播、电视、报纸、两微一端、网站、户外大屏、大喇叭、有线广播等媒介分发内容,满足不同年龄结构、学历身份、兴趣爱好用户的需求。比如,江苏高邮融媒体中心已初步形成了两台(高邮电视台、高邮人民广播电台)、三报(《高邮日报》、数字报、手机报)、三号("高邮发布"今日头条号、"视听高邮"企鹅号、"今日高邮"抖音号)、三网("今日高邮"网站、"今日高邮"手机版网页、高邮广电网)、两微("今日高邮""视听高邮"微信公众号,"视听高邮"微博)、一平台("三美三名"新媒体联盟智能平台)、一端("今日高邮"App)和应急广播的传播矩阵。江苏赣榆融媒体中心集中打造一报(《赣榆报》)、两台(电视台、广播电台)、一网(赣榆新闻网)、一端("赣榆发布"手机客户端)、一微("赣榆发布"微信公众号)、一屏(电子阅报栏)以及三大新媒体运营号("赣榆融媒"抖音号、快手号、视频号)的传播矩阵。江苏溧阳融媒体中心在传统广播、电视、报纸的基础上,架构移动传播"一端三微一网"新媒体矩阵——"自在溧阳"App 客户端和"中国溧阳"微信、"溧阳发布"微博、"融溧阳"微视频、溧阳时空网。广西灵川县融媒体中心充分整合灵川电视台、灵川报纸、"灵川融媒"微信公众号等媒体资源,还根据当地实际情况整合了大喇叭广播资源,构成了立体化传播体系。

在构建立体化传播格局的基础上,县级融媒体中心可根据新闻事件的重要性,分层、分级开展宣传。对于特别重大、紧急的新闻事件,调动全部媒体资源进行融合传播,有助于提升传播成效。比如,在庆祝建党百年、新中国成立70周年、全面建成小康社会、疫情防控等重大主题报道中,江苏绝大部分县级融媒体中心坚持移动优先,新闻信息首先在新媒体端发布,然后在广播、电视、报纸等传统媒体端刊播。有些县级融媒体中心根据用户特点选择合适的传播渠道,强化宣传成效。在疫情防控宣传期间,鉴于农村年纪较大的百姓在使用智能手机方面有困难,江苏泗阳融媒体中心在常规的疫情防控宣传手段之外,还通过应急广播大喇叭加强农村疫情防控宣传,该做法被央视《新闻联播》报道肯定。

县级融媒体中心要集中力量打造自主可控的客户端。自有客户端应当成为全媒体矩阵的核心组成部分,成为当地党委政府权威政策发布、通知公告传达、重要动态信息传播的首发平台、核心渠道。在2020年、2021年的几次新冠肺炎疫情防控宣传中,江苏许多县级融媒体中心移动客户端都已经成为当地疫情防控通知、公告发布的首发平台,来自中央和江苏省委的疫情防控重要要求、江苏广电总台等省级媒体制作的大量专家权威解读内容,通过县融客户端有效精准传播到基层一线,为做好科学防控、消除群众恐慌、维护社会秩序发挥了重要作用。在2021年7—8月的新冠疫情防控宣传中,扬州地区几家县融App发布的疫情防控权威信息稿件,多条点击量超过20万甚至近百万,及时有效地引导了群众、服务了群众。

在自有客户端之外,县级融媒体中心也需要运用好外部平台的资源,借船出海,为我所用,拓展信息触达范围,提升传播影响力。比如,江苏浦口融媒体中心运营"浦口发布"微博账号取得显著效果,2021年共发布微博7.94万条,转发数221.67万,评论数181.82万。江苏灌云融媒体中心抓住视频号发展机遇,倾力打造的"今日灌云"视频号,2021年共计发布作品365个,累计获得评论量5.19万,点赞量21.81万,转发量13.26万。江苏江宁融媒体中心"江宁发布"头条号2021年发文1410篇,累计收获210.25万阅读数。

5. 强化省县联动传播

在内容传播上,要构建省县媒体贯通的传播链条,实现协同高效传播,使党的声音"一键传送",重要宣传报道"一键分发",杂音噪音"一键删除"。县级融媒体中心要改变过去"单打独斗"的传播方式,除了运用好自身的全媒体传播矩阵之外,还要充分利用好市级、省级媒体等外部媒体力量,开展联合策划、联合制作、联合传播,变"单兵作战"为"兵团协同作战",让基层的声音传得更广、更深。江苏积极探索,不断强化省县媒体的联动传播,放大了传播效应,"荔枝云"省级平台与全省县级融媒体中心形成了选题联动策划、内容互通共享、合力推广传播"三位一体"的良性运行机制,省县媒体在重大主题报道和日常新闻宣传上的"协同作战"取得了良好成效。

重大主题宣传实现了精准传达、双向互通。在近几年的重大主题宣传报道中,江苏广电总台依托"荔枝云"平台,与各县级融媒体中心快速联动,构建了及时响应、密切配合、精准传达的传播格局,将习近平新时代中国特色社会主义思想以及中央精神第一时间传达到基层一线。比如,全国两会期间,习近平总书记几下团组,江苏广电总台通过"荔枝云"平台,第一时间将总书记相关的重要时政稿件"一键发送"至各县级融媒体中心的系统后台,20分钟内稿件就在各县融App等新媒体平台的重点位置展示发布。通过平台的共享互联功能,江苏广电总台迅速联动全省各县级融媒体中心的报道力量,采访汇集代表委员以及江苏百姓学习领会总书记重要讲话精神的反响素材,并迅速形成反响报道的各类新媒体稿件,在数小时之内再次通过"荔枝云"平台覆盖到省市县各级媒体。通过省市县三级媒体同步刊发,真正实现了"上下联通""双向互通"。在疫情防控期间,江苏广电总台联动全省各县级融媒体中心联合推出《战"疫",我们一起上》《花式宅生活》等互动视频征集活动,以各县级融媒体中心为抓手,强化与基层干部群众以及广大网友的互动,点击量近13亿。

日常新闻内容快速上传下达,安全有效。通过"荔枝云"平台"一键推送"功能,江苏广电总台旗下我苏网、"我苏"客户端与各县级融媒体中心建立了常态化的内容传达报送机制,推动日常主题内容安全、及时上传下达,每天下发信息四五百条次,县融上传信息近百条。2021年,我苏网、"我苏"客户端通过"荔枝云"平台共推送内容超15万条次,全省县级融媒体中心共向上报送稿件23349条,被江苏广电总台我苏网、"我苏"客户端等新媒体平台择优发布共10181条,重点优质内容经江苏广电总台加工改造提升后,在省级社交媒体矩阵加大传播力度,并被中央级媒体刊播。

省级技术平台不能仅仅为县级融媒体中心提供技术支撑服务,还要在发挥更大传播效应上积极探索。江苏广电总台"荔枝云"平台形成了"技术支撑+联动传播"的运作模式,有效实现了让党的创新理论"飞入寻常百姓家",让党的声音及时精准抵达基层一线的传播效果。

省级平台与全省县级融媒体中心联动策划、联动宣传的常态化,成为县级融媒体中心增强舆论引导力的重要途径。江苏省县媒体联动宣传的有效探索以及取得的良好成效，可以为全国其他省份的县融运营提供有益的借鉴。下一步，县级融媒体中心需要进一步强化与省级平台的联动合作，完善常态化的协同宣传联动机制，充分发挥省级媒体在平台、资源、人员、技术等方面的全方位优势，在日常新闻宣传和重大主题报道中合作放大主流声音，进一步巩固拓展基层思想舆论阵地。

（三）强化政务服务功能建设

县级融媒体中心是加强社会基层治理的重要抓手，通过拓展"新闻＋政务服务"，运用新理念、新技术、新手段为用户提供政务服务，打造掌上的移动政务服务平台，吸引用户使用，扩大用户规模，加强用户连接，可以协助当地政府解决百姓难题、密切干群关系、提升基层社会治理能力。

县级融媒体中心拓展"新闻＋政务服务"，应当把握好三个原则：一是要按照轻重缓急，逐步完善服务。县级融媒体中心应当结合自身实际，优先提供跟百姓切身利益密切相关的民生保障类政务功能，在此基础上逐步丰富政务资源、扩大服务范围。应当避免在运营能力不允许的情况下匆匆上线应用功能，导致响应不及时，影响用户体验。二是要坚持以人为本，服务为民，以优质的服务吸引用户，做大用户规模，培养用户习惯，增强用户黏性，提升用户运营能力。三是要将重点和焦点放在整合各类政务服务资源上，通过集纳更多政务服务资源，打造有影响力的资源聚合平台，发挥集成效应，在智慧城市建设中发挥媒体独特的作用。

县级融媒体中心可以跟省级政务平台及当地大数据中心合作，将政务服务资源接入县级融媒体中心，实现资源共享，推动政务资源向基层延伸拓展，提升政务服务资源的利用效率，进一步完善县级融媒体中心的政务服务功能。

1. 开展线上政务服务

县级融媒体中心应抓住政府推进"放管服"改革和拓展"互联网＋政务服务"的契机，充分利用县级融媒体中心形成的"全媒体＋多终端＋移动化"优势，将政务服务信息在客户端、微网站、小程序等载体进行呈现，用户在获取资讯的同时，还可以实现"网上办公""网上办事"，打造掌上移动政务服务平台，做好政务服务资源与群众的连接，也能大大增强用户黏性。

在政务服务方面，县级融媒体中心将线下政务服务大厅"搬到"网上，上线政务服务线上办理有关功能，例如社保公积金、住房保障、审批许可、预约挂号、水电缴费、交通出行等,通过不见面办理方式解决群众政务服务办理需求,提高办事效率和群众满意度。比如在江苏,"荔枝云"平台与省政务办合作,接入1500余项政务服务资源,涵盖了交通出行、社会保险、教育考试、医疗卫生等民生类服务应用。江苏宜兴要求市相关部门和镇、园区、街道支持宜兴融媒体中心优先承建和参与本地区智慧政务、智慧城市建设项目,将可以开放的数据、信息、服务等优先向融媒体中心开放,强化了其综合信息服务功能。福建漳浦融媒体中心在"金漳浦"App建立政务、便民窗口及招商引资窗口,开通水电、有线电视、交通违章处理等便民服务功能,成为媒体社会化服务的优选应用入口。江苏泰兴融媒体中心打造的"智慧泰兴"App逐步引入政务资源,已开通涉审中介服务网上超市系统,实现全市重大项目中涉审中介事项网上全流程办理;开发智慧就业地图系统,为劳动者和用人单位提供便捷的人力资源服务,实现就业服务和管理的全程信息化。2021年春季,江苏溧阳融媒体中心"自在溧阳"App开发新冠疫苗接种预约、核酸检测在线预约和查询、来溧人员自主申报等功能,半年使用人次超5万。

在生活服务方面,县级融媒体中心要积极探索将媒体功能更好地搭载到移动平台,丰富群众精神文化生活。比如,江苏昆山融媒体中心打造的"第一昆山"App,"生活服务"栏目涵盖吃、住、行、游、娱等方面,"吃"包括美食美味,住包括旅居住宿、保洁服务、上门维修等,"行"包括停车场查询、公厕查询、公共自行车查询等,"游"包括旅游攻略、景点门票、年卡购买,"娱"包括消费娱乐、看电影等。河南项城融媒体中心开设了"家居商城""吃好喝好""全民K歌""食疗养生"等40多个专栏,用群众喜闻乐见的方式传递生活信息。随着功能逐步完善,运营能力不断提升,县级融媒体中心还可以引入更广范围、更多领域的生活服务功能,为群众提供更多生活便利。

2. 畅通互动问政渠道

县级融媒体中心应当成为提升基层治理能力的重要抓手。作为党的基层主流媒体,县级融媒体中心在围绕中心工作做好舆论宣传引导的同时,还需要运用好信息技术,加强政府与基层百姓的沟通与互动,做好政策发布和政策解读,了解并及时响应群众关切,在帮助群众解决各类难题的同时,不断提升基层政府的社会治理能力和水平。

推动信息即时发布,回应基层群众关切。在传统广播、电视、报纸媒体进行宣传的基础上,县级融媒体中心可以充分运用互联网、移动互联网等新媒体传播手段,丰富传播形式,开展文字、图片、视频、直播等多形式融合信息服务。

同时，突破广播电视的时间、报纸的版面限制，推动权威信息在新媒体渠道快速发布、抢抓时效。比如，抗"疫"期间，各地政府发布的权威信息可以第一时间通过县级融媒体 App、微信公众号、微博等新媒体端口发布，为做好疫情防控宣传、消除群众恐慌、稳定社会秩序等发挥了重要作用。江苏仪征融媒体中心"仪征发布"客户端便民服务平台，开设了招工招聘、民生价格公示、停电停水停气预告等板块，满足不同传播对象的信息需求。实践证明，县级融媒体中心搭建的"两微一端"等新媒体传播矩阵，可以成为政务服务信息即时发布的重要载体，有助于基层群众第一时间获取重要信息，消除信息盲区，为群众答疑解惑。

围绕基层治理能力提升，架通基层政务服务与群众沟通反馈的桥梁。充分发挥县级融媒体中心的互动连接功能，疏解社会压力，起到社会"安全阀"作用。在县级融媒体中心建设以前，建言献策主要以读者来信、新闻热线、政风热线为主，县级融媒体中心建成后，充分发挥客户端互动性、灵活性和便捷性强的优势，为群众提供网络问政、举报监督、答疑解惑、建议建言等功能，更好地反馈基层百姓的心声和呼声，为基层政府解决民生难题、提高决策水平、增强服务能力提供支持。比如，群众在甘肃玉门融媒体中心"爱玉门"App 提出的诉求和问题，可以实时同步到社会治理中心，分发到全市相关部门进行处理督办，结果会第一时间反馈到"爱玉门"App 上面，做到了事事有回音、件件有着落。河南濮阳融媒体中心打造的"云上濮阳"移动客户端，开通了"地方领导留言""县长信箱""县镇服务中心""企业投诉"等应用服务，群众可以随时反馈问题，由县级融媒体中心与相关政府部门和企业对接，帮助群众解决问题。江苏新沂融媒体中心开设"心意通"民生服务平台，群众相关意见建议可通过电话、网络、App 等多种渠道上传，截至 2021 年上半年接收反映问题线索 550 条，有效回复解决率达 95% 以上。江苏灌云融媒体中心强化与区 12345 服务中心联动，创新推出《榆"您"同行》专题栏目，发挥媒体监督作用，督促责任部门及时解决群众烦心事，积极搭建基层社会治理桥梁。通过线上建言献策，百姓的声音可以及时传递到当地政府，促进了基层社会治理能力的现代化。

3. 搭建公益活动平台

围绕综合服务平台和社区信息枢纽的功能定位，县级融媒体中心通过运用新媒体技术，搭建公益活动平台：通过直播带货等方式，帮助农户、企业销售滞销产品，助企惠民；还可以发起公益救助行动，解决人民群众急难愁盼的问题。

近两年，新冠疫情严重影响了百姓正常的生活，一些地区的农产品严重滞销,部分企业经营压力增大。江苏广电总台在"荔枝云"平台的技术支持下,与全省县级融媒体中心在公益服务拓展方面进行了有益尝试。在2021年江苏疫情防控期间,针对江苏部分地区出现大棚蔬菜、水果等农副产品销售受阻的难题,"荔枝云"平台联动全省各县级融媒体推出"我苏一心 抗疫助农"行动,50多家县级融媒体积极参与,半个月时间,共发布助农信息64条,溧阳的脆红李、沛县的皇冠梨等滞销农产品销售一空,"省级媒体平台＋县融"的传播优势得到充分发挥,收获了各地农户的欢迎和好评。

有条件的县级融媒体中心还可以打造直播平台,助力当地经济发展。比如江苏邳州融媒体中心搭建"银杏直播"平台,开展"助农专场"12个小时不间断直播带货,推销邳州特色农产品,交易额达100万元。福建漳浦融媒体中心开展"漳浦·百场直播带货"活动,获得线上销售火爆、线下干部群众支持、网上热议好评的成效。江苏如皋融媒体中心"如e融媒"App开设"农产品地图",邀请市领导和14个镇区负责同志线上直播带货,累计在线观看人数超180万,助推上线企业销售超12万单,累计销售额超300万元。需要强调的是,县级融媒体中心开展直播带货时,需要对货品质量进行严格把控,卖正品、卖好货,满足群众的需求。县级融媒体中心可以加大公益服务的探索,通过消费扶贫、抗"疫"助农、直播带货等形式,协助解决百姓面临的生活生产难题,服务县域经济发展。

县级融媒体中心强化政务服务建设,运用信息技术在网上搭建平台,提供服务,在帮助群众满足多元化需求、提升办事效率的同时,还可以增加用户打开县级融媒体App的频率,进一步吸引用户,增强用户黏性,提升县级融媒体平台的认知度和影响力。

(四)创新开展产业经营

县级融媒体中心探索产业拓展和经营路径,相较于整合之前,具有明显优势:一是影响力更大。县级融媒体中心整合了县域范围内的广播、电视、报纸、网站、微博、微信、户外大屏等传播渠道,宣传资源更加丰富,聚焦同一主题进行统筹策划推广,整合效应更好,形成了更大的复合影响力。二是传播力更强。先进的省级云平台既提供了技术支撑,也提供了内容支撑,县级融媒体中心的内容更丰富,呈现形式更精彩,互动性更强,更受用户欢迎。三是用户规模更大。县级融媒体中心推出的优质内容吸引越来越多的用户关注,用户数量更多,黏性更高,县级融媒体中心引导群众、服务群众能力更强。这些优势为开展产业经营打下了重要基础。比如,江苏溧阳融媒体中心2020年经营创收5140万元,比2019年翻了一番;2021年营收近7000万元,比2020年增长35%。江西分宜县融媒体中心成立后,当年实现经营收入1200万元,是成立融媒体中心前的14倍。河南项城融媒体中心2018年实现收入2600万元,2019年收入突破3300万元。

县级融媒体中心在产业拓展方面,需要在存量传统业务和增量新兴业务两个层面同步发力。传统业务主要指的是运用广播电视报纸等传统媒体可以开展的业务,比如与客户合作的活动类、会议类、内容制作类业务;新兴业务主要指的是运用新媒体和智慧媒体形式新开拓的业务,比如直播带货、智慧党建、新媒体运营、电子商务等业务。

1. 做精做细做强传统业务

县级融媒体中心在传统广告基础上,放大自身在宣传策划、内容制作、推广营销、资源整合等方面的优势,可以获得持续效益。

开展内容产品制作类项目。县级融媒体中心借助公信力及专业的内容制作优势,将技术、内容、人才等进行有效结合,承接视频、宣传片制作等业务。比如,浙江长兴融媒体中心每年制作将近100部专题片,专题片制作创收就达到400万元,涌现出《工业的力量》《赶考攻坚》等优品佳作。福建尤溪融媒体中心成立了福建省朱子文化传播有限公司,拍摄旅游宣传片就是其一项重要业务,除了服务本土宣传市场外,还赴浙江、湖北、北京、上海、江西等地拍摄宣传片、专题片,把影视制作的优势转化为市场优势,赢得了客户的普遍认可,一部质量上乘的佳作可获利200多万元。

开展会议活动类项目。通过整合资源,发挥县级融媒体在视音频直播、活动组织、舞台搭建、灯光设计等方面的优势,为政府部门、企事业单位承办会议、活动,获取收益。比如,江苏邳州融媒体中心以客户需求为导向,先后策划"砥砺奋进的五年""我的家乡我的镇"等近百个全媒体行动,2020年营销活动收入超1500万元。江苏泰兴融媒体中心主办长三角县域媒体广电教育研讨会、全域旅游推介会等活动,江苏句容融媒体中心举办首届句容最美警察、全域旅游看句容媒体峰会等,江苏射阳融媒体中心承办丹顶鹤文化艺术节暨经贸洽谈会、江苏省道德模范暨身边好人现场交流活动等,增加了收入来源。

开展产业经营类项目。在广告经营方面,发挥多平台、多终端、广覆盖的优势,承接县域内某个行业的广告发布业务。比如,河南项城融媒体中心为房地产商发布广告,销售楼盘,全年融媒体中心销售楼盘1800多套,仅此一项增加收入800多万元。江苏新沂融媒体中心以策划推出全市"商业地图"为突破点和切入点,先后带动近600家重点商户入驻,创新发行"融媒消费卡"超万张,带动新增注册用户数超10万,单项活动实现经营收入超200万元。县级融媒体中心还可以深耕本地的文化、历史、旅游等资源,打造文化精品、文化地标、文创产品,探索"媒体+特色产业"发展模式,为县级融媒体中心发展提供新动能。

2. 拓展拓宽拓张新兴业务

嫁接媒体资源,拓展新兴业态,发展新兴业务,壮大自身实力,是主流媒体的重要责任。

开展信息增值服务创收。县级融媒体中心发挥信息传播方面的优势,为客户提供信息增值服务,可以实现经营创收。比如浙江安吉融媒体中心的"爱安吉"App为乡镇、部门提供各类信息增值服务,2018年获得收入近500万元。江苏灌云融媒体中心代运维自然资源局、旅发公司、金东方等政企微信公众号,成为其新的经营收入来源。

开展党建服务创收。作为党的媒体,县级融媒体中心在整合党建资源方面具有优势,可以运用微党课、微视频、H5游戏、直播等形式丰富党建载体,提供党建服务。江苏新沂融媒体中心于2021年4月至7月在"新沂融媒"App推出"党史大擂台"答题活动,先后有6万新注册用户参与答题,并激活近3万"沉睡"用户参与答题。

参与智慧城市建设。县级融媒体中心参与智慧城市项目建设,成为智慧城市建设的重要参与方,在参与基层社会治理的同时,增加了新的收入来源。浙江长兴传媒集团与县国资委注资成立了长兴慧源有限公司,主要承担县内政府投资信息化项目咨询服务,做好长兴云数据中心的运维。智慧类项目已成为该集团发展的第三大收入来源。

开展线上电商平台服务。电商已经成为县级融媒体中心创收的重要手段。江苏盱眙融媒体中心利用直播带货为县内农副产品打开了销路。在第二十届中国·盱眙国际龙虾节开幕式现场,盱眙十余名网红线上直播带货盱眙龙虾,一上午线上销售盱眙龙虾近5000斤,文艺晚会云直播点击量突破200万。江苏邳州融媒体中心打造"银杏短视频"工作室,探索MCN运作模式,开展短视频创作,试水直播带货,成效明显。

县级融媒体中心拓展产业,一方面有赖于区县政府对当地宣传资源的扎口管理,对当地宣传相关事项的统筹安排,给县级融媒体中心提供业务支撑;另一方面在于县级融媒体中心不断提升自身内容的传播力和平台的影响力,增强市场化运营意识,参与本地甚至异地市场竞争,从而带动产业经营,实现社会效益和经济效益相统一。需要注意的是,县级融媒体中心因自身用户规模、传播能力有限,在开展产业经营时还需要强化省县联动传播、协同运营,充分借助省级平台整合的用户规模效应、资源集聚效应,实现县融与县融之间、县融与省级平台之间统分结合、资源共享、互利共赢,积极探索新的产业经营发展模式,创造更大效益。

(五)打造复合型全媒体人才队伍

推动县级融媒体中心良性运营发展的关键在于努力打造一支政治过硬、本领高强、求实创新、能打胜仗的宣传思想工作队伍。强化人才队伍建设,县级融媒体中心要创造良好环境,建立适应媒体深度融合发展的人员招录、绩效考核、薪酬激励体系,要坚持"做精存量,做大增量"相结合,坚持内部培育和外部引进相结合,既要多措并举,又要重点突破,打造复合型全媒体人才队伍,逐步提升人员的综合业务能力,为县级融媒体中心发展提供强劲动能。

1. 健全考核激励机制

建立科学统一的激励考核机制。深化人事制度改革,打破身份界限,突出绩效考核,实现定岗定责、同岗同酬,进一步激发团队的活力与干劲,着重解决用工形式不同导致的待遇不同等问题,消除以用工性质来区别收入的弊端;着重解决绩效考核不足,干多干少一个样的问题。通过绩效考核,将收入跟绩效挂钩,解决编制内人员干劲不足、编制外人员激励不够的问题。

绩效考核机制要体现差异化、动态化原则。坚持差异化,就是要根据岗位职责、工作量的差异进行绩效考核。比如可以从岗位职责、工作能力、工作内容等方面对员工绩效进行分档,然后在不同的档次内再进行分类。坚持动态化,就是根据员工的实际表现动态调整绩效,每个月的工作情况不同,收入也要有所区别。比如,河南项城融媒体中心实行绩效考核、零工资制、全员竞聘及末位淘汰制,着力打造能拍、能写、能剪、能播的"一人全岗"复合型人才。江苏邳州融媒体中心建立业绩导向绩效考核制度,全员全程绩效考核,以岗定薪,多劳多得,上不封顶,下不保底。

适应媒体深度融合发展要求,在融合新闻生产方面要建立全新的考核机制,按照全媒体传播要求,动存量、补增量,加大对新媒体发稿的考核力度。动存量,即不能完成新媒体发稿任务而只完成传统媒体板块发稿任务的,将不能维持现有薪酬水平;补增量,即能很好地胜任多平台发稿任务的,在薪酬上额外予以奖励。采编人员绩效考核中动一定比例的"存量"用来考核新媒体发稿的数量和质量,有利于激发活力,推进采编人员转型,提升全媒体传播能力。

2. 优化人才队伍结构

县级融媒体中心要适应全媒体发展趋势,进一步优化人才结构,充分激发人才活力,为媒体融合向纵深推进提供强有力的支撑。

培养年轻的业务骨干。让更多政治立场坚定、掌握全媒体传播规律的青年人才在媒体融合中发挥生力军作用,鼓励他们以互联网"原住民"的思维和方式,打造新媒体平台需要的内容产品。给予年轻人晋升空间,倡导创新型、综合型人才在事业产业发展中挑大梁、担责任,鼓励试错、创新探索,充分释放青年人才的活力和创造力,增强县级融媒体中心的战斗力,夯实新闻事业发展的中坚力量和后备力量。比如,江苏昆山融媒体中心实施了"年轻储备干部培育计划""优秀骨干人才培养计划""青蓝对接精准提升计划",着力打造梯次完整、一专多能的全媒体人才队伍。

引进优秀人才。实行更加积极、开放、有效的人才引进政策,制定专门方案,完善配套措施,通过编制、薪酬、晋升等多元化手段,一人一策,提高对人才的吸引力,从外部特别是互联网和技术公司引进优秀的人才,提供发挥的舞台、创造干事的条件。打破原有队伍自我循环的僵化局面,补齐人才队伍短板,形成各路人才的聚合效应。对于一些技术型、经营型、创意型等专业程度高的人才,可以建立专项人才引进基金,大幅提升薪酬待遇,增强对人才的吸引力,同时,适当放宽学历、专业等硬性限制条件,更加注重创新创造力和技术研发能力。例如,江苏宜兴融媒体中心将融媒体内容生产、技术开发、经营管理等紧缺高端人才,纳入重点人才引进计划,切实解决人才短缺问题。对高端、紧缺型人才,经组织、编办、人社等部门会商同意后,由融媒体中心通过定向招录、直接考核、专业技术测试等方式确定拟录用人员,并享受相关政策待遇。此外,还可以与省级媒体机构、高校等建立长期合作关系,通过定期借调人才支持县级融媒体中心建设的方式来带动人才队伍建设。

壮大采编队伍。进一步拓宽思路、拓展资源,充分发挥社会力量,努力打造全民通讯员队伍,调动大众参与积极性。比如,江苏邳州融媒体中心以特约记者为补充,从各镇(区、街道)、机关单位公开选拔170人组成融媒特约记者团队,定期培训,壮大融媒采编力量。四川古蔺融媒体中心分行业分圈子培育全民通讯员,引导全县摄影、美食、文艺、蔺商等30余个团体在本地App发稿,已发展全民通讯员上千人,大大拓展了新闻线索来源,将县级融媒体中心信息采集的触角延伸到县域各个角落。

县级融媒体中心限于自身定位要求和能力水平，在人才队伍建设方面不应该追求"大而全"的人才结构，而是要结合实际需求，协同内外资源，在一些重大项目、重大活动中，充分借助外部平台的优质人才队伍，为我所用，但在关键环节、关键岗位要培养"五虎将"，配备政治过硬、业务精湛的带头人，形成梯次化的人才结构，为做好常态化宣传工作、形成可持续发展能力提供保障。

3. 开展全程系统培训

加大内部人才队伍的系统化培训，建立常态化的培训交流机制，通过定期和不定期组织开展业务培训、跟班学习、专家讲座、媒体融合技能大赛等，让原先在电视、广播、报纸、新媒体等不同板块的人员尽快学习融合创新理念和融合系统操作、全媒体策划、新媒体技术应用、平台运营维护、业务板块协同协作等技能，不断提升一线人员的综合业务能力，推动县级融媒体中心持续健康运营。

选派骨干人员到省级媒体、中央级媒体或高校进行学习交流，邀请一些行业专家、业界大咖到当地进行培训。比如，江苏泗阳融媒体中心通过多岗锻炼、选派进修、职业培训等多种方式，先后选派30余人次到南京、上海、无锡、苏州及浙江等地参加融媒体业务培训。江苏如东融媒体中心近年来先后邀请各类专家、学者举办专业讲座近20场，选派10批50多人次赴江苏台和上海台进行跟班实训。江苏射阳融媒体中心加强中层干部、业务骨干轮岗交流，组织开展集中培训、新闻大练兵等系列学习培训活动30多场，累计上千人次受训。河南项城融媒体中心与郑州大学、浙江传媒学院进行战略合作，聘请全国30多位专家组成智囊团，为融媒体中心的建设提供强有力的智力支持。此外，还可以常态化开展内部培训，每周开设"员工大讲堂"，请优秀员工现身说法，拓宽眼界、提升能力、指导实践。

与省级平台进行人才队伍培训合作。充分发挥省级媒体机构在理念、人才、技术、资源、实践等方面的优势，推动县级融媒体中心人才队伍素质整体提升。以江苏为例，江苏广电总台开设"荔枝学院"，充分利用江苏广电总台在体制机制改革、媒体融合发展、传播资源整合、人才队伍建设等各方面的优势，通过"传帮带"的形式为江苏各县级融媒体中心人才队伍建设提供有效助力，取得了显著成效。县级融媒体联合培训由江苏广电总台电视、广播、新媒体相关业务部门联合参与，调集业务骨干，经过实地调研、反复研讨之后，针对省内县级融媒体中心的实际业务需求推出一系列培训课程，既包括县级融媒体政策要求、平台建设规范等在内的通识类课程，也涵盖符合业务实际需要的技术类、内容类应用课程。此外,江苏广电总台还邀请互联网业内大咖、专家学者作为强力"外脑",为受训学员提供丰富的行业动态解读、鲜活的案例经验分享,为全省县级融媒体中心培养合格人才提供了重要保障。

4. 再造全新融媒环境

为干事创业者打造平台。没有事业的发展就汇聚不了人才,没有施展舞台和发挥空间就留不住人才。要通过提供有吸引力的多元化工作岗位,让每个员工特别是骨干员工能找到适合自己的位置,能够在一个个重点项目中锤炼打磨,能力得到提升,价值得到实现,这是培养人才、锻造人才、留住人才的重要手段。还要积极倡导善待员工,打造关心关爱员工的"暖心工程",不断增强员工的归属感、幸福感、凝聚力。

完善容错纠错机制,区分不同性质的失误和责任,采取不同的措施,强化事前指导,减少事后指责,鼓励员工打破僵化的条条框框,大胆创新,要用考核指挥棒形成鲜明的激励导向,树立"宁愿在创新的过程中犯一点错误,也不能犯不创新的错误"的理念,为创新者、担当者、实干者撑腰鼓劲,让愿意创新、勇于创新、做出成效的员工受到激励,让创新意识不强、创新能力不足、产品新意不够的员工感到压力,形成激励创新、倒逼创新、包容奇思妙想、宽容失误失败的良好氛围。

完善鼓励激励机制,强调尊重、善待骨干员工,考核激励向骨干员工倾斜,坚持以实绩论英雄,谁能挑起最重的担子、啃下最硬的骨头,谁的工作出新出彩,谁就能有更大的展现舞台,谁就能被授予荣誉称号,充分调动骨干员工积极性,让实干者有平台、受重用,让为各项事业发展作出突出贡献的员工受到充分赞赏和善待。

完善能进能出、能上能下机制,推动形成能者上、平者让、庸者下、劣者汰的用人导向,腾挪出岗位补充关键业务紧缺的创新型骨干人才,形成"鲶鱼效应",让整体工作呈现出生机勃勃的良好局面。

加强县级融媒体中心建设是党中央作出的重大决策,是巩固拓展基层宣传文化阵地、夯实党的意识形态工作根基的重大举措。县级融媒体中心需要结合自身实际,围绕基层舆论阵地、综合服务平台、社区信息枢纽的功能定位,在机制改革、内容创新、平台完善、服务升级、人才培养等方面下功夫,聚焦新闻主业,建立完善"新闻+政务服务商务"运营模式,探索可持续发展路径,实现事业产业同步发展,为更好地引导群众、服务群众,提升基层社会治理体系和治理能力现代化水平贡献县融力量。

第五章
江苏市级媒体融合发展路径选择和比较研究

互联网时代,传统媒体与新兴媒体融合发展乃是大势所趋。自2014年8月中央全面深化改革领导小组审议通过《关于推动传统媒体和新兴媒体融合发展的指导意见》(以下简称《指导意见》),至2020年9月中办、国办印发《关于加快推进媒体深度融合发展的意见》,媒体融合发展已上升为国家战略的一部分,国家给予媒体融合以巨大的政策支持,各级各类媒体均以多种方式进行着媒体融合的实践。然而,一个显见的事实是,过去几年的政策重点基本都落脚在中央、省、县级媒体层面,针对地市级媒体(以下简称"市级媒体")的政策引导和支持则处于较为薄弱的状态。从实际情况来看,地市级媒体在融合发展过程中确实遭遇了诸多困难。地市级媒体是党委、政府与人民群众间重要的桥梁纽带,在向基层传播党的声音、构建区域主流舆论生态和服务好基层群众等方面,负有不可替代的使命。如何帮助地市级党媒在融合发展中摆脱困境,找到科学合理的发展之道,是摆在我们面前的一项重要而又紧迫的课题。笔者于2020年5月至7月,2021年4月至5月,分别对江苏省的苏南、苏中和苏北各4家共12家市级广电和报业媒体(集团),以及贵州贵阳、云南昆明、河南郑州、信阳、焦作的6家市级广电和报业媒体(集团)进行了实地考察调研,通过对各家媒体的负责人进行深度访谈的方式,在实地调研和文献分析的基础上,得出的基本结论是:建设统一的地市级融媒体集团势在必行,化解地市级媒体融合发展困境的途径和办法在于进行供给侧改革,充分利用新技术赋能资源整合,通过制度创新化解难以回避的各种难题。

一、全国市级媒体融合发展的基本现状

在《指导意见》发布之前的很长一段时间内,不少市级媒体就已经着手探寻求变转型之路。早在2004年,牡丹江广电集团与牡丹江报业集团合并重组,成立了牡丹江新闻传媒集团,这是国内第一家市级的跨媒体集团。此后,全国各地的市级媒体纷纷投入融合转型的浪潮之中,省会城市及计划单列市如南京、成都、银川、大连等,地市级城市如佛山、大庆、中卫、珠海、汕头、绍兴、张家口等,陆续成立了传媒集团。有的是报社、广播电视台合并组建传媒集团,整体实行企业化管理;有的是报社、广播电视台合并组建新闻中心和运营中心,新闻中心保留事业单位编制,运营中心实行企业化管理;有的除了整合两家主流媒体外,还把相关的文化产业同时整合进来,进行企业化运营;有的只是把两家主流媒体整合到一起,事业单位的性质没有变化。经过十多年来的实践,市级媒体的融合转型已积累了一定的经验,但也存在诸多问题,有必要先对全国市级媒体融合发展的整体状况和部分典型案例进行一个总体性的梳理和分析,以便为江苏市级媒体融合发展路径的探讨提供有价值的参照。

(一) 全国市级媒体融合发展的基本类型

进入21世纪以来,我国的传播格局已由报纸、广播、电视三分天下过渡到网络媒体、移动媒体、社交媒体占据传播舞台的中心,人们接受信息的方式和社会的舆论生态也已今非昔比。在此大背景下,传统媒体原有的发展模式无法适应急剧变化的传播生态,传播能量日益萎缩,生存状况不容乐观。于是,各地的市级媒体纷纷从自身条件出发探索融合转型之路,发展出多种融合转型的模式。其中,报业或广电各自的内部融合模式最为常见,也包括"报业+广电"的跨媒体融合模式,还有跨领域融合以及跨区域融合等模式。

1. 媒体内融合

媒体内融合是指"报业+新媒体"或"广电+新媒体"融合转型模式。例如,河南的"正观新闻"App就是郑州报业+新媒体的产物。这是一个集全媒体监测、传输、生产、分发、考核于一体的智能化数字传播平台,以正观新闻App为核心不断发展壮大,形成以头条号、微博、百家号、企鹅号、抖音、微信、喜马拉雅等头部移动互联网平台为重要阵地的媒体矩阵,涵盖智能计算、视频平台、社交媒体等新型平台,全球总粉丝量近千万,内容生产和传播能力进入

全国主流新闻客户端第一方阵。"掌上宝鸡"App 是《宝鸡日报》加快推进媒体转型升级，结合新媒体技术创设的，它采用客户端"＋新闻""＋政务""＋服务""＋电商"等发展思路全天候滚动播发文字、图片、短视频、H5、VR、直播等多种新媒体产品，时刻保持客户的新鲜度和丰富度。台州市广播电视台提出以建设创新型区域性主流媒体为目标，以"新闻＋服务＋产业"为基本定位，以区域融合一体化为基本战略的融合发展模式，坚持"统筹融合、跨界融合、分步融合、一体融合、贴地融合、特色融合"，稳步推进融合转型发展。该台还提出"广电媒体融媒集群化"的媒体体制结构模式，即以"电视＋广播＋新媒体"为组合模式，融媒集群整合本台原有的三个电视频道、三个广播频道以及自主开发运维的移动客户端"无限台州"等新媒体矩阵资源，组建侧重时政及新闻类报道的"电视新闻综合频道＋综合广播频道＋无限台州（新媒体）"；突出体现本土文化传播特色的"电视文化生活频道＋音乐频道＋无限台州（新媒体）"；侧重公共信息服务的"电视公共频道＋交通广播频道＋无限台州（新媒体）"三大融媒集群。这些都是媒体内融合的一些较为典型的案例。

从面上考察可以发现，市级主流媒体在近十多年中普遍开启了媒体融合的进程，而"报业＋新媒体"或"广电＋新媒体"的媒体内融合模式最为普遍。这是由于多数市级媒体意识到，如果贸然实施"报业＋广电"的跨媒体融合模式有可能带来严峻的挑战，所以就选择在自己内部进行融合的尝试。虽然各家市级媒体内部融合的进程快慢不一，但普遍在搭建多位一体的融合传播矩阵、拓宽媒体服务渠道和推出系列融媒产品等方面取得了一定的成绩。

2. 跨媒体融合

跨媒体融合是指在不同介质的媒体之间进行的融合，主要是指报业与广电之间的融合。2004 年，由于牡丹江报业集团和牡丹江广电集团都面临发展的困境，这两家集团便合并重组为牡丹江新闻传媒集团。在此过程中，该集团在以下几方面做了积极的探索：一是传媒体制的创新，塑造媒介市场法人主体，适时推进政企分开；二是优化传媒资源的整合、配置，实现规模化、集约化经营；三是推进集团机制改革，做好用人分配制度改革，实行经营管理改革，建立符合传媒市场发展和市场规律的内部运行机制；四是深化传媒产业属性认识，构建传媒产业发展框架，实行产业化、市场化运作，促进集团可持续发展；五是强化新闻舆论导向，提高新闻舆论导向的管控能力，追求社会效益和经济效益的双丰收。2018 年，安徽芜湖传媒集团成立，该集团同样是由原芜湖日报报业集团和芜湖广播电视台组建而成，采用了"报业＋广电"的跨媒体融合模式。其新组建的全媒体新闻中心和全媒体编委会对报、台、网、微、端等平台的新闻宣传进行统筹管理,在全媒体新闻中心的架构下,成立全媒体时政新闻采访部,打破了报纸、广电、新媒体等部门之间的壁垒,实行条口一一对应、信源一个归口、记者一专多能、稿件一元多发、外联一个口径的运作方式,以"中央厨房"的生产模式,通过采编分离、流程再造,对时政新闻实施策划、采集、报道,显示出全媒体联动宣传传播的整体优势。2019年,绍兴市新闻传媒中心成立,这是浙江省内将报社和广电进行合并的首家地市级媒体。该中心在破除内部壁垒、提升组织效能、进行流程再造、强化顶层设计和路径规划、推动新闻生产模式转型、发挥融合发展示范效应等方面,实施了一系列改革措施。它借鉴供给侧结构性改革"做减法"的思路,精简部门并压缩行政岗位,打破事业企业身份限制,以岗定薪、以绩取酬。在再造全媒体采编流程中,实行统一调度,在信息资源共享、节目生产共通、活动关联推介等方面实现交叉联动。同时还积极构建本土化、品牌化、多元化、集约化的运作机制和盈利模式。这类跨媒体融合的个案还有张家口新闻传媒集团、晋城市融媒体中心、淮北市传媒中心、齐齐哈尔市新闻传媒中心和芜湖传媒集团等。

总体来看,部分市级媒体试图通过跨媒体整合发挥传统媒体各自的优势,树立一体化发展理念,打破观念、体制等方面的藩篱,优化流程、再造平台,推动资源要素的有效整合,进而建立适应全媒体生产传播的一体化组织架构,形成集约高效的内容生产体系和传播链条。在当前媒体深度融合的浪潮中,这些探索无疑具有一定的超前性和创新性。当然,我们也可以看到,市级报业与广电的整合确实是一个比较复杂的问题,其整合既可能创造出发展机遇,也可能带来诸多必须面对和处理的棘手问题。正因为如此,许多地方的党委和政府对这种融合模式顾虑重重,不敢轻易迈出这一步。还有些地方前些年已经迈出了这一步,但后来又倒退了回去。

3. 跨领域融合

跨领域融合是指跳出传媒行业,使媒体与大文化产业中的其他行业进行融合。例如,2018年大连市新闻传媒集团挂牌成立,就是一次传统媒体与文化艺术领域跨界整合、传统媒体和新兴媒体深度融合的尝试。它不仅涉及广播电视、报业的整合,还集纳了剧院、设计中心、宣传中心等文娱宣传机构,媒体融合的范围更加广泛。其跨领域深度融合的努力主要体现在以下三个方面:一是统一生产指挥调度,加强融媒平台建设。聚合广播、电视、报纸、网络端的资源,打造"中央厨房",实现采编流程再造、生产方式变革,进行一次采集、多层制作、多元分发、多平台互动,集约高效利用资源。二是移动客户端运营维护,推出"无限大连"App,提供城市生活资讯服务,内容包括智慧城市服务、市民生活服务、新闻资讯宣传三大板块。三是加强体制机制改革,推进事企、资产、人员、业务和考核分开;通过推进媒体供给侧结构性改革,优化资源配置,解放全媒体内容生产力,实现媒体融合和产业创新双轮驱动。2019年,珠海传媒集团成立,这是广东省首家全媒体国有文化传媒企业集团。该集团也是跨领域融合的典型之一,其在原珠海报业和珠海广电集团融合的基础上,整合了市内其他国有传媒类资源,旗下拥有报纸、广播、电视、杂志、网站、新媒体、户外媒体等全媒体生产链条,以及出版发行、广告经营、新媒体运营、多元产业、教育培训、会展服务、文化产业投资与孵化、文化产业园区管理等文化产业全领域经营板块。

部分市级媒体在产业多元融合的背景下大胆尝试,通过跨界融合、交叉融合、多维度融合的方式寻求全新的产业合作模式,打破原有的产业边界实现资源共享,这使得传媒业可以吸纳更多的社会资源,在更大范围内发挥互联网和新媒体的优势,符合万物互联时代的产业发展规律。

4. 跨区域融合

这种模式是指超越传统的行政区划限制,在更大空间范围内寻求多家媒体单位之间联合协作的融合行动。2018年,由南京电视台牵头创办了包括镇江、扬州三家电视台的联合制播平台,实现节目统一包装、统一板块、同期播出。同时,由三地媒体共同谋划联手打造的《最美宁镇扬》节目,通过资源互通共享实现联合制播,力图取得良好的收视效果。这三家电视台通过区域合作抱团取暖,在内容、广告、品牌、产业等方面联手,以技术共享、联办栏目、资源共享等方式开展合作,降低各自成本,迅速扩大目标用户规模,增强了各自的影响力,形成地市级主流媒体的创新性生存方式和媒介生态。为深入推动媒体融合发展,实现市级主流融媒体传播效果的最大化,2020年江苏首个市级主流融媒体共同频道——"市际联播"正式上线。该频道的上线标志着江苏省推进媒体深度融合工作取得了阶段性成果,是宁镇扬联合制播平台的延续和发展,江苏各市级主流融媒体共同对外发声,实现了市级融媒体的抱团发展、共享共赢。"市际联播"最初是由"江苏省13市主流融媒体联席会"开设的省内第一个市际内容传播频道,以江苏板块作为阵地,以新媒体矩阵的形式,发布原创为主的短视频产品。其成员可分发本地重大新闻及短视频产品,实现全省市级主流融媒体之间的新闻信息共享和联动传播,以增强市级融媒体的传播力、影响力、引导力和公信力，所覆盖的用户高达8000万人。"市际联播"频道有望打造成为数字化创新的一流融媒体平台，全面赋能媒体融合和智慧社会建设。

除了上述市级媒体横向合作的案例，2018年成都市委宣传部还率先提出垂直纵向跨地域跨层级融合模式，依托成都市广电台搭建"成都市市县媒体融合服务中心"。这种市县融合模式有三方面的优势：一是集约化建设，利用成都台已经积累的技术能力和互联网资源，避免各区县单打独斗造成人力、物力浪费，少走弯路；二是统一发声，市县媒体形成传播合力，进一步增强市县两级媒体在互联网平台上的话语权；三是保障信息安全，依托市广电台技术力量自建平台，或在可控前提下与技术企业进行合作，确保主流媒体的内容安全和数据安全。

这些地区的市级媒体通过尝试从横向打破行业、地域、媒介形态的边界，而后又展开垂直化领域的精细化运营，试图打造优势互补、资源共享、互融共通的全媒体生态圈，是部分地区寻求媒体融合路径创新的积极探索。

（二）全国市级媒体融合发展的初步成效

当前，推进地市级媒体融合发展的具体政策虽未落地，各地市级媒体的发展状况也很不平衡，且面临着"上挤下压"的尴尬境地，但从笔者在江苏调研的实际情况来看，大多数地市级党媒难中求进，充分调动内在的积极因素，在融合发展方面已经做了不少有益的探索。这主要体现在以下几个方面：

1. 建构融媒矩阵，再造传播流程

传统媒体传播受限的主要原因之一是渠道失灵，在互联网尤其是移动互联网的冲击下，受众越来越聚集到新的传播平台和传播终端，而报纸的发行量、广播电视的收听收视率都处于持续下滑之中。因此，重建与受众的连接成为传统媒体融合转型的当务之急。市级媒体在融合转型过程中，无论是报业还是广电业，除了坚持原有的主传播渠道外，还普遍建起了自己的官网、客户端，开通了官方微博和微信公号。除此之外，一般还会再开设多个由部门甚至员工个人管理运营的两微公号。不少媒体还开通了抖音号、头条号、百家号和其他视频网站的账号，形成了多元联动、综合立体的融媒体矩阵。大多数报业和广电集团建立了自己的融媒体指挥中心，基本实现了集团内部媒体间、部门间、频道间、栏目间信息内容的共享，构建起集信息采集、内容生产、产品分发、传受互动、效果分析于一体的融合传播体系，形成了不同于传统媒体单一固定

传播流程的"一次采集、多样生成、多元发布"新流程。这种以互联网思维为导向的融媒体矩阵的建立,重构了市级媒体的运行机制,一方面推进了一体化的指挥调度和资源的统一调配,再造了新闻生产流程,使新闻采集和分发的效率与效果得到一定的提升;另一方面,建立在互联网基础上的融媒体矩阵也更容易搭载各种新型的服务功能,使市级媒体开展"政务服务"和"生活服务"具备了一定的硬件和软件基础。

2. 重视内容生产,坚守舆论阵地

近年来,虽然市级党媒普遍遇到不同程度的困境,但都没有放松自己作为党和政府与人民喉舌的角色和责任,在不断探索媒体融合的过程中,努力打造传统媒体与新媒体一体化的内容生产和管理平台,利用报(台)、网、端、微、屏多终端协同一致的优势,打通策、采、编各个不同环节内容生产的壁垒,提高在重要会议、重大突发事件、重大主题报道中集中作战、快速传播的响应速度和传播质量,在巩固和壮大主流舆论阵地、提高主流媒体的传播力、引导力、影响力和公信力,充分发挥党媒的舆论引导功能等方面,做了大量的切实的努力。随着新传播技术的不断发展,短视频、移动直播、精准推送等成为传播行业的新风口。市级媒体紧跟新技术的步伐,在短视频制作、移动现场直播和内容精准推送等方面频频发力,致力于打造好看、好听、好用的党端平台、政务信息发布平台、生活服务平台、移动直播平台,在传播新闻资讯的同时,还大量推送当地的风土人情、人文历史、生活时尚等方面的内容,不仅大大丰富了传播的内容和形式,还优化了受众的接受体验,对主流舆论阵地的巩固和发展同样起到了促进作用。

3. 深化内部改革,激发创新活力

市级媒体在融合发展过程中,在重视融媒体平台等硬件设施的建设、提升内容生产和服务功能的水平的同时,还致力于媒体(集团)内部管理制度的改革,以此激发融合发展的创新动力。从其过往的实践来看,市级媒体服务于融合转型的体制机制改革创新主要表现在以下几个方面:一是人事制度改革,打破事业与企业的身份限制,员工的事业和企业身份都只作为档案资料存档,到退休后再兑现编制待遇,而日常管理、绩效考核都纳入企业化管理体系。采用在编人员、聘用人员、公益岗人员相结合的方式,混岗使用、人择其岗、人岗相适、人尽其才。二是改革薪酬制度,细化激励措施,做到同岗同酬、定编定额。根据各个部门的定编数和相应岗位人员的系数,核定年度薪酬总量,增人不增资、减人不减资,由部门按"业绩导向、优绩优酬"原则进行二次分配,合理拉开收入差距。三是完善人才晋升通道,鼓励多通道模式发展。打通管理岗和技术岗的晋升界限,提供更多有利于员工发展的平台,满足不同岗位人员的职业发展需求,让员工能充分发挥自己的专业特长,为媒体创造更大的价值。四是实现物质与精神的双向激励作用,激发单位员工自我发展的内驱力。

4. 树立用户思维,拓宽服务范围

各地市级媒体在由传者思维向用户思维的转变方面表现比较突出。不少市级媒体充分发挥自身优势,积极介入当地的经济与社会发展进程,多方面助推当地的经济建设与社会发展。比较突出的表现有两个方面:一是积极参与地方社会治理,在民主协商、腐败治理、舆情监测、危机应对、社会治安等方面,发挥了媒体作为连接平台、交流平台和舆论引导平台的特殊作用。市级融媒体能充分发挥连接、协调、响应的职能,搭建起不同利益主体之间沟通和对话的桥梁,及时发现、沟通问题并协助政府高效地解决问题,协调各方矛盾冲突,化危机为转机,拓展了用户网上网下参与社会治理的深度。二是助力智慧城市建设,与当地政府的其他智慧平台系统相关联,形成互通互动格局。部分市级融媒体抓住智慧城市建设的发展机遇,将智慧交通、智慧教育、智慧医疗等与新闻传播、市民服务结合起来,创新新闻传播模式,主动利用大数据等技术平台的优势,让主流媒体的信息和服务内容更贴近市民生活,在促进社会建设发展方面发挥着媒体特有的作用。

5. 弥补经营短板,增加收入渠道

广告是传统媒体最大的经济支柱,互联网以及建立在互联网之上的各种新媒体对传统媒体经营的最大冲击对象就是广告,这使得传统媒体在进入新世纪第二个十年后经历了残酷的广告收入断崖式下滑的痛苦历程,一直到今天这种冲击都不能说已经真正得到了缓解。市级媒体不光无法抽身其外,甚至可以说是受冲击最为严重的对象。在这种大背景下,创新经营理念与经营方式,找到新的盈利途径和方法,成为改善市级媒体生存与发展的关键所在。近十多年来,市级报业和广电(集团)纷纷寻求能够促进收入增长的新渠道。比较常见的自办或参与的项目包括:电子商务、直播带货、教育培训、创意会展、文化旅游、特色小镇建设等。这是传统媒体发挥多元化经营的传统优势所做的努力,在一定程度上缓解了市级媒体收支失衡的困难。

总体而言,地市级媒体普遍开启了媒体融合进程,虽然各家媒体内部融合进程快慢不一,在围绕平台、技术、信息、人才等媒介资源获取与分配方面也各有侧重,但报(台)网端微屏多位一体的融合传播矩阵已基本成形,在推进制度改革、产品创新、经营拓展等方面,也取得了一定的成绩。但传统媒体和自建新媒体"两张皮"现象仍较为普遍,深度融合的内生性机制还未建立起来,新型主流媒体的构建及其影响力提升还需时日。尤其需要指出的是,现有的融合多局限于媒体自身的内循环,而在整合各类资源实现跨界融合上则踌躇不前;也没有形成新的有效运营模式,融媒体赢利能力低的问题亟待解决。

(三) 全国市级媒体融合发展的现实困境

1. 广告收入持续下滑,收支难以平衡

改革开放以来,我国传统媒体逐步形成了广告收入在经营性收入中一枝独秀的经营模式,多数媒体的广告收入在总收入中所占比例高达80%甚至90%以上。而广告收入的大头又主要来自房地产、医药等少数几个行业。近年来,由于国家对房地产行业进行宏观调控、对医药广告进行严格限制,再加上经济整体下行、新媒体营销对传统媒体的冲击,尤其是今年上半年新冠疫情的影响,不少媒体的广告经营在原来已经下降严重的基础上继续下滑,处境更是雪上加霜。除苏州广电等少数媒体外,多数地市级媒体广告之外的多元化经营普遍存在业务规模偏小、操作水平偏低、资源分布偏散等问题,竞争力和赢利能力都不足以弥补广告收入下滑所带来的缺口。此外,地市级媒体的人员基数普遍偏高,运营的刚性成本支出连年攀升;电视台又正逢高清化技改周期的关口,仅高清化改造这一项的投资每家就大致需要3000万至5000万元。这些因素的共同作用,造成了目前地市级媒体陷入收支难以平衡的窘境。

2. 受众不断流失,影响日益缩小

当前报纸的阅读率持续下降,电视的收视率也是日益下滑,其背后的主因都是受众的不断流失。造成地市级传统主流媒体受众流失的原因包括:受众向新媒体尤其是移动端转移;城市老龄化加快,网民主力由中间的青少年加速向儿童和中老年两端扩散;传统主流媒体本身的内容生产与传播,主要围绕党政活动展开,难以与用户形成互动,也缺乏较强的吸引力。这就导致了传统主流媒体的影响日益缩小。尽管地市级媒体在媒体融合方面做了不少努力,一些地方的新媒体客户端也吸引了不少用户的注意力,但新媒体用户稳定性不强,活跃用户和忠实用户的数量都较为有限。

3. 人才出多进少,队伍严重老化

媒体最重要的资源是人才资源。地市级媒体人才流失严重,新型人才引进困难,原有队伍人员基数庞大、年龄层次偏高、知识结构老化,从而造成队伍建设困难,融合发展缺乏人才的有力支撑。出现这种状况的原因:其一是媒体经营困难,导致人才待遇不增反降;其二是新媒体用人机制灵活,薪酬更具吸引力,对传统媒体形成明显的竞争优势;其三是从业人员所承受的工作压力与收入不对等,一些优秀人才选择改行;其四是部分人才对地市级媒体发展前景丧失信心,缺乏职业安全感,因而选择逃离;五是传统媒体与新媒体的运作模式不同,传统人才的知识结构和专业技能很难快速转型。这些因素的叠加,使得地市级媒体优秀人才出多进少,队伍老化现象严重,并有恶性循环之势。

4. 技术存在短板,投入遭遇瓶颈

传统媒体的生产方式和运作模式决定了它们主要依赖人的知识与创意,即使是电视这样的重资产行业,其技术也集中于电视设备方面,相对比较简单。而媒体融合所需要的技术则是建立在互联网基础上的许多新兴技术,包括人工智能、VR/AR、大数据等,而这些技术无论是硬件还是知识储备,都是传统媒体的短板。地市级媒体融合发展所依赖的技术只能从外部获取,由于缺乏统一的规划,现在基本上都是各起炉灶,借助社会化技术公司的力量建设自己的融媒体指挥和操作系统,由此带来的问题是多点开花、标准不一、投入分散、功能有限,很难形成与新媒体相抗衡的合力。此外,各家电视台都在进行设备的高清化改造,此项工程投入巨大,但效果如何,尚有待实践的检验。

5. 体制机制固化,深度融合困难

从宏观体制来说,地市级媒体的布局,一般都是每市一家党报外加由它所创办的一两家晚报及都市报,一家电视台和一家广播电台。后几经合并,现在一般是每市一家报业集团和一家广电集团。两家集团之间虽也时有竞争,但激烈程度远不如一线城市和省会城市,长期以来形成了各行其是、相安无事的局面,从外部进行融合几乎是不可能的事情。再就微观机制而言,无论是报业还是广电,原来采用的都是准行政化的组织架构,部门齐全,功能繁复,内容生产之外的岗位冗员不少。近年来,虽然在新媒体的竞争压力下,报业或广电集团内部进行了融合传播的组织重构和流程再造,但不少媒体从根本上说仍然沿袭原有的运作习惯,部门之间各自为政,人员无法优胜劣汰,难以实现真正意义上的深度融合。

这些问题光靠媒体自身是无法解决的,需要党和政府进行顶层设计与统筹规划,给予必要的政策支持和资金扶持,将地市级媒体深度融合作为一项新的传播建设工程来抓。

二、比较视角下江苏市级媒体融合发展的优劣势

2020年9月26日,中共中央办公厅与国务院办公厅印发了《关于加快推进媒体深度融合发展的意见》,其中指出:"要按照资源集约、结构合理、差异发展、协同高效的原则,完善中央媒体、省级媒体、市级媒体和县级融媒体中心四级融合发展布局。"作为上承中央级媒体,下接县级媒体的桥梁,市级媒体是我国媒体融合战略布局中的重要组成部分,对构建全媒体时代的新型媒体传播格局具有重要意义。

(一) 横向比较视角下江苏市级媒体融合发展的优势

目前,我国媒体融合向纵深化方向发展,虽然和央媒、省级媒体、县级媒体相比,市级媒体的媒体融合发展处于政策支持的薄弱环节,发展力度和速度都稍显不足。但是江苏由于得天独厚的地理位置和开放包容的思想观念,与其他地区的市级媒体相比具有明显优势。近年来,江苏市级媒体响应关于媒体融合战略的指导意见,积极进行市级媒体融合的路径探索。

1. 区域整体优势突出,具备较高的经济技术发展水平

江苏地处长江经济带,下辖13个地级行政区,是全国唯一所有地级行政区都跻身百强的省份,也是中国综合发展水平最高的省份之一,已步入"中上等"发达国家区域发展水平。在这样的发展条件下,相较于中、西部地区的市级媒体,江苏市级媒体具有不可比拟的技术、经济优势。在调研过程中笔者发现,苏州广播电视总台(以下简称苏州广电)依靠强大的经济支撑,2018年就投入了2900万元资金用于媒体融合的建设。其聚焦重大国家战略,深化关键领域自身改革,不仅争取到一系列大试点、大平台、大政策在苏州广电试行,而且注重推进基层治理的现代化发展,目前已经建立起较为完善的全媒体传播体系。并先后投入1.6亿元研发出能同时实现基础设施共建共用、信息系统整体部署、数据资源汇聚共享、业务应用有效协同的支撑全媒体新闻平台的"SBS媒体云",推动广电体系向融合化、智慧化方向发展。在技术上,苏州广电拥有自己的技术团队,一直致力于融媒技术的研发和应用。其"智能媒资"

系统将人工智能技术与总台的媒资系统相结合,其中包括图搜视频、智能编目、移动审核等创新技术。苏州广电在演播室内还开发了拥有自主知识产权的摄像机器人。东方卫视曾以780万元的价格进口了一台类似的机器人,而苏州广电自主研发的机器人不仅价格便宜,只需要250万元,同时自带防盗系统,安全系数较高。演播室内的集成控制系统也是技术团队自主研发的。

中、西部地区的城市由于整体经济技术发展水平较低,因此在融媒体中心的建设上更显得困难重重。较薄弱的经济基础使得先进技术开发滞后,直接影响了融媒体中心的建设和发展。例如信阳日报的融媒体中心总投资不到200万元,在内容生产和技术支持上也没有形成统一的平台,导致资源分散、影响力弱、受众无法集中。焦作广播电视台虽然在融媒体中心的建设上积极进行尝试和调整,并与河南大象融媒集团进行深度合作。但是一方面,其经费支持上明显不如江苏省各地市;另一方面,其创新力度较弱,基本处于模仿阶段,大数据平台的功能丰富度也无法与江苏省各地市的平均水平相比。总体来说,江苏市级媒体融合发展的势头要强于中、西部地区。

2. 领导层媒体融合意识较强,融媒体平台建设基本完成

媒体融合自2014年成为国家战略以来,经历了以人民日报"中央厨房"为代表的央媒层面的媒体融合到浙报传媒集团为代表的省级媒体层面的媒体融合。习近平总书记在2018年8月21日全国宣传思想工作会议上指出:"扎实抓好县级融媒体中心建设,更好引导群众、服务群众。"媒介融合行动的重心开始转向以县级融媒体中心为建设主体的阶段,至此,媒介融合发展的版图不仅涵盖了大型传媒集团,也关注到了地方性的中小型传媒集团。媒体融合发展要坚持"一盘棋"思想,关键在于领导层要提高政治站位,在思想上真正认识到媒体融合的重要性,理解融合发展的战略意义;在实践上能充分调动员工积极性,合理高效地进行资源配置。江苏始终处于开放前沿,人们的思想观念较开放包容,许多领导层已经具备了较强的媒体融合意识,对于媒体融合的内涵也有了比较清晰的认知。这样的领导群体为媒体融合的发展提供了方向上的指导,保障了正确决策的执行。同时,许多央媒、省级媒体、县级媒体的媒体融合在内容生产、技术支撑、盈利模式等方面都取得了显著成效,这些成功的案例为江苏市级媒体的融合发展提供了丰富的知识资料和实践经验,江苏大部分市级媒体已基本完成融媒体平台的建设。

笔者通过调研发现,苏北地区如宿迁、盐城、镇江,苏南地区如无锡等城市的领导层都对媒体融合持积极肯定的态度。无锡市广电集团总编辑赵波清晰

地认识到当下地市级传统媒体普遍面临的困境,并指出转型不成功的一个主要原因是领导的思想观念跟不上。他认为,现在广电产业特别需要一个"多面手"型的领军人物,带领广电产业寻找发展之路。同时,他也思考如何在本地移动端上打造出具有影响力、号召力、公信力、传播力的平台。盐城市广电总台的领导层认识到,只有进行媒体融合的实践才能应对当下信息环境的复杂变化,因而打造了具备信息采集、生产、分发、交互、分析于一体的融媒体采编指挥中心,建设了全高清媒体融合平台。与其形成鲜明对比的是中、西部地区,尤其是那些位置偏僻的地市级媒体。由于信息较闭塞、基础设施建设不完善,人们对于新鲜事物的接受度也较低,部分媒体内部领导对媒体融合的认识不充分,甚至对互联网的相关操作都不熟练。许多员工面临互联网的冲击、新媒体的发展还存在不想改、不愿改、害怕改等畏难情绪,对于融媒体的建设一直处于"等、靠、要"的思想状态中。

3. 与时俱进紧跟转型步伐,媒体内部管理不断推陈出新

江苏市级媒体在硬件设施和技术储备基础较好的条件下,在领导者紧跟时代步伐做出超前决策的导向下,其内部与之相适应的内容生产模式、新媒体矩阵播发模式以及工作人员的管理模式等各个方面都面临着全新的流程再造和模式转变。伴随着转型而来的是媒体自上而下的改革需求。例如一些江苏市级媒体为了更好地整合传媒集团内部的资源,对采编部和新媒体部进行重组;为了最大限度激发一线工作者的活力,实行首席记者制度,统筹行政级别与经济激励的互补机制等。相比于中、西部地区,江苏市级媒体依托较好的转型基础,不断尝试着新的转型实践。同时,不断推出的"新管理""新政策""新举措"也推动媒体转型向深度和广度发展,使媒体转型不断在新的面向与维度上进行"边缘突破",实现了良好的协同效应。

其中,盐阜大众报报业集团内部的各项改革取得了明显的成效。它以"一体化"为指导思想,在内容、组织架构、技术、生产流程、人才薪酬等方面进行了适应媒体深度融合的颠覆式改革。例如,在组织架构上,打破传统媒体科层制、条块状的组织架构,实行"三三制",进行"三台"设计,形成适应全媒体生产传播发布运营的一体化组织架构;在流程上,打破"部门墙",重新设计业务流程,构建策、调、采、编、发、传、评、存八部流程的一体化传播链条;在经营上,统筹好内容生产和媒体经营一体化发展,形成采编、经营相互支撑的工作机制,实行全要素服务、全渠道推广、全链条运营;在人才薪酬上,完善聘用制度、岗位管理制度,并制定统一的评等标准,将采编、经营、管理纳入统一的考核体系

中。最终,其改革取得了优异成绩,连获国家级及省级三个奖项,并且2021年广告收入高达8400万。而中、西部地区由于政策、经济、技术等原因,媒体融合基础较差,媒体内部的改革也显得缓慢甚至停滞不前。例如郑州市电视台融媒体中心缺少相关政策的支持,起步晚、资金有限、政务资源对接不畅。领导层对于融合的相关改革也没有大刀阔斧的决心,而是处于观望的态度。台内各部门"各自为政",员工们积极性较低,导致全台的媒体融合进度缓慢。

(二)纵向比较视角下江苏市级媒体融合发展的劣势

地市级主流媒体是各地市委市政府的耳目喉舌和舆论阵地,在国内四级媒体机构格局中起着承上启下的作用。央媒、省级媒体政策倾向明显,发展基础较好,2018年县级融媒体也进入发展的快车道。而市级媒体在人力、财力、政策支持等方面都处于尴尬境地,在竞争中显露疲态,呈现"腰部塌陷"的态势。笔者通过调研,从纵向比较的角度将江苏市级媒体融合发展的劣势总结为以下几个方面。

1. 财政支持力度较弱,自筹资金能力有限

融媒体中心建设离不开资金的支撑,主要包括硬件部分的空间建设和软件部分的信息系统建设。空间建设即融媒体中心场地所需要的设备、装修等,信息系统建设即技术,包括大数据分析软件、全媒体采编系统、编辑系统等。中央级媒体会投入上亿资金在融媒体中心的建设上,一些省级媒体的预算也在五六千万左右,而县级媒体尽管预算相对较少,但是这种财政支持是刚性的、普遍的、连续的。例如市财政先后投入近千万元用于河南项城融媒体中心的建设,包括购买直通车,建设360度演播厅,添置采编播高清设备等。而市级媒体的财政支持不是刚性的,地方差异明显,并且多为专项经费。另外,政府对于广告收入主要行业:房地产、医疗行业的宏观调控和严格限制,再加上疫情造成的整体经济下滑,使不少媒体的广告经营处境雪上加霜。除苏州广电等少数媒体外,多数江苏市级媒体的多元化经营普遍存在业务规模偏小、操作水平偏低、资源分布偏散等问题,竞争力和赢利能力都不足以弥补广告收入下滑所带来的缺口,自筹资金能力有限。

收支难以平衡是地市级媒体融合发展面临的普遍问题。一方面,日益扩大的从业人员基数使运营的刚性成本逐年增加,另一方面,不断更新换代的设备需求更是需要动辄上千万的资金支持。通过调研笔者发现,江苏一些地市级媒体现在不仅没有财政拨款,并且由于事企改革,可能还需要将收入的一部

分作为政府援建经费或财政收入。例如泰州报业传媒集团由于管理上事企不分,没有把新闻媒体的主业和主责弄清楚,出现了管理标准混乱的现象。2019年,泰州报业传媒集团的营收被纳入财政预算,最后传媒集团需要集中拿出10%的收入用于政府援建,比如援疆、援藏及政府的债务偿还。仅财政支出这一环节,就给泰州报业传媒集团带来了巨大压力。在自筹资金方面,原来的盈利主力军:广告的收入急剧下滑,依靠时段售卖广告的运营逻辑已经不存在了,一些户外广告的营收从高达两个多亿缩减到现在的2000万。尽管一些媒体也在积极拓宽营收渠道,但是目前来看,大部分是拆东墙补西墙,成效较小,且困难重重。例如无锡广电集团通过参股江苏银行、江苏有线等方式开展多元经营,但总体上还是亏损的;镇江文广集团的一个中层也指出,由于媒体处于体制内,完全进行市场化运作是不可能的,但是面对市场开展一些活动或广告创收时,媒体往往竞争不过纯市场化的公司,所以在拓展营收渠道方面阻力较多。另外,地方性主流媒体的竞争主体也越来越多,要防止有些地方企业和国有企业"争抢蛋糕"。例如在文化产业拓展方面,国有企业像文旅、城投、交投等也成立了专门的媒体部门,甚至从媒体挖人来承接相关的项目。总体来说,近年来传统媒体面临的生存压力越来越大,在自筹资金能力有限的情况下,地市级媒体如果没有政府的财政支持,根本无力承担动辄上千万元的建设资金。

2. 一城多媒现象普遍,主流媒体影响受限

优质的内容,稳固且庞大的受众基础是主流媒体维持影响力的关键。在新媒体的冲击下,地方传统媒体与新媒体的融合发展是必由之路,因此地市级媒体纷纷向"新媒体首发、全媒体跟进、融媒体传播"的传播格局迈进。开通了以微信、微博、抖音、快手、今日头条为主的一系列新媒体官方账号,建设融媒体指挥中心,这在形式上确实符合媒体融合的发展路线。然而,在这种一城多媒的现象下,一方面,媒体缺少具有核心竞争力的"头部"平台。在市场机制不健全、制度设计不完善的前提下,不同媒体为争夺有限资源难免形成恶性竞争,使资源利用效率难以实现最大化。过多的传播渠道也导致资源的浪费、受众的分散和流失。另一方面,地市级媒体虽然传播渠道众多但内容同质化现象严重,网络媒体、电视媒体、纸质媒体的内容雷同且主要围绕党政活动展开,导致地市级媒体在与内容新颖有趣、互动性强的新媒体争抢受众时处于劣势。在这种资源分散、受众日益流失的发展趋势下,地市级主流媒体的影响力被不断削弱。

在对江苏一些地市级媒体进行调研后,笔者发现,大部分地市的电视台、广播电台、日报等传统媒体都呈现出与新媒体融合的态势,融媒体指挥中心、相关的官方新媒体平台也一应俱全。但是网络版新闻内容和纸质版新闻内容、不同新媒体平台上发布的新闻信息都有雷同的现象。最终出现渠道众多、资源分散、受众流失等问题。这方面央媒和一些省级媒体做得比较好,例如人民日报"中央厨房"将资源主要集中在一个核心平台,避免资源分散并扩大受众基础,同时注意将报纸版面的内容和融媒体工作室的内容区分开,延伸出音视频(脱口秀)、H5、图解、VR等各类融媒体作品。由此可见,地市级媒体如果想分得"新媒体融合"这一杯羹,就必须注重优质内容的生产,做到内容的尖端、精致、独到,做出具有自己特色的地方主流媒体品牌,才能提升媒体的影响力。

3. 技术力量薄弱,自主性和创新性较差

随着5G技术、人工智能、虚拟现实等新技术的发展,媒体的传播形态发生了翻天覆地的变化。以短视频为主要信息传播形式的抖音、快手等平台爆火,算法推荐、大数据技术无时无刻不在影响着人们的生活。技术驱动着新媒体的快速发展,媒体融合实质上是一场技术创新引领下的传播变革。对于报纸、广电等传统媒体来说,其生产方式和运作模式决定了它们主要依赖于人的知识和创意,即使是电视这样的重资产行业,其技术也集中于电视设备方面,相对比较简单,而媒体融合所需要的互联网新兴技术则是传统媒体的短板。地市级媒体没有央媒、省级媒体丰富的技术资源和强大的技术团队,在媒体融合的建设中,如何增强技术力量,提高技术自主创新能力,是亟待解决的难题。

宁波日报对全国70家城市党报进行了调查,结果显示超过八成报社的新闻客户端并未实现技术自主,他们通过直接购买国内新闻客户端技术公司的标准化软件或成品软件,或请技术公司在标准化软件基础上进行部分个性功能开发。而中央级媒体、省级媒体往往拥有独立的技术团队和丰富的技术资源。例如新华社紧跟"智能化"的时代步伐,在2019年12月正式建成并投入使用了首个智能化编辑部。它以人工智能技术为基础,以人机协作为特征,对新闻生产进行全环节、全流程、全系统再造,大幅提高新媒体产品创意创新能力和生产传播效率;为了给系统化创新提供有力的支持,新华网媒体创意工厂还构建了"MR智能演播厅""MOCO交互式智能视频摄制平台""生物智能用户评测实验室"三大利器;此外,新华社与阿里巴巴合资成立了新华智云,发布了为融媒中心提供智能化解决方案的"媒体大脑3.0"及25款媒体机器人。

笔者通过调研发现，江苏市级媒体大部分也是通过"外包"公司的形式保障技术支持，或者依靠财政的短暂支持购买一些技术设备，虽然它们基本都完成了客户端、网站及"两微"的建设，但是媒体内专门从事新媒体开发维护的力量较弱。由于其技术上主要依赖社会化技术公司，也造成了不少问题和隐患。首先，需要花费大量的时间、人力、交通成本。同时，开发进度不能得到保证，后期在使用过程中如果出现问题，修理过程也耗时较长。其次，媒体将技术外包给其他公司，就意味着技术公司将获得用户数据、新闻数据、运营数据等媒体的内部数据，媒体无法完全保证数据不泄露，倘若后期更换技术公司，这些数据在迁移过程中也会存在安全隐患。最后，技术公司的生存发展具有不确定性，可能面临倒闭等危机，这会直接影响到媒体技术的开发速度和后期维护。江苏市级媒体如果长期依赖这种技术建设方式，不仅会使媒体融合的技术开发面临诸多外部因素的干扰和阻碍，无法自主掌握开发的进度、效果及自主解决后期维护等问题，同时，社会化技术公司的模板化严重，媒体在尚不能保证技术自主性的情况下，更难提技术创新性。

4. 人员流动性强，复合型人才资源匮乏

全媒体时代的媒体融合发展实质是"人才之战"，人才资源是媒体融合发展中的重要资源。虽然中央级媒体、省级媒体也存在不同程度的人才短缺问题，但是总体来说央媒、省级媒体人才资源基础较好，并且许多媒体已经找到切实有效的对策。例如甘肃日报报业集团制定了《甘肃日报采编人员培训实施办法》，构建常态化、制度化的内部融媒体业务培训机制；定期组织学习考察组到优秀报业集团学习融合转型先进理念和成功经验；积极举办行业高端论坛以培养融媒体人才。中央广播电视总台在原有中心业务绩效考核的基础上，量化和细化对新媒体业务的考核，全面采集多种终端产品的收听数据，建立以用户数据和营销数据为核心的市场化评估体系及以市场业绩为导向的评估机制；打破采编业务人员的"双轨制"障碍，逐步建立起各类人才统一管理、调配和使用的人才队伍体系；实施更具市场化的薪酬制度和激励手段以吸引人才、留住人才。

而江苏市级媒体由于起步较晚，政策支持薄弱，目前仍普遍存在人员流动性强，专业技术人才和适应融媒体发展的复合型人才资源匮乏的问题。通过调研，笔者发现其原因主要有：第一，优秀人才流失严重。随着新媒体的发展、"政务传播"和"企业传播"的兴起，以及传统媒体的"式微"，许多优秀的媒体人才从传统媒体流向互联网新媒体或机关单位、企业从事相关工作，造成传统媒体人才流失严重。流失的人才以年轻人为主,这又加剧了江苏市级媒体人员年龄层次偏高,知识结构老化的问题。第二,薪资待遇较低,人才培养的经费投入较少。薪资待遇一直是吸引和留住人才的关键因素,以技术人才为例,从事网络安全或者运行维护的技术人员年薪水平大概在 20 万,有些公司的网络安全人员年薪能达到 30 万。但是这样的薪资水平比部分地市级媒体的部门主任都高,一些媒体技术部门的在编员工年薪在 12 万左右,非在编员工的年薪在 10 万左右。明显的薪资差距使地市级媒体在吸引人才上处于劣势。第三,原来的用人机制难打破,绩效考核标准难设计。很多地市级媒体无法解决新进人才的编制问题,在编人员和非在编人员的基础工资不同,而绩效考核在设计上也难以考虑到所有员工的利益。例如宿迁广播电视台的考核难度就在于人员身份性质的不同,员工的基础工资有区别,但是绩效部分的考核标准又是一样的,一些新媒体人才考虑到编制身份问题和工资整体水平,进入地市级媒体工作的意愿就会较低。第四,复合型人才就业选择广泛,传统人才转型困难。当下,地市级媒体需要的是复合型人才,但是这些人才也是社会其他行业所需的,并不会局限于媒体。再加上江苏地处长江经济带,本身就具有大量高薪的就业岗位,增加了这些人才的就业选项和机会。而媒体内部的传统人才已经习惯了传统媒体的运作模式,其知识结构和专业技能也更适配于传统媒体的工作,所以难以快速转型,这就导致不少江苏市级媒体面临青黄不接、无人可用的尴尬局面。

5. 传统体制机制固化,媒体融合形式化

地市级融媒体建设情况与县级融媒体建设相比更加复杂,推进也更加困难。从宏观体制而言,县级的主要媒体平台一般只有电视台一家,即使有报纸,也往往是内部出版,所以融媒体建设往往是集中在一家主要媒体上开展新的业务。但是地市级媒体几经合并,现在一般由报社和广播电视台两家面向社会公开播出或发行的单位组成。彼此存在竞争,业务上又相对独立,除非有政策明确扶持二者融合,否则非常困难。从微观机制而言,首先,媒体机构"事企不分",就像前文提到的泰州报业传媒集团,它既属于事业单位,但是在政策允许的范围内又具有一定的经营权,事业单位的身份和企业化的经营活动在管理上也无法统一标准,阻碍了媒体工作的高效运转。其次,一些地市级媒体机构臃肿,部门冗余,人浮于事。地市级媒体管辖范围宽泛、在媒体发展中政策变化较多等原因,造成了机构重叠、人员混杂、成分复杂等问题,增加了管理难度。最后,尽管江苏的大部分地市级媒体在内部都进行了融合传播的流程再造和组织重构,但在实践上仍然保留原有的运作习惯,各部门之间的壁垒并没有消除。例如盐城广电在台内依然实行频道中心制,广播、电视、新媒体之间因运行机制、考核机制等不统一,始终各自为政,没有实现真正意义上的媒体融合目标和成效。

所以地市级媒体和县级媒体相比,缺少政策支持且融合难度较大。而在融合程度和融合效果上,自然也不能和央媒、省级媒体相比。例如人民日报"中央厨房"已打破原有采编机构的藩篱,在全社范围内打通策划、采访、编辑、发布、评价各环节,实现信息资源高度共享,形成传统报道与新媒体传播并重的全媒体生产机制。它不局限于内部的媒体融合,与河南日报、湖南日报、四川日报、上海报业、广州日报、深圳特区报等地方媒体建立战略合作,在技术和内容上资源共享、协同生产、共建工作室,真正实现了跨部门、跨行业、跨地域、跨专业的媒体深度融合。总体来说,目前江苏大部分地市级媒体的融合还处于相加的阶段,属于形式上的融合,并未实现真正意义上的深度融合。

三、比较视角下江苏市级媒体融合发展路径选择

(一) 树立供给侧改革思维,建设地市级融媒体中心(集团)势属必然

从地市级媒体已有的实践来看,只是靠各家媒体单打独斗,没有顶层设计,资源分散投入,加之种种困难因素的制约,原有的模式很难形成深度融合的合力。建设统一的地市级融媒体中心(集团)实为大势所趋。

1. 地市级融媒体中心(集团)建设的方向

地市级融媒体中心(集团)建设的总体方向就是要从供给侧改革入手,减少媒体数量,提升传播效能,打造新型主流媒体核心竞争力。现有的地市级媒体集团由于地域和经济发展状况的不同,人员组成情况相差较大,在江浙等东南沿海地区,一家普通地市级媒体集团人数基本都能达到三四百人,多则七八百人。例如江苏的泰州报业传媒集团员工总数在三百多人,而泰州广播电视传媒集团的人数在五百多人。而对于省会城市,即便像郑州这样的中部城市,其媒体规模也是相当大的,仅郑州电视台一个部门,从业人员就有1300余人。但无论是东部,还是中西部,一份报纸的发行量在目前的市场环境中一般只有区区几万份,且多是靠行政手段而不是靠市场手段来发行的,电视节目的收视率也处于较低水平,而且受众也趋向于老龄化。这说明,地市一级媒体市场的

供给与需求处于明显的不平衡状态。再从各家媒体所办的新媒体来说,几乎每家都建有自己的客户端和网站,有些地方甚至还有两个以上的客户端,开设的两微账号和其他平台号少至几十个,多则上百个,不仅用户资源无法集聚,运营者也是疲于应付,既浪费了资源,又无法取得与平台型新媒体相抗衡的效果。因此,从供给侧改革入手,打破报业与广电的界限,实现跨媒体融合,建立统一的地市级融媒体中心(集团),并将其建设成具有较高传播效能和核心竞争力的区域性新型主流媒体,应该成为今后一段时期地市级媒体融合发展的基本方向。

2. 地市级融媒体中心(集团)建设的目标

地市级融媒体中心(集团)建设的总体目标是建成区域信息传播的第一门户、舆论生态的中流砥柱、政务和生活服务的综合平台。为了实现这一总体目标,首先,要让本区域内的重要新闻、权威声音以及一切受众感兴趣的信息,第一时间通过这个平台报道和发布;其次,要通过日常的新闻报道、突发事件的舆论引导等,让新型主流媒体的声音成为区域舆论生态中真正有影响力和公信力的主导性力量,从而营造良好的舆论生态;再次,要建成政务和生活服务的综合平台,搭建政府部门和企业与社会公众之间直接互动的桥梁,为用户提供能够便捷地接受各种政务和民生服务的窗口。地市级媒体虽然在规模、发展水平和服务对象等方面与县级媒体不尽相同,但其信息传播和舆论引导的总目标是相对一致的,所以习近平总书记对于县级融媒体中心"更好地服务群众、引导群众"的总体要求也适用于地市级融媒体的建设目标。

3. 地市级融媒体中心(集团)建设的策略

地市级融媒体中心(集团)建设的策略应该是分批试点,有序推进。不同于县级媒体,地市级媒体体量更大,构成更为复杂,历史遗留问题更多,地市级报业和广电本身的发展水平也要远高于县级媒体,因而要想将其整合在一起可能遭遇的难度和复杂程度也就要大得多。因此地市级融媒体中心(集团)建设就不能照搬县级融媒体中心的建设模式,需要根据各地的实际情况,采取试点先行、逐步推进的策略。在具体的调研中我们也发现,对于地市一级广电与报纸融合发展的问题,不同地域的媒体领导有不同的看法,从全国而言,中西部经济发展水平较低的地区趋向于合,东南沿海经济较发达地区发展相对较好的媒体不希望合。而对于江苏省而言,苏北地区比如宿迁、镇江、盐城、连云港等都认为合起来会更好,而像南京、苏州等地的相关负责人则对合并持怀疑态度。因此,对于地市级的融媒体建设不应该像县级媒体那样搞一刀切,应该分步骤、分批次、搞试点,让有意愿、有基础的地区先动起来,在实践中总结经验教训,但以供给侧改革为指导方针的融合发展应该是地市级媒体发展的总体方向。

在实地调研中还发现,地市级媒体的负责人和中层干部对报纸和广电跨媒体整合的态度,支持和反对的比例大致各半。反对者的理由多种多样,但最主要的一条是认为报纸与广电的基因不同,很难真正融合到一起。另一个深层次的原因则是,不少地方报纸与广电的家底和赢利能力存在落差,条件较好的一方自然不愿意俯身屈就。显然,这仍然是基于传统媒体各行其是的逻辑,而不是媒体深度融合的思维。互联网以及各种传播新技术已经揭示了万物互联的广阔前景,这不仅是指传统媒体要与新兴媒体进行融合,也是指不同种类的传统媒体之间要进行互通互融,最终走向不分"我""你"的高阶融媒阶段。20世纪40年代以前的美国传媒发展史上,曾有过前车之鉴。当时,哈钦斯委员会发表的报告认为:"我们这一代人目睹了下列技术的发展过程:从活动的到既能活动又能说话的画面;用于电报、电话以及声音广播的无线传输;飞机运输;凸版和彩色印刷术。它们共同改变了大众传播的特征";但"以最低价最充分使用无线电报受到了阻碍,而且现在仍然受到阻碍,这是因为在海底电缆和陆地线路方面已经投入了巨资。电视和传真报纸的使用是否会基于相似的原因而遭到相似的延迟,人们正拭目以待"。时代不同,国情各异,自然不能进行简单的类比。但应该深刻地认识到,新技术带来的传媒进化是永恒不变的发展趋势,如果囿于眼前利益或局部利益,结果只能是远远地落在历史的车轮后边。

对于江苏目前各级媒体的发展状况而言,县级融媒体中心相对全国总体情况已经走在了前列,像邳州等地的县级融媒体中心已经成为县级融媒体中心建设运营的典型。但对于没有明确政策导向的市级媒体而言,江苏也应该根据自身发展水平和发展需要,以融合发展为总体方向,从供给侧改革入手,减少媒体数量,提升传播效能,打造新型主流媒体核心竞争力;而在具体的策略上要分批试点、有序推进,确保平稳过渡和有序发展;在总体目标上建成市域信息传播的第一门户、舆论生态的中流砥柱、政务和生活服务的综合平台,为全国市级媒体的发展进路进行有益的探索。

(二) 利用传播新技术赋能,统筹协调各类传播资源有机整合

未来的地市级融媒体中心(集团)建设,需要充分激发互联网、物联网、人工智能、大数据、5G、VR/AR等传播新技术的潜能,跳出各家媒体和传媒行业自身,在更广的范围和更多的领域进行跨界融合,充分连接信息、产品、政务、社会、用户、技术等各类资源,集成信息传播、政务服务、生活服务、社会治理、社交娱乐等多种服务功能,将其打造成区域性综合化的平台型新媒体。

1. 需要探索省、地市、县三级媒体资源纵向整合的可能性

有学者指出,媒体融合不仅要沿着"抓两头、促中间"的渐进式发展路径展开,还要从制度层面推进三级媒体内部改革,形成合力。最终构建出"中央—省—市—县"联动互通的媒体融合传播体系,推动党的声音切实落地,真正实现引导群众和服务群众的总目标。而要构建这样的融合传播体系,有效的抓手无疑是全省统一技术平台的建设。我国媒体一直以来实行的都是条块分割的管理体制,媒体的行政级别和行政归属决定了它的活动范围和活动空间,不同类型的媒体之间除了在受众与广告方面存在有限的竞争外,其他方面则无瓜葛;不同级别的媒体之间除了象征性的指导关系外,更多的是上级媒体对下级媒体生存空间的挤压。要利用县级和地市级融媒体中心(集团)建设的机遇,挖掘构建省域统一技术平台和内容共享平台的潜力,建设全省一张网和一个总平台,使地市级融媒体平台成为打通省、地市、县三级媒体资源纵向整合的承上启下的枢纽,最终实现"1+1+1>3"的效果。

在全国县级融媒体中心的建设过程中,依托各省级云平台而建设的县级融媒体中心运营平台是一种重要的平台建构模式,在全国范围而言,东部的有江苏的"荔枝云"、浙江的"中国蓝云"、山东的"轻快云";中部有安徽的"海豚云"、江西的"赣鄱云"、湖北的"长江云";西部有陕西的"秦岭云"、甘肃的"新甘肃云"等,其具体的运作模式都是省广电局或传媒集团利用其资源优势开发云平台,利用一定的行政力量要求县级融媒体中心应用其开发的县级融媒体中心客户端,其为县级融媒体中心提供具体的技术支持与日常维护,而县级融媒体中心每年向平台运营部门交纳一定数量的费用,一般都在50～80万之间。但在具体的使用上,各省之间的差距较大。中西部的大多数云平台由于后续研发投入不足而沦为一个空架子,例如陕西的"秦岭云",每个县级融媒体中心每年要向上级开发部门交纳65万的服务费,但其能提供的有用服务却屈指可数。相比较而言,江苏的"荔枝云"在不断地升级改造中,通过全媒体内容汇

聚、制作、管理、分发、分析的云端处理,很大程度上改变了传统媒体的内容生产方式。"荔枝云"通过能力建设、开放接口、流程再造,支持广电敏捷生产和新业务的弹性部署,在满足传统业务流程的同时,能够为新业务提供统一的内容支撑、技术服务、数据分析、运营计费等服务一体化技术业务平台,为江苏省县级融媒体中心的建设和运营提供了强大的支持。在这一框架下,江苏的省一县之间已经建立了相对畅通的联动互通传播体系,而作为市一级的媒体,可在融合的基础上直接加入这一现有框架,或者可以鼓励一些技术较弱的市广电集团先融入这一传播体系;省广电也可通过免费试用等方式吸引有融合意愿的市级广电和报业先进门、试运营,当产生了实际的效益后再收费。各市级媒体和县级融媒体中心如果能同时使用"荔枝云"进行信息的生产和传播,那就会改变原来媒体以行政区域为体系的条块分割式管理体制,形成"省—市—县"三级媒体的有效联动和信息共享,逐步走向一市一平台的大融合,减少无效信息和重复信息的生产与传播,最大限度地降低生产成本、提高生产效率,走出一条省、地市、县三级媒体横向融合、纵向整合的发展之路。

2. 需要探索媒体深度融合与智慧城市建设联动的可能性

目前全国各地市级政府很多都在进行智慧城市建设的尝试,采用的建设模式是多样化的,但大多没有将地市级媒体纳入建设主体的范围,有些地方甚至有意将媒体排除在外,而是由政府直接牵头在做这项工作。之所以如此,主要原因可能是觉得媒体没有技术力量支撑,因而无法承担如此重任。实际上,智慧城市建设不仅是一项复杂和长期的工程,而且需要技术、环境、基础设施、安全监管、经济生产、信息内容、文化生态、社会交往等全方位多领域通力合作、持续投入。智慧城市的平台系统与未来的融媒体平台是相通而非相斥的,因此,将媒体融合与智慧城市建设有机结合起来以形成良性联动的格局也是必由之路。与县级融媒体中心建设相通的是,地市级融媒体平台同样可以推进三大数字协同工程建设。一是智慧政务服务数字协同工程,实现政务服务事项管理标准化、办理自助化和数据共享化,创建政务服务新模式。二是社会民生服务数字化协同工程。构建健康大数据,建立健全覆盖医疗服务、公共卫生、健康保健、综合监管的智慧健康应用体系,建设完善社会保障大数据平台和民生服务信息化平台,为群众提供"一站式"大保障服务。三是综合治理数字化协同工程。建立市县乡联动、部门协同、社会参与的"互联网+"社会综合治理智能化体系。

在调研过程中,我们了解到苏州广播电视总台目前正在运作的"住枫桥"

App,通过为社区群众提供衣食住行等生活便利,服务于社会基层治理的网格化综合治理。在这一过程中,服务模块不是服务提供者提前设置好的,而是当街道主任在治理过程中碰到各种各样需要解决的问题时,大家坐下来一起讨论,一起想办法。比如他们做的智慧校园解决了两大问题:第一,接送孩子时学校门口的交通问题。放学时满大街都是车和人,学校每天派6个保安疏导交通,但堵、乱、差的现象仍然得不到改善。于是就有人提出能不能预约接学生,但是预约也会有问题,万一人没来呢,谁确认呢?于是他们引入了人脸识别系统,进校门通过人脸识别确认是家长,才能把学生接走。这样不需要堵在门口,学生也全部都在学校里面,不需要出来,这样自然而然就解决了学校门口交通拥堵的情况。第二,学生报名问题。小学生报名,就在平台上把材料拍照上传,校方审核通过以后通知报名,缴费也在平台上完成,方便、快捷、安全、有效。避免了家长请假跑路的问题。"住枫桥"使个人的生活和相关服务强绑定,街道为用户提供服务,用户要享受社保福利就必须要用,这就产生了用户黏性。但从目前省内各市级媒体的整体情况来看,在媒体融入智慧城市建设上,江苏省的大多数市级行政单位还存在着渠道众多、资源分散的问题。政府的智慧城市、宣传部的某某发布,政府在做这些项目时,垄断了各个部委的信息资源,但这些又不是真正意义上的媒体平台,主要是整合了政务信息资源,实际上要做的是政务信息向社会公开的工作。而媒体中广电也好、报社也好,他们做的App急需这种资源才能把自己的服务做起来。但是因为政府自己要做,就跟媒体间形成了直接竞争,而且政府是用行政权力把资源垄断了,不允许把信息向媒体开放,媒体就没有办法拓展开来。因此在一定程度上影响了媒体介入社会治理、服务的深度和广度。

3. 需要探索媒体深度融合与区域大数据开发联动的可能性

目前各地政府对数据作为生产力的价值以及对大数据的开发利用已有共识,并且许多地方都成立了大数据局,专门负责数据的汇聚和开发。不少媒体也在尝试将大数据技术运用于媒资库建设、新闻信息采集、内容精准推送、用户资源运营、终端管理、产业开发等方面,有些媒体还提出要打造文化科技大数据集聚区。可见,政府与媒体在开发和利用大数据方面有着同样强烈的诉求,完全可以将两者结合起来进行统筹规划。地市级融媒体平台通过在纵向上连通上下级媒体资源,在横向上打通媒体与社会各领域的数据资源,建立海量信息与用户之间精准、高效的连接,决定新闻内容分发的路径、速度和效率,实现从可读到可视、平面到立体、一维到多维的全面融合升级,这样才能真正适应小众化、分众化、差异化传播的大趋势。在纵向联通上，一些经济发达地区的省级媒体走在了前列，浙江日报很早就通过搭建数据库自动挖掘全国所有能涉及的媒体数据。苏州广播电视总台建设的新闻大数据库，不仅可以方便快捷地服务于本台内容的生产、传输、管理和后续的二次利用；也可以向外连接，目前已将报纸、网站、微信、论坛全覆盖，基本上涵盖所有的报纸，只要能登出来的新闻信息，数据库里都有，时时调取，方便快捷。当然这是需要强大的资金和技术支持的，在省内一些经济相对欠发达的地方推广起来有一定难度，而中部和西部省份要实现这种全方位的数据共享更是难上加难。在横向联通上，苏州的媒体也是做得比较好的，能较好地与政府各职能部门顺畅对接，能有效利用社会各领域的数据资源，提升服务深度和广度，通过有效的服务增加用户黏性，不断提升传播力、影响力、引导力和公信力。

4. 需要探索媒体深度融合与区域性社会治理联动的可能性

在地市级融媒体中心（集团）建设过程中，可以将区域社会治理的功能嫁接进来，在民主协商、腐败治理、舆情监测、危机应对、社会治安等方面，充分发挥媒体作为连接平台、交流平台和舆论引导平台的作用，构建区域社会治理之线上与线下相结合的良性生态系统。具体而言，未来的地市级融媒体中心（集团）作为新型主流媒体，要成为政府和公民对话的组织沟通者，充分发挥表达、协调、反馈的职能，搭建起不同利益主体之间沟通和对话的桥梁，努力化解社会冲突和矛盾，助力社会信任体系的建设，全面维护政府在区域社会治理中的主体地位；同时要发挥好地市级融媒体中心（集团）作为参与实践主体的优势，关注基层民众生活，切实把握政府与公众各自的立场和诉求，求同存异，凝聚共识，从而实现其政府工具与实践主体两个身份的统一。

盐城广电积极开拓政务市场，助力区域经济社会发展，与市纪委、中院、城建、交通、旅游、体育、金融等部门单位实施栏目联办，打造定制产品，塑造特色品牌，《清风盐城》《每周说法》栏目分别被写进市纪委全会报告和省高院"两会"报告；积极开拓会展策划和活动执行业务，参与国际能源峰会方案策划、视觉设计、会务协助，承担"八运会"宣传推广、招商运营等工作，全方位助力政府工作开展。

(三) 发挥制度创新之优势,着力化解深度融合可能遭遇的各种难题

1. 做好顶层设计,财政给予定向支持,坚持高标准建设,形成示范导向效应

不同于县级融媒体中心建设的统一模式,国家前几年对地市级媒体融合在政策引导和支持上处于"空心"地带。虽然国内少数地市已在尝试建设统一的融媒体中心(集团),但均为这些地市或媒体的自发行为,而非全国或省域统一的制度性安排。随着《关于加快推进媒体深度融合发展的意见》出台,各省宜由省委和省政府出面,按照中央要求对地市级融媒体中心(集团)建设进行顶层设计和政策支持,在技术支撑、平台构建、资源融合、疑难问题解决等诸多方面,进行统一的论证、规划和指导,让具备条件的地市先行先试,通过政策引导特别是财政定向支持,形成示范引导效应。

2. 尝试创建媒体"特区",采用全新的体制、机制和操作模式,逐步消化历史遗留问题

进行统一的规划和论证,并不代表要简单机械甚至一哄而上地推行统一的模式。恰恰相反,各地应汲取全国范围内已有的经验教训,鼓励在大方向一致的前提下,因地制宜,进行多元化的创新性探索。其中一个办法就是将报业和广电的 App 独立出来,用合股的方式组建成统一的新 App,以此作为融媒体平台建设的试验"特区"。要让它真正体现"移动优先"战略,推动资源、技术、人才向移动端集聚,然后不断吸纳和消化传统媒体的存量资源,最终建成本区域的新型主流媒体平台。

3. 加快数据立法进程,保障大数据使用与开发的安全性

现在一些地方政府之所以未敢轻易向媒体开放政务数据,省、地市、县三级的大数据也处于相对阻隔状态,除技术因素外,主要原因还是担心数据的安全问题。因此,加快数据立法保障进程具有现实的迫切性,在有法可依的前提下,政府才能放心向媒体开放相关数据。"2020 年 7 月 3 日,历时 3 年时间制定的《数据安全法(草案)》正式向社会公开征求意见,备受关注。"这标志着我国数据立法已经进入快车道,但各地方政府如何根据基础法精神制定适用于本地实际的操作规范,将是一个颇具挑战性的课题。

4. 加强绩效考核,将地市、县两级融媒体中心建设纳入地方党委和政府的综合考核体系

县级融媒体中心建设在 2020 年将进入收官阶段,市级融媒体中心(集团)建设如果也能顺利展开,政府在这方面亦必然会有大量的投入。而建设后成效如何,需要进行科学合理的绩效评估。中国地域辽阔,民情各异,经济社会发展水平也各不相同,在市级媒体融合发展的道路上也会遇到不同层次的问题。中西部地区一般会在人才、资金及观念上遇到问题,但中西部地区丰富多彩的物质文化资源又会为媒体的内容生产提供源源不断的素材。从我们调研的情况来看,中西部市级媒体大多在艰难地维持生存,穷则思变,所以他们寻求改变的愿望是迫切的。东部地区的市一级行政单位经济实力一般较为雄厚,市级的电视台和报纸还能在庞大的市场中求得生存之地,有一些已经利用其自身的优势和资源走在了创新的前列。苏州电视总台就是利用其各种资源及资本运作,目前处于较好的发展状态,所以其对市级的广电和报纸合并持反对态度。他们认为两个弱者在一起不会变强,一强一弱在一起也都会变弱。因此,对于市级媒体深度融合的问题,只是靠地市级媒体自己的意愿可能很难推进,必须有省里的政策导向或国家的顶层设计,在明确的政策支持和制度引领下,鼓励一部分有基础、有意愿的媒体先动起来,在实践中摸索道路,总结经验。

总之,在媒体融合发展过程中,各地党委和政府需要有针对性地给予地市级媒体必要的政策指导和资金扶持,在顶层设计的引领下鼓励其进行创造性探索,尤其是要鼓励各媒体跳出自身的小圈子进行跨界整合,从而实现真正意义上的深度融合发展,为早日建立起全国统一的新型主流传播体系补强这一薄弱的环节。

下 编

案例汇编

湖北省黄石市大冶市融媒体中心建设和运营案例

一、调研背景

根据课题组部署,2020年3月16日,笔者赴大冶市融媒体中心进行实地调研,到中心融媒体指挥中心考察,观看中心旗下各类媒体平台演示,并按照调研访谈提纲,分别与一位中心有关负责人和一位新闻采访业务负责人进行了深度交流。

1. 选择该调研点的缘由

选择大冶市融媒体中心作为调研点,基于三点考虑:一是充分利用赴湖北省黄石市对口支援疫情防控报道的机会,借助与当地媒体有较多报道合作的有利时机,易于获得陌生单位的信任和更高程度的配合;二是大冶市是湖北省县级融媒体中心试点建设单位之一(但不是最早建设的),去年9月通过省验收工作领导小组验收,其建设运营在省级层面也具有一定代表性;三是大冶市在湖北省内县域经济版图中处于前列,对县级融媒体中心给予支持较大,建设进展较快,可供考察内容较多。

2. 该调研点所在县(市、区)简介

大冶地处鄂东南,长江中游南岸,目前是地级市黄石市下辖县级市,有着3000多年的采冶史,1000多年的建县史。1994年大冶撤县建市,先后被列为全国首批资源枯竭城市、湖北省城乡一体化试点市。全市国土面积1566平方千米,总人口96万。

大冶是全国县域经济基本竞争力"百强"县市。在2012年第十二届全国县域经济基本竞争力评价中,大冶在湖北率先进入全国"百强"县市,排名第

97位,此后一直在百强行列,2017年排名第79位,县域经济与县域综合发展排名第58位。

可见,大冶市经济状况较好,该市也是黄石市第一个建成县级融媒体中心的。该市人口近百万,在湖北省县区常住人口排名中虽然只在十多位,但湖北县域常住人口大多都在百万人上下,因此受众基础在该省各县市区中也处于前列。

二、建设概况

1. 建设过程

该中心建设分为启动准备、试点建设、深化融合三个阶段。

2019年3月是启动准备阶段。主要工作为组建专班,按照省试点要求,学习借鉴先进地区经验做法,起草中心建设实施方案、"三定"规定、平台建设等方案。融合全市公共媒体资源,初步搭建市融媒体中心运行架构。截至调研时,应当说目标均已达成。

2019年3月底至6月是试点建设阶段。设置目标为按照"谋划与培训同步、融合与发展同步、建设与管理同步"原则,运用新技术、新机制、新模式,全面推进落实中心组织架构、人员安排、平台搭建、资源整合等工作,初步完成重点民生领域政务服务入驻,探索县级融媒体中心建设"大冶模式",顺利通过省级检查验收。

2019年6月至2020年12月为深化融合阶段。调研时该中心正处于这个阶段。该中心为这个阶段设置的目标有三:一是做精做强媒体主业,推进媒体深度融合,建成新型主流舆论阵地;二是深入推进"媒体+政务"模式,推动移动政务建设,打造"指尖上的政务中心";三是不断强化"媒体+服务"模式,顺应群众多样化信息需求,建成民生服务平台。

2020年9月26日,湖北省县级融媒体中心试点建设验收工作领导小组在考察中心试点建设工作后,认为该市高度重视此项工作,加大资金投入,理念清晰、方向明确,在人员整合、平台建设、技术融合等硬件方面取得明显成效。

2. 机构编制

2019年2月底,以原大冶市广播电视台为主体,设立市融媒体中心(湖北各地县级融媒体基本都是以广电台为基础构建),3月8日挂牌,为大冶市委直属正科级公益一类事业单位,归口市委宣传部领导,财政全额拨款,加挂大冶市广播电视台牌子,保留"大冶电视台""大冶人民广播电台"呼号。

该中心按照新要求新流程,打破过去按媒体属性划分部分的设置,下设办公室、全媒综合部、策划编审部、新闻采访部、编辑制作部、专题部、政务服务部、技术保障部、产业发展部等9个部室。

3. 人员配置

中心有全额拨款事业编制95名,设主任1名(兼中心党委书记),副主任4名,总编辑1名,总工程师1名;内设机构中层负责人职数22名,其中正职9名,副职13名。

4. 运作流程

中心建设方案强调,一方面要创新工作机制,打破部门壁垒,重塑内容生产流程,摒弃传统生产和传播模式,推动传统媒体和新兴媒体流量互动互通;另一方面要再造采编流程,适应分众化、差异化传播趋势,打通"报、网、微、端、屏"资源,实施"线索汇聚、选题策划、记者采访、编辑制作、分级审核、多元传播"的"六步工作法",实现"一次采集、多样编辑、多种生成、全媒传播"。

如"机构编制"一节所述,该中心在组织架构上已经实现了"物理融合",但实际运行中还没有完全实现"化学反应"。策划层面已经基本实现融合,但采、编、发等环节因为种种原因仍是报纸、电视、新媒体按各自流程,通过多种平台进行日常运作,具体在下文详述。

5. 经费投入

该中心为全额拨款一类公益事业单位。目前,中心建设累计投入近800万元,其中全媒体指挥中心建设700万元。另外,该中心也承担一定经营任务。

6. 技术平台

该中心技术支持来自湖北广播电视台打造的"长江云"平台。实际上在融媒体中心成立前的2016年9月,大冶市广电台就对接了"长江云",并开始发展自身新媒体业务。

7. 经营状况

由于是全额拨款,中心主要收入来源为财政资金。中心经营状况良好。相关工作由一名班子成员主抓,专门有一个部门——产业发展部负责经营。

经营思路较为开阔,例如依托"云上大冶"App进行节庆直播,乡镇部门围绕大冶土特产举办的桃花节、荷花节、桃子节、香李节、樱花节等,十分愿意与中心合作进行推广活动。合作有两种形式,一是只负责直播,二是承接整个活动的运维。

中心分析认为当地广告市场开发较为成熟,进行市场开拓存在一定难度。

由于目前该中心仍在深化融合阶段,对中心用户体验的维护没有实质性提上议事日程,更多考虑如何开拓市场、增加用户,但未来会有这方面的考虑。

8. 绩效考核

截至调研时,该中心报纸、电视及新媒体分别按融合前各自原有考核方案考核,拟在试运行一段时间后分级分步出台统一的融媒体考核方案,具体在下文详述。

三、亮点经验

1. 融合传播方面

(1) 已有较好媒体融合基础,各种平台齐备。

调研认为,虽然中心建设时间不长,但渠道建设已见成效。中心先后接收了大冶市政府办管理的大冶政府网,市委宣传部管理的"大冶发布"微信公众号、大冶新闻网并进行统一运营管理;黄石日报下辖的《今日大冶》报(相当于黄石日报大冶记者站)以合作方式整体并入中心,继续使用其分刊号出版;整合户外大屏资源,通过技术对接,由市融媒体中心负责内容发布;新办以今日头条号、抖音号等为代表的新媒体平台。

当前,通过物理上的整合,形成"一中心、十平台"的融媒体新型主流阵地。"一中心"即大冶市融媒体中心;"十平台"即大冶电视台、"云上大冶"App、大冶政府网、大冶新闻网、《今日大冶》报、"大冶发布"微信公众号、"大冶发布"微博、"大冶发布"今日头条号、"今日大冶"微信公众号、户外大屏。另外,又新增了"大冶市融媒体中心"官方抖音号,"大冶发布"新华号两个平台,共计12个媒体平台。

(2) 决策层思路明确,自我定位清晰。

融媒体中心专精主业——新闻宣传工作。最主要的工作集中于确保内容是真实的、官方的、权威的,聚焦于守好自己的阵地、出更多新闻精品,特别是试图在新媒体方面通过增加人手、充实年轻人、提高人员素质,不断开发新产品、提高新媒体产品质量。

（3）标准化平台为中心提供了有力技术支持。

大冶市融媒体中心采用"长江云"作为标准化平台，为其工作开展提供了坚实基础。中心与"长江云"的合作模式是，"长江云"负责提供后台端口，大冶方面租赁其服务器，付固定租赁费用，负责提供内容。这样，中心就省掉了从开发 App、架设网站到移动直播技术等众多开发和学习的成本。

"长江云"不仅提供标准化平台服务，运营合作体也获得了大冶市融媒体中心高度评价。此种模式在合作体成员有高质量新闻内容时，可以通过"长江云"向合作体成员端口推荐，合作体也组织全省范围的媒体联动（例如疫情期间的"云赏花"），这样原本受制于本地人口基数的活动点击量、阅读量、观看度可以得到突破。"长江云"每个月会出周报，提供分析数据，如周用户活跃度、阅读量、用户增长数等指标。

"长江云"也提供个性化服务，但需要收费。给全省提供标准化平台这一模式，部分解决了县级融媒体技术实力薄弱的问题，大冶方面对此总体给予肯定。

2. 舆论引导方面

大冶市融媒体中心在建成主流舆论阵地上取得了一定进展。该中心作为目前大冶唯一官方媒体，在主流价值传播工作上抓得很紧，主要聚焦传达市委市政府声音，同时配合网信办发布权威信息化解舆论风险。特别是整合市内各种渠道和出口后，对主流舆论影响力越来越大，一改过去新媒体各自为政、宣传力量分散等弊端。

中心整合大冶各种平台以后，通过十大平台集中发力，已形成了一定宣传矩阵效应。例如，微信公众号"大冶发布"很多作品阅读量都达到 10 万＋。"大冶发布"是湖北省 2019 年政务公号十佳第 5 名。"荆楚网"每周会公布一次本周阅读量排名，2019 年该公号平均每月都有一篇进前十。

3. 公共服务方面

该中心从完成验收至调研时，只经过约半年时间，主要公共服务还仅限于提供信息服务，但在这方面已经形成了一定特色做法。如新冠肺炎疫情防控期间，公众号"大冶发布"关注度陡升，《今日大冶》报发行量近十万份，成为当地群众疫情防控消息来源的重要渠道。

由于"长江云"尚不支持政务服务入驻，因此这方面工作尚未开展。

生活服务类企业入驻比较有限,服务类企业包括二手信息发布,正跟踪评估逐步扩大平台服务功能。

4. 建设模式方面

(1) 当地主要领导对中心建设运营高度重视。

当地领导对中心建设的重视主要体现在将其作为"一把手"工作、科学选人用人、财政资金支持及时和对宣传报道工作的参与上。

在融媒体中心建设中,当地成立以市委书记为组长,常务副市长、组织部部长、宣传部部长(常务)、分管副市长为副组长,市"两办"、市纪委、市组织部、市宣传部、市编办及市财政局、市人社局等重要单位负责人组成的领导小组。市委市政府主要领导对新闻宣传工作也十分重视,经常作出具体指示,亲自安排部署。该中心认为,这为其开展新闻宣传工作提供了遵循,指明了方向。

(2) 选人用人注意专业对口。

大冶市融媒体中心主任为广播电视新闻专业毕业,总编辑长期从事宣传口工作,均属于专业对口的领导。调研还了解到,大冶市委及组织部门在研究融媒体中心人事安排时,注重参考工作简历,专门调配专业对口人才到中心工作。

(3) 资金保障较为及时。

每年"长江云"租赁费用、中心融媒体平台运维费用均纳入财政保障定期全额拨付,不需要再另行打报告申请。去年拨付了700万元用于建设全媒体指挥中心。

5. 其他亮点:采编队伍业务能力和执行力较强

虽然组建时间不长,但采编队伍已经能较为自如开展工作,特别是在中心领导班子基本没有接触过办报的情况下,较快上手并实现正常出版,在疫情防控期间印刷发行量甚至接近10万份(赠阅)。

新媒体工作方面,视频直播、H5制作、图片设计、无人机航拍等都可以开展,虽然技术水平有待提升,但该具备的已经基本具备。新媒体小编目前有4人,还有2人做抖音。小编有的是学播音主持专业转来,有的是学动漫和美术的,主要是边做边学,新媒体以图文报道为主。

新媒体各方面工作开展较好,主要有三个原因:一是大部分人员均有编制,采编队伍稳定性不错。二是绝大多数人员来自广播电视台,因此可以以较为完整的阵容和决策执行力完成报道任务。三是"长江云"解决了融媒体中心普遍面临的基础性技术开发难题。

四、存在问题

调研认为,大冶市融媒体中心也存在一些需进一步改进的薄弱环节,主要涉及人才、资金、技术等方面,它们互为表里,一些问题是深层次的,需要体制机制创新;一些问题则因为处于试运行阶段,需要更多时间来解决。

1. 实现物理融合,融合新闻产品创新亟待加强

该中心推动融合的决心很大,但从调研了解的情况看,中心组织架构上实现了物理融合,还在重大选题策划中部分实现了融合新闻产品创新,并通过每日编采前会报纸和电视分开召开(电视在上午,报纸在傍晚,前者替代部分全媒体选题策划会作用)的方式部分实现采编流程再造,但全面来看尚未完全实现"化学反应",且融合难度较大,主要阻碍在报纸、电视和新媒体运行模式差异上。表现在以下方面:

(1) 部门设置与实际运转不相容。

中心三定方案经大冶市委编办通过后,借鉴兄弟县市设置经验并经实际运转发现,一些部门设置仍需再考量。最突出的是报纸,即使是走在前列的浙江长兴县融媒体中心也专门设立了报刊部,当地认为报纸"基因就是不一样的"。大冶市将报纸电视融于一个部门后,发现运转不甚流畅,没有实现深层次融合。

(2) 分头工作。

虽然都在融媒体新闻采访部,但电视记者和报纸记者仍然按原有"出身"分头工作,角色互换难。且新媒体采编人员更多只存在于编辑岗位而非记者岗位。新媒体编辑、报纸编辑和电视后期制作也是分头进行,实际上由于工作时间不同(例如报纸编辑要值夜班),技术壁垒明显,也难以相互替换。

(3) 报道资源实现共享,但移动优先未完全达成。

先发报纸、电视而新媒体需要反向提取稿件的情况仍然存在。这有两个原因,一是新媒体运行经验不足、起步较晚。融合之前,《今日大冶》报纸的新媒体化只存在于一个微信公众号,实际上就是把报纸上适合新媒体发布的内容搬上去。电视台由于生存状况一直不错,新媒体发展起步较晚,2016年才开始接触,此前一直从事传统的专题片等业务。二是人手不足,这部分原因将在下文提到。

(4)技术尚无法支持统一平台运作所有稿件。

中心现有平台可支持新媒体稿件流转,但很难整合传统媒体。如电视记者可以在平台上领策划任务,采写稿件上传平台,编辑取改后就到此为止了,后面的视频编辑需到专有平台配音制作。报纸排版系统跟"长江云"也不统一,不得不使用专用平台。"长江云"更倾向于新媒体稿件发布,对传统媒体平台兼容性不佳。

2. 人手相对不足,技术人才短缺

人才问题是调研中搜集到的反映最为集中的问题,归纳起来主要有以下几点:

(1)人手不足。

由于电视、报纸和新媒体暂时更多是物理融合,角色相互替换难度较大,实际人手结构性不足。如融媒体新闻采访部现在急需记者,在今年刚增加了3名记者的基础上,目前一共也只有13个人,其中6人是电视记者,其他为报纸记者,不仅角色不能互换,且因融合时间短,要求全媒记者承担摄像任务还无法实现。另外,中心媒体平台越来越多,原来是90多人集中力量做电视,现在中心只增加了15个人,需要面对12个出口,人员自然紧张。

(2)全媒体记者紧缺。

由于县级融媒体平台的天然劣势,中心记者岗位难以招到高素质人才,更难招到合用的全媒体记者。中心组织赴浙江长兴考察时了解到,当地很难招到既能写、又能编、又能拍的全媒体人才,这应当具有一定的普遍性。

实际工作中,全媒体人才"以赛代练"成才难度很高。最突出表现在编辑岗位,中心有专门的电视编辑、专门的报纸编辑和新媒体编辑,报纸编辑在夜间工作,与其他编辑很难照面,电视编辑和新媒体编辑间技术壁垒较高,导致很难出现全媒体编辑,也有不少重复的劳动。

(3)专业技术人才引进困难。

中心曾连续两年试图招一名文艺节目、活动策划编导,但都没人报名。一种途径是通过组织部门人才计划引进,该中心目前有两位后期制作人员(一位985院校毕业、一位是研究生)通过此途径引进,但这类人才计划引进面狭窄,仅针对后期制作人员,普通编辑记者不能纳入,局限性较大。

3. 薪酬制度和激励机制需在发展中进行验证

中心建设方案提出,将推行绩效考核,研究设立科学合理的考核评价体系,推行薪酬分配制度改革。其中值得注意的要点有:变资历管理为绩效管理,拉大同一岗位做与不做的差距,缩小体制内与体制外的差距,推动人员薪酬向一线倾斜,建立岗位责任与工作业绩相统一的薪酬分配制度。

就薪酬体制而言,全额拨款单位+编制,在县域层面对人才吸引力较高;也需指出,对高水平融媒体人才吸引力确实有待提高,另外可能还需在类似职级并行的上升通道建立上,作进一步探索。

考核机制是国内各级融媒体建设中都面临的难题,县级融媒体中心要把报纸、电视等运行机制有较大差异的传统媒体与新媒体融到一起,考核更是难度加大,这一点中心在前期赴外地考察中就已有较深认识。为使方案更符合实际,当前中心报纸、电视和新媒体仍按各自原有考核方案运行,在运行过程中进行考察磨合,为新方案的制定提供参考。

中心对考核方案十分重视,认为可以提升员工特别是新进员工积极性,拟分层分类积极稳妥推进。中心认为,考核需要围绕运行实际,回答不同身份采编人员如何一视同仁,移动优先考核导向如何确立,如何解决媒体好稿评判标准不同等问题,同时还需做到符合政策规定,这也将是一个动态调整的过程,中心将尽力做到科学合理。

4. 标准化平台不能解决所有技术难题

如前所述,该中心技术人才比采编岗位人才更为紧缺。新媒体小编能够进行简单视频剪辑,但尚不能实现复杂效果,融媒体产品要提升质量还需努力。另外,由于技术更新换代快,中心现有技术人才只能承担基本技术保障工作,主要开发更新由"长江云"完成。

技术服务提供商的技术水平决定了中心的技术上限。由于"长江云"技术开发仍在推进,对大冶市融媒体中心的需求,"长江云"有时也需要转而求助于开发厂家,甚至厂家有时也难以解决部分难题。

"长江云"存在两方面缺失的技术模块,影响县级融媒体中心达到"服务群众"的定位。一是接入政府网上政务服务的产品在运行上还不成熟,二是还不能较好地实现用户与发布者的互动。

由于大冶市乡镇一级政府,包括部门单位的政务网站都已取消,没有官网之后缺乏信息发布渠道。中心给予新的信息发布平台后,各级各部门入驻积极性较高。但由于上述政务服务接入和互动难两个原因,中心在聚合政务服务方面还有很大空间,已入驻部门单位仅将融媒体平台视作发布日常工作简报的平台。

无论是社区信息枢纽打造,还是网上互动,都还有审核问题,这又需要大量人手,因而中心暂未将其作为工作重点。

五、总结

1. 该中心对下一步发展的考虑

就调研情况来看,大冶市融媒体中心从活下来到活得好之间还有距离。调研注意到,当地仍然比较认可县级融媒体中心走全额保障这条路子,即在大方向上保持财政全额拨款不变,绝大多数人员有编制,以稳定的待遇稳定队伍,以求平稳运行并稳步实现媒体融合发展。该中心认为,这有利于为基层政权稳固作贡献,为党更好发声,同时也提出,未来为提升中心活力和员工工作积极性,可考虑在体制上有所突破,如成立经营公司负责运营等。在人才方面,中心目前考虑直接到专业院校上门委托进行订单式培养。

2. 调研者对部分问题的思考和对策建议

(1) 体制机制上的瓶颈有待于政策创新。

全额拨款事业单位这一性质,衍生出众多利弊掺杂的问题。一方面,以编制吸引人才、以编制稳定队伍,对当地来说确有现实需要,也获得了共识;另一方面,全额拨款和"收支两条线",意味着经营压力不大,拨款再分配难度大,绩效考核资金缺乏来源。这样,薪酬激励和绩效考核实施难度也就加大了,吸引高端人才,实现中心更大发展也面临远期困难。

这些问题恐怕并非大冶一地面临,明确为全额拨款事业单位的融媒体中心,应当都会并且将长期面临这样的两难境地。此类问题涉及体制机制,不是中心甚至县级层面能解决的,恐怕需要在更高层面进行制度设计。

(2) 技术问题依然困扰县级融媒体中心。

由于技术人才极度缺乏,县级融媒体中心几无开发维护能力。这样,技术服务提供商的技术水平就决定了一省所有融媒体中心的技术上限。因此,国家层面可以考虑出台融媒体的国家标准,使开发、运行、维护均有章可循,以免投入运行后缺这少那,要进行迭代开发又面临接入瓶颈。

另外,调研人认为,"长江云"在政务服务模块的接入上仍存在较大缺陷,这意味着"引导群众、服务群众"中其中一条腿尚难以行走。从对江苏同类问题推动解决的情况看,其背后不仅是技术问题,还有各条线部门的融合意愿问题、新老平台对接问题、数据共享问题等一系列交织在一起的难题,解决可能需要省级政府主要领导的强力推动。

（3）人才可考虑参照乡村医生、乡村教师政策定向培养

大冶市在湖北算是经济靠前的城市，县级融媒体中心的人才问题仍然十分突出，可以想见许多不如当地的县域又会面临怎样的引才难、留人难问题。县级融媒体中心如果一直维持这样的人才状况，占领基层舆论阵地就瘸了一条腿。

对此，似可参考与乡村医生、乡村教师等有关的政策，在中等技术学校、大专等相关学校设立融媒体专业，针对性、订单式培养此类人才，通过减免学费，保证毕业后的充分就业，规定到基层融媒体中心服务一定年限等组合政策，从源头培养新生代力量。

（陈月飞）

湖南省岳阳市湘阴县融媒体中心建设和运营案例

一、调研背景

1. 选择该调研点的缘由

此次选择湘阴县融媒体中心作为调研点，主要基于以下考虑：一是湘阴县距长沙中心城区38千米，处于"长株潭"半小时经济圈内，享有水陆交通之便，但在2019年1—12月份岳阳市各县（市）区主要经济指标统计中，湘阴县GDP总量排名第5位（岳阳市共12个县区），居全市各县区中等水平，湘阴县的发展现状在一定程度上能够反映出更为普遍意义上的县级融媒体中心发展情况。二是湘阴县融媒体中心自2019年4月8日揭牌成立以来，至今已1年有余，目前仍处于建设阶段，建设进度相对迟缓，尚未进行验收。对湘阴县融媒体中心的考察，一方面能够切实了解县级融媒体中心建设中的突出困境，另一方面也能够描绘出当前大多数县级融媒体中心建设的现状。

2. 该调研点所在县（市、区）简介

湘阴县为湖南省岳阳市下辖县，位于湖南省东北部，居湘资两水尾闾、南洞庭湖滨，湘江自南向北贯穿全境。土地总面积1581.5平方千米，耕地面积63.21千公顷，2019年末总人口78万人。

湘阴县地处长沙、岳阳、益阳三市五县中心，紧邻湖南省省会长沙，县城距长沙中心城区38千米，处于"长株潭"半小时经济圈内。湘阴县是"长株潭"地区沿湘江、过洞庭湖、经长江出海的必经通道，既是"长株潭"城市群沿江北上在洞庭湖的"大码头"，也是岳阳和武汉城市圈对接"长株潭"城市群的"桥头堡"。湘阴县是湖南省最具投资吸引力县、国家知识产权强县工程试点县、全国渔业百强县、全国科技工作先进县。

二、建设概况

1. 建设过程

(1) 第一阶段:建设启动阶段。

2019年3月28日,湘阴县广播电视台成立工作专班。此后,组织班子成员和业务骨干到浏阳市、望城区、华容县等地参观学习,了解融媒体中心建设步骤、机构设置、运营规则。经过反复研讨,形成湘阴县融媒体中心建设的基本思路和方案。

(2) 第二阶段:平台建设阶段。

2019年4月8日,湘阴县融媒体中心在县广播电视台挂牌成立,实行两块牌子、一套人马。

2019年4月21日,按照媒体融合的要求,原由县委宣传部直接运营的湘阴周刊、"掌上湘阴"微信公众号、湘阴手机报、湘阴新闻网等媒体整体移交湘阴县电视台并正式合署办公,原"湘阴广播电视台"微信公众号从5月1日起整体并入"掌上湘阴"。至此,湘阴县融媒体中心拥有报、台、网、微、端等多媒体传播平台,初步实现了"一次采集、多元生成、多渠道发布"的采编播格局。

2019年5月21日,湘阴县融媒体中心积极对接省级平台,与湖南日报"新湖南云"正式签署共建融媒体中心"中央厨房"协议。

2019年12月10日,《湘阴县融媒体中心建设实施方案》经湘阴县人民政府第四十四次常务会议审议通过。因受疫情影响,目前正在网上实行招拍挂,公示截止日期为2020年4月28日,即将启动建设。

截至调研时,湘阴县融媒体中心的建设进度与《湘阴县融媒体中心建设实施方案》稍有差距,但也正在稳步推进中。

2. 机构编制

湘阴县融媒体中心由湘阴县委宣传部牵头,归并报、网、端、频、微、电台、电视台、门户网站以及各乡街道、县直机关部门短讯快讯、微信微博、村村响广播等单位,组建融媒体中心,归口湘阴县委宣传部领导。

该中心按照"四个中心"、两个下属二级机构布局。"四个中心"即新闻采编中心、技术中心、经营中心、行政中心,两个二级机构为湘阴县数字电视网络公司和广播电视转播台。当前,该中心在原电视台架构的基础上进行建设融合,除电视台下设的总编室、新闻部、制作部、专题部、技术播出部、广告部、台办公室8个部室外,增加新媒体编辑部,同时拟增栏目策划部。

融媒体中心班子队伍按照一正三副配备,党组书记、台长兼主任1名,副台长兼副主任3名。

3. 人员配置

湘阴县融媒体中心共有在岗在编人员194人,劳务派遣人员14人。其中,80后、90后占比约10%;中层骨干人员占比约23%。

该中心新媒体编辑部由电视台专题部1名记者与从县委宣传部接管过来的4名人员组成。其中,4名文字编辑,负责红网湘阴站、新湖南湘阴站、湘阴手机报、湘阴新闻网、"掌上湘阴"微信公众号、《今日湘阴》报、学习强国湘阴学习平台号等新媒体终端的内容审核与输出;1名美术编辑,负责图片制作与《今日湘阴》报的排版工作。该部门几乎承担了湘阴县融媒体中心报、网、微、端的全部内容输出工作。

4. 运作流程

目前,该中心新闻信息采集以电视新闻稿为主,该中心在内部建有共享群,记者会将采集到的新闻素材及其稿件上传至群共享,其他终端的负责人则根据自身负责的平台情况自行选择、编写与推送。

由于报、网、微、端均有新媒体编辑部负责运营,因此,该中心除"台"这一终端外,基本上在"报、网、微、端"各媒体平台可实现编、发一体化。

5. 经费投入

该中心属一类公益事业单位。2019年,全年财政拨款1700多万元。其中,194人人头经费由财政全额保障。专项经费方面,2019年投入300多万元;2020年,申请专项经费340万元。

6. 技术平台

湘阴县融媒体中心依托湖南日报社省级技术平台,在新湖南客户端开设"湘阴频道"。湘阴县融媒体中心负责内容生产、审核、分发,湖南日报社省级技术平台负责提供技术支撑、运营维护。其中,该中心的湘阴手机报(先前由县委宣传部运营)与省级新媒体平台红网进行合作。

7. 经营状况

该中心的收入来源主要分为财政拨款、政府部门宣传费用、广告三部分。

目前,该中心尚未着手开展其他经营活动。

在用户维护方面,该中心的"掌上湘阴"微信公众号现有注册用户90161户,"智慧湘阴"客户端注册用户94000户。该中心的"掌上湘阴"微信公众号每天会将前一天在电视上播放的《湘阴新闻》看点及视频进行推送,以尽可能保留已有的电视用户。

8. 绩效考核

该中心的考核方式主要有两种:一种是针对编制内员工的年薪制,一种是针对编制外员工的底薪＋提成制,提成主要分为上稿量与点击量奖励。

三、亮点经验

1. 融合传播方面

(1) 打造传播矩阵,实现媒体联动。

该中心运用报、台、网、微、端等多个终端,形成多渠道分发的格局。《今日湘阴》周刊侧重于深度报道;湘阴手机报侧重于消息报道;湘阴新闻网、新湖南湘阴频道侧重于外宣报道;"智慧湘阴"App正着力打造包括手机台、网络台、新闻客户端、智慧城市客户端以及政务类、媒体发布类和移动电商类的综合性平台;掌上湘阴微信公众号设置中的"新闻矩阵"栏,聚合了今日湘阴数字报、智慧湘阴、湘阴手机报、湘阴新闻网,并且在每日推送中链接电视台的《湘阴新闻》,以多媒体联动提高传播影响力。

(2) 共享报道资源,提高编发效率。

该中心在内部建设有信息采集共享群,各终端负责人结合自身平台特点进行编、发,节省了不同终端平台各自进行信息采集的时间,较大程度上提高了工作效率。

2. 舆论引导方面

(1) 策划特色专题,服务政府工作。

湘阴县融媒体中心以宣传为中心,传递政府声音。2019年,湘阴县融媒体中心围绕"不忘初心、牢记使命"主题教育活动,打造红色湘阴故事系列片。据统计,截至2019年11月,该中心围绕全县中心工作采编各类新闻稿件4600多条。2020年,该中心即将以湖南省"湘品出湘"、湘阴县"一镇一特""一村一品"的政策为导向,在报、台、网、微、端等多媒体传播平台策划一系列特色报道。

（2）及时发布信息，引导本地舆论。

该中心将建成本土主流舆论阵地，讲好"湘阴话"、连通"湘阴城"、引导"湘阴人"作为具体的建设目标，不断增强地方党委政府和人民群众之间的互动沟通。在疫情期间，该中心发布科普知识、政策解读、政府防疫举措等内容，及时公布疫情信息、公开辟谣，始终坚守在抗击疫情的一线。其中，该中心从 1 月 28 日起就开始在湘阴新闻网发布"辟谣联盟"，掌上湘阴是湘阴县最早公布疫情信息的媒体平台，这在稳定群众情绪、引导群众舆论方面发挥了积极作用。

3. 公共服务方面

当前，湘阴县融媒体中心主要通过两种方式实现其公共服务功能：一是在新媒体终端链接第三方网站；二是在内容中推送政府部门发布的相关内容。

该中心在掌上湘阴微信公众号中，设置便民服务栏，具体涵盖"湘阴互联网＋监督""天气预报""停电查询""违章查询""火车查询"5 类内容，同时推送有关部门发布的停水停电通知、评选评优公示、交通信息、公益信息等与公共服务相关的内容。该中心利用微信公众号链接第三方平台或转发政府部门信息来提供公共服务的做法，既发挥了微信在信息传播方面的圈层化优势，又突出了自身平台及其内容的客观性与权威性。

4. 建设模式方面

（1）政府高度重视，提供财政保障。

湘阴县委、县政府对该中心的重视主要体现在思想上重视、资金上支持、组织上保障等方面。自融媒体中心建设启动以来，县委书记组织专题调研，专门召集县财政、人社、县编办等相关单位就湘阴县融媒体中心建设工作进行现场办公，就融媒体中心建设人、财、物做出指示；县委副书记、县长多次过问并作出批示；县委常委、宣传部部长牵头抓总、调度指挥，明确路线图和时间表，倒排工期、倒逼推进；县委宣传部组织该中心班子成员和中层骨干先后到省内的浏阳、望城、华容和湖北赤壁等地学习取经，这些举措都为该中心建设提供了思想指导与发展动力。

（2）人才灵活流动，确保人尽其才。

在中层骨干方面，实行竞聘上岗，激发竞争动力。该中心根据"竞聘上岗，择优聘任"的原则，每年对中层骨干职务进行调整。如选任的中层骨干在聘任期内工作不称职，或因工作失误造成影响，经党组研究撤免，且 2 年内不再参加中层干部职务聘用。

在人才培养方面，加强交流学习，锻炼采编能力。该中心选派记者赴优秀省级媒体平台学习交流，一方面，锻炼了记者的业务能力，为该中心的发展培养坚实的后备力量；另一方面，可与省级媒体平台保持密切联系，为该中心的宣传推广工作提供更多可能性。

在人才使用方面，整合人力优势，发挥人才合力。该中心在新媒体编辑部门的组建中，实行在编与非编人员协同、资深老员工与青年新员工合作的模式。一名在编员工为部门负责人，其他非编人员做好新媒体运营；资深报纸编辑把好导向关、文字关，青年新员工主抓业务编发，从而做到编内与编外协作、资深与青年配合、政治导向与业务运营一体，更好地服务该中心的长远发展。

(3) 考核严宽相济，赋予部门自主权。

该中心设置有明确的奖罚标准，对稿件中出现的错别字、重大失误有严格的罚款等制度，对上稿量、点击量较高的稿件有奖励制度；该中心还为各部门设置部分自由资金，供部门负责人按本部门员工的劳动强度来灵活分配。如此，既保证了薪酬分配的公平性与合理性，又激发了员工的积极性与主动性。

四、存在问题

受限于思想认识的局限性，湘阴县融媒体中心建设存在顶层设计与实际落实相冲突的矛盾，该中心坚持将服务政府、做好政府宣传工作当作第一要务，将建成本土主流舆论阵地作为融媒体中心建设的首要目标，而将开展综合服务、群众活动等任务放在次要位置。该中心的认知、实践与中央打造县级融媒体中心"服务群众、引导群众"的初心有所出入。事实上，只有服务群众、引导群众，才能真正服务政府，做好主流舆论宣传工作。除此之外，该中心在发展过程中也存在一些困难和问题。

1. 体制机制固化，难以实现融合

(1) 班子配置缺乏专业性。

该中心的 4 名班子成员由原湘阴县广播电视台部分班子成员组成，这种配置带来的问题主要体现在两个方面：一是中层骨干人员难有晋升空间，缺乏做事动力；二是尽管该中心的 4 名班子成员政治可靠、工作敬业，但年龄偏大，且非专业科班出身，创新意识和专业水平有限，对新闻以及融媒体的认识缺乏一定深度，在融媒体中心建设方面难有很大作为。

(2) 组织架构尚未实现融合。

该中心虽然在顶层设计中明确指出机构设置计划按照"四个中心"、两个下属二级机构进行布局,但目前仍是以电视台的组织架构进行运作,即使在物理层面上也尚未实现机构融合,反而增设新媒体编辑部门,这在无形中增加了部门之间的沟通成本。

(3) 各服务平台数据对接难。

该中心的基本业务模块是"新闻＋政务＋服务"。政务和服务都需要大量的数据,而各部门的数据资源因利益和技术因素等往往并不外接,特别是垂直管理的数据资源更是如此,这就在一定程度上阻碍了该中心的各类服务功能。

2. 人才队伍老化,专业人才匮乏

(1) 技术人才引进难。

该中心的广播电视台近8年来仅向外招聘专业技术人员4名,新媒体运营人才也是从县委宣传部接管过来的团队,并非该中心自主引进。该中心之所以人才引进难,主要受限于以下几点:首先,该县事业单位5%的临聘人员指标数远远不能满足事业发展需要;其次,县域环境对高端人才缺乏吸引力,使得县级融媒体中心的发展浮在表面,突破发展难;最后,引进人才带来的"同工不同薪"问题容易引发在岗在编人员的不满情绪,不利于内部团结与老员工的工作积极性。

(2) 员工专业性不够。

该中心进行"一次采集"的记者是来自电视台的新闻记者,且大多是体育、计算机等专业的人员;进行"多元生成""多渠道发布"的新媒体编辑部门,其运营人员则是土地资源管理、汉语言文学、英语、美术等专业出身。融媒体建设最核心、最基础的业务部门,却较少有新闻传播类专业的人员,可见,该中心建设人才整体上缺乏专业性。

(3) 人才流失严重。

该中心在向外招聘4名技术人员的同时,外调和主动辞职人员就有20多人,且多为采编等核心业务人员。人才的流失主要有两个原因,一是新进员工难以适应该中心的工作氛围;二是一些员工由于业务能力强、表现突出,流向县级政府单位从事相关工作。

(4) 对高学历人才重视不足。

该中心对高学历、融媒体人才不够重视。该中心办公室一名负责人认为,学历高的人才,往往要求多、做事考虑多。对县级媒体而言,能够掌握新闻的各要素、愿意在实践过程中学习积累的人,就基本能够达到县级媒体的工作要求。这种认知在一定程度上不利于激发员工学习积极性,从而使很多员工缺乏求新、求知的动力。

3. 运作流程分散,缺乏有效衔接

该中心在策采编发等运作方面的媒体深度融合上尚有很大孔隙,全媒体宣传矩阵形成后,各类宣传媒体平台时有分散、隔离的现象,在互相服务、资源聚合、内容共享上有待高度融合。

当前,该中心的"一次采集"依然以适应电视内容为先,电视采编主导融媒体采编流程。由于电视新闻稿重现场、少逻辑,对新闻源的采访深度有限。如果要将电视新闻素材编写成报纸新闻输出,这就需要编辑部门跟采访记者进行沟通,甚至要与采访单位作进一步沟通或采访。因此,这种缺乏融合的"一次采集"就难以满足"多元生成、多渠道发布"的要求,为新媒体编辑运营人员的编、发带来一定负担。

4. 依赖技术平台,缺乏话语权

(1)过度依赖承建技术平台。

湘阴县融媒体中心依托"新湖南云"提供的技术平台,该平台是湖南省委确定的、服务于全省县级融媒体中心建设的省级技术平台。该中心按照省市要求推进工作,但对验收标准与规定的基本架构尚不明确,且中心完全依托承建单位的推进,内部并未主动建设统一的内容技术系统,目前尚未得到技术平台方太多技术上的帮助,始终处于一种被动地位。

(2)缺乏技术平台培训。

该中心所依托的技术平台只组织过一次培训,也仅限于台长,真正参与到建设中的技术骨干还没有参加过一次培训,技术力量基本为零。即使新湖南提供给该中心对新湖南湘阴频道后台的操作权限,也并未对编辑人员组织专门、集中的管理培训,该中心内部也未举办过相关技术的学习交流会,使内部技术系统建构流于形式。

(3)省县双方沟通不畅。

当前,该中心与两家省级技术平台有业务往来。其中,新湖南湘阴频道将后台管理权限下放至该中心,该中心编辑可自主上传稿件进行新闻分发;红网湘阴站则由该中心编辑将稿件推送至沟通群,红网编辑对稿件内容进行把关,择优推送后在群里发送稿件链接地址。第一种合作模式,虽然将自主权下放给编辑,但该中心编辑只能处理简单的稿件上传,难以处理稍复杂的稿件类型问题,也难以联系到与该中心对接的新湖南平台技术人员。第二种合作模式,省级平台红网强化了对内容的把关力度,但编辑可随意修改稿件内容而导致内容不连贯的情况时有发生,该中心的编辑人员只能被动接受对方的修改。

5. 经营意识淡薄,缺乏竞争力

(1) 部分领导缺乏经营意识。

部分领导依赖充足的财政经费,既不愿主动抢占发展先机争夺媒体资源,也不愿拓展其他经营方面的业务。比如,县级领导直接将该县一些乡镇的重大节庆活动交给省级媒体来做,忽视了双方媒体合作的可能性。在此情况下,该中心只能配合做好传播工作,错失了学习交流与扩大影响力的机会。

(2) 难以与省级媒体平台争夺资源。

该中心在人才队伍、硬件设备、平台影响力等方面都难以与省级媒体平台进行竞争,加之县级领导考虑到省级媒体平台的受众范围更广,因此在一些重大且具有一定影响力的乡镇级活动方面,愿意将活动交由省级媒体来做,以便能够将传播效果最大化,这就将县级融媒体中心置于一种被动境地。

6. 绩效考评机制不完善,缺乏操作性

(1) 薪资悬殊影响内部团结。

在编员工的工资基本上是固定的,而新媒体编辑部门运营人员的工资则实行底薪＋提成制,这会导致编辑部内部出现资源争夺现象,一旦运营人员的工资远远高于在编人员的工资则难以保证整体员工的工作积极性。

(2) 稿酬归属难界定。

由于涉及不同的分发终端,该中心不少稿件是由多人合作修改完成的,修改前后的质量本身难以衡量,这部分稿件的奖励归属难以界定,奖励偏颇则会影响内部协作的积极性。

(3) 稿件内容缺乏把关。

尽管该中心的奖励分为上稿量、点击量等类别,但一些新媒体编辑部门的运营人员往往以上稿数量奖励为依据,忽视了对上稿质量和点击量的追求,重量而不重质,对一些新闻内容缺乏把关。这在很大程度上导致平台上的一些内容多为形式上的会议新闻,而缺乏对群众具有指导性的解读性报道。

五、总结

1. 该中心未来的发展方向

当前,湘阴县融媒体中心正处于发展建设的关键期,力争在机构、内容、渠道、平台、人员、经营、管理等方面实现深度融合,提高传播力、引导力、影响力。然而,想要建成本土主流舆论阵地、讲好"湘阴话";建成本土综合服务平台、连通"湘阴城";建成本土社区信息枢纽、引导"湘阴人",还有很长一段路要走。

首先,必须加大省、市、县台协同发展力度。省台、地市台应积极投身县级融媒体中心建设,并将其纳入自身发展战略中来,发挥视频业务专业优势,这样才能正本清源,打造全省一网、全市一网。

其次,要以行政手段推动各技术平台协作。只有连通各行政部门资源,才能实现资源数据对接,更好地做好融媒体中心的政务服务工作;只有掌握技术主动权,才能有效运用技术系统,加快县级媒体融合,做到巧融、快融、融成、融好,为新时代县域经济社会新发展注入新活力、增强新动能。

2. 对湘阴县融媒体中心发展的对策建议

(1) 以行政力量推动顶层设计落实。

要加强县级融媒体中心建设的顶层设计,有针对性地出台指导方案、扶持政策,从牵头负责部门、机构编制、人员配置、建设标准、资金扶持等各层面提供有力支撑。比如,在融媒体人才引进方面,政府要给予政策支持,对重要专业性岗位,赋予县级融媒体中心更多的自主权;在政务服务方面,政府要以行政力量推进融媒体中心与县级部门的对接,使其更好地实现"新闻+政务+服务"的融合发展。

(2) 以编制改革深化体制机制融合。

一是选优配强领导班子。在完善领导班子配备时,该中心要坚持让专业的人干专业的事。首先,班子成员主要从本单位业务骨干中产生;其次,适当增加县级融媒体班子职数,比如,可增加一名总编辑、一名副总编辑。

二是进行灵活定编。首先,根据融媒体发展实际确定人员编制,引导鼓励优秀人才成为县级融媒体中心建设中的项目带头人、骨干成员,形成稳定的工作队伍。其次,收紧编制岗位。严格审核在编人员的工作状态与工作实效,收紧对编制内人员的考核机制,对于在编不在岗的人员进行分类分级处理。对一些优秀的专业性人才,该中心要留有空间,给予机会,使其回归到正常的工作中来;对一些专业性不强的员工,要严格制定工作绩效指标,对未能达到目标的人员进行清退。

三是深化媒体机构融合。要打破管理界限和媒体分隔,坚持效果导向,在横向上破除媒体机构壁垒,在纵向上进行开放式、扁平化管理,切实落实融媒体中心建设实施方案,使内外部多向互动、协同运作,切实提高工作效率和传播效果。

(3) 以内部深挖确保人才选用育留。

一是拓宽引才渠道。与上级部门、周边区县、互联网公司等加强沟通合作,通过多种方式引进并用好各类人才。

二是内部深挖潜力。要高度重视中心内部的人才培养,坚持打造一支精兵型采编队伍,以高标准、严要求的绩效考核来激发员工自主学习的积极性。比如,制定轮训制度,定期抽调一人专门学习一门技术或参加业务培训,再组织经验分享会,以提高该中心人才队伍的综合能力。

(4) 以自身"造血"主导县媒长久发展。

一是承办县级各类活动。该中心可充分发挥县级媒体的权威性与影响力,依托其软硬件设备,加强与县、乡级政府、部门或企业的合作,提供从播音主持、活动策划、舞台搭建到宣传推广等一条龙的服务,切实搞好经营活动。

二是开辟专业化市场。该中心可利用自身的专业优势,进行知识讲座、播音主持培训等一系列市场化运作,既可激发员工不断学习的积极性,又可实现价值变现,从而提高该中心的整体实力。

(荆亚萍)

河南省周口市项城市融媒体中心建设和运营案例

根据课题组的部署,2020年4月24日,报告人利用一天的时间赴河南项城市融媒体中心进行了实地调研,除了对一位中心负责人和相关职员进行了采访外,还参观了融媒体中心的总指挥室、总控室、编辑室,观看了融媒体中心的部分节目。

一、调研背景

1. 选择该调研点的缘由

报告人选择该调研点主要基于以下三点考虑:第一,贯彻落实习近平总书记关于媒体融合发展的要求,项城融媒体中心是全国实践较早的,也是河南省做得最好的一个。项城融媒体中心于2016年成立至今,已经成为县级融媒体中心的河南样板。因此在研究层面具有一定的代表性。第二,项城融媒体中心大胆改革,先试先行。项城融媒体中心突破了体制机制的制约,在人才、技术、运营等方面积极创新,一方面其成功路径对其他发展中的县级融媒体具有借鉴性;另一方面,项城融媒体中心目前发展中遇到的资金、技术、人才等困境也具有代表性,对这些困境的研究和思考,能够启示其他县级媒体不断思考转型之路。因此对项城县级融媒体的调研具有现实意义。第三,报告人的家乡在河南郑州,可以充分利用地域和人脉资源获得项城融媒体的相关信息,并且在调研的过程中可以节省时间、人力、物力。

2. 该调研点所在县简介

项城位于河南、安徽两省的交界处,大广高速、宁洛高速汇于市区,漯阜铁路连接京广、京九、沙颍河航运直通长江,是豫东南较佳的人流、物流、资金流、信息流交汇点。全市国土面积1090平方千米。2000年的第五次人口普查显示,项城市总人口为1052468人。截至2015年底,项城市辖15个镇、6个街道办事处、农场、林场、原种场各1个,共有466个行政村,1674个自然村,4100个村民组,12个居民委员会。

味精、皮革、医药、纺织是项城的工业支柱,同时,该县还是中国最大的手工鞋生产基地,著名的莲花味精生产地。先后获得"中国最佳投资城市""中国十大发展潜力城市"的称号,2019年还被国家中医药管理局评为县级全国基层中医药工作先进单位,2020年获得2019年度全国"平安农机"示范县称号。另外,项城市还具有丰富的文化资源,例如黄庙石桥、鹿苑寺旧址、杨家遗址等文化遗产,南顿古城、驸马沟生态公园、袁世凯故居等文化景点。

由此可见,项城市经济状况良好,物流发达,交通便利且文化资源丰富。

二、建设概况

1. 建设过程

项城县级融媒体中心的建设分为改革、试点建设、发展融合三个阶段:

2010年至2016年是改革阶段,当时项城电视台设备陈旧,年收入仅100万,要养活编制内160个员工,员工工资甚至要靠贷款发放。与其坐以待毙,不如放手一搏,由此开始了改革之路。首先对人员聘用制进行了改革。2010年项城电视台进行了一次社会招聘,聘用了大量年轻人。清零零出勤的员工,剩下的员工全部进行绩效考核,每月排名末位的自动淘汰。为了解决资金上的问题,项城电视台通过向市政府提供服务来获得政府的资金支持,同时,不断进行机制完善、频道完善,比如提出"三化"理念,即频道专业化、节目特色化、栏目品牌化。

2016年10月至2018年7月是试点建设阶段,2016年10月项城市融媒体中心挂牌成立,其融合项城网、"美丽项城"微信公众号、"印象项城"官方微博、"项城云"App、交通广播等平台,同时融合了70家网站和42家微信公众号,1080个微信工作群,进行统一管理,统一运营,实现了"新媒体首发、全媒体跟进、融媒体传播"。

2018年7月至2019年10月是发展融合阶段,一方面加强顶层设计,厘清融媒体的发展思路,从内容、渠道、技术等方面实现全面化、立体化的融合。一方面完成中心人员编制调整,进一步明确融媒体中心建设运行财政预算,加强融媒体中心的财政保障。另外,在融媒体中心稳定有序运行的基础上,进一步健全完善内部管理机制、对外协调机制,进一步探索开展"新闻＋电商"等服务模式,提升融媒体中心的服务效能。

2. 机构编制

2016年10月以项城电视台为主体,设立项城市融媒体中心,归市委宣传部领导,属于正科级单位,财政拨款和融媒体自主经营相结合。项城融媒体中心设立指挥中心,下设视频部、图文部、音频部、创优部等,后勤部下设办公室、财务部、人力资源部等部门。

项城市融媒体中心在内容、渠道、平台、经营、管理等方面深度融合,建立媒体融合发展推进机制、新媒体科学运营机制、全媒体分配机制和绩效考核制度,同时制定了《项城市融媒体指挥中心管理暂行办法》,为融媒体中心的规范管理、健康发展提供政策支持和制度保障。

3. 人员编制

项城市县级融媒体中心受政策的支持,在原来的编制基础上又增加了一定数量的编制,中心有自主招聘人才的权利,每年从大中专院校招聘专业的技术人才,对招聘的高端人才按照一定标准发放安家费和生活津贴。

4. 运作流程

项城融媒体中心是县级融媒体中心实践较早的,在全省范围内的成绩最为显著,因此成为县级融媒体中心的河南样板。中心建设主动适应全程媒体、全息媒体、全员媒体、全效媒体的内涵,重塑内容生产流程,优化拓展服务功能,并且在制作融媒体产品上,注重产品的互动化、个性化、可视化,使产品贴近百姓需求,反映社会热点。同时也致力于打造"便民为民"的服务平台,为受众提供生活、政务、文化等多方面的服务。

具体来说,项城融媒体中心整合电台、电视台、微博、微信公众号等多方资源,建立"中央厨房"式的指挥调度中心,做到一体策划、一次采集、多种生成、多元传播。在技术上引进直播技术和小屏技术,利用大数据、云计算、VR、AR等新型技术,构建"小屏首发、大屏选发、多平台播放"的传播格局。

5. 经费投入

政府大力支持项城融媒体中心的建设,市财政先后投入近千万元,建成了"中央厨房",购买直通车,建设360度演播厅,添置了采编播高清设备等,为融媒体中心的发展提供了技术支持和保障。

6. 技术平台

项城市融媒体中心主要使用了大洋 FAST 快融全媒体采编平台,该平台帮助融媒体中心建成了一个集采编、分发、效果分析等功能于一体的指挥平台,在一个平台上就能完成内容生产、加工、编辑、发布等环节,节约资源的同时提高了内容生产的效率。

7. 经营状况

一方面,财政资金是中心的一部分收入来源,另一方面,中心积极探索并形成了"媒体+产业"的运营模式,使本地产业和媒体栏目、媒体活动等深度合作,通过包销、提点分成、宣传销售等模式形成新的收入增长点。同时和新媒体紧密结合,利用直播带货、抖音宣传等创新营收,实现中心经济收入的持续增长。2018年项城市融媒体中心实现收入2600万元,2019年收入突破3300万元。

8. 绩效考核

项城市融媒体中心改革工资分配制度,实行绩效考核制、竞争上岗制。每月进行考核,按照工作数量和质量进行工资分配,实行多劳多得制度。媒体工作者工资低的仅拿几百元,高的可达上万元不等,提高了媒体工作者们工作的积极性,提升了其工作质量和归属感。

三、亮点经验

1. 融合传播方面

项城融媒体中心贯彻落实基层媒体融合发展文件要求,高标准推进项城融媒体中心软、硬件建设,建立融媒体中心建设运行管理机制,形成一套可操作、可复制、可推广的经验做法。

(1) 建设融媒体指挥调度中心和采编播中心。

项城融媒体中心设立融媒体指挥调度中心作为核心管理层,负责宣传任务统筹、重大时间策划、采编力量指挥等,建立总编协调制度、部门沟通制度、岗位值班制度、采前策划制度、线索通报制度、效果反馈制度等,确保中心采编发网络紧密结合、无缝衔接。

同时,县域融媒体的采编播中心负责对指挥调度中心指令的传达执行和需求反馈。采访部门负责把所有的采访力量整合起来统一调度,各编辑部门负责媒体的编辑任务以及网、微、端相关频道栏目的内容制作,技术支持部门统筹管理技术研发应用和技术人员调度。采访、编辑、技术等各部门派代表全天候联合办公,执行指挥调度中心决策,同时根据工作需求随时反馈情况,并进行跨部门沟通协调。

(2) 构建机制融合,形成多元传播矩阵。

项城融媒体中心通过整合多方资源,形成"一中心,八平台"的全新组织架构,"一中心"是指融媒体指挥中心,它强调资源的共享,打破了传统媒体与新媒体间资源壁垒严重的状态,在党委相关文件的指导下,组建集"策、采、编、发"于一体的"中央厨房",实现采编和传播的互联互通,对收集到的所有资源进行集中指挥和统一调度,形成了"一次采集、多次生产、多渠道传播、多元经营"的融媒体机制。"八平台"是指电视、广播、微博、美丽项城微信公众号、项城云 App、项城市讯、项城瞭望等八大宣传平台,通过破壁垒、融平台的方式拓宽了项城市融媒体中心的信息传播渠道。

(3) 建设融媒体技术平台,创新内容生产类型和传播方式。

项城市融媒体中心和大洋 FAST 快融全媒体采编平台合作,引进 H5、航拍、动画等新技术,创设音视频等栏目,根据受众的喜好对内容进行创意加工,积极加入抖音、快手等新媒体平台。同时,创新内容传播方式,例如"项城云"App 每天进行现场直播,每周还进行三次以上的手机、广播、电视的融合直播,联动线上线下。

2. 舆论引导方面

项城融媒体中心坚持媒体与人民群众相融合的第一要务,在舆论方面更好地引导群众。融媒体中心是全市人民获取信息的重要枢纽,通过内容和群众深度融合,在参与互动中引导群众。中心手机 App 有 35 万用户,维护了 1080 个微信工作群,粉丝 37 万人。围绕当地党委政府的中心工作,生产了 50 档节目,例如:《环保在线》《脱贫路上》《法治在线》《安全零距离》等,通过多个平台进行宣传互动,在互动中把党委政府的工作部署传递到基层,凝聚全市人民的共识,同时将基层的声音在第一时间反馈上来,为市委市政府决策提供依据。

3. 公共服务方面

项城市融媒体中心非常重视对受众的公共服务,该中心关注百姓生活的方方面面,致力于解决群众反馈的热点问题。在政务服务方面,"项城云"App

上有专门的政务板块,其中包括企业办事、社保、个人办事、参与问政、通知公告等各个分栏,群众通过不同的分栏可以方便快捷地处理自己的待办事项或问题。受众如果遇到问题可以直接点击"我要问"分栏与工作人员直接交流,不仅提高了办事效率,也拉近了干群关系。在文化服务方面,针对广大受众尤其是偏远农村对豫剧、曲剧的需求,融媒体中心积极联合相关的剧团进行"送戏下乡"活动,并通过直播或短视频的方式方便网络受众观看。同时,中心也会定期举办一些公益文化演出,丰富老百姓的业余生活。在生活服务方面,项城融媒体中心开设了"家居商城""吃好喝好""全民 K 歌""食疗养生"等 40 多个专栏,用观众喜闻乐见的方式传递生活中的信息,同时为了保障百姓的日常权益,还成立了"维权哥""帮帮团"等,设身处地地为群众考虑,为群众服务。

4. 建设模式方面

除了上文提到的建设"一中心、八平台"的组织架构外,项城县级融媒体在人才机制建设和创新营收方面,也因地制宜地设计了符合中心的建设模式。

在人才机制建设上,首先进行体制改革,打通编外人员成长通道,坚持去机关化、去行政化,保证体制内外一样。其次,实行事业单位企业化管理,实行绩效考核制、领工资制、数据考核制,按照制作内容的点击量、日活量、转载量进行考核。利用多劳多得、末位淘汰制激发媒体工作者们的积极性。另外,中心坚持开展媒体工作者教育实践,组织全媒体人才技能提升活动,与中国人民大学、中国传媒大学、郑州大学等院校进行合作,实行院校对口招聘。同时聘请全国 30 多位专家组成智囊团,定期来中心为媒体工作者们授课。

在创新营收方面,项城融媒体中心全面打造"媒体＋产业"模式,为融媒体中心的发展增加源动力。例如"媒体＋房产"的模式,深耕本地优质房地产企业,通过包销模式、分成模式、宣传销售模式实现营收。"媒体＋活动"的模式,联合商家举办虫草节、净水机节等活动,项城融媒体中心的活动每年能达到 200 多场。"媒体＋项目"的模式,贯彻国家智慧城市建设的理念,承建智慧植物园、指挥扶贫、智慧教育、智慧农业等项目,拓宽营收渠道。"媒体＋电商"的模式,利用直播带货,聚焦本地特色小吃、文创产品等,建立网络盈收渠道,吸引各地网民消费。

5. 其他亮点

除了以上的亮点经验外,项城融媒体中心还有一些值得借鉴的其他亮点:第一,项城融媒体中心重视对环境整治内容的宣传,以"美丽乡村行"为主题在各个镇策划不同特色的直播活动,引导群众注重环境保护,建设美丽乡村。

第二,融媒体中心的办公区域进行了人性化设计,为员工提供了"古色古香"的休息区、阅读区、品茶区,不仅使员工在繁忙的工作中获得休息的区域,还为中心增添了韵味。

第三,项城融媒体中心的部分节目,采用方言化的主持语言以拉近与受众的距离,增强亲切感。

四、存在问题

经过调研,报告人认为,项城市融媒体中心的建设尽管取得了不错的成绩,但是依然存在一些亟待解决和改进的问题,主要包括人才、技术、资金等多个方面,在如今媒体融合已经势不可挡的趋势下,项城融媒体中心想要取得长效持续的发展,必须重视这些存在的问题。

(一)技术短板明显,创新力度不足

技术是融媒体发展的核心竞争力,项城市融媒体中心建设积极推进传统媒体与新媒体的合作,短视频、直播等依托的网络和移动端口下的信息传播方式以及相关 App 的开发等,都与技术紧密相关。根据访谈和调查,可以将其技术问题归纳为以下几点:

1. 技术依赖性较强,缺乏自主研发能力

项城市融媒体中心自身的技术水平较低,也缺少高水平的技术型人才,因此,融媒体中心的许多建设需要"外包"给其他能够提供技术支持的商业公司,例如"项城云"App 就是和其他商业公司合作完成的。这就导致 App 的开发进度较慢,当融媒体中心规划出相关的 App 设计后,需要与合作公司反复沟通,生产出的软件倘若出现系统问题,也需要联系相关的公司进行修改,这样的软件开发流程耗时较长,也浪费了许多人力物力,另外,软件的更新速度也不能得到保证。

2. 技术稳定性和兼容性较差,影响信息传输过程

一方面,项城市融媒体中心注重"移动优先"的理念,将传统的新闻节目以碎片化的短微视频呈现出来,例如"项城新闻"就是由"项城头条""项城热点"等碎片化的短微视频板块构成,在大屏播出前,先以小屏的方式完成推送。但是在素材上传的过程中,移动平台的兼容性存在一些问题,会出现格式不支持

或软件闪退等情况,无法保证设备稳定地工作。另一方面,项城市融媒体中心建立了全媒体演播室,实现了广播、电视、手机 App 的同步直播,但是在直播中使用的推流服务器也不能完全满足信息传播时网络稳定的需求,经常会出现信号较差甚至直播中断的情况。这些问题以目前融媒体中心的技术水平,是无法以一己之力解决的。

3. 技术平台建设模板化严重,缺乏创新性

融媒体建设目前实行"一省一平台"措施,河南广电融媒云在项城进行技术布局,通过私有云服务＋专线部署＋制作系统对接＋播出对接＋App 开发上线等举措,推动河南广电省市县三级联动。虽然县级融媒体依托更高层次的平台能够得到更多的技术支持,但是固定化、单一化的建设模板,也缺乏一定的创新性。例如与河南大象融媒体技术公司开发的"云上项城 App"属于同款开发模板的有"云上伊川 App""云上禹州 App"等,它们的主要功能基本一致,页面设置除了一些小板块根据各地的实际情况进行了调整,大部分内容基本相同,都包括短视频、直播、网络电视台、网络广播这几种信息传播方式。虽然该 App 的建设模板较为完善,但是几款 App 无论在功能还是信息的传播方式上都大同小异,缺乏亮点。

(二)人员流动性强,人才资源匮乏

人才短缺和流动性强是许多媒体共有的问题。在更新迭代迅速的大环境下,媒体行业尤其是一线工作岗位,对从业者的身体素质、专业素质都有着极高的要求。当下该行业劳动和收入不平衡的现状,也导致许多人才"望而却步"。具体问题可以概括为以下几点:

1. 人员没有编制,稳定性不够

项城市融媒体中心实行"零工资制""绩效考核制""全员竞聘制""数据考核制""末位淘汰制"等制度。人员没有编制,没有保底工资,按照每人完成工作的数量和程度分配工资,这样的制度一方面会使一些人才觉得没有得到很好的尊重,从而放弃选择该岗位。另一方面,可能会使媒体工作者的干劲不足。不安则思变,一些人因为收入没有保障,就会选择"跳槽"。这对项城市融媒体中心来说,是很大的不确定因素,既无法吸引优质人才,又失去了现有的人才。倘若缺少人才的支撑,项城市融媒体中心在高质量内容的生产上就会大打折扣。

2. 人员的专业构成复杂，缺少专业型人才

项城融媒体中心在招聘时，不限学历、专业，因此工作人员的专业构成比较复杂，例如一些学习动漫制作专业、设计专业的人员。中心在选人时并不强调专业对口，这导致许多人员的专业素质较低，不仅容易影响工作效率，内容质量也是参差不齐。虽然融媒体中心采用"一对一"实践教学，由专业型人才指导非专业人才，但是这种方法并不能从根源上解决这一问题。另外，项城市融媒体中心有自主招聘人才的权利，计划每年从大中专院校招聘专业的人才，对高端人才按照一定标准发放安家费和生活津贴。但是负责人表示，由于项城各个方面的资源较少，对专业型人才的吸引力始终较弱。

3. 复合型人才较少，全媒体人才紧缺

比专业型人才更紧缺的是全媒体人才，即掌握多学科知识和技能的复合型交叉人才。融媒体中心的现状是，拍摄水平较高的人员在采访和新闻稿件的撰写方面能力较弱，或者文笔较好的人员却不会拍摄和剪辑。在访谈中，报告人了解到，融媒体中心的工作人员从过年到现在，休息的日子只能用个位数来计算。一名记者和一位摄像进行外采，为了保证采访和拍摄的质量，到了下班时间也不一定能赶回融媒体中心。再加上项城市融媒体中心本身就缺乏优质的全媒体人才作为老师，可以说，目前的工作强度和县级融媒体中心资源很难成规模地培养出全媒体人才。整个融媒体中心的工作还处于分工合作的状态下。

（三）自媒体挤占广告收入，媒体之间营收不平衡

县级融媒体中心的建设需要投入大量的资金，用于器材采购、人员培训、后期制作等方面，项城市融媒体中心除了财政支持外，还通过联办栏目、线下活动、拍摄宣传片等方式创新营收，这些活动的主要收入来源是广告。但是随着自媒体的迅猛发展，抖音、快手、今日头条等自媒体挤占了大部分的广告收入。传统媒体的广告收入主要集中在广播电台，电视台自身几乎没有广告收入，电视台的资金收入滞后，然而每天还要支出大量的人力物力。因此如何在自媒体"来势汹汹"的情况下尽量缩小媒体之间的收入差距，多渠道多方式实现创收，是县级融媒体中心必须关注的问题。

（四）宣传不到位，社会影响力不强

在访谈中，报告人了解到，尽管项城市融媒体中心通过有奖活动、直播互动、公众号宣传等方式黏合受众群体,但是在遇到突发事件或重大公共事件时,受众还是更倾向于相信传统媒体传播信息的真实性,县级融媒体的公信力、权威性还有待提高。在报告人的问卷中,也反映出相关的问题,在15份有效问卷中,有12份在"您在日常生活与工作中接触本县融媒体中心的情况报告"这一问题中选择了较少或很少的选项,说明项城市县级融媒体的宣传辐射面较小,社会影响力不强。

五、总结

(一)项城市融媒体中心的未来展望

通过与项城市融媒体中心负责人和员工的访谈,报告人了解到,当下融媒体中心期望能够得到更多的人才支持,尤其是全媒体人才和技术型人才以创建自己的全媒体团队和技术团队。目前,县级融媒体中心规划建设人才培训基地,一方面使"项城模式"走出去,另一方面引进高素质人才。项城市融媒体中心也与郑州大学、浙江传媒学院进行战略合作,聘请全国30多位专家组成智囊团,为融媒体中心的建设提供强有力的技术支持。此外,融媒体中心在未来的发展中依然将媒体融合智慧城市作为建设的重点,致力于真正做到"三融":融人民,成为人民和政府部门之间的桥梁;融资源,将所有资源全方位无死角地整合起来;融价值,做到政治效益、社会效益和经济效益三位一体。利用自身融媒体和大数据的优势,与政府公务深入融合,帮助党委政府更好地治理城市。

(二)报告人的思考和建议

1. 关于项城市融媒体中心人才发展建设的建议

(1)提升核心人才薪资待遇。

薪资水平是引进人才、留住人才的关键。目前融媒体中心运营的大环境,不可能全面提高工作人员的工资待遇,所以首先提升骨干人才,尤其是全媒体人才、技术人才的薪资水平,并发布相关的招聘启事,一方面通过丰厚的薪资待遇吸引人才,另一方面也可以提高中心内部人员工作的积极性。

(2)建立健全的职称评审体系。

参考事业单位的职称评审渠道,为媒体从业者提供学习的机会、上升的通道。工作人员除了可以通过行政岗位提升,还可以通过职称的路径提升,评审结果体现在工资水平上。这么做一方面可以鼓励媒体工作者不断学习,通过职称来反映其专业水平,另一方面也可以提高媒体工作者的收入水平。另外,也可以参考"职级平行"制度,只要兢兢业业地工作,到了一定的年限,也能享受和领导一样的待遇,这能够增强融媒体中心人员的稳定性,解决留不住人的问题。

(3) 借力政府支持,完善人才引进政策。

一方面,政府可以加强县级融媒体中心人才的定向培养,有针对性地培养全媒体人才、专业型人才,通过发放补助、减免学费等优惠政策吸引人们学习,并通过毕业分配单位的政策,向人才资源薄弱的县级融媒体中心输入高素质人才。另一方面,可以出台特殊政策以引进复合型紧缺人才,即"一事一议""一人一策",针对特殊的岗位,制定特殊人才的引进政策,通过"特殊岗位年薪制"等福利待遇吸引人才。

2. 关于项城市融媒体中心技术问题的建议

目前项城市融媒体中心的技术主要依赖于大象融媒平台和其他的商业技术公司,从可持续性发展眼光来看,中心还是要提高自身的技术水平。报告人设想,国家可以有针对性地对项城市融媒体中心进行技术支持,定期分派专家小组到融媒体中心进行指导教学,融媒体中心也成立专门的技术研发小组进行学习,同时,政府提供一部分技术设备。通过政策支持,利用高水平发展地区的技术资源,提升整个县级融媒体中心的技术水平。另外,项城市融媒体中心应该建设统一的技术指挥和服务平台,对应融媒体的实际服务支撑需要,并且在遇到突发性技术问题时能够迅速反应、高效处理。

3. 关于项城市融媒体中心资金问题的建议

关于资金问题,报告人认为项城市融媒体中心最重要的是保持"双管齐下"的思维,即政府"输血"和平台"造血"齐头并进,以政府拨款扶持县级融媒体中心。实践上,可以规划设立县级融媒体建设专项资金,保证其运转的基本开支。在增强自身的"造血"功能上,融媒体中心可以与政府合作成立公司,例如长兴传媒集团与县国资委注资成立的长兴慧源有限公司,创收占比为21.6%。另外,融媒体中心还可以将单纯的广告合作向项目制、平台化、合作化方向发展,提供策划、执行、宣传一条龙服务,多角度实现创收。

(陈袁博)

陕西省西安市蓝田县融媒体中心建设和运营案例

一、调研背景

1. 选择该调研点的缘由

2018年8月12日,西安市蓝田县融媒体中心正式挂牌运行,成为西安市建成的首个县级融媒体中心,其挂牌的时间比习近平总书记在8月21—22日在全国宣传思想工作会议上提出"要扎实抓好县级融媒体中心建设,更好引导群众、服务群众"的时间早了近10天。同时,蓝田县融媒体中心被列为全国首批59家县级融媒体中心建设试点单位,是唯一一家受中央广播电视总台邀请参加"全国县级融媒体智慧平台"暨央视网新版全终端上线启动仪式的陕西省县级融媒体中心。

2. 蓝田县简介

蓝田县隶属于陕西省西安市,位于秦岭北麓,关中平原东南部,总面积2006平方千米,约占西安市总面积的19.9%。距西安市区22千米。蓝田县下辖1个街道、18个镇,常住人口53.61万人。年实现地区生产总值149.23亿元,按常住人口计算,全年人均生产总值27818元。蓝田县属暖温带半湿润大陆性气候,四季冷暖分明,气候宜人。

蓝田是伏羲和女娲的母亲——炎帝和黄帝的直系远祖华胥的故里,四大名玉之一蓝田玉的原产地,因境内盛产美玉而得名,素有"玉种蓝田"之美称;自古据秦楚大道,有"三辅要冲"之称,是关中通往东南诸省的要道。蓝田是陕西省历史文化名城,境内有上陈遗址、蓝田人遗址等古遗址,以及净土宗祖庭悟真寺、水陆庵、王顺山、汤峪温泉等风景名胜。

二、调研点概况

1. 建设过程

蓝田县融媒体中心建设工作,从 2018 年 5 月 20 日起,合理调配县广播电视台大楼办公优势,截至 8 月 6 日,已打通传统小科室小布局办公模式,改建 200 平方米融媒体采编大厅,为采编人员添置 24 套现代化采编工位和电脑,按照融媒体中心规划,设置 7 个融合性采编科室,安装 11.9 平方米融媒指挥中心 LED 展示大屏,一台立式多媒体触摸屏,打造了现代化硬件采编环境。同时,引进中宣部和广电总局推广、财政部重点扶持的山东电视台轻快云融媒体工作平台,打造了智慧"蓝田手机台"App,并由此建立了看电视、听广播、网络宣传、县内党政网站链接、问政投诉、网络和广播电视并机直播、生活圈展示、新闻资讯汇总、第三方网站链接、直通镇街等多功能于一体的融媒体展示平台。

2. 机构编制

蓝田县融媒体中心是由蓝田县委牵头,县政府资产领导小组规划,宣传部具体实施而建成的融媒体中心。该中心以原蓝田县电视台为主体,整合县广播电台、新闻中心、网信办"三位一体"的信息、人力和智力资源,吸纳有知名度的社会自媒体力量建成。蓝田县融媒体中心为蓝田县委直属正科级事业单位,归口县委宣传部领导,由财政全额拨款。该中心在综合原来广播电视台、新闻中心、网信办各项业务的基础上,对组织机构进行了重组,下设办公室、全媒综合部、新闻采访部、编辑制作部、政务服务部、技术保障部等 8 个部室。该中心的领导班子目前由一个主任、两个副主任、一个技术总监构成,主任属正科编制,由宣传部领导兼任;副主任属副科编制,技术总监暂无行政职务,但中心的具体业务则由技术总监负责,这也是该中心目前领导机构存在的问题之一,在下文中会有详细论述。

3. 人员配置

该中心现有工作人员共计 72 人,其中 51 人属事业编制,其他 21 人属于外聘人员。有编制的 51 人绝大多数是原各单位的职工,所以近 50% 的人员年龄偏大。由于蓝田县目前仍然保留了"蓝田电视台"的呼号,因此电视台的工作人员在性质上是隶属融媒体中心,但还需要完成电视台的相关工作。其他人员属于全职工作人员,其中有 2 人是从其他单位借调的专业技术人员。

4. 运作流程

蓝田县融媒体中心建设工作，以互联网思维为导向，以先进技术为支撑，以建立媒体融合趋势的体制机制为保障，打造"一次采集、多次生成、多元发布、多级放大、多渠道融合、多平台互动"的融媒体中心，通过机构融合建立起全盘融合的宣传阵地"大家庭"，让资源整合实现宣传效益最大化，同频共振、同声发音，形成上下良性互动的立体化"宣传大格局"，从而实现媒体融合的成功转型。

该中心目前已基本实现一次采集、多平台分发，其分发平台包括两微两端（微博、微信、蓝田手机台、蓝田云）、网站、抖音号、今日头条、央视网等 13 个融媒体平台，其传播渠道广，传播形式灵活多样。

5. 经费投入

目前该中心前期建设费用已投入额约 500 万元，其他每年的投入皆为工作人员的工资及日常办公消耗。2020 年后半年有望追加 100 万元预算用于设备的更新换代。目前该中心的经费来源均为财政拨款，还没有创设营收性项目，但设立以宣传、推广、文化创意、会展布设等为主旨的经营性机构已在中心的业务规划中。

6. 技术平台

该中心在 2018 年建立之初即自主开发了融媒体客户端——"蓝田手机台"，随后陕西广电网络传媒（集团）股份有限公司开发的"秦岭云"上线后，蓝田县融媒体中心又在陕西省委宣传部的统一规划下开发了"爱蓝田"客户端，主要以"秦岭云"为技术平台，向其购买服务，每年购买费用达 65 万元。目前该中心两个客户端都在运营，但各有侧重。

7. 经营状况

该中心属于公益类财政拨款事业单位，到目前为止，收入全部为财政拨款，所拨款项一部分用于员工的工资绩效，一部分用于中心日常的办公消费。同时还有一些专款专项，例如购买"秦岭云"的相关服务、设备的更新换代等。在收支比例方面，由于是财政拨款，每一项支出都是以申请的形式下拨，所以所拨款项皆会第一时间用于具体事务，并无节余。

在"蓝田手机台"和"爱蓝田"推广初期，该中心利用一定的行政手段，通过县委宣传部发文，要求县里凡是事业编制的人员必须安装"蓝田手机台"和"爱蓝田"客户端，使其在县域事业单位这一层面基本普及。同时，"爱蓝田"还依托"秦岭云"的技术优势,进行不同主题的直播活动,吸引普通商户的关注。"蓝田手机台"利用其"便民服务",吸引了广大群众关心身边的人和事;同时,"书记信箱"和"县长信箱"让广大基层群众的"心里话"可直达书记、县长,实现下情顺畅上达(如图1)。通过以上不同渠道的推广和维护,"蓝田手机台"和"爱蓝田"不但在县域内有了较高的安装率,并且也深入基层百姓的日常生活之中,成为蓝田人民生活、工作、学习的重要平台。

图1 "蓝田手机台"界面

8. 绩效考核

该中心目前在岗72人,其中51人以事业编制的身份由财政统一发放工资,21人为外聘人员,由县财政划块拨款发放工资,也就是说此21人的工资是由县财政每月将所有人的工资统一划归融媒体中心,由融媒体中心自行分配。因此,该中心可灵活支配的也只能是工资中的一小部分。另外,该中心和上级主管部门协商制定了一套定编定额找差额的办法,用于绩效考核所需要的资金,具体办法在下文中详述。

在具体考核方式上,该中心坚持以所制作内容的影响力和传播力为主要依据,当到一定的考核期后(以一月或某一重大主题策划后一月为限),各团队将自己影响力最大的3条新闻或其他内容拿出来,通过最直接的阅读数、评论数、点赞数进行评判,同时参考该新闻信息的社会效益,做到主观客观相结合、定量定性相结合,从而评选出不同等级的作品,按制度给予采编制作者一定的奖励。另外,该中心还会以年为单位评选最佳新闻或其他形式的优秀作品,此次参评的作品可和前面参评的作品相同,也可不同。此次评选出的优秀作品会给予一定的奖励,同时也会成为评选年度优秀、先进的参考条件之一。

三、亮点经验

1. 融合传播方面

目前该融媒体中心旗下拥有一个电视台、一个广播电台、两个手机客户端、一个网站,另外还入驻了抖音、今日头条、央视全国县级融媒体智慧平台(陕西第一家)、新华网、人民网、《经济日报》等融媒体平台,信息传播渠道广泛。对新闻信息基本能做到一次采集,多平台按需分发。具体而言:

第一,该中心记者专业背景丰富,能适应各种平台新闻信息的采集工作。蓝田县融媒体中心由原来蓝田电视台、蓝田广播电台、新闻中心、网信办等部门整合而成,目前的工作人员也大部分保留了原来各部门的员工,广播电视台记者以音视频新闻信息的采集见长,新闻中心以图片新闻和文字新闻的采集见长,而新入职的20多名外聘人员以年轻人居多,能快速适应并熟练掌握抖音、头条等融媒体平台的操作流程。而具有各专业背景的采编人员长期合作可实现专业技能间的互通有无,一些普通的日常生活新闻的采集可由一到两名记者全全完成,而重大事件的采访,中心也可派出强强联合的专业队伍,保证所采集的信息素材能满足各种平台制作分发的要求。

第二,中心内各平台可实现信息资源的共享共用。鉴于县域内部分受众,尤其是老年受众以电视媒体为信息接收主要方式的习惯,该中心保留了"蓝田电视台"的呼号,并且制作的影视节目及新闻同样也会在电视台第一时间播出,而后通过分发的形式上传至"蓝田手机台"客户端,其他受众即可随时观看,最大限度地照顾了具有不同接受习惯的受众群体,提高了传播效果。而文字和图片信息则第一时间在"蓝田手机台"和"蓝田网"上同时发布,并且尽可能以手机台的小屏传播要求为先,首先满足移动媒体的传播需求,实现移动优先。

第三,依托"秦岭云"强大的技术平台,实现信息传播的上下互通。"爱蓝田"是以"秦岭云"为平台而开发的手机客户端,它可实现和"秦岭云"各端口的顺畅对接,保证有意义、有价值的地方新闻能便捷地推送至上级部门及更广泛的地域。同时,用户可第一时间了解陕西各县市重要的新闻信息,实现了优质内容、重要信息的内外共享。

2. 舆论引导方面

在全国范围内建设县级融媒体中心作为国家层面提出的破除我国基层媒体发展困境和"打通舆论宣传最后一公里"的重要举措,其最主要的功能就是"舆论引导"和"公共服务",二者各有侧重,舆论引导是灵魂、是目标,公共服务是根基、是支撑。该中心在舆论引导方面,能从主流价值的传播和化解本地舆情风险两个方面较出色地完成舆论引导的核心任务。

第一,主流价值传播。蓝田融媒体中心旗下的"蓝田手机台"客户端开设了"专题专栏"板块,专门用于在习近平新时代中国特色社会主义思想指导下,开展"不忘初心,牢记使命主题教育活动""壮丽70年奋斗新时代"等主题宣传。同时还有与普通百姓生活密切相关的"垃圾分类、绿色环保""扫黑除恶进行时""守护秦岭"等一系列主题宣传活动,保证了蓝田县融媒体中心在主流价值传播与引导方面的引领作用。

第二,化解本地舆情风险。该中心利用"三屏一响"(三屏即电视屏、电脑屏、手机屏,一响即广播),及时发布重大事件的最新消息,保证信息的权威性和可靠性,防止信息不透明或消息来源不可靠造成民众的恐慌。特别是在新冠肺炎疫情的防控和宣传中,融媒体中心直接控制各乡镇街道的应急广播,保证各种最新的疫情防控知识能第一时间传达到最基层民众,真正打通了信息传播的最后一公里。

3. 公共服务方面

公共服务是县级融媒体中心安身立命的基石,只有认真扎实地做好公共服务,县级融媒体中心才能真正发挥其"打通舆论宣传最后一公里"的重要功能。该中心依托"秦岭云"平台,通过联合开发的"爱蓝田"手机客户端口,较好地实现了融媒体中心的公共服务功能,具体而言,主要包括以下三个方面:

第一,信息生活服务。"爱蓝田"客户端在其"便民服务"板块中,下设了特色服务(此功能包含了部分政务服务)、同城服务(本地服务、求职招聘、二手物品、打听事)、周边服务(出行线路、公路信息)、充值缴费(有线电视、广电宽带、话费充值)、生活服务(食品安全、预约挂号、汽车订票、火车订票、机票订购、旅游)等信息生活服务内容,此服务功能内容广泛、便捷实用,能最大限度地满足用户的生活工作需求(如图2)。

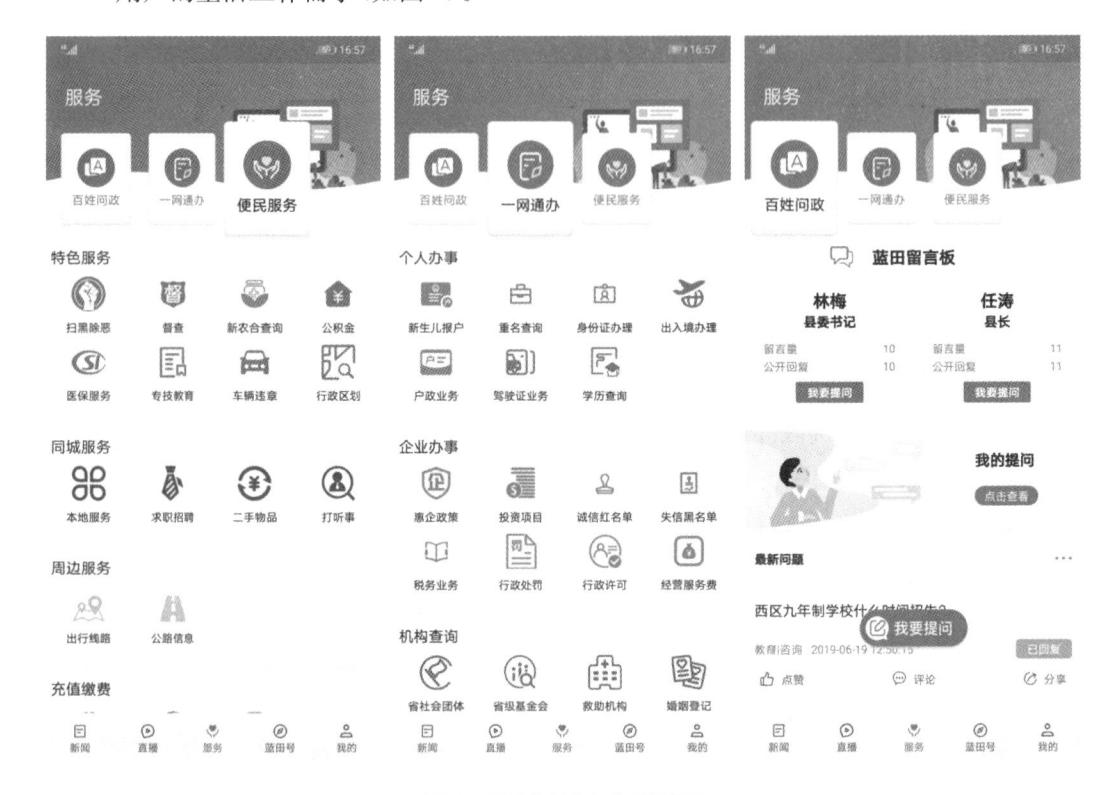

图 2 "爱蓝田"客户端界面

第二,政务服务。"爱蓝田"客户端在其"一网通办"板块中下设了个人办事(新生儿报户、重名查询、身份证办理、出入境办理、户政业务、驾驶证业务、学历查询)、企业办事(惠企政策、投资项目、诚信红名单、失信黑名单、税务业务、行政处罚、行政许可、经营服务费)、机构查询(省社会团体、省级基金会、求助机构、婚姻登记、中小学信息、非学历教育、公墓、殡仪馆)等政务服务板块(如图2)。包含了小到个人,大到机构的全方位服务内容,最大限度做到了"让信息多跑路,让群众少跑腿"。

第三,典型公共服务。这里所说的典型公共服务是指县级融媒体中心利用其官方属性和技术优势,通过整合社会公共资源、搭建参政平台、引入监管机制等措施,提升政府公共事务决策科学化和民主化的社会性服务。该中心的典型公共服务是通过"蓝田留言板"的形式开展的。"爱蓝田"客户端服务板块的第一个栏目即为"百姓问政",此栏目直接留有县委书记和县长的"我要提问"界面,用户登录"爱蓝田"客户端后即可随时对自己关心的任何问题向县委书记和县长提问,县委书记和县长则责令相关主管部门对所提的问题进行详细解答(如图2)。通过此种方式,广大群众即可对县域内任何事务问政县委县政府,也可对相关政策、决议、通知公告等内容提出质疑。典型公共服务目前还是县级融媒体中心公共服务的薄弱环节,但同时也是其大有可为的一片新天地。目前就该中心而言,此功能的形式还相对较为单一,但其开启了普通群众与县域最高行政领导间的平等对话,对县域领导的职权使用、办事效率等都起到了很好的监督作用。

在服务渠道和服务方式方面,"蓝田云"凭借"秦岭云"强大的技术平台优势,可实现各服务功能的无障碍跳转,而"秦岭云"则以官方属性对接了陕西省内各主要服务端口。"蓝田云"的服务页面只是一个引导性质的入口界面,点击具体的服务功能后,都会跳转到相关的专业服务平台,这样既能保证服务的专业化和顺畅度,同时也节约了开发和后期维护成本,使平台的服务功能得到最大限度的发挥。

4. 建设模式方面

第一,当地主管领导重视蓝田县融媒体中心的建设和发展。该中心的主任,也就是行政一把手直接由蓝田县委宣传部副部长担任,融媒体中心本来隶属宣传部,而直接领导又担任一把手,这种配备方式会有效提升上下级部门间的沟通效率,使优质资源能合理配备,最大限度地发挥融媒体中心的传播力、影响力、引导力,从而提升融媒体中心的公信力。

第二,在技术平台的采用上,该中心的"爱蓝田"客户端搭载了"秦岭云"智慧平台,以购买其服务的形式享受其提供的各种服务及技术支持,使"爱蓝田"的服务质量、服务半径、服务范围都有显著的提升和扩大。

第三,在传受互动模式方面,该中心的"爱蓝田"客户端主要是通过"蓝田留言板",使用户能将自己关心的、想知道的、有疑问的问题直接留言县委书记和县长,县委书记和县长再责令相关管理部门对提问进行回答,从而实现传受双方的良性互动。而"蓝田手机台"客户端也设有书记信箱和县长信箱,可实现用户和行政领导的直接互动。

5. 挖掘其他方面可能存在的亮点

第一,定编定额找差额的绩效资金来源。该中心属于财政完全拨款,并无其他营收业务。所以其可自由支配的资金少之又少。据该中心技术总监介绍,为了解决中心无法自由支配绩效奖金的问题,他们向县宣传部提出了固定编制固定工资总额的办法,也就是以一定的员工总数(例如75人)为基数,如中心有人退休或不可控原因离职,该中心不再以事业编形式补充新人,但工资仍然按75人的数额发放,工作由在岗人员平摊完成或外聘相关技术人员。如此一来,中心便有了一部分资金用于绩效考核,从而鼓励多劳多得。同时,这一方式也解决了以事业编进人时由于中心无自主权而出现进来的不能用,能用的进不来的问题。

第二,以蓝田广播电台为中心的社区(村)广播网的组建。该中心信息传播的主要方式是"三屏一响",三屏即电视屏、电脑屏和手机屏,一响即广播。该中心对原有的村村通工程中的广播网进行了进一步的优化,实现了可控、可分、可合的自由方式。如遇重大事件,广播电台控制中心可直接对全县域联网广播进行时时播音,保证了及时、统一的信息传播。例如在疫情防控中,社区广播就发挥了非常重要的作用。

四、存在的问题

蓝田县融媒体中心于2018年8月12日挂牌运营,是陕西第二家挂牌的县级融媒体中心(第一家是陕西富县融媒体中心)。经过了近一年半的探索发展,生产了众多优秀的新闻产品,在引导舆论和服务群众方面进行了多方面的有益尝试,积累了丰富的经验,但由于各种综合因素的影响,在体制机制方面、可持续发展方面及新技术的运用与转型方面还存在着不少问题。

1. 事业单位的体制属性,对融媒体中心干部提拔、人才引进等运营机制的灵活性和有效性造成影响

第一,该中心以事业单位提拔领导的干部任用模式阻碍了其人才选拔机制的有效发挥。蓝田县融媒体中心是在原蓝田电视台、蓝田广播电台的基础上整合拓展而来,所以其人员大多是原单位的员工,领导岗位大多也是由原来电视台、广播电台的领导接任,再加上县委宣传部的个别领导兼任。蓝田县融媒体中心属于科级建制,其领导的任免必须按行政事业单位的规程来进行,而原来电台、电视台的领导多由有一定资历且年龄较大的非技术人员担任,这就造成了在融媒体中心这种以技术、理念为主导的组织机构中外行管内行的状况,而真正适合且有能力担任领导岗位的相关人员却无法得到重用。例如,时

任蓝田县融媒体中心"技术总监"这一职位的郭波涛,1995年以招考的形式进入蓝田电视台工作,由于其高中毕业的学历限制,当时只能以工人身份入编,其本人好学且乐于钻研,一度成为电视台的技术骨干,融媒体中心的成立更是为其提供了大展身手的机遇,但由于其工人身份,无法成为领导干部的考察对象,所以无法进入真正的领导岗位。郭总监目前是融媒体中心正常运营的具体负责人,但其在体制上并不属于管理岗位的人员,因此出现了领导不管事,管事的非领导的错位现象,对机构的运营管理和个人的发展产生不良的影响。

第二,事业单位统一招考的人才引进模式不利于融媒体中心对特殊技术型人才的需求。目前该中心在编人员的引进是由蓝田县政府通过统一招考的方式进行,而通过招考选拔的人才并不一定能满足融媒体中心对专业人才的要求,因此出现了进来的用不了,能用的进不来的情况。本中心在编员工51人,其中绝大多数为原来电视台、广播电台的员工,二者合并后保留了原有绝大部分人员,所以员工专业技能、思想意识、能力、年龄、学历等方面存在较大差异,其中有40%的人已经不能完全胜任新媒体工作和发展的要求。另外还有21人为外聘人员,此部分人员具有较高的专业素养,能按要求完成分内工作,但同工不同酬甚至多劳者少得的状况不利于从业者工作积极性及职业认同感的提高,进而产生系统内绩效考核、工资薪酬等方面的矛盾。

2. 财政拨款为唯一经济来源的现状对融媒体中心未来可持续发展的动力形成挑战,"造血功能"严重不足

第一,蓝田县融媒体中心目前所有的也是唯一的经济来源就是县财政拨款,所拨款项绝大多数是在编人员的工资及机构正常运转的日常开销,除此之外再无其他可供支配的款项。这就造成了该中心的从业人员是按工龄、级别等获得相应的劳动报酬,尤其是技术人员和一线记者,绩效考核并不能成为其按劳分配的依据,所以其对考核的重视程度将会降低,从而影响工作积极性和工作效率。从长远来看,这种制度将会导致员工产生职业倦怠,从而形成懒、散、慢的工作风气和氛围。

第二,蓝田的经济在陕西省相对落后,因为蓝田所处地理位置及文化因素,陕西省对其考核的标准不是GDP而是环境指标,因而其经济发展与其他市县相比较为缓慢。蓝田县融媒体中心的唯一经济来源是县财政拨款,这种单一依靠财政拨款的单位在地方财政较差的县域的发展显得心有余而力不足。从长远来看,如果不解决该中心经济来源单一的问题,无论对工作人员的工作积极性还是融媒体中心的正常运转都将产生较大影响。

3. 软硬件更新不及时造成融媒体中心在技术转型和前沿信息传播技术的运用上严重滞后

第一,该中心是在原有蓝田电视台和蓝田广播电台的基础上整合而成的,其人员大部分来自此二部门,其中的硬件设备也大多继承了原有两个机构的设备。蓝田电视台目前播出的依然是标清节目,可见其硬件设施较为落后,不能满足融媒体中心对视频信息的采集及传播要求。也就是说,该中心的硬件设施目前还没有完全达到4G高清信息的传输要求,因此对未来5G信号支持下的AR、VR、H5等新技术的尝试更无从谈起。目前中国网民中有98%以上为手机用户,而能使用智能手机进行网络消费的多为中青年群体,他们对新技术、新事件的好奇心会驱使他们尝试一些新的信息消费方式。因此,该中心如果不能紧跟新技术的步伐,不断拓宽和转变信息传播方式和渠道,将会逐渐失去目前的青年受众群体,在不久的将来会失去绝大部分的受众。没有了受众,引导群众、服务群众的目标就只能是一句口号。

第二,即使有了能使用新技术的硬件设施,真正能熟练运用新设备和技术的人才也是极度缺乏的。该中心事业单位的性质及相对僵化的薪酬制度决定了其人才流动的空间相对较小,已有体制内人员又缺乏技术创新的动力,因而,技术的有效转型将是未来该中心有效发挥其核心功能的最大障碍。

另外,蓝田县融媒体中心是陕西较早成立的融媒体中心,由于历史原因目前拥有两个手机客户端,一个是"蓝田手机台",一个是"爱蓝田"。"蓝田手机台"是在中共蓝田县委宣传部指导下,由蓝田县融媒体中心主办的移动新媒体客户端(App),主要职能是宣传党的路线方针政策,及时传递蓝田要闻大事、基层工作、民生政策、凡人善举、逸闻趣事、商务推广等,目标是做蓝田移动主流媒体。"蓝田手机台"是和融媒体中心同时开始运营的,是融媒体中心以自身的需要和地方的需要而开发的客户端,更多地体现了地方性特点。"爱蓝田"是基于陕西广电网络传媒(集团)股份有限公司的"秦岭云"而开发的客户端,陕西所有融媒体中心统一以"爱××"为呼号,开发了所在融媒体中心的客户端,能实现各县区和省市所属服务机构平台的对接,达成群众和所属县区上一级或两级政务互通,做到了"让信息多跑路,群众少跑腿"。但目前存在的问题是"蓝田手机台"是先启用的客户端,从普及率而言要高于"爱蓝田",而且先入为主的时间优势也让用户习惯了其形式和内容。而后开发的"爱蓝田"却拥有强大的技术平台,能提供更多的服务,但已经习惯了原有客户端的用户不愿意再安装新客户端或替换原有客户端,造成了新客户端推广难的局面。"爱蓝田"因其是以"秦岭云"为平台而搭建的服务端口，所以每年要向"秦岭云"交纳65万元用于购买其服务，而这笔钱也是出自县财政。花了钱就要让其发挥应有的作用，因此，蓝田县相关部门也是大力宣传和推广"蓝田云"。所以，到目前为止，蓝田县融媒体中心需要同时运营两个客户端，同一个新闻内容需要在两个客户端上同时发布，不仅造成了资源浪费，增加了工作量，也给用户的使用带来诸多不便。

五、总结思考

蓝田县委县政府、县委宣传部及融媒体中心通过多方努力、各种尝试解决蓝田县融媒体中心目前在体制机制、资金来源、技术转型等方面的问题。

第一，对于人才引进问题，目前该中心采用定编定员的方式，以51人的事业编制岗位为上限，不再以事业编的形式进新人，为县财政的工资支出减轻了负担，但他们也要求县财政，即使该中心出现了人员流出或退休情况，仍然需要以51人的工资金额进行拨款，多余部分则用于招聘中心发展急需的专业人才，从而弥补专业人才匮乏的不足。另外，该中心还从其他单位借调专业对口或技术精湛的在编人员，这样既不增加财政负担，又能解决燃眉之急。在本次调研中，所访谈的一名员工就是从县文化馆借调过来的新闻专业本科生，其具有较高的专业素养、工作热情高，在一线新闻的采编中发挥了较大的作用。

第二，对于经济来源单一依靠财政拨款的问题，该中心已经开始进行了有益尝试。该中心实际负责人已经向上级部门提交了成立融媒体中心所属文化传媒公司的议案。融媒体中心仍然以目前的方式运营，以引导群众、服务群众的社会效益为宗旨，不考虑在机制内掺杂以营利为目的的项目，但依托其在县域内与各部门、机构及其他企事业单位的密切关系，对县域内相关的大型活动策划、平面广告印刷、影视广告制作等相关业务进行承包。自己能力范围之内的业务自己完成，超出能力的业务以蓝田县的名义统一向外承包，通过量的优势压缩制作成本，从而使用户和公司双向获利。尤其是县域内各部门的平面广告及文字印刷工作，融媒体中心所属公司的承包其实不是财政从左口袋向右口袋的转移，所以在这一过程中也可借助行政力量，保证公司的有效运营。至于成立公司所需人员，一方面可从融媒体中心不能适应新媒体运营需求的人中选送，也可对重要技术人员采用招聘的形式，保证能以最小的投入获得最大的收益。目前这一提议已经通过了蓝田县相关部门的审批，进入前期筹划过程。

第三,技术转型的问题其实是资金问题与人才问题的具体表现,一旦有效解决了资金和人才问题,技术问题也将不成为问题。但这里面还存在一个观念的问题,融媒体中心整体技术的提升或转型并不是靠一两个技术专家或技术骨干就能完全实现的。某一功能的实现靠个别专业技术人员或许能完成,但这一功能最大效能的发挥或灵活地运用却需要整个相关链条上的人员都有不断求新、不断求变,勇于创新、勇于探索的精神。因此,技术的转型应该以全体人员观念的转变为先行。该中心利用各种机会,包括专业培训、互相交流、业务学习等,不断刺激员工对新鲜事物的敏感度,让他们永远在求新求变的路上。

第四,针对目前一中心两个客户端的问题,该中心还只能两个端口并重发展,他们也在积极探索如何在不影响用户体验的情况下,通过技术克隆或用户克隆的方式将两个客户端进行合并,但这一技术问题更多需要上级部门的支持与配合。

(马 俊)

广西壮族自治区桂林市灵川县融媒体中心建设和运营案例

根据课题组部署,2020年4月27日上午,南京大学新闻传播学院调研人员前往广西灵川县融媒体中心开展了为期一天的调研。按照调研访谈提纲,分别与灵川县融媒体中心主任尹雪梅及业务骨干进行了深度访谈,全面了解灵川县融媒体中心的建设情况。

一、调研背景

1. 选择该调研点的缘由

选择灵川县融媒体中心作为调研点,主要基于以下三点考虑:

一是国内关于县级融媒体的研究焦点一般集中于经济较为发达的省市,如江苏、浙江等省的县级融媒体中心,而对于经济发展水平一般的省市的县级融媒体中心建设情况的关注和研究相对较少。因此,选择处于国内经济发展一般水平的广西桂林的县级融媒体进行研究,对于全面了解全国不同地域、不同水平的县级融媒体建设和发展情况具有深刻的意义。

二是我国是多民族国家,有新疆、西藏、内蒙古、宁夏、广西五个少数民族自治区。少数民族地区又多为老少边穷地区,对信息的需求更为迫切。广西桂林是举世闻名的风景和历史文化名城,地处中国西南部,又具有一定的经济发展利好政策,因此,选择广西桂林的灵川县融媒体中心作为调研对象,在地域、民族等多个层面具有一定代表性。

三是桂林虽然下辖11个县,但灵川县素有桂林城北门户之称,东、南、西三面与桂林市接壤,在当地的经济地位显著,其县级融媒体中心建设具有一定的便利条件,发展相对较快,可供考察的内容较多。

2. 该调研点所在县（市、区）简介

灵川县位于广西壮族自治区及桂林市东北部，地处湘桂走廊南端，东北与兴安县，东南与灌阳县、恭城县交界，西北与龙胜县为邻，西与桂林临桂区接壤，南与桂林市区相连，为历代"楚越往来之要冲"，是桂林市周边最具投资价值的黄金宝地，被誉为"桂北明珠"。

灵川县总面积2257.19平方千米，辖六镇七乡，总人口35万人，耕地2.45万公顷，森林覆盖率达61.5%；境内气候适宜，特产丰富，是广西重要的商品粮、银杏、柑橘、毛竹生产基地，素以"地灵人杰山川秀，物华天宝五谷丰"而著称于世。

灵川县历史悠久，山水景观壮丽秀美，文物胜迹众多，民风淳朴，五彩斑斓的民族风情如诗如画，现代化的城镇建设格局和蓬勃发展的精神文化创建活动，构成了灵川独具特色的城市气质。

二、调研点概况

1. 建设过程

灵川县融媒体中心建设分为启动准备、落地执行、深化发展三个阶段。

2018年11月至2019年1月为启动准备期。灵川县政府积极响应习近平总书记发出的大力推进县级融媒体建设的号召，多次召开会议商议灵川县融媒体中心建设的相关事宜，并于2018年11月最终明确了灵川县融媒体建设的指导方针、具体组建方案及人员配备等问题。在此阶段，主要致力于搭建起融媒体中心所需的各项软硬件条件，例如，专门抽调县委宣传部副部长、外宣办（政府新闻办）主任担任融媒体中心主任，将灵川"台、报、网"等人马收编为一个整体，集中在同一栋办公大楼；新建100平方米左右的融媒体指挥中心，安装融媒体指挥中心LED展示大屏；升级改造2个节目编辑工作室及1个播出机房，升级、采购部分采编设备及办公电脑等，初步打造现代化采编环境。

2019年2月至2020年3月为落地执行期。2019年1月23日，灵川县融媒体中心正式挂牌运营。此后，该中心按照筹建期的思路方向稳步推进融媒体新闻业务的开展，理顺中心内外各方关系、搭建工作框架、明确绩效考核等管理机制，致力于打造融媒体中心"舆论引导＋社会服务"的功能。尤其是利用微信平台重点开发和运营"灵川融媒体"公众号，使之逐步形成集新闻资讯汇聚、党政专项主题宣传、当地风土人情介绍及特色产品展示、各媒体网站链接、手机直播、直播回放等功能于一体的融媒体展示平台,初步实现融媒体中心建设"新闻+服务"的目标。

2020年4月开始进入深化发展期。灵川县融媒体中心在本阶段制定的目标主要围绕以下三方面进行:一是进一步运营好"灵川融媒体"微信公众号,巩固业已奠定的新型主流舆论阵地基础,讲好灵川故事,形成融媒体中心在舆论引导方面的品牌效应;二是深入推进政务公开,加强民生服务,一方面进一步推动移动政务建设力度,另一方面拓展建立与各类型企业的合作,进一步满足人民群众多样化的信息需求和服务要求;三是拓展经费来源,一方面向财政争取更多拨款,另一方面因地制宜拓展广告业务从而实现中心的创收盈利,努力实现由财政"输血"变为自身"造血",改善中心建设的经费困境。

2. 机构编制

灵川县融媒体中心归口中共灵川县委宣传部领导,是灵川县人民政府直属正科级、公益一类财政全额拨款事业单位。该中心在原先灵川电视台的基础上,以电视台为主体,整合县广播电台、县日报社、网信办等的人力和物力资源,从而建成县级融媒体中心。该中心下设办公室、总编室、电视股、报刊股、新媒体股、新闻股、广播股、专题广告股、技术股、计财股等10个股室。

3. 人员配置

灵川县融媒体中心核定事业编制48名,编制数比桂林市县其他同级别单位要多近20名,由此可见该县对打造融媒体中心的重视程度。截至调研时,融媒体中心在岗39人,其中正式编制人员24名,其余均为聘任制人员。

该中心设管理岗6名,其中主任(正科长级)1名,副主任(副科长级)2名,其他各科室股长3名。自融媒体中心成立以来,仅有主任一职是固定专人担任,另外2名副主任均为兼职,即不仅在融媒体中心任职,同时还在政府部门兼任职务。

该中心现有专业技术人员31名,其中,中级职称的14人,初级职称的17人。此外还有工勤技能人员2名。

4. 运作流程

该中心挂牌成立后,将原灵川电视台、灵川报纸、网信办的人员根据业务方向重新划分至不同科室,分别形成电视股、报刊股和新媒体股。电视股主要负责灵川电视台播出的《灵川新闻》的采编播业务,该节目每天晚上8点首播,于第二天下午重播,受众对象为全体民众。报刊股主要负责报纸《今日灵川》的出版发行,该刊一周发行一期,每周四晚上对样刊定版,于周五上午印刷发行,主要供各机关事业单位内部参阅。新媒体股则结合当前手机使用覆盖率较高的情况,开发运营了"灵川融媒体"微信公众号,并入驻抖音拓展相关业务。该公众号是融媒体中心现阶段重点打造的项目,公众号上目前有"灵川新闻""醉美灵川""特别直播"三个大的板块,其中又各自细分出5个栏目,如"今日灵川""理论学习""决战脱贫攻坚""扫黑除恶""公益广告""媒体矩阵""灵川风光""地方美食""微信直播回放"等,总共15个栏目,涉及文字、视频、图片等多种传播形式,涵盖舆论引导、信息传播、政务公开、文化民生等多方面的主题。微信公众号上的所有内容均为融媒体中心原创,通过第三方微信小程序进行编辑。在公众号上发布的新闻同时整合了电视台、报刊的新闻信息,实现了"一体策划、一次采集、多种生成、多元发布"的融媒体采编流程。

5. 经费投入

该中心的经费均为财政拨款,尚无经营性创收。近两年的财政拨款主要用于融媒体中心的指挥中心建设、老旧设备的更新换代等。例如,2019年建成融媒体指挥中心花费约60万元,更换线性编辑器等采编播设备花费至少20万元。

6. 技术平台

该中心在技术层面同时借助由广西人民广播电台、广西电视台、广西广电网络公司共同建设的"广西广电云"平台和由广西日报客户端全新升级上线而来的"广西云"客户端。"广西广电云"采用"媒体私有云+广电专属云+互联网公有云"的模式,立足于打造一个可覆盖服务广西区、市、县三级广电媒体、具备"新闻+政务+服务"功能的融合云平台。广西云客户端由广西壮族自治区党委宣传部指导、广西日报社主办,是广西日报客户端的升级版,逐步实现了从新闻App向"新闻+党建+政务+服务"App的迈进。

广西壮族自治区十三届人大2019年1月31日审议批准的政府工作报告里明确提出:要建设"广西云融媒体生态系统"。根据广西壮族自治区党委宣传部的要求,全区县级融媒体中心的内容生产要突出移动优先,要重点运营好广西云客户端当地分端,全区融入"一朵云"、共建共用"一个端"、共织"一张网",促进全区各级、各种媒体的大融合。因此,灵川县融媒体中心响应号召,与广西日报社签署了广西云客户端分端建设战略合作意向书,并于2019年4

月首次通过"广西云 App"开展连线互动直播活动,实现了灵川县融媒体中心成立以来的首次直播。

7. 经营状况

该中心为公益一类财政全额拨款事业单位,因此主要收入均来自财政拨款。由于融媒体中心刚成立不久,在当地还缺乏一定的知名度,加之国家对食品、药品类广告的监管力度加大,中心成立后广告业务呈断崖式下跌,基本没有进账。根据政策规定,中心取得的经营收入都需向上级报备,并最多只能按50%的比例返给中心使用。这部分返回的资金也不允许自由支配,更不能用于发放绩效,只能用于与中心发展直接相关的软硬件建设项目,如购置设备、团队培训等。截至目前,由于资金不足,该中心尚未完成所有办公设备的更新换代。所以,即便中心能够取得些许经营收入,也都会于第一时间用于打造现代化的办公条件,并无节余。这也从侧面反映出由于建设资金短缺,未来融媒体中心有参与市场层面业务延展的客观需要。

8. 绩效考核

该中心目前采用的薪酬发放方式是"固定工资+绩效奖金"的形式。按理说,应该是每月给员工发放一定的保底工资,然后对员工的工作完成好坏情况进行绩效考核并发放不同数额的绩效奖金。但现实情况是基本每月每人都能足额拿到工资,仅有极少的人可能会被扣五十至两百不等的绩效奖金。经了解,原因主要有以下两方面:一是该中心各岗位的人员缺口本身就比较大,且多为聘用人员,流动性很大。以技术人员为例,现有在岗 32 人,但其中有一半的人(即 16 人)为聘用制人员。同一岗位,不论是正式在编人员还是聘用制人员,其工作内容和强度都是一样的。但聘用制人员的工资金额却远低于有编制的人员,又缺乏相应的福利保障,致使该岗位很难留得住人才。若再强硬实行岗位绩效考核,势必导致相关人员的缺口更大,进一步影响中心的正常运作。因此,基本所有员工都较少可能会被扣绩效奖金。二是融媒体中心的工作任务量偏大,加班可谓是所有工作人员的常态,却没有发放加班费之说。所以大家心里都基本默认:绩效奖金的足额发放相当于弥补了加班费。但是,该中心并非没有绩效考核,只是形式有所变通。目前采用的是分组 PK 的考核形式,即整个融媒体中心会根据业务方向,由员工自愿组队形成不同的任务小组,每月初由各组提出任务目标,月底进行任务结果比对,然后对出现重大失误等过错的人员或任务比拼结果落后的小组成员进行 50—200 元的奖金扣除作为惩罚。客观来说,这种方式相对客观公允,不仅能保证员工队伍的相对稳定性,还能够激发和调动员工的工作积极性,算是该中心目前阶段内较合理的绩效考核方式了。

当然,该中心每年度还会根据员工稿件被不同媒体的采用量、转发量、点赞量及新闻获奖的情况等酌情设置一定的奖励,这亦可作为员工年度评优、晋升等的参考条件。

三、亮点经验

1. 融合传播方面

(1) 整合资源,媒体联动,扩大影响力。

灵川县融媒体中心立足于本县发展定位,整合"台、报、网、微、端"宣传资源,充分利用融媒体指挥中心的物理空间,在全媒体报道中保障采访、编辑、技术各部门代表集中办公、统一调度,新闻信息、技术应用、人才队伍共享融通。例如,总编室每天都会统筹协调召开新闻采编策划会,分享新闻线索、明确传统媒体与新媒体的新闻采编侧重方向、确定各平台的新闻采编主题和重点等。这样既能合理分配任务和人员,避免出现采编新闻交叉重复的情况,减少资源浪费,又能提高新闻采编效率,扩大新闻业务的涉及面。

该中心在做好原有《今日灵川》报刊、灵川电视台等传统媒体的基础上,主动适应新时代融媒体发展的新要求,重点打造"灵川融媒体"微信公众号和抖音号,推出一系列群众喜闻乐见,以弘扬社会主义核心价值观为主旨的品牌栏目。例如,中心开设了"理论学习""决胜脱贫攻坚""扫黑除恶""玩转灵川"等专题专栏,连续推出图文、短视频等系列主题宣传,形成舆论强势。同时,中心利用新媒体技术,积极开展各类传统媒体和新媒体线上、线下活动的设计、策划、统筹工作。2019年4月,灵川县融媒体中心在灵川县大圩镇逍遥湖景区的高空玻璃桥上成功开展连线互动直播活动,实现融媒体中心成立以来的首次直播。此次直播活动利用手机设备与直播平台网络连接,现场展现景区对山歌、抛绣球等传统民俗活动,宣传灵川特色旅游文化。2019年7月1日,灵川县举行"大喇叭"开播仪式,融媒体中心又通过微信公众号对整个开播仪式进行了微信直播,整个微信直播分灵川县融媒体指挥中心主会场、三街镇分会场、潭下镇分会场、大境瑶族乡分会场共4个会场进行,反响十分热烈。现在微信公众号中还专门开辟了"特别直播"栏目,专门针对政府有关会议、节庆赛事、重大活动等进行直播,并设置了微信直播回放的栏目,保证信息的及时传递。

该中心始终坚持按照"一体策划、一次采集、多种生成、多元发布"的融媒体采编流程开展各项工作,目前初步打造出载体多样、渠道丰富、覆盖广泛的现代传播矩阵,在提高新闻采编效率、增强新闻宣传效果的同时,初步实现了灵川媒体的全面转型升级,也提升了灵川县融媒体中心适应新时代要求的传播力、引导力、影响力和公信力。

(2)因时因地制宜,做好"大喇叭"传播。

灵川县融媒体中心依托整合灵川县原有"气象大喇叭""防洪大喇叭"等"大喇叭"广播资源,结合当今应用互联网、广播电视网、无线网络、云计算、电脑软硬件等现代技术,积极推进新时代的"大喇叭"工程建设。平台采用"点对点""点对面"的智能化广播系统,采取全县统一管控和乡(镇)自主管理相结合的使用管理方式,以达到实现各类信息实时联网发布,分级定向发放,多级使用的综合利用的目的。建立统一管理播放平台,由县级融媒体中心负责具体播出内容,正常工作日每天分早、中、晚三个时段向全县农村(社区)播出,早上8:30—9:00、中午12:00—12:30、傍晚18:30—19:00,总时长为90分钟,包含新闻、农业农村知识、本土文艺等11个原创节目。乡镇设置二级广播站,通过授权密码管理,可以在不影响县级广播播放和有关上级重大、紧急事项等广播播放的时段,安排本乡(镇)所辖区域的宣传工作内容和信息播放。

我国农村的"大喇叭"建设,兴起于20世纪70年代,在农村地区的信息传递等方面发挥了重要的作用。但是随着电视等多种信息手段的出现,农村大喇叭逐渐从农村地区消失。如今,"大喇叭"广播在灵川县重新出现,是因为它具有一般信息手段所不具备的特点和优势。首先,"大喇叭"工程覆盖面广,目前灵川县12个乡镇、138个行政村和230个自然村都已同步开通,基层宣传思想工作的"最后一公里"被打通,县、乡(镇)、行政村、自然村四级的宣传阵地通过"大喇叭"传播统一整合于一个大平台。其次,"大喇叭"语音播报,与微信信息、下村发放宣传单等宣传方式相互配合补充,提升了信息的知晓率,并确保不识字、不上网的乡村留守老人也能通过"大喇叭"获知信息,扩大了受众宣传的覆盖面。尤其是2020年上半年突如其来的新冠疫情期间,"大喇叭"更是发挥了重要的宣传作用。可见,农村大喇叭广播是很实用的基层宣传载体,"大喇叭"一旦响起来,群众无论忙闲都可以及时听到时政要闻,掌握有效信息,不仅熟悉了党和国家的方针政策,还能在潜移默化中提高群众的文化素养和增强其法制意识,发挥了其他媒体难以企及的作用和优势。

2. 舆论引导方面

灵川县融媒体中心秉承习近平总书记强调的"要扎实抓好县级融媒体中心建设,更好引导群众、服务群众"的思想,一方面,科学规划各平台的宣传栏目,不仅播报新闻,还加强政策宣传,及时传递党和政府的声音;另一方面,主动关注网络舆情,搭建起政府与群众之间沟通的桥梁。随着政务信息的公开,网络问政越来越普遍,但有时难免会出现有些问题没有及时回复的情况,这便会引起部分群众的无端猜想,若不及时加以引导,便可能带来不良影响。平日里,灵川县融媒体中心会主动关注政府网络问政的相关专栏,若出现三个工作日还未给予回复的情况,中心就会主动与相关部门沟通协调,了解情况,然后结合实际给出建议及对群众的引导策略。与此同时,融媒体中心也密切关注受众与本中心的互动专栏,比如留言板、BBS等,关注舆情风向,一旦发现苗头不对,便会立即根据具体问题做出预案,及时给予解决。

3. 公共服务方面

在聚合政务服务方面,融媒体中心与灵川县应急局、防控中心、房管局、建设局等十几个单位签订合同并开展业务宣传服务,通过微信平台积极推动政务信息公开,客观上减少了信息沟通不畅导致群众满意度下降的问题。

在民生服务方面,微信公众号里面的服务信息包罗万象,不仅包括风光、美食、旅游产品等,还有很多关于新冠病毒防控的知识、突发事件应急视频评选大赛及作品展示等。此外,微信公众号中还链接了灵川县政府及各机关单位、服务媒体等的官方网站。这些信息关系到人民群众生活的方方面面,极大地便利和丰富了群众生活。

此外,由融媒体中心负责的"大喇叭"传播的内容也主要以服务为主,包括上级党委、政府的重要决策部署,各项法律法规、农业科技、文化教育、医疗卫生、气象应急、食品安全、突发事件、市场供求、"精准扶贫"以及"扫黑除恶"等工作信息,这些内容不仅能传授知识,为老百姓提供农资服务、法律服务、文艺娱乐等,让老百姓听得懂,还能帮助村里各项工作的开展,有力地促进了乡村治理和新农村建设,也拉进了党和政府与人民群众的距离。

4. 建设模式方面

(1) 从各方面确立和强化县级融媒体中心的地位。

在县政府层面,高度重视融媒体中心的建设和发展,突出的一点体现在对中心领导班子的配置方面。融媒体中心的三位主任都来自宣传部,均有多年的新闻宣传工作经验,业务素质过硬且各有所长,成绩斐然。他们对内可以指导具体业务开展,有效领导内部团队发展;对外具备协调各部门间纵向和横向关系的能力,能够快速调配资源,提高中心的整体工作效率。

自融媒体中心成立后,全县的各方面会议、各类对外宣传等,均明确需邀请融媒体中心参加,并且统一思想、强调了对外发声须以融媒体中心的声音为准。经过一年多的发展,融媒体中心在灵川县新闻宣传、舆论引导方面的主导地位已经明显确立。

(2) 注重人才选拔和队伍建设。

灵川县融媒体中心成立之初,人员缺口较大,加之待遇方面没有什么优势,因此员工流动性较大。为改善这种情况,中心经过一段时间的摸索,结合自身实际提出了一套人才培养和激励的措施。首先,实行团队内部竞聘各股长岗位,秉承"能者上"的原则。符合提拔要求且为干部身份的,由中心报县政府统一任命,由县政府拨款保障待遇;符合提拔要求但为工人身份的,由中心自行聘任,并从中心的经费中拿出部分补贴岗位提拔后的待遇。这种方式重能力不重身份,不拘一格降人才,使团队成员的工作积极性得到激发。其次,采取"优化组合、双向选择"的团队组建原则。各股长和普通员工之间进行双向选择,成立各业务小组,依据各小组擅长的领域或技能来分配主要承担的业务工作。一来,双向选择后组建的团队在协作、配合默契等方面相较于上级硬性安排的团队要好很多,更易出成果;二来,小组之间形成良性竞争,团队活力和产出也有所提高。再者,团队各级负责人身先士卒,以身作则,不管是节目策划、采编还是制作等各个环节,都带头参加,让所有普通员工深受感染,整个团队的凝聚力也随之不断增强。

5. 其他亮点:结合当地实际,做好内外宣传,讲好灵川故事

灵川县境内自然风光得天独厚,古村古镇较多且颇具特色,如江头洲古村落、大圩古镇;境内少数民族文化及其非物质文化遗产丰富,如大境瑶乡、兰田瑶乡等远近闻名。灵川县融媒体中心结合当地实际情况,确定了要走具有本地特色的发展之路,不追求产品多样化,但求能做出一两个精品,"讲好灵川故事"。因此,融媒体中心成立以来,主要围绕"展现灵川风光、民族风情"为主题重点策划和打造了一系列精品力作。

例如,由灵川县融媒体中心精心拍摄制作的《云上·瑶寨》宣传片,于2020年4月14日亮相央视一套《大美中国》栏目,让全国的观众感受到灵川

县九屋镇瑶族村落老寨村的别样风光,这是灵川县首次登上央视一套《大美中国》栏目,也是今年以来灵川县第 5 次登上中央主流媒体。这部《云上·瑶寨》宣传片先后登上央视网、央视一套、央视十七套等国家级媒体,以及区、市各级媒体平台,其中在学习强国平台播放量已超过 12 万,大美 V 视公众号阅读量超过 5.5 万,大大提升了灵川的知名度和美誉度。此外,从 4 月 18 日至 4 月 24 日,《云上·瑶寨》还在北京地铁京港地铁所辖 4 号线及大兴线、14 号线、16 号线的站点和车厢电视屏上投放,每天投放 18 次,每次 2 分钟。据悉,这四条地铁平时每天客流超过 150 万人次,7 天覆盖客流过千万,这无疑为灵川县的招商引资带来了契机。

进入 2020 年以来,灵川县充分利用媒体融合优势,内宣、外宣齐发力,注重讲好灵川故事,传播灵川声音,传递灵川正能量,提升灵川的知名度。截至 4 月 13 日,灵川县在国家级传统媒体上稿 5 篇,国家级网络媒体上稿 31 篇,外媒上稿 1 篇,区级传统媒体上稿 67 篇,市级传统媒体上稿 372 篇,学习强国广西学习平台上稿 12 篇。

四、存在的问题

通过调研报告人发现,灵川县融媒体中心虽然已经取得一定的成绩,但也存在一些薄弱环节,主要涉及资金、人才、体制机制等几方面。这些方面互相影响、互相制约。我们唯有先做到客观、全面地审视问题,方能提出有针对性的解决对策。

1. 资金不足,软硬件配套不到位,制约中心长远发展

灵川县融媒体中心定位为事业单位,主要依靠财政拨款保障相应的发展,但这种保障很难覆盖运行成本。融媒体中心成立之初,并没有符合融媒体工作要求的硬件环境,当初仅新建了融媒体指挥中心,其余各部门的办公场所都被集中安排在一栋老旧的楼房之中,和灵川县文化广电体育和旅游局同在一个院子,旧楼一共有四层,融媒体中心占了两层,各个科室占地面积都比较小,电视机房和制作中心等办公场所条件也非常落后,暂时还能工作的老旧设备也都继续沿用,这与融媒体时代的信息传播要求和所需的条件相距甚远。虽然根据建设规划,从融媒体中心成立之初便开始动工建设一栋全新的融媒体中心办公业务大楼,计划用 2 年时间建成,但是由于缺乏资金,项目进展缓慢,不知何时才能完工。

该中心 2019 年、2020 年获得上级财政拨款 105 万，这笔资金不仅要用于建设和完善"融媒体指挥中心"，采购和更换采编仪器设备，还需要兼顾媒体中心工作人员的日常管理开支、外出采访制作节目等产生的各项必要支出，用起来捉襟见肘，更别提满足团队培训发展等软件配套的资金需求了。

资金不足导致硬件条件配套不能及时到位，硬件条件不足又影响了内容制作与创新，而内容制作方式陈旧又势必造成内容产品单一，这又反过来影响融媒体中心的影响力和辐射面。而软件配套不足影响士气、团队积极性受到打击，这也会直接影响融媒体中心的产品质量及影响力。如此恶性循环必然制约融媒体中心的长远发展。

2. 人才缺口大，流动性强，培养发展计划无法落地执行

由于融媒体中心薪酬待遇不高，但对人员的素质、技能等要求却很高，加之大家普遍对县级融媒体中心这个新事物还不了解，很多人持观望态度。因此，在整合"报、网、台"等部门的人员时，一些有能力的人便趁机寻找其他更有保障的单位，留下来的人员则多为习惯于长期从事单一媒体宣传工作的传统媒体从业人员，他们普遍缺乏全媒体思维，对新媒体技术掌握不足，很难适应融媒体时代节目创新与制作、活动策划与执行等方面的需求。

融媒体中心业务量大，原定编制为 48 人，但整合之后人员只有 39 人，所以中心一直在面向社会招聘记者、编辑、播音等岗位的人才。受单位性质限制，只有通过事业单位公开招考的人员才算正式工，其余人员即便工作能力再强，也只是短期合同工。这部分人的待遇比在编人员低，没有晋升空间，一般干一段时间就走人，这使得人才队伍缺乏稳定性，相应的人才培养计划也无法正常开展，即便开展了也没有延续性，看不到团队整体素质的提升。人才队伍的素质与融媒体中心的内容生产息息相关。久而久之，人才队伍的素质会越来越跟不上时代的需要，生产出来的新闻产品也会日益脱离实际需要而饱受诟病。

3. 身融心不融，机制体制改革难度很大

县级融媒体中心虽然已经挂牌成立，但团队成员中有不少人，尤其是年纪偏大的人，还保持着改制前的工作方式，"你干你的、我干我的"。经了解，该中心团队核心骨干年龄都在 40 岁以上，中心主任接近退休年龄。整个骨干团队年龄结构偏老化，在思想观念和对新媒体技术的掌握运用等方面偏陈旧、落后。这反映在推出的产品上，表现为内容较为单一，产品创新度不够。例如，

中心当前对新闻产品的生产主要关注的是表现形式上的差别,有的采用文字报道形式,有的则用视频或图片的形式,缺乏对新闻内容生产的整体策划和深度挖掘。其实,发现新闻线索时,可以发布简单的消息。随着事态的发展,可以形成深度报道。待事件尘埃落定后,又可以推出专题或评论类节目。如此一来,便可以将新闻的生命力盘活,形成一系列由浅入深的内容产品。但是这些融媒体时代的新闻传播思维在灵川县融媒体中心推出的产品中却显得较为缺乏。由于专业技术水平和能力所限,中心现在只能主要顾及微信公众号平台的发展,对于广西云、广电云等客户端分端的运用和打造基本处于停滞状态,其他各类型的产品开发更是无暇顾及。然而,一些融媒体中心的工作人员却将融媒体中心建设成效不明显的原因简单地归结为政策支持力度不够,却未从自身思想、工作模式、技能等方面去寻找根源。

由于社会整体对融媒体中心的角色、作用等还存在着认识不清的情况,因而融媒体中心在实际工作过程中时常面临重重障碍。比如很多资料的搜集包括数据等内部信息的开放程度不够,需要下达调令或申请函才能拿到最为准确的一手数据,或者是通过中心工作人员的个人关系网才能获取。而灵川县融媒体中心作为一个行政部门,又没有独立改革的权力,所有的分配和业务决策都需要县级政府或上级部门授权,这也客观上造成了融媒体中心工作的被动性,在一定程度上制约了中心的发展。

4. 运营短板十分突出,自身"造血"功能不足

自建立县级融媒体中心以来,灵川县级新闻网站、网络直播、微信公众号等的阅读量和粉丝数量均出现了大规模的增长,但普遍存在"多而不精、良莠不齐、难以持续运营"的问题。融媒体中心倡导发挥民生服务的功能,但服务是需要大量数据的,而数据的获取都需要大量的资金,这其中包括各种商铺、地产以及便民服务等信息的整合。截至目前,融媒体中心运营的微信公众号中尚无生活服务类企业的入驻平台。由此可见,目前的民生服务更多是停留在最浅层的表面。由于获取和管理相应数据需要大量人力物力财力,如果融媒体中心只一味依靠财政支出,将永远跟不上现实的需要。这也透露出融媒体中心未来需要做好盈利模式的探索,由依赖财政"输血"变为自身能够"造血"。

五、总结与思考

报告人通过与灵川县融媒体中心负责人的访谈了解到,经过一年多的运

行发展,融媒体中心已经积累了一些经验,团队成员之间也磨合出了一定的默契,大家对融媒体的理解由最初的抵触、边缘化到现在的认可和充满干劲,整个状态的转变是可喜的。为促进中心的深化发展,充分发挥其作用,接下来需要针对灵川县融媒体中心当下存在的问题,通过内外部的多方努力,寻找到适合自身发展的方向。

1. 寻求管理体制上的改革与创新

管理体制涉及人才的招聘、引进、考核、绩效管理、晋升、激励等一系列的机制。在体制上寻求改革主要是指中心应该根据自身实际,在上述方面主动突破惯性思维,建立健全新的管理体制。

以人才引进体制为例。为保证各项业务的顺利运行,中心目前大量聘用采编人员,这些采编人员没有进编,需要参加统一招考方能入编成为正式员工。但是这些人员的培养上手实属不易,建议随着机构改革的实施,在与公招同等的条件下,适当放宽或优先录用这部分人员。同时,通过向县政府寻求资金帮助或融媒体中心扩大创收等方式,对聘用人员应实行同工同酬,为他们缴纳"五险一金",免除其后顾之忧,降低人员的流动性。

至于团队管理方面,可鼓励个人或团队间的适当竞争,采用"胡萝卜＋大棒"的管理策略,物质奖励和精神激励相结合,树立榜样、标杆,刺激团队成员的生产力和荣誉感。老一辈的传统媒体人才中有不少是集体荣誉感、责任心很强的人,那么就可以通过给予荣誉称号或让其带团队等形式给予其精神激励,从而达到营造团队良好氛围的效果。除此之外,还要不断建立并理顺聘用人员的引进、考核、培养、晋升机制,在体制上留住人才。

2. 以用户思维创新开发内容产品

内容是媒体的核心竞争力,唯有吸引用户、生产出用户认可的优质内容,媒体的竞争力才能得以释放。因此,从用户角度出发,策划和生产内容产品,想民众之所想、急民众之所急,才能获得受众的普遍认可。例如,新闻题材方面,在坚持正确导向、及时准确地传递党和政府的声音的同时,可以开发立足本土民生的新闻或信息资讯产品,紧扣广大受众的利益关注点、情感触动点、生活兴趣点,从新闻宣传向为基层民众提供多元化、精细化的资讯服务拓展。同时,要加强与受众的互动,尽量满足和提高受众的表达权、参与权和监督权,这样才能进一步获得受众强烈的认同感和归属感。应考虑充分利用融媒体平台多端开放、互动性强的优势,鼓励用户生产内容,将文字、图片、视频、资讯信息、意见建议等分享到融媒体平台,形成全民互动共享的新局面。在这个"人人都有麦克风"的时代,只有先做到从用户出发,以用户思维去开发和生产内容产品,才能谈得上满足受众需求,也才谈得上发挥融媒体中心"舆论引导＋公共服务"的目标。

3. 更新理念,充分发挥自身优势开源造血

灵川县融媒体中心建设经费明显不足,不能单纯"等、靠、要"。融媒体中心的工作任务一直颇为繁重,因此,需要中心考虑在不额外增加员工工作负担的同时,想办法实现开源"造血"。报告人建议,融媒体中心考虑充分挖掘自身优势,深挖本地特色,在开拓多样化惠民服务功能的同时实现创收赢利。例如,可与当地知名企业合作,或为有意入驻当地的外地企业开展宣传活动直播业务。这样做一来可向广大民众提供更多的资讯信息,二来可在宣传企业的同时拉动消费、促进当地经济发展,三来能够实现融媒体中心的经营创收,可谓一举三得。再比如,融媒体中心可考虑主动为政府部门、商业公司等进行宣传策划、制作视频小短片、小专题,然后通过自身运营的微信公众号、抖音等社交媒体转发,一方面能够起到对外宣传灵川的效果,带来无限商机;另一方面,合作过程本身就可以在达成融媒体中心服务民生目标的同时实现创收赢利。

客观地说,灵川本身景色秀美、非物质文化遗产丰富,在利用融媒体中心自身优势或完成员工本职工作的同时实现中心的创收赢利,其结合点还是相对较多的。若有关领导及团队成员能转变思路,开拓创新,勇于尝试,相信未来一定能够实现自身"造血"。

（刘思彤）

浙江省湖州市长兴县融媒体中心建设和运营案例

2020年7月13日,笔者跟随丁和根教授一行人前往浙江长兴传媒集团(长兴县融媒体中心)调研。课题组参观了集团的办公大楼,并与长兴传媒集团总编王晓伟、编委会成员郑琦围绕长兴县融媒体中心建设与运营情况进行了深度交流。

一、调研背景

1. 选择该调研点的缘由

选择长兴传媒集团作为调研点基于以下考虑:第一,长兴传媒集团是全国最早组建的县域全媒体传媒集团,最早提出"融媒体中心"理念并付诸实践。2018年中宣部在长兴县召开县级融媒体中心建设现场推进会,体现了国家层面对"长兴模式"的肯定。调研长兴传媒集团对于研究先行先试的"长兴模式",理清长兴融媒体建设的发展历程,总结其独特经验具有重要意义。第二,长兴县是课题组在浙江省所设的唯一调研地点,有助于丰富样本的多样性,体现课题的全国代表性。第三,长兴县经济基础较好,融媒体中心建设条件较好。同时,长兴县隶属于与江苏省具有相似发达程度的浙江省,可作为参照系观照江苏省县级融媒体中心建设状况;第四,学界关于长兴传媒集团的纸面材料颇多,实地调研可以最大限度地还原长兴传媒集团的实际情况,并可以尝试提供新的发现。

2. 该调研点所在县简介

长兴县隶属于浙江省湖州市,地处浙江省北部,县域面积1430平方千米,下辖9镇2乡4街道,户籍人口63.45万。

长兴区位优越,交通发达。长兴位于太湖西南岸,地处长三角中心腹地,北与江苏宜兴、西与安徽广德交界,自古被称为"三省通衢",区位优势明显,对外交通发达。长兴县经济发展基础较好,在2019年中国百强县的排行榜当中,长兴县排名全国第60位。

在融媒体中心发展过程中,长兴县具备较好的经济基础,但与昆山、江阴等经济强县相比,长兴县不具备充分的先发优势。此外,长兴县2019年常住人口64万,受众群体也无优势可言。由此可见,长兴县融媒体中心建设能走在全国前列应当具备其他独特的经验、做法。

二、建设概况

1. 建设过程

2011年,原长兴广播电视台与长兴宣传信息中心、县委报道组、"中国长兴"政府门户网站(新闻板块)进行跨媒体合并,正式组建了长兴传媒集团,成为全国第一家整合广电和报业资源的县域全媒体传媒集团。集团的成立归功于时任长兴县委书记的推动。按照郑琦的说法,集团的成立属于机缘巧合,因为当时全国范围内并没有合并报社和电视台的做法,在机构的整合上无章可循,甚至有"违法"的风险,整体环境并不成熟。

成立于2011年的长兴传媒集团,其发展经历了三个阶段。

2011—2013年,集团用了两年时间打造了全媒体集成平台。初创期的融合较为简单,仅实现了报纸、广播、电视人员的整合,强制性地指令负责报纸的人员负责电视工作,实现不同人员和工作的流通。

经过一段时间的摸索,集团以全媒体小组的形式培育集团人员的全媒体意识,构建了全媒体采访中心,拉出一套人马负责报纸、网站、广播和电视各种形式内容的采集制作,培养"全媒体记者"。在2013年之后,集团开始成立了新媒体部、电视编辑部、报刊编辑部,实现"一支队伍采、多种形式发"。

到了2017年,集团最先提出了融媒体中心的概念,在人员架构、考核等方面逐渐走向"真融"的过程。记者团队不再以报纸、电视、广播等进行划分,而是以全媒体记者进行要求,并实现强制性的考核,在人员构成上最先实现了"融"。

长兴传媒集团总编王晓伟将集团的发展概括为三个阶段:第一阶段是2011年集团成立到2017年,属于纯粹"整合",为探索期;第二个阶段是2017

年长兴融媒体中心组建到 2019 年,为"融合"时期;第三个阶段为 2019 年至今,集团提出做互联网公司的口号,把握信息和服务两条命脉,打造信息服务的供应商和全国一流的现代化智慧型区域融媒体集团,走向"数合"阶段。

值得指出的是,尽管早在 2017 年长兴传媒集团就提出组建长兴县融媒体中心,但截至调研时,集团并没有正式挂牌长兴县融媒体中心,其融媒体中心资格仍在审批中,可以说是某种意义上的"有实无名"。

2. 机构编制

自 2011 年长兴县融媒体中心(长兴传媒集团)组建以来,组织架构经过多次改革,总体框架是在党委会领导下设管委会、经委会、编委会三大条线。

编委会主要是以新闻内容、活动等为主,负责县域范围内的新闻生产、制作、播出,以及各类大型活动策划、执行等,同时为编委会新闻生产部门提供后续服务的如技术部、特技制作部等也都归口于编委会下,人员 200 人左右;经委会主要负责开展经营活动,下设一公司两平台,先后成立了长兴广播电视网络有限公司、长兴广电报业广告有限公司、长兴大唐文化会展有限公司、长兴慧源有限公司、长兴广电网络科技有限公司、浙江融媒电子商务有限公司等多家公司,并设置了专门负责经营的岗位,确保采编经营两分开,由中心纪委进行督查和监管;管委会则是以行政管理后勤服务为主,集团办公室、人力资源、纪检监察、计划财务、行政管理等部门归口该条线。三条线分工明细,各司其职,各条线人员也都是进行归口管理,直接由党委会各党委委员分管一部分,实现了扁平化管理,层级也就只设置了两级,极大地提高了办事效率。

3. 人员配置

集团目前共有近 500 名人员,其中二类事业编制岗满编共 150 个,实际在编人员 120 人。编委会中采编人员为 181 人,平均年龄为 34 岁,本科生占比 88%,拥有正高职称 1 人,副高职称 2 人,中级职称 19 人。集团预计在三年内淘汰在编与外聘人员共 150 人。

4. 运作流程

集团在起步阶段时在采集上用力更足。经过这些年的发展,基本上已经培育了集团的"全媒体信息采集意识"及其配套的"全媒体记者"。除了个别的重要新闻需要配备多名记者外(如县委书记、县长配备一名文字记者、摄像),绝大部分新闻由单个记者独立采集,需要完成文字记录、照片拍摄、录音等工作。由于用强制性考核进行推进,集团目前已经培养了一批具备相关技能的

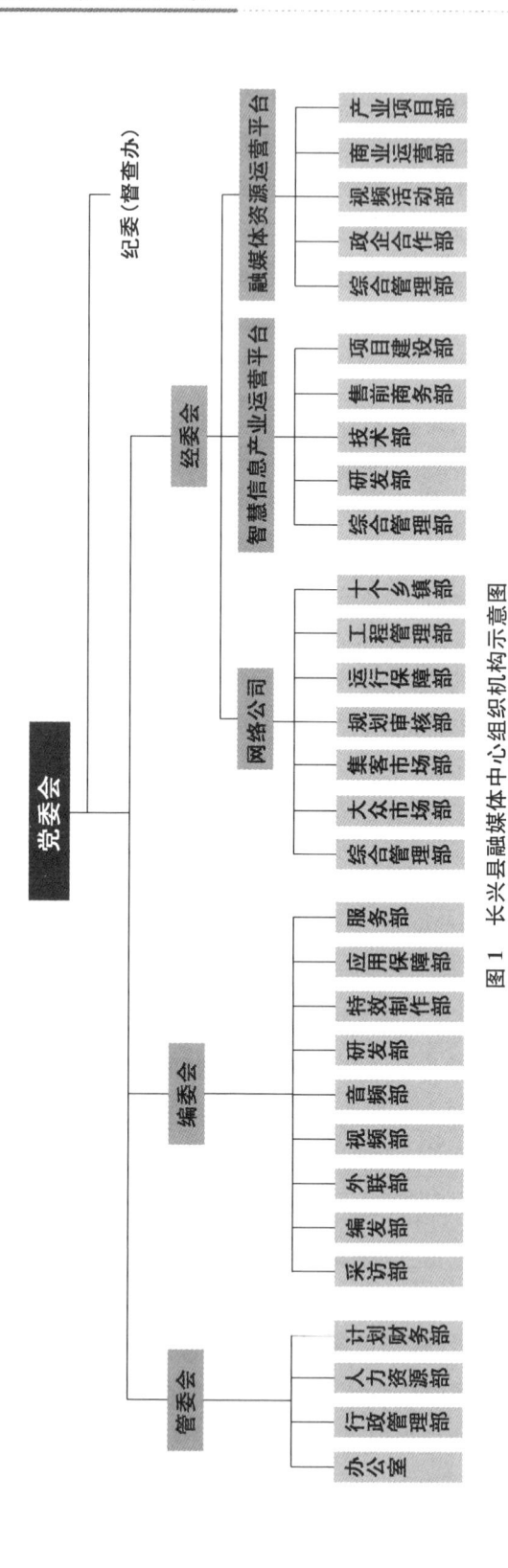

图1 长兴县融媒体中心组织机构示意图

"全媒体记者"。

2018年集团开始在编发环节发力,认为经过这些年的发展,一次采集、多元分发的路已走不通,着力进行编发环节的流程再造。集团将新媒体部撤销,把新媒体、报纸、广播等部门合成一个大部门,设一正八副九个主任,实行轮岗制,实现扁平化管理,并用编发环节统调策采环节。可以说,长兴传媒集团在策、采、编、发方面走出了一条具有独特经验的路子,具体在下文详述。

5. 经费投入

集团属公益二类事业单位,实行事业单位企业化运作。当地政府对集团的财政支持有限。目前缺少集团总经费投入的相关数据,已知集团总资产为9亿元,可查的资金投入项目有:前期建造办公大楼、电视以及网络设施建设改造等累积了近4亿元的银行贷款;在客户端("掌心长兴"App)建设方面已投入资金近400万元;近年来相继投资5000多万元用于融媒体高清化改造等。可查的政府支持项目有:支持集团与航天五院共同实施CIG信息资源平台研发项目,政府补贴1100万元;政府支持县国资委和中心共同出资成立长兴慧源有限公司。

6. 技术平台

成都索贝数码科技股份有限公司提供技术支持建设了"融媒眼"融媒体指挥中心大屏;

集团独立开发了"掌心长兴"客户端及其搭载的部分服务,如"指尖饭卡"等;

集团下属的慧源科技公司与大数据管理局共同开发了CIG系统,开展智慧城市项目。

7. 经营状况

2020年1—6月总收入为9403万元(含电视台财政补助817万元),2019年1—6月总收入为9670万元,同比增幅为-2.77%。

其中:

网络公司:2020年1—6月总收入为4316万元,2019年1—6月总收入为4309万元,同比增幅为0.16%。

网络科技和慧源有限公司:2020年1—6月总收入为2610万元,2019年1—6月总收入为2366万元,同比增幅为10.31%。

广告营销:2020年1—6月总收入为1877万元,2019年1—6月总收入为

2178万元,同比增幅为－13.84%。

2019年全年营收2.51亿元,2018年营收2.32亿元,2017年营收2.09亿元。集团自2011年以来,整体营收年均呈现8%以上增长。

集团锁定县级本地市场,提供各类贴近生活的服务功能,维持用户黏性。如"掌心长兴"客户端汇集了长兴本地使用频率最高、覆盖面最广的优质服务项目,包含政务和民生类的办事、查询以及缴费服务,力争打造长兴本土政务民生的"一站式"服务平台;通过开发用户反馈、发起话题、社区等社交板块,开发线上线下"爆料＋曝光"的互动模式;此外,还利用客户端发布内容的简单、快速、覆盖面广等特点,向本地用户传递最及时、最权威的第一手新闻资讯。

作为县级融媒体中心客户端,"掌心长兴"从互联网用户思维出发,确定客户端用户群体以本地用户为主,为本地用户提供本地独有的内容与服务,吸引用户对客户端的关注、使用直至依赖。

8. 绩效考核

集团制定了合理的中层管理岗与员工普通岗比例,根据组织架构和生产流程需要设置岗位,并在此基础上加强人员管理。

集团将双聘机制与五档薪酬体系结合起来实施,形成了"按岗定薪、同岗同酬、量化考核、多劳多得"的分配模式,后期又出台了"积分制考核体系",强化了"能力至上、实绩至上、标准优先、质量优先、量化考核、全面考核、择优晋升"。

实行管理和业务提升双轨制,具备一定管理协调能力的人员,结合"双聘"机制、中层选拔等严格筛选后聘用到中层岗位,实施中层年薪制度。专业业务岗位实行"首席制",业务能力强的人员,按照业务骨干的培养方向,采用首席制度,不同级别首席对应不同级别中层待遇。加大对85后、90后优秀员工的培养和提拔力度,并建立起中层后备人才库。

绩效考核对于集团发展具有重要意义,下文将再做介绍。

三、亮点经验

1. 融合传播方面

(1) 策采编发流程再造,以编发统调策采,实行扁平化管理。

集团在2013年之后开始成立新媒体部、电视编辑部、报刊编辑部等部门,实现了"一支队伍采、多种形式发"。然而,在2017年底至2018年初集团开始进行大的调整。他们认为,县级融媒体中心保留"新媒体部"是"假融合",因为传统的逻辑仍然没有发生改变,报刊、广播等传统媒体仍然守着自己的"一亩三分地"。由于部门的区隔,县级融媒体中心仍将掌握技能、拥有丰富经验的人员布置在"没有敌人的战场",而构成新媒体部的是那些年轻的、缺乏经验和相关技能的人员,导致新媒体缺乏核心竞争力。

基于此,集团将新媒体、报纸、广播等部门合成一个大部门——编发部,设一正八副九个主任,各终端分别设有主编(新媒体、电视、报纸、广播),"新媒体意识"首先落在部门主任头上。集团设立带班制,由集团的副总编辑加一位党委委员和两个编委组成新闻当班,每人一周,负责当周的新闻签发、统调。每天下午举行碰头会,各平台主编、采访部、外联部主任、当班领导共同确定选题,同时决定内容的发布平台。采访任务由编委直接指派到记者个人,而不需要再通过部门主任。此外,各个终端的主编实行 ABCD 岗轮岗制,主编需要熟悉所有终端的特性。

这样调整的作用:① 打通了部门间的隔阂,实现了人员在部门间有效流动和任务的有效匹配;② 实现了扁平化管理,指令下达畅通无阻;③ 进一步培育了整个组织的全媒体意识,从"全媒体记者"走向"全媒体编委";④ 充分发挥了个人的作用,配合有效的选拔考核机制,将有能力的人的作用最大化发挥出来。

(2) 打造移动传播矩阵。

集团要求突出移动优先战略,不断强化包括客户端在内的移动平台的内容生产,构建了以"掌心长兴"客户端为核心的"两微一端"移动传播矩阵,并入驻抖音、快手等短视频平台。以今年为例,集团在客户端平台已推出《新春走基层》《开创新局面》《防控攻坚战》等 20 多个主题报道,子栏目近 40 个;推出《直击一线》《实事为民》《对话乡镇长》等系列报道,其中《直击一线》报道 2 个月左右仍在不定时推出,保证了报道的持续性;集中发力融合直播。如近期举行的活动《"你好,长三角"接力大连麦》,客户端特设专栏,历时 10 天,近 70 个小时大直播,共有长三角地区 71 家县级融媒体中心参与,各地通过直播连麦的形式,向全国观众介绍了长三角地区的风土人情、经济建设、生态环境等,直播在"掌心长兴"App 以及百家号和融媒体中心客户端、微信、微博推出,10 天累计在线观看量超过 1730 万,在线后台留言互动量超过 2 万条,达到了很好的宣传效果。

(3) 打通政府部门信息闭环,实现信息资源共享。

集团建成云数据中心,通过上下级谈判,累计已有49个委办局(部门)向其开放了后台数据,实现实时交互、共建共享数据服务,使县云数据中心加强了与省、市公共数据平台的对接,实现了与省、市系统的互联互通和管理协同,提高了职能部门参与社会治理的效率。

2. 舆论引导方面

"掌心长兴"的新闻板块集纳了长兴传媒集团旗下各平台优质内容,包含电视、广播、报纸、即时报、短视频、H5、拍客、直播等,通过客户端,及时将最新资讯与权威信息向全县广大网友进行发布。集团重视重大主题报道。重大主题策划一般由总编辑牵头,制定汇总方案,多部门通过多次讨论确定最终方案。

在舆论引导方面,"掌心长兴"客户端也承担了非常重要的责任。2019年3月31日,长兴夹浦镇一纺织厂突发大火,火灾发生后,各种小视频、谣言在微信朋友圈、微博等平台蔓延,造成了恶劣的舆论影响。集团利用正在内测阶段的客户端,紧急启动了火灾救援现场情况的直播。同时通过微信、微博等平台的联动,将一线最权威的信息传递给广大网友,及时制止了网上谣言的传播。

3. 公共服务方面

集团锁定县级本地市场,提供各类贴近生活的服务功能,例如生活缴费、医院挂号、公共自行车租赁等便民服务,借助"掌心长兴"客户端,已经形成了较完整的公共服务体系。

集团独立开发了"掌心长兴"客户端,于2019年4月8日正式上线运营,截至7月6日下载量达28.7万。集团以服务和生活便利为目标,整合政府相关部门和各事业单位的相关服务资源和权威信息,为长兴居民提供与个人密切相关的信息,以及其他生活、医疗、交通、旅游、便民、政务、资讯、办事等方面的信息服务。已经入驻政务服务1800余项,民生类服务20余项,基本满足本地居民对信息资讯、生活服务的需求。

针对各自县区内的实际情况,定制不同的民生类应用,例如集团独立开发的"指尖饭卡""诚信码"等服务获得了本地居民不错的口碑,也得到了上级部门的肯定。此外,集团利用客户端发布内容的简单、快速、覆盖面广等特点,向本地用户传递最及时、最权威的第一手新闻资讯。这些构成了县级融媒体中心客户端的核心功能,同时也是客户端的生存之本。

4. 建设模式方面

(1) 技术平台的采用和优化。

区别于其他县级融媒体中心使用统一的标准化平台服务,集团自主开发了"掌心长兴"客户端,并完全独立研发了其搭载的部分服务。统一技术平台虽然可以提供标准化平台化服务,但是并不能完全适应本地需求。此外,统一技术平台一般需要收费,无疑加重了县级融媒体的经济压力。集团摆脱了对统一技术平台的依赖,节省了集团的成本,增强了自主性和灵活性。

(2) 绩效考核的特色。

① 将"编制装进抽屉",从薪酬到待遇全部打通,中层以上领导实行年薪制,员工实行考核制。同时,中层以上领导也有相应的考核淘汰机制。

② "唯才是举",干部任用不看"出身",担任科室一把手的非在编人员在60%以上,形成了"非在编人员领导在编人员"的局面。

③ 每两年举行双聘(中层以上领导、员工竞聘),并规定男同志满50周岁,女同志满45周岁,退出中层干部岗位,变为普通员工,待遇降一级,给年轻员工让路。例如今年集团双聘之后,中层以上领导从113人减为84人,且85后和90后占比为30%。

④ 实行管理和业务提升双轨制,具备一定管理协调能力的人员,结合"双聘"机制、中层选拔等严格筛选后聘用到中层岗位。专业业务岗位实行"首席制",把业务能力强的人员,按照业务骨干的培养方向,采用首席制度,不同级别首席对应不同级别中层待遇。

⑤ 实行严格的淘汰机制,集团在未来三年内需要淘汰在编与非在编人员共150人。

这样做可以:① 破除事业单位在人员管理上的窠臼,实现事业单位企业化管理;② 提供了晋升渠道,充分激发了管理与业务人员的积极性;③ 促进了队伍的年轻化、专业化。

5. 挖掘其他方面可能存在的亮点

(1) 打造信息服务的供应商和全国一流的现代化智慧型区域融媒体集团。

集团提出做互联网公司的口号,把握信息和服务两条命脉,打造信息服务的供应商和全国一流的现代化智慧型区域融媒体集团。时任长兴县融总编辑说:"整个长兴传媒集团不完全是做内容,做内容是我们安身立命之本,只是一方面。我们更多的做什么事呢?我们更多的是要把自己打造成一家互联网公司。所以我们是按照互联网公司的样本建设,我们自己提出的口号就是做互联网公司,叫作打造信息服务的供应商,这是第一;第二,打造全国一流的现代化智慧型区域融媒体集团。信息和服务是我们两个命脉,往这两个方面发展。"

集团并不太多强调自身的媒体属性,更有意淡化自己的事业单位属性。虽然集团仍强调内容和营销分离,但实际上创收和内容已经紧密结合。集团在今年与互联网公司合作,打造全国第一个县域数字生活服务平台,实现数字产业化;集团的产业往数字化方向发展,实现产业数字化。

(2)打造技术研发团队和科技公司,培养集团技术基因。

集团提出不仅要以内容服务群众,还要以技术服务群众。集团组建慧源科技公司,推进智慧城市项目。培育一支拥有一定能力的技术团队,于内可以实现技术自主,于外可以实现创收。

(3)打造多种创收方式,实现自我造血。

在新媒体平台的营销方面,集团坚持以内容为主导,深度融合营销产业。2019年依托"掌心长兴"客户端共推出各类线上线下活动100余场、开发商业类系统20余个,还有各类硬广、活动推广、线上H5策划制作、网络直播等,累计盈利超500万元。集团在2019年3月成立"融媒学院",累计已接待来访团队650多批次,举办培训班32场次,培训人次达1800余人。同时依托"融媒学院"品牌,与全国各地近40家单位达成跨区域合作,内容涵盖模式输出、集成技术、形象包装等多个方面,实现社会效益与经济效益双丰收。紧盯大项目、大客户,借助资源及服务优势拓展项目创收。融媒体资源平台依托编委会采访部、编发部、音频部、视频部媒体融合优势,签订农业农村局200万元、雉城街道280万元等全年打包大项目服务合同,服务内容包括客户形象宣传,客户全年活动宣传,活动现场直播,日常亮点工作的宣传报道,亮点工作新闻的向上推送等。集团还举办了"智行工作室""传媒艺考""传媒小记者"等项目,培育新型商业化运营项目,实现稳定营收。

四、存在问题

(1)政府资金支持不足。

尽管长兴传媒集团具备较强的自我造血能力,但仍面临发展困境。由于前期建造办公大楼、电视以及网络设施建设改造等投入巨大,同时中心正常运行还需要巨额成本维持,财政补贴非常有限,因此目前也只能尽力保障"活下去",远远达不到"活得好"的要求。

(2)考核与激励机制作用有待检验。

目前实行的考核与激励制度实行时间并不长,其作用仍有待检验。可能面临以下几个隐患:

① 淘汰机制稍显激进。三年淘汰150人的计划涵盖在编人员与外聘人员,之所以能推进主要得益于县委书记的支持。如果缺乏充分的制度设计和有序推进,可能会导致"硬着陆"。

② 集团待遇水平可能难以支持其实行如此严苛的考核与淘汰机制,对人才的吸引力也不够。

(3)助力基层社会治理仍是短板。

集团虽然在公共服务提供方面较有作为,却未能充分实现"助力基层社会治理"的功能。集团帮助公安系统建设、维护安监系统,帮助部分社区实行网格化管理,基本上都是以单个项目推进。如何更好发挥集团在县域内社会治理的作用,如何找到介入县域的基层社会治理的最佳路径仍有待探索。

(4)过分依赖个人的作用弱化了制度的稳定性。

集团目前的制度设计过分强调管理层单个人的作用,例如采访部的40余名记者几乎由一人统调,编发部九位主任统调100余人的工作。扁平化管理虽然减少了管理层级,可以使信息有效传达,但是管理层部分人员的负担大大加重。在此情况下,人员的更迭可能就意味着旧有体系将难以为继。

(5)外部存在潜在的不利因素可能阻碍集团的发展。

集团的发展有赖于县委县政府、省级部门,尤其是个别领导的支持。例如,集团的组建得益于时任长兴县委书记的大力推动,当下实行的淘汰制也有赖于现任书记的首肯。

集团提供的部分服务权限来源于其与省级部门的谈判。比如还未被收回的但构成集团主要来源之一的有线电视,比如掌心长兴提供的部分服务的数据权限。上下级谈判作为一种非正式行为,并不具备稳定性和延续性。

此外,集团与相关部门的合作存在产权不明晰的状况。比如与宣传部合作,由集团独立建设的"长兴新时代文明实践网"并没有确定所有权。

五、总结

1. 该中心对下一步发展的考虑

长兴传媒集团9年的发展走过了一条从整合到融合再到数合的路,在第三个阶段集团将着力推进"数合",提出做互联网公司的口号,把握信息和服务两条命脉,打造信息服务的供应商和全国一流的现代化智慧型区域融媒体集团。增强营收能力仍然是集团未来发展的主要落脚点,集团2022年的营收目标是突破三亿。此外,集团将推进信息科技产业建设,预计到2022年,信息科技板块要占集团总收入的一半以上。

集团正在牵头打造长三角县级融媒体中心联盟,谋划集团的跨区域发展。

2. 调研者对部分问题的思考

第一,考核与淘汰机制应当稳步推进,注重同步制度建设。尽管当下正值人员管理大刀阔斧改革的良好时机,但仍要注重改革的有序性。同时,应该尽力以正式制度加以维系,防范产生问题。

第二,充分利用当下积累的经济、政治资源,加强部门间合作,共同探索助力县域基层社会治理的路径。

第三,作为事业单位,集团应该处理好与当地政府以及上级部门的关系。同时,尽量实现产权确权,维护自身利益。

(龙　盼)

四川省成都市双流区融媒体中心建设和运营案例

2020年7月17日,课题组成员赴成都市双流区融媒体中心进行调研,了解该中心的建设和运营情况。首先,调研人员与双流融媒体中心的人员(中心主任、副主任等)在中心的会议室进行了座谈,一方面就本次调研相关内容进行介绍和交流,另一方面就涉及的一些问题进行讨论。其次,在融媒体中心人员的陪同下,调研人员实地参观了中心的"中央厨房"、各部门办公室,并且对中心的"空港融媒"App产品做了全面了解。基于对双流融媒体中心的调研和所获材料,就其建设过程、基本概况、发展特点等进行了总结,并在此基础上做了一些思考。

一、调研背景

县级融媒体中心,指的是对县级广播电视、报刊和新媒体等多种资源进行有机融合,开展媒体、党建、政务和公共服务等业务的基层融媒体平台。2018年8月,习近平总书记在全国宣传思想工作会议上指出"要扎实抓好县级融媒体中心建设,更好引导群众、服务群众",自此,县级融媒体中心的建设上升为国家战略,全国上下加快进行县级融媒体中心的建设。按照中宣部的部署安排,2018年全国先行启动600个县级融媒体中心建设,到2020年底基本实现全国的全覆盖,因此,全国大部分省市至今都已经陆续完成了首批县级融媒体中心建设。由于各个地方的差异,各地融媒体中心的建设(技术、人力、资金等)和运营情况(内容生产、传播效果等)也各不一样。基于此背景,本课题组开展我国县级融媒体中心建设现状的调查,了解各地县级融媒体中心的建设和运营情况,从而总结运作经验及借鉴意义,以此来完成全国县级融媒体中心建设和运营的政策咨询建议。

二、调研点介绍

四川"双流融媒体中心"成立于2019年5月22日,是国内率先启动建设的县级融媒体中心之一。本课题组选择该中心作为调研点之一,缘由如下:

第一,双流区的前身双流县是全国经济百强县,地方经济综合实力具有代表性。双流县是成都市的一个市辖区县,古称广都,西汉置广都县,隋改双流县,以《蜀都赋》中"带二江之双流"得名,位于成都市西南部。双流县实际管辖面积466平方千米,包含6个镇、6个街道,共103个社区、28个村,户籍人口53.26万人(2015年)。双流县曾连续18年位居四川省十强县榜首,获"中国全面小康十大示范县市""全国百强县"称号。

第二,"双流融媒体中心"由双流广播电视台和双流新闻中心整合而成,融媒体中心的建设和运营模式值得探究。1988年双流新闻中心创立,1993年双流县广播电视台经国家广电总局批准设立,两家传统主流媒体发挥各自优势,服务中心工作,均取得优异成绩。2000年《双流报》被成都市新闻出版局评为一级报纸。2017年、2018年,双流台微信公众号分别荣获"四川广播电视媒体融合创新十佳案例"雄踞全省区(县)级广电媒体第一名。2018年"双流发布"今日头条号荣获今日头条官方网站评选的全国特别贡献奖。2018年双流电视台融媒体平台共计播发新闻资讯35400余条,总阅读量达3亿人次。2019年,两家媒体合并成立融媒体中心,此种融合模式具有代表性,值得研究。

三、中心概况

1. 建设过程

(1) 中心成立。

2018年11月14日,中央全面深化改革委员会通过了《关于加强县级融媒体中心建设的意见》,指明了县级融媒体中心建设的基本思路。2019年1月15日,中宣部和国家广电总局联合发布了《县级融媒体中心建设规范》《县级融媒体中心省级技术平台规范要求》,为县级融媒体中心省级技术平台规定了操作指南和建设规范。2019年3月,双流融媒体中心筹备组成立,开始对原电视台和原双流新闻中心进行优化整合,踏上融媒体建设之路。其间,中心筹备小组前往多地融媒体中心学习,借鉴经验。5月22日,双流融媒体中心完成揭牌,正式成立,为直属公益一类全额拨款事业单位,标志着媒体融合工作进入了新的发展阶段。

（2）功能定位。

双流融媒体中心以主流舆论阵地、综合服务平台、社区信息枢纽为功能定位，以"六个融合"（机构、机制、平台、数据、服务、运营）为抓手，以全新的面貌，努力实现全程媒体、全息媒体、全员媒体、全效媒体，讲好双流故事、传播双流声音。第一，以国际视野、全国站位进一步推动双流媒体融合事业发展，主动争取承担省市功能性任务，持续做大空间格局，为不断壮大主流思想舆论、弘扬主旋律、传播正能量奠定更加坚实的基础。第二，实现融媒体矩阵"媒体＋政务＋服务"功能，全力为群众提供更加优质的服务。媒体＋，通过双流广播电视节目直播点播、快看双流、直播双流等提供音视频内容，提供最新消息。政务＋，通过双流头条、企业咖啡时、双流政务矩阵、法治双流等多个政务资讯板块，提供政务实时动向。服务＋，通过医院挂号、社保查询、公积金查询、帮忙求助等服务功能，提供便民服务。社区＋，通过"空港融媒"App，以社群为纽带，聚焦本地用户，打造本地"超级朋友圈"。

2. 基本概况

（1）传播平台。

原来两家媒体共41个传播平台，组建融媒体中心后，对传播平台进行了整合优化，现在共有电视、广播、报刊、新媒体等21个传播平台。电视平台开设《双流新闻》《特别关注》等6档新闻和专题节目；广播电台"FM100.9空港之声"开设《飞行早餐》《可可C哩》等6档直播节目，日直播时长12个小时；报纸有内刊《空港双流》对开八版大报，每周二、周五出刊；新媒体平台有微信、微博、"空港融媒"App、今日头条号、央视频号、抖音号等18个传播平台，融媒体粉丝共计213万。

（2）组织机构及人员编制。

原来两家媒体有18个内设科室，组建融媒体中心后，整合优化为12个科室。融媒体中心核定编制为205人，现实际在岗有179人，其中在编人员87人（公务员2人，管理岗46人，专技岗27人，工勤岗12人），临聘人员92人（专技岗79人，工勤岗13人）。中心领导班子1正4副，科级职数24个。

（3）运营状况。

双流融媒体中心为全额拨款事业单位。2019年，财政预算为4220万元，中心广告收入约200万元。中心成立前，原两家媒体分别有各自的传媒公司，具有自身"造血功能"，各自预算分别为3000万元左右。中心成立后，机构内设科室整合优化,所有传媒公司剥离,全部由财政拨款,中心年预算保持在4200万元左右。融媒体中心的广告收入微薄,2019年的收入约200万元。

3. 发展规划

双流融媒体中心成立后,在领导班子的带领下,坚持"坚定发展方向,找准自身定位,把握自身优势,拿出改革的勇气和决心",认为"内容和技术相融,机构和人员整合,不是简单相加的'拼盘',需要有打散重来的勇气"。基于此,谋定而动,制定了"三步走"路线图。

第一,建设"中央厨房",实现"移动采编"办公,实现广播、电视、报刊、网站、微博、微信和客户端等媒体平台完全整合。

第二,转换思维方式,借用技术优势,打造优质产品。没有受众喜爱的高品质内容,就不可能在全媒体竞争中拥有核心竞争力。要用互联网思维打造融合传播矩阵,推出"爆款"产品,持续占领主流舆论阵地。

第三,扩大范围和拓宽服务。基于融媒体中心的自持客户端 App 已打通党建、政务、医院挂号、招聘求职、二手转让、帮忙求助等服务,将其打造成为双流特色的城市媒体生活客户端,打破各部门、镇街官方信息发布平台各自为政的局面,搭建综合信息平台,实现"媒体+政务"服务功能。

四、发展特点

1. 具备较高政治素养,坚持提供优质内容

首先,在融合发展过程中,双流融媒体中心始终坚持政治家的党媒底色,坚持正确的政治方向、舆论导向和价值取向,在助推采编人员转型、全面发展的背景下,采编人员亦具备较高的政治素养和业务能力。其次,双流融媒体中心始终坚持原创,深挖高品质原创内容,以提供高品质内容为荣。再次,坚持百姓视角,积极探究本地受众的心理特点和偏好,体现地缘特色,将媒体平台拟人化为"双双",通过平实的语言和鲜活的表达,增强传播亲和力和感染力。

2. 人力、技术和资金等基础资源短缺

这里基础资源主要指人才、技术和资金等。首先,高精尖人才匮乏。融媒体中心的人员结构不合理,一方面,存在人员整体年龄偏大、中层干部断层等问题;另一方面,人员流失严重,高素质、高精尖专业人才欠缺。尤其是播音主持、新媒体运维、5G 技术、大数据等方面的人才较为匮乏。其次,技术、设备亟须更新。融媒体中心的设施设备较为陈旧且数量与一线采集人员配备不合

理,亟须升级换代和增加设备投入。融媒体发展对硬件系统技术含量要求高且升级换代迅速,特别是媒体融合发展涉及采编、生产、发布、存储等多个系统的整合,技术更为复杂。而该融媒体中心成立后,在技术、设备上的投入几乎为零。再次,资金短缺。融媒体中心成立后,具有"造血功能"的传媒公司被剥离,自身广告收入微薄,全部依靠财政拨款维持运营。当地政府虽然给予较好的财政补助,但是技术设备等一次性投入大,融媒体中心运营发展的经费仍显得捉襟见肘。

3. 中心融合运作体系运转困难

融媒体中心成立后,虽然在努力"流程再造",但是基于传统媒体内容生产的模式未能得到根本性的改善。双流融媒体中心由两家传统媒体(双流广播电视台和双流新闻中心)整合而成,原两家传统媒体机构经过几十年的发展和积淀,媒体内容生产方式和观念已经固化。虽然从2014年起,两家媒体都增加了新媒体产品业务,开始积极探索媒体融合,但更多仍然是在按照传统媒体内容生产的方式进行。融媒体中心成立后,提倡"一次采集、多种生成、多元传播"的采编流程,但是在固有思维模式的影响下,中心的采编流程并未真正按此转变,甚至出现理解偏误和错误操作。当然,融合运作体系运转困难与该融媒体中心不合理的人员结构具有相关性。原两家传统媒体在过去都有过辉煌时刻,在各自的业务领域都取得过不俗成绩,这使得他们对原有的内容生产模式产生依赖,自上而下地对新采编流程具有一种抵抗性。

4. 对媒体融合的认识不足

县级媒体融合发展的步伐较快、要求较高,原来的两家传统媒体由于长期以来形成的管理机制,对融合发展的认识不足,制约了融媒体中心的运营和发展。融媒体中心建设,是地方按照中央指示推进实施,是在"按要求办事",而原传统媒体机构主动融合发展的意识较弱。因此,融媒体中心建设,更多是一种"机构融合",简单地实现了"物理融合",两家单位挂上"一个牌子",却无法实现生产理念的根本转变。由于缺乏互联网思维,生产理念滞后,对融媒体中心的功能定位、发展关键、团队建设等认识不够,融媒体中心的运营发展受到制约。虽然融媒体中心制定了"媒体+政务+服务"和打造"信息枢纽"的目标,并积极地探索发展之路,但是发展步履艰难,效果有限。

五、几点思考

针对双流融媒体中心这种"广电+报纸"的融合模式,成立后的运营情况,

其所体现出来的一些特征和问题,笔者做了如下思考:

第一,县级融媒体中心建设需要获得地方政府的大力协助来推进。县级融媒体中心建设的目标是打造高水平的县域新型主流媒体,具备融媒体新闻传播、舆论引导、民生服务和政务公开等功能。对于长期按照传统媒体内容生产模式管理和运营的地方媒体机构来说,这是很难的。无论是建设和发展规划的顶层设计,人力、物力、资金的巨大投入,抑或是＋政务、＋服务的综合信息平台建设,都需要行政力量协助推进。而地方政府是否重视、给予政策倾斜、积极推进县级融媒体中心建设,与其对县级融媒体中心的功能、价值和意义的认识相关。

第二,对于"广电＋报纸"的融合模式,媒体间的融合程度和发展情况与原媒体机构的实力相关。原双流电视台和原双流新闻中心的实力在地方同级别媒体机构中是较强的,即使在传统媒体日渐式微的背景下,亦有自身优势产品和相对不错的广告收入。在此情况下,原两家媒体的融合意愿较弱,融媒体中心的成立也更多是一种名义上的融合。想要实现深度融合,真正做到"机构融合、机制融合、平台融合、数据融合、服务融合、运营融合",将是一个艰难且漫长的过程。此外,内部抵抗和资源争夺,还会造成内耗。

第三,进行县级融媒体建设,前期的顶层设计尤为重要。县级融媒体中心建设和发展过程中,想要实现深度融合、有效融合,成为信息枢纽和协助社会治理的目标,应该朝着"全省一盘棋,共享一朵云"而努力,破除地方数据壁垒。而想要实现这样的目标,需要通过前期顶层设计,整合资源,统一布局,打造全省统一的省级技术平台,实现一体化,以免各地各有一套系统,后期聚合时又出现技术壁垒问题。

(李　洁)

山东省德州市宁津县融媒体中心建设和运营案例

根据课题组部署,2020年7月17日,课题组成员赴山东宁津县融媒体中心进行了为期半天的调研。笔者在宁津县融媒体中心主任范世民、副主任闫立志、张彦斌的陪同下参观了宁津县融媒体中心,并与范世民、闫立志、陈刚等融媒体中心负责人以及人力资源部曹永梅进行了座谈,全面了解宁津县融媒体中心建设和发展的现状;笔者按照随机抽样的原则,在宁津县城完成了15份受众调研问卷。

一、调研背景

1. 选择该调研点的缘由

之所以选择宁津县融媒体中心为调研对象,主要有以下几点考虑:

第一,宁津县是中宣部重点联系推动的全国首批县级融媒体中心建设县之一,在山东省建成了第一家县级融媒体中心。宁津县融媒体中心建成以后,周边省市的县(市、区)纷纷前来参观、考察和学习,其建设模式对其他县融媒体中心的建设产生了较大的影响,具有一定的示范性、代表性。

第二,宁津县隶属于山东省德州市,德州市的经济总量在山东省处于中等偏下水平,在德州市各县(市、区)中,宁津县的经济水平又属于中游水平。从经济水平来说,宁津县可以代表全国多数县(市、区)。如何在经济社会发展水平一般的县(区)建成县级融媒体中心? 在这个问题上,"宁津实践"有着较好的参考价值和借鉴意义。

第三,2019年8月,笔者曾对宁津县融媒体中心进行调研,了解刚刚成立半年的宁津县融媒体中心的建设情况,并与融媒体中心的主要负责人保持了较为频繁的交流和联系。选择宁津县融媒体中心为案例，可以对宁津县融媒体中心的建设和发展情况进行历时的考察，更好地总结其建设经验，并剖析存在的问题。

2. 该调研点所在县（市、区）简介

宁津县，隶属于山东省德州市，位于山东省西北部冀鲁交界处，地处京、津、石、济大城市圈中心地带，北临天津滨海新区、南靠省会城市群经济圈、东接黄河三角洲高效生态经济区，总面积833平方千米。

宁津县下辖2个街道、9个镇、1个乡，总人口49.2136万人。2019年，宁津县实现地区生产总值（GDP）235.5亿元，其中，第一产业实现增加值21.8亿元，第二产业实现增加值107.7亿元，第三产业实现增加值106亿元，产业结构比为9.3：45.7：45。

二、建设概况

1. 建设过程

2018年初，宁津县结合山东省委宣传部、省新闻出版广电局2017年12月29日下发的《山东省县级广播电视台标准化建设实施方案》，将县广播电视台由公益三类调整为公益二类。随后宁津县结合地方机构改革，成立了由宁津县委书记和县长任组长的领导小组，由县委宣传部牵头协调推进县融媒体中心建设。2018年12月8日，宁津县制定出台了《关于推进县融媒体中心建设的实施意见》，明确由县委宣传部牵头，整合县委宣传部新闻中心《宁津报》、宁津新闻网站，县广播电视台及所办新媒体，以及县大数据中心部分设施，组建宁津县融媒体中心。

2018年12月28日，宁津县融媒体中心挂牌运行。2019年2月14日，宁津县将县委宣传部下属宁津县新闻中心《宁津报》职责、宁津新闻网站、微信公众号管理职责划转到县融媒体中心。

宁津县融媒体中心成立以来，以"守正创新、融合发展"为理念，依托编委会机制和"闪电云"系统进行了采编流程再造，打造出多款融合产品，深受用户欢迎。截至2020年7月，已注册闪电号、官方抖音号、头条号、喜马拉雅等多个移动端新媒体账号，依托"智慧宁津"客户端为13个乡镇和20多家县直单位开办了子客户端，形成了立体多样的网上传播矩阵。

2. 机构编制

宁津县融媒体中心建立完善了"编辑委员会、经营委员会、技术委员会、监督委员会"的组织架构,实现上下贯通、里外联通、内部融通。其中,编辑委员会行使新闻舆论宣传和内容生产管理职能,对导向、内容和影响力负总责;经营委员会研究开发新的创收形式和创收渠道,制定中心所有创收形式的价格体系;技术委员会为全中心工作提供技术安全保护、技术运行保障、技术咨询服务等;监督委员会对各项规章制度的落实进行监督,纠正违反规章制度的行为。

以四个委员会为基本架构,宁津县融媒体中心对部室进行重新调整,将原来的18个部室调整为12个部室,在部室设置上向一线部室倾斜,一线采编部室全部保留,后勤部室只保留了办公室和财务资产部。目前,融媒体中心下设总编室、办公室、财务资产部、新闻部、新媒体运营部、专题创作部、经济文艺部、业务拓展部、广播工作部、编播部、技术保障部、播控传输部等12个部室。

3. 人员配置

宁津县融媒体中心的领导班子为一正四副,其中主任1名(兼任县委宣传部副部长),副主任4名。根据宁津县委机制编制委员会的批复,宁津县融媒体中心核定事业编制120名,目前有员工100余名,其中80%的员工属于事业编制。

4. 运作流程

宁津县融媒体中心实现了所有新闻采编人员一体办公,依托编委会机制和"畅媒云"系统,打通了不同媒体的界限,打通了策、采、编、审、发、评全流程和频道、频率、纸媒、新媒体等各端口,做到采编过程的流程化、扁平化和可视化,实现了"一次采集、多种生成、全媒传播"。

5. 经费投入

2018年以来,县财政累计投入融媒体中心建设的资金和划拨的固定资产金额总计超过2000万元。2018年,宁津县财政为融媒体中心总投入近700万元;2019年为融媒体中心投入1337万元。

6. 技术平台

宁津县融媒体中心的技术支持主要来自山东省广播电视总台的融媒体开放共享平台"闪电云"。2019年上半年,宁津县融媒体中心投入400多万元,购买了"闪电云"平台的技术和服务支持。

7. 经营状况

宁津县融媒体中心的费用主要是省平台商业平台服务费、设备更新费用、绩效考核奖励,还有水电等日常费用等。收入主要是给宁津县各个部门单位的宣传合作费收入,每年收入300多万元。

8. 绩效考核

在绩效考核上,主要还是沿用事业单位的体制。同时,宁津县融媒体中心也进行了绩效考核的改革探索。在考核指标上,宁津县融媒体中心不仅考核工作量,还创设了融合指数,对多种生成和多端发布量在总工作量中的占比进行排行,激励引导中心员工懂融合、会融合、真融合。在薪酬奖励上,中心每月拿出4万元左右用于绩效考核,人均440元左右(每人0—2400元不等);其中一线采编播管人员绩效工资2万元左右,人均950元左右(每人0—2800元不等)。此外,融媒体中心还建立了科室间、岗位间的内部轮岗和新闻记者对口联系乡镇的蹲点帮包机制,加大外派培养和员工培训力度,加快组建全媒体采编团队,2019年融媒体中心培训支出为14万元。

三、亮点经验

宁津县融媒体中心建设的亮点和经验主要体现在以下几个方面:

1. 组织领导,提供强有力保障

强有力的组织领导是建设县级融媒体中心必备的条件,这也是宁津县融媒体中心建设过程中的突出经验。县级融媒体中心建设涉及媒体资源的整合、巨大的资金投入和众多政府部门单位间的关系协调,这需要强有力的组织领导,属于"一把手"工程。在宁津县委县政府的强力推动下,宁津县在资源划拨、人员编制、资金投入等方面给予宁津县融媒体中心大力支持。2019年5月7日,县委机构编制委员会对融媒体中心机构编制事项进行批复,核定事业编制120名,为县融媒体中心引进、培育人才留足了空间。此外,为解决融媒体中心专业人员匮乏的燃眉之急,县委县政府特事特办,通过政府购买服务的办法,选聘了15名劳务派遣人员。宁津县不仅将县域范围内的报纸、网站、广播电视台和新媒体整合到融媒体中心,还将县大数据中心价值1000多万元的指挥调度大屏、数据机房等设施划拨给中心,用于组建"中央厨房"。在宁津县委县政府的大力支持下,县域媒体的划拨和资源整合、人员编制的确定、稳定的资金投入,为宁津县融媒体中心的创建与运行提供了有力的支撑。

2. 内容为王,创新融媒产品

习近平总书记在"2·19"重要讲话中强调,内容永远是根本,融合发展必须坚持内容为王,以内容优势赢得发展优势。县级融媒体中心要实现用户连接,内容的创新是根本。在编辑委员会的统筹下,宁津县融媒体中心打破了报纸、广播、电视、网站、新媒体等不同媒体的界限,实现采编过程的流程化、扁平化和可视化。依托"闪电云"平台,宁津县融媒体中心努力创新移动新闻产品,做到移动优先有落点,有品牌。目前已经打造形成了以第一现场、图文快讯为主的《第一资讯》,聚合类新闻早餐《早安宁津》,短视频类产品《鬲视频》,融媒问政栏目《阳光问政》,人物访谈类产品《讲述》,读书专栏《鬲津书评》《悦读者》等多款融合新闻产品。基于融媒产品的创新,宁津县融媒体中心赢得了用户的认可。

3. 为民惠民,做好政务服务

宁津县融媒体中心以"为民惠民"为理念,加强功能建设,用综合服务的刚需和互动性的服务留住受众,在地方党委、政府和人民群众之间架设沟通的桥梁。在政务服务方面,宁津县融媒体中心在"智慧宁津"上推出了网上便民服务大厅,实现了政务告知服务。目前网上便民服务大厅设置了水费缴纳、电费缴纳、违章查询、天气查询、社保查询、公积金服务、征信查询、快递查询、预约挂号等九个板块。此外,智慧宁津的"一次办好"栏目也已经接入了宁津县行政审批服务局的129项服务指南。此外,融媒体中心推出了"阳光问政"栏目。在宁津县委县政府的支持下,融媒体中心联合县纪委监委、县落实办、县热线办等单位,推出了广播、电视、移动端"三管齐下"的问政栏目——"阳光问政"。人们可以通过智慧宁津客户端,针对相关政务问题向有关政务部门进行提问,由宁津县融媒体中心协调相关部门实现对该问题的回答或解决。此外,融媒体中心还接入了"阳光村务智慧运行系统",所有村民都可以通过这个系统随时随地查询本村或社区各类事项的公开情况。在生活服务方面,宁津县融媒体中心在"智慧宁津"上线了志愿者服务管理平台,提供志愿服务项目菜单,用户可以自主点单,由志愿者提供相应的志愿服务。此外,宁津县融媒体中心参与智慧城市建设,整合市政服务、交通出行、医疗教育、文化旅游等便民服务资源,为市民提供生活信息服务。

4. 渠道下沉,实现基层的全覆盖

"社区信息枢纽"是县级融媒体中心建设的重要目标之一。宁津县融媒体中心通过在乡镇、街道设立分中心,以及数字化电梯终端项目,将信息触角延伸到基层,服务于本地圈层。目前宁津县融媒体已经在大多数乡镇、街道建立了分中心,将"信息枢纽"下沉到乡镇、街道一级。从2019年下半年开始,宁津县融媒体中心又推出了数字化电梯终端项目,通过电梯间的电子屏循环播放卫生防疫常识、最新菜价和停水停电等便民服务信息。截止到2020年7月,宁津县融媒体中心已经在全县10个社区(全县三分之一的住宅小区)、1个商场、1个酒店安装了这种电梯数字化终端,覆盖居民6000多户。宁津县融媒体下一步还计划将信息触角进一步下沉到每个社区,为每个社区在智慧宁津上开设专门的空间,用于发布社区通知、公告等。

四、存在问题

笔者通过调查发现,在体制机制、思想观念、技术平台、绩效考核、人员队伍、盈利模式等方面,宁津县融媒体中心还存在较为突出的问题。

1. 在体制机制方面,存在机制缺失、体制不顺等问题

在政务资源的利用上,宁津县未能建立一套常态化的协调机制。宁津县融媒体中心仅仅是一个科级单位,与宁津其他的政府部门是平级关系,通过上级领导尤其是县委县政府"一把手",才能完成部门与部门的沟通,因此在与其他部门的沟通与协调方面进展缓慢、效率较低。在调研中,宁津县融媒体中心的负责人多次强调县级融媒体中心的建设是"一把手"工程,必须由县委书记这个一把手来抓,不然很多工作根本就无法开展。宁津县融媒体中心的一个建设目标便是整合政务资源,打造一个服务于全县城镇、乡村的政务服务平台。但事实上,宁津县融媒体中心在政务服务平台的建设上进展缓慢,政务服务平台流于形式。目前,尽管网上便民服务大厅已经投入运营,但是入驻的单位还比较少,违章查询、社保查询、公积金服务、征信查询、预约挂号等相关服务实际上"有名无实"。宁津县融媒体中心迫切希望接入像交通系统以及大数据局的数据资源,但是交通局、大数据局等单位反应平淡,不愿共享相关数据。

在内容资源的利用上,宁津县融媒体中心尚未建立对UGC资源的对接机制。由于融媒体中心人员有限,无法对UGC内容很好地进行把关,因此宁津县融媒体中心在内容生产上仍然采用的是封闭式生产模式,即主要依靠专业记者或政府部门生产的内容,而没有把宁津当地的自媒体资源整合进来。以《禹视频》为例,这一档短视频栏目主要由融媒体中心的记者来供给内容,而

融媒体中心40多人的记者团队显然无法满足用户对短视频的旺盛需求,在短视频的数量和质量上离用户的要求都有一定的距离。

2. 在技术支持方面,智能推送功能较弱

宁津县融媒体中心入驻的是山东广电的"闪电云"平台。"闪电云"是山东广电自主研发的也是省级媒体中唯一的融媒体开放共享平台。宁津县融媒体中心的负责人认为,"闪电云"的使用体验一般。宁津县融媒体中心最不满意的地方在于"闪电云"平台缺乏核心的大数据技术,在智能推送、精准推荐方面功能太弱。沉淀用户数据,实现内容和用户的智能匹配,是宁津县融媒体中心最希望"闪电云"平台提供的功能。此外,现在的"闪电云"仅仅是提供了媒体融合的一站式解决方案,但是这个方案还比较粗糙,无法针对县级融媒体中心的具体要求进行个性化的定制,给县级融媒体中心提供的选择空间非常有限。

3. 思想观念比较落后,资源整合力度不足

调研发现县级融媒体中心工作人员的互联网思维以及对平台的理解有待提升。总的来看,宁津县融媒体中心与其称之为"平台",不如称之为"渠道"。宁津县融媒体中心投入巨额的人力、财务和物力进行资源整合,但目前整合的资源范围还比较有限。尤其是在生活服务方面,宁津县融媒体中心虽然已经进行了初步尝试,但是进展不大。之所以如此,很大程度上在于市场意识的缺乏,导致无法通过市场手段实现对生活服务商的聚合。长期以来,县级媒体是县域新闻传播资源的唯一垄断者,已经形成了依托行政资源的思维惯性。正如宁津县融媒体中心负责人指出的,在聚合生活服务上,融媒体中心不仅放不下架子,不能积极招徕企业入驻,反而有收费的想法。而在融媒体中心建设初期,用户基数相对较小,用户活跃度不高,很难吸引商家参与。如果不能采取切实有效的措施,迅速丰富生活服务产品的类别和数量,那么将对海量用户的导入产生消极影响,而用户基础的缺乏进而会导致生活服务产品的萎缩,从而形成恶性循环。

4. 在绩效考核方面,现行考核制度的激励作用比较有限

当前,宁津县融媒体中心设计了融合指数,对多种生成和多端发布量在总工作量中的占比进行排行,但总体上来看仍然是以对作品数量的考核为主,"唯数量论"的色彩还比较浓厚。此外,宁津县融媒体中心在薪酬改革上的力度还不大,绩效工资在员工的收入结构中所占的比重很小,发挥的激励作用比较有限。2019年1—8月份,宁津县融媒体中心共拿出24万元对40多名一

线采编播管人员进行内容绩效考核,人均每个月仅仅为500元左右。之所以如此,主要有两个方面的原因,一是宁津县融媒体中心主要依靠财政拨款,自身的造血能力有限,能够用于员工的绩效激励的资金相对有限,二是囿于体制机制的束缚。绩效、奖金能否发放、怎么发放、发放的额度是多少,相关部门缺乏明确的规定,宁津县融媒体中心作为事业单位,在薪酬激励方面不敢迈出太大的步子。如何在事业单位的架构下,建立与企业制度相适应的有效激励机制,也就成为县级融媒体中心建设的重要问题。

5. 在人才队伍方面,存在专业人才匮乏的难题

宁津县融媒体中心目前有员工100余人,这些人员大多来自县委宣传部新闻中心、《宁津报》、宁津新闻网站、县广播电视台及所办新媒体。现有人员更擅长的是传统媒体的采编,缺乏互联网思维与新媒体的操作经验,不了解新媒体传播的规律,导致融媒体中心"旧瓶装新酒"的问题比较严重。宁津县融媒体中心的负责人指出,他们急需的是既懂新闻业务又懂媒体传播的复合型人才,以及全媒体的技术人才。但是因宁津县城的条件所限,招徕上述人才的难度非常大。尽管市编办、县委机构编制委员会办公室对宁津县融媒体中心核定事业编制120名,为引进、培育人才留足了空间,但是难以招募到理想的人才。专业人才匮乏,成为困扰宁津县融媒体中心发展的一大难题。

6. 在收入来源上,"造血"能力严重不足

从目前来看,宁津县融媒体中心主要依靠的是政府的"输血",自身的"造血"功能严重不足。目前,宁津县融媒体中心的收入主要来自给部门单位进行宣传的合作费收入,每年有300多万元。因此,宁津县融媒体中心主要是一种面向政府的商业模式,郭全中称之为"To G"(government)的商业模式。在传媒广告收入不断下滑的背景下,"To G"可以缓解传媒的生存危机。但是,仅仅依靠面向政府的财政投入,是无法建成强大的县级主流媒体的。增强自身的"造血"能力,"输血"与"造血"相结合,为县级融媒体中心提供强大的资金支持,这是建设县级融媒体中心的重要保障。

针对以上问题,宁津县融媒体中心在体制机制、技术平台、思维创新、绩效考核、盈利模式等方面还需要进行相应的变革和调整。

一是完善协调机制,破除部门壁垒,做好资源整合。

正如习近平总书记所说,媒体融合发展不仅是新闻单位的事,要把我们掌握的社会思想文化公共资源、社会治理大数据、政策制定权的制度优势转化为

巩固壮大主流思想舆论的综合优势。因此,县级融媒体中心的建设必须充分利用制度优势,实现县域范围内海量信息的整合,实现海量生产者和消费者的聚合,实现新闻信息、政务服务和生活服务的聚合。只有这样,才有可能真正将县级融媒体中心建设成新型县级主流媒体,从而在县域范围内与互联网公司和其他自媒体平台争夺新闻舆论、信息传播、综合服务的主导权。这就要求县级融媒体中心在党和政府的强力支持下,从上到下建立完善的协调机制,进一步实现新闻、政务资源的整合。具体来说,相关的制度规定,使得县级融媒体中心成为政府部门政务发布的首选平台,实现政务信息在县级融媒体中心与各个政府部门官方媒体上的同步发布,使得县级融媒体中心成为政务信息的"信息总汇";完善与市县大数据局的数据共享机制,打通与各个政府部门的政务数据的连接,使得大数据资源成为县级融媒体中心发展政务服务的关键性资源。

二是加强技术投入,探索"党媒算法",实现智能传播。

平台的优势在于可以实现生产端与消费端的精准匹配。将内容和服务的生产者和消费者连接在一起,并实现精准配对,才能真正发挥融媒体中心的传播优势。县级融媒体中心需要在技术上不断加强投入,将人工智能技术应用到内容生产和分发中来,探索"党媒算法",提高传播效果。同时,基于大数据分析系统,沉淀和分析用户数据,可以进一步提升匹配效率,这同时也可以为经营上的进一步开发奠定很好的基础,从而改变完全依靠财政拨款、收入来源单一的现状。

三是实现思维变革,强化平台思维,增强市场意识。

思想和观念的变革是传统媒体与新兴媒体融合发展的先导。首先,宁津县融媒体中心需要进一步强化互联网思维,深刻理解平台的要求,实现真正的平台化建设。平台与渠道的区别在于前者接入了海量的供给端和需求端的端口。宁津县融媒体中心需要在接入政府部门官方自媒体的基础上,进一步遵循开放的理念,扩大自己的"朋友圈",接入更多的内容生产者、服务提供商、渠道运营商、技术提供商、设备提供商等合作伙伴。有两点是当务之急:整合本地自媒体资源、丰富生活服务产品。如何利用好 UGC 的内容资源,吸纳社会力量参与到融媒体中心的内容供给上,尤其是吸引当地自媒体的参与就成为县级融媒体中心建设必须考虑的问题。也就是说,要整合宁津当地的自媒体资源,尤其是宁津本地在各大互联网平台拥有很高影响力的"网红",对他们进行专业性方面的指导与引导,将他们吸纳到融媒体中心内容提供者的队伍中来。此外，针对在生活服务方面的短板，宁津县融媒体中心亟须采用市场运营的手段吸引生活服务商入驻。一方面，以"生活服务的本地化"为切入点，主动出击，采取切实有效的措施，如初期可以采取适当补贴的方式，邀请本地生活服务商入驻融媒体中心，迅速丰富生活服务产品的类别和数量；另一方面，在融媒体中心运行的过程中，增强服务意识，提升用户体验，创建用户与服务商的互动机制，通过市场机制在生活服务产品的供给与需求两个方面实现生活服务的良性循环。

四是实施绩效考核制度改革，建立行之有效的竞争激励机制。

《关于加强县级融媒体中心建设的意见》指出，要深化财政、薪酬等方面的改革。在顶层设计上，政府需要制定政策，理解和认可县级融媒体中心的特殊事业单位的性质与运作方式，鼓励县级融媒体中心进行绩效考核方式的改革探索。这就要求政府授予县级融媒体中心自主制定奖励制度的权力，留出绩效考核改革的容错纠错空间，保护其薪酬改革的积极性。在政府的授权下，县级融媒体中心可以与高校或管理咨询公司合作，探索建立"自主分配、多劳多得"的薪酬分配制度，提高奖金、绩效在员工收入中的比例，不让奖金、绩效成为可有可无的鸡肋，真正发挥激励作用。此外，需要以融合新闻生产为主线，建立健全考核制度，积极引导现有人员实现转型和进行能力重塑。绩效考核不能仅仅沿用传统媒体的发稿量，而应该根据媒体融合的要求，在作品数量的基础上建立不同媒体刊用率、转发（分享）率等多个指标，尽可能实现指标量化，完善绩效的计算方法。

五是立足存量，着眼增量，双管齐下解决人才难题。

宁津县融媒体中心目前亟须对现有员工进行业务培训。业务培训至少应包括两个方面：第一，数字信息传播能力的培训，这包括数字化平台和工具的运用能力、数字技术操作能力、数字信息的整合能力、新媒体平台的运营能力；第二，跨媒体思维能力的培训，即在传统媒体技能和思维的基础上，学习使用新媒体思维规划融媒体报道的能力。在立足存量的同时，宁津县融媒体中心还必须不断补充加入新鲜血液。从目前来看，事业编制是吸引人才的一个重要筹码，但是仅仅依靠事业编制是无法真正吸引到融媒体中心发展所需的复合型人才、技术专家的。宁津县融媒体中心更需要做的是建立"以人为本"的人力资源管理理念，事业引人、待遇留人、制度用人，努力为人才提供施展个人才干的平台和空间；确保薪酬和待遇向优秀人才的倾斜；完善员工管理的培训、晋升等方面的制度设计，让优秀的人才脱颖而出。

六是基于"连接经济"开发连接价值,建立多元化盈利模式。

习近平总书记在中共中央政治局第十二次集体学习中指出,各级党委和政府要从政策、资金、人才等方面加大对媒体融合发展的支持力度。县级融媒体中心的建设,离不开政府的资金支持。然而,仅仅依靠政府的资金支持,是难以支撑县级融媒体中心的日常运营和发展壮大的。连接经济的观点认为,传媒经济是一种连接经济,即传媒的价值在于作为"连接器",连接起商业关系与社会关系,在连接中创造价值,实现经济收益和社会效益。因此,县级融媒体中心应该围绕连接去探索多元化的盈利方式,其盈利空间是广阔的。作为本地媒体,融媒体中心具有深入基层,打通传播最后一公里的潜质。如果能真正实现媒体、用户、商家的连接,并在人与内容的基础上进一步实现人与人、人与服务的全面连接,进而"连接一切",那么融媒体中心可以"水到渠成"地将连接价值转化为其他形式的经济收入。"输血"和"造血"相结合,可以为县级主流媒体的建设提供强大的资金支持。

(郑青华)

甘肃省酒泉市玉门市融媒体中心建设和运营案例

一、调研背景

玉门总面积1.35万平方千米,人口18万,因西域和阗美玉由此通关而得名,又因唐代诗人王之涣"羌笛何须怨杨柳,春风不度玉门关"的诗句而声名远扬,是中国石油工业的摇篮和"铁人"精神的发祥地,县域综合实力连续多年位居全省第一,成功入选"2020中国西部百强县市"。

玉门市融媒体建设始于2016年,于2018年12月18日正式挂牌,是甘肃省首个挂牌成立的县级融媒体中心,玉门市被中宣部确定为全国首批57个融合媒体发展重点建设示范县之一。按照习近平总书记"引导群众、服务群众"的融媒体建设总要求,玉门市依托县域媒体贴近群众的优势,结合智慧城市科技支撑,与地方政府职能部门深度融合,走出了一条具有玉门特色的"媒体＋智慧城市"基层治理现代化新路径,成为县市媒体参与基层治理的典型样本。

基层社会治理是国家治理的重要方面,而县级融媒体中心则起着基层社会治理枢纽的作用,它既是畅通和规范基层群众诉求表达、利益协调和权益保障的有效通道,又是将矛盾化解在基层,推动基层社会治理转型与治理能力提升的重要抓手。[①] 对此,有必要以玉门市融媒体中心作为个案,基于其建设概况、亮点举措、发展困境总结出媒体参与基层治理的一般规律,使县级融媒体充分发挥助力基层治理现代化的功用。

---

① 《县级融媒体中心是基层社会治理的重要抓手》,《实践》(思想理论版)2021年第1期,第57页。

二、玉门市融媒体中心的建设概况

1. 视野开阔助力融合先行

玉门市融媒体中心的建设远早于县级融媒体政策的提出,且在布局伊始便把握住技术之于媒介融合的赋能机遇。2016年6月,玉门市将广播电台、电视台、新闻中心等单位整合为玉门市广播电视台,并于年底基于智慧城市建设项目,建成了覆盖城区的WIFI,推出"爱玉门"App。2018年7月,建成遍布城乡村组社区的无线广播网;8月,"祁连云"数据中心、融媒体生产系统、报道指挥系统、融合媒资管理系统、全景演播室系统投入使用,以技术革新助力机构深度再造。同年8月18日,举办全国县级媒体融合发展与加强基层主流舆论阵地建设论坛,围绕县级融媒体建设模式、功能定位、发展方向等议题开展研讨,强化了玉门融媒"思想工厂"媒体智库[①]的机构定位。

自2016年以来,玉门市融媒体中心以"爱玉门"App为移动传播主要载体,强化引导功能,在媒体服务基础上逐步融入政务服务、公共服务,深耕基层治理功能,助力玉门市荣膺"2020中国社会治理百强县(市)区"榜单。下一步,玉门市融媒体中心将推进智慧玉门"城市大脑"建设,打造"城市大脑"数据中台,持续提升基层治理水平。

2. 内容创新再造传播生态

玉门市融媒体中心实现新闻生产流程的"一次采集、多种生成、多元发布",并实时收集用户反馈,对传播效果进行数据化呈现。一是多信息来源采集机制。通过"记者+通讯员"采集、用户自主提供、系统推荐等多元信息采集方式,形成新闻素材资源池。二是内容集中生产机制。编辑人员调取资源池中素材,根据传播渠道特征,生产契合不同媒介平台的融媒体新闻。三是多渠道信息发布机制。建成"资源共享、载体多样、渠道丰富"全媒体传播矩阵,采用"多屏、移动、交互"融媒体传播方式,向用户进行精准推送。四是信息反馈机制。汇集用户数据,分析传播效果,为节目优化和舆情监测提供数据支撑。内容生产模式的创新,不仅扩大了媒介产品生产成效,更在一定程度上增强了传播生态的开放性,通过使用户直接或间接参与新闻生产的流程,促进信息、

---

① 沙垚:《审时度势谋发展 媒体融合纵深行》,2018年8月23日,http://media.people.com.cn/n1/2018/0823/c120837-30246846.html。

情感、认同在专业新闻与公民新闻相互渗透中畅通流动。

3. 技术革新驱动转型再造

玉门市融媒体中心建成以"一中心四系统＋爱玉门"App 为架构的融合媒体共享平台,分别包括"祁连云"数据融合中心、融媒体生产系统、融媒体报道指挥系统、融合媒资管理系统和全景演播室系统(见表1),作为媒介转型再造的底层架构。

表1 融合媒体共享平台架构①

融合媒体共享平台		
客户端	"爱玉门"App	集资讯、政务服务和生活服务等200多项互联网智能服务为一体
一中心	"祁连云"数据融合中心	由公有云和私有云组成,为融媒体和政务部门统一提供计算、存储、网络、交互等基础资源云服务
四系统	融媒体生产系统	囊括云线索汇聚、手机回传、图文编辑、多媒体编辑、全媒体发布、移动终端App等应用工具,打造多业务支撑的融合生产平台。同时置入语音写稿、脸部识别、打点拆条等人工智能技术,提升生产效率,让新闻产品更具温度感、科技感和体验感
	融媒体报道指挥系统	生产流程全程监控、业务资源统一调配、业务运行可视化展现;互联网热点、网络舆情等线索的及时汇聚;应对突发事件,通过GIS地图,直观调度采编资源,收集受众数据,评估新闻影响力,跟进节目策划制作,形成生态闭环
	融合媒资管理系统	全媒体资源支持,高效内容管理引擎,具备智能检索、上传、下载、自动精细编目等全套功能,一站式满足节目制播需求
	全景演播室系统	划分为新闻播音区、访谈区、互动区、栏目采访区、虚拟演播区,功能范围扩展到社交媒体平台和新媒体应用平台,场内外交互联动

4. 资金投入锚定智慧城市

2016年以来,玉门市融媒体中心积极争取中央、省、市资金,累计投入1900多万元,承建玉门智慧城市一期,研发上线"爱玉门"App 客户端,建成覆

---

① 刘勇、沙垚:《县级融媒体中心之玉门经验》,《新闻战线》2018年第17期,第96-97页。

盖城乡村组的"村村通、组组响"无线广播网；将中宣部给予的 200 万元中央县级融媒体中心建设专项补助资金，全部用于"一中心四系统"融合媒体共享平台。

近期，玉门市融媒体中心启动实施西北区域综合性县级融媒体中心建设和玉门"城市大脑"数据中台建设。项目计划投资 9000 多万元，采取"自主筹措资金＋政府购买服务"或"PPP 项目模式"，对融媒体中心进行迁建升级，引进大数据、云计算、区块链等数字化平台，最终建成综合性新型县级示范性融媒体中心。

5. 绩效考核激活人才潜能

玉门市融媒体中心是玉门市政府直属正科级事业单位，属财政全额拨款的公益一类事业单位，归口玉门市委宣传部领导，核定事业编制 51 名，配备主任 1 名，副主任 3 名。现有在编人员 33 人，聘用人员 21 人，其中中级职称 10 人，初级职称 10 人，本科学历 39 人，大专学历 12 人。中心内设综合办公室、总编室、信息采编部、文艺专题部、技术部五个职能部门。

为提升员工积极性，玉门市融媒体中心坚持同工同酬、按劳分配、多劳多得、兼顾公平和向一线倾斜的原则，实施绩效管理，将干部职工绩效工资、奖金分配与岗位职责、工作量、工作效率、工作业绩等直接挂钩，运用融媒体共享平台考评体系，对采编工作进行全流程评估。对于在编人员，每月对个人工资中奖励性绩效工资进行绩效考核，与工作成绩和任务完成情况挂钩，奖勤罚懒、奖优罚劣，进行二次分配。对于聘用人员，建立了《融媒体中心岗位业务等级管理制度》，根据工作能力和业绩评定 A、B、C、D 四个业务等级，给予不同级别工资待遇。

下一步，计划以个人档案工资"基础性绩效"项为主，配套档案工资的 15%—30% 作为考核总基数，绩效挂钩，按劳分配，持续激发干部职工的主观能动性。

6. 小微成本逐年拓维增收

2016 年，按照政、事、企分开的原则，将玉门市广播电视台专题文艺及广告宣传等经营性业务整体剥离，成立玉门市云鼎玉广电传媒有限责任公司，实行企业化管理，市场化经营，建立党政主导、企业运营、多主体参与的双轨制模式。

首先，增强广电功能地位，谋划并实施了广播电视无线数字覆盖、"村村通"工程、高清数字电视、融媒体共享平台建设项目,率先在全省第一个实现无线数字广播电视全覆盖,第一个开通高清频道。

其次,积极推进媒体转型融入第三次产业浪潮,与移动、电信、联通、广电等电信运营商深度合作,对"祁连云"进行迭代升级,全面提升业务承载能力、服务能力、监管能力和智能化水平,参与智慧城市建设,为智慧工业、智慧园区、智慧农业等项目奠定基础。

最后,拓宽媒介产业运营维度,开设"融媒课堂",采取以帮代建方式,为全国县级融媒体中心提供技术平台搭建、融媒体产品生产、融媒产业运营等服务;依托"爱玉门"App等互联网平台为电子商务赋能,通过直播带货、玉门购、智慧网驿等平台建设,打造众创空间,持续发力智慧项目,拓展融媒产业发展集群,经营收入超200万元,较2016年提升近6倍。

三、玉门市融媒体中心的亮点经验

1. 横纵打通,构建融合传播"同心圆"

坚持移动优先,革新新闻生产流程。通过记者和通讯员采集、用户提供、系统推荐等方式采集信息,汇入融媒体资源池;编辑人员调取资源池中的新闻素材,根据传播渠道特征生产新闻产品,通过广播电视、两微一端、各类网站等多媒体渠道发布,第一时间向用户提供信息服务,由此实现内容生产的"一次采集、多种生成、多元发布",大幅度提升媒介产品生产效率及传播效果。

横向拓展延伸,打造县域"大宣传"体系。建立全媒体宣传矩阵,全面融合电视、广播、网站、客户端、微信、微博、抖音、今日头条等平台,进行共享式、多渠道、分众化"一键传播"。横向连接全市政务、民生服务,往下与乡镇、街道、村组互通,与全市56家单位、乡镇共享资源、共同推送,凝聚本土宣传合力,协同上级媒体,构建融合传播"同心圆"。打通新华社首个甘肃省县级媒体专线接口,100多条国内外资讯实时同步至"爱玉门"App,并通过新华社"现场云"及时上传优质内容,同时开通"学习强国""央视影音""视听甘肃"等媒体账号,通过向上对接中央、省级内容平台,扩大信息传播的国内影响力。

2. 重视策划,技术治理助推舆论引导

健全选题策划制度,落实重点宣传任务部署。每周由编委会明确宣传任务、部署宣传计划、指定宣传选题,每天于采前会细化近期宣传任务、督查稿件采写进展、跟踪各平台新闻传播效果,根据用户反馈不断调整新闻产制模式。

此外，全媒体采编人员每月在完成编委会指定选题的基础上，需通过融媒体平台报送两条个人选题，经部门主任审核通过后前往采访，并根据选题完成情况进行考核，纳入绩效工资。

强化舆情管理功能，促进舆情事件就地化解。一方面，搭建基层治理技术平台，实施网络化治理。另一方面，搭建群众诉求表达平台，畅通百姓诉求渠道。在政务微信、抖音、今日头条、"爱玉门"App等平台开通投稿爆料通道，开设《百姓说事》《民生问政》《随手拍》等舆论监督类栏目，针对群众反映的问题，指定记者负责核实信息，全程跟踪采访、记录问题处理过程，通过融媒体多屏联动，多端多平台发布，促进问题解决在一线，矛盾化解在基层。

3. 数据共享，多元服务便利民众生活

打破部门壁垒，助力"一处跑、跑一次"改革。推动政务数据共享化，统一将全市党政机关、企事业单位信息化数据系统迁移至玉门"祁连云"中心，目前已完成行政审批、公车、工会、铁人干部学院、文明实践中心、市长热线等六个政务系统的数据迁移，下一步将与全市党政机关、企事业单位信息化数据系统精准对接。在部门壁垒打通基础上，于"爱玉门"App开设行政审批线上平台，为群众和企业提供申报审批、注册办证、社保医保等服务，目前690个办理事项可以通过客户端查询、填报资料和预约办理时间。

便利民众生活，打造"数字化生存"智慧空间。在"爱玉门"App开设缴费、购票、打车、快递柜、智慧工会等多个生活应用板块，实现随时呼叫网约出租车、24小时投取快递、工会活动组织等便民服务；开发线上新时代文明实践中心板块，打造集志愿活动展示、志愿注册、志愿项目征集、志愿者招募、积分制管理等功能为一体的服务平台，实现网上网下同频共振，进一步增强了新时代文明实践中心服务实效；此外，正在与"智慧医疗"系统开展对接，届时将实现就医网上挂号、缴费、健康档案调阅等功能。

4. 积极进取，三措并举成就玉门模式

坚持顶层设计，扎实推进融媒体中心建设。玉门市委、市政府高度重视县级融媒体中心建设，成立市委、市政府主要领导任双组长，分管领导任副组长的融媒体中心建设工作领导小组，先后制定实施《玉门市加强融媒体中心建设的工作方案》《玉门市深化融媒体中心建设的工作方案》《关于建设县域融媒中心的实施方案》，相继出台促进融媒体发展的8条和11条意见措施，破除体制机制壁垒，大力支持融媒体中心参与信息化项目建设，形成了宣传部门牵头，多部门联合发力的融媒体中心建设格局。

深化数字革新,优化融媒体技术平台建设。一是实现"一端管总"目标。整合部门数据,加强与互联网企业深度合作,将全市政务应用和便民服务前端整合至"爱玉门"App,实现"爱玉门"App一端集成集约服务。二是完善"祁连云"数据中心。与移动、电信、联通、广电等电信运营商深度合作,对"祁连云"进行迭代升级,新增超融合计算存储节点,构建纵向到底的边缘云服务体系,为智慧工业、智慧园区、智慧农业等商业应用奠定基础。三是促成多平台互通共享。使融媒体中心与玉门市社会治理平台、玉门市"一处跑、跑一次"行政审批平台实现对接,拓展政务服务功能和社会治理功能。

引进激励机制,加强融媒体人才队伍建设。一是完善薪酬体系,引进激励机制,增强团队归属感。二是拓宽引才渠道。通过事业单位招考、聘用、网络用才等多种方式引进人才,与周边地区、本地互联网企业开展合作,以兼职、特聘、特邀等方式引进各类优秀人才。三是优化管理机制,探索首席制、轮岗制、交流制、管理骨干和业务骨干"双通道"管理等多重模式,提供多元职务晋升模式。四是创新激励机制。引入竞争、激励和约束机制,激发员工自主能动性,让优秀人才有成就、有地位、有待遇。

四、玉门市融媒体中心存在的问题

1. 命名不一,传播矩阵有待完善

媒介机构内部,虽然在客户端、微博、微信、抖音、今日头条等多个平台部署了"爱玉门"账号,但其账号简介多为玉门市广播电视台,不利于塑造"融媒体"媒介品牌定位;媒介机构外部,尚未与省内其他县级融媒体机构开展紧密合作,彼此之间不转发、不互动,难以发挥"省内一朵云"嵌套传播合力;虽然打通了与省级、中央级媒体平台之间的联系,但合作方式通常呈现为由上至下的技术指导或单向的内容报送,距离四级融合发展的融合、互嵌、连通、分工[①]关系还有一定距离,使县级融媒体中心主要依靠单一力量探索转型力量,影响力难以突破县域空间。

2. 宣传主导,内容生产缺乏贴近性

通过对"爱玉门"App、"爱玉门"微信公众号、"玉门市融媒体中心"微博

---

① 胡正荣、蒋东旭:《全媒体传播体系与四级融合新发展格局》,《中国编辑》2021年第5期。

号、"爱玉门"抖音号进行内容分析,发现玉门市融媒体中心粉丝数目较少,内容生产乏力,传播力影响力有限。一方面,融媒体中心以"主题宣传"作为首要任务,将主要精力集中于政府新闻报道,导致记者难以有精力采访民生新闻。另一方面,为了增强新闻文本亲近性,主流媒体可以通过民生视角将时政信息传播与"用户"消费热点相结合,用"互联网思维"重塑传播内容、新闻文风、视觉形式及新媒体渠道。[①] 但由于受传统媒体思维习惯长期规训,县级融媒体中心难以做到完全"俯下身",新媒体作品多来源于对网站新闻、电视新闻的二次加工,追求严肃叙事、宏大场景与精致镜头,与互联网传播逻辑中内含的微观性、故事性、平民性产生一定冲突,无法吸引用户注意力。为了应对省内县级融媒体中心排名考核机制,转发全国性热点社会新闻便成为最"高效"的方式。在"大而全"的传播语境下,弱在地性的媒介产品与县域用户日常生活存在严重脱节,难以提供契合当地群众所需的媒介服务,与县级融媒体中心服务群众的建设初衷相背离,因此也难以发挥引导群众的作用。

3. 传者多元,平台资本挤压发展空间

玉门市融媒体中心尚未建立起属于自己的传播平台,在拥抱新媒体平台的数字化历程中,难以避免和互联网平台规则产生一定的碰撞,受到来自平台资本的竞争性挤压。下面将逐一分析微博、微信、抖音平台的场域制约力量。首先,微博传播具有娱乐化、平民性、互动性等特质,在经历了社会网络结构的去权威和再中心化后,传播格局相对固化,基层媒体难以靠自身单打独斗做大做强。其次,虽然玉门市融媒体中心在微信平台积累了较为庞大的用户群体,但受微信公众号平台信息发布规则和权限限制,"爱玉门"微信公众号一天只能推送一次,以政务信息为主民生新闻为辅,严重影响信息发布时效和传播效果。最后,相较于微博、微信,抖音短视频虽然突破了时空限制,但对传播主体的"网感"素养提出更高要求,创意乏力与形式传统显然阻碍了"爱玉门"抖音号与抖音平台相互融合。此外,随着互联网平台巨头纷纷下沉至基层,通过资本手段占据基层百姓生活入口,不断积累实施数字资本剥削的力量[②],不仅挤压了县级融媒体的服务供给空间,更为社会发展带来了数据操纵、经济垄断等

---

① 刘聪、韩向东:《基于新媒体的时政新闻信息传播策略研究》,《现代情报》2015年第12期,第53页。

② 沙垚、许楠:《融合人民:县级媒体融合与基层协同治理》,《新闻与写作》2021年第5期,第29页。

隐患。县级融媒体中心借助"智慧城市"项目重构数字空间格局,获得信息传统系统中"话语—行动"双重主导权,成为影响其基层治理效能发挥作用的关键因素。

4. 人才匮乏,稳定逻辑制约锐意改革

人力资源管理方面的问题,集中体现为以下三点:一是优质人才难引进。事业单位招考是引进人才的主要方式,一般会设置985或211学历的报考门槛,将大批具备专业技能的实践型人才拒之门外。符合条件的求职者囿于薪资待遇、晋升空间等多重因素,一般不会选择在县域地区工作。二是专业人才难留住。在流动性社会趋势下,青年员工会通过公务员考试、跳槽等形式离开融媒体中心,导致机构内部人才队伍老化特质明显,固有的思维框架限制了传统媒体人对于"新媒体""媒体融合"的概念想象与创新实践。三是人才激励难生效。由于玉门市融媒体中心属财政全额拨款的公益一类事业单位,对激励绩效占整体工资比重具有严格规定,即使配套档案工资的15%—30%作为考核总基数,也难以在工资数额上拉开较大差距。

产业资金运营方面,运营收入难以匹配支出。玉门市融媒体中心由传统广播电视转型而来,信息服务产业项目少,经营创收渠道窄,而融媒体共享平台投入大,后期运行维护成本高,设备迭代速度快。虽然甘肃省出台的深化融媒体中心建设方案中,允许公司经营收入用于融媒体中心绩效考核,但尚未落地实施,公司经营收入仍主要用于自聘人员工资发放、公司经营和设备购置。究其根本,在"条块结合、双重领导、以块为主"的管理体制下,县级融媒体中心主要由县(市)政府主管负责,地方政府对于突破既有法规政策限制的改革比较慎重,往往是不出事的政治逻辑优先[①],稳定运行比锐意改革更为安全。

五、玉门市融媒体中心的提升路径

玉门市融媒体中心助推基层治理的制胜法宝,源于顶层设计革新与技术升级推广所形成的坚实支撑,并由玉门融媒人在现实实践中不断因地制宜、敢于探索,进而形成了"媒体＋网格＋多屏联动"新平台,开启了"媒体＋智慧城市"基层治理现代化新路径。具体而言,玉门市委、市政府高度重视县级融媒体中心建设,支持玉门市融媒体中心优先参与电子政务、智慧城市等领域信息

---

① 张雪霖:《县级融媒体中心的体制机制改革研究——以H省3个试点县市为例》,《新闻界》2020年第3期,第31页。

化项目建设,打通融媒体中心与政府部门之间的数据壁垒,融入人民群众日常生活,使"祁连云"数据中心成为驱动基层社会治理的智能引擎。

下一步,玉门市融媒体中心将继续依托技术优势,推进智慧玉门"城市大脑"建设应用,统一建设全市人口、法人、地理、信用、电子证照等基础信息库,以及跨部门应用的政务服务、健康、交通、生态、平安、旅游、经济等重要领域主题信息库,打造"城市大脑"数据中台,为政府科学决策提供依据,持续提升公共服务、基层社会治理等数字化智能化水平。最后,针对玉门市融媒体中心在建设实践中产生的问题困惑,提出以下三点建议,以此提升玉门融媒在信息服务中的传播力、引导力、影响力和公信力。

1. 明确机构定位,释放全媒体矩阵合力

统一学习《县级融媒体中心建设规范》《玉门市加强融媒体中心建设的工作方案》《玉门市深化融媒体中心建设的工作方案》等政策文件,规范县级融媒体命名方式与账号简介,使媒介机构明确"融媒体中心"属性定位。与此同时,联合其他县级融媒体中心,发起"省内一朵云"互帮互建、资源共享、联动发声倡议,成立甘肃省县级融媒体中心联盟,与省级、中央级媒体寻求深度合作,内外联动,充分发挥全媒体矩阵传播合力。

2. 顺应网络逻辑,增强媒介产品贴近性

时政新闻事关国家大政方针与个人生存发展,应当将政经报道作为县级融媒体中心的新闻业务,以互联网逻辑对时政新闻进行"软化"再造,在宏观上符合宣传思想方针,中观上顺应网络传播趣味性,微观上与群众现实生活接壤,使新闻宣传入耳入脑入心。与此同时,增大原创民生新闻比重,不仅要及时报道玉门市民生信息变动,更要沿袭"开门办报"的优良传统,全面发动地方群众直接参与新闻生产,使新闻议题、话语方式同人民群众信息需求、接收习惯精准对接。此外,根植地方特色,围绕当地历史文化、风土人情、自然资源开展新闻策划,在互联网平台进行垂直化、分众化传播,吸引县域外用户群体关注。

3. 创新育才机制,拓宽产业运营维度

人才选拔方面,综合考察应聘者学历背景、知识素养及实践能力,选拔综合性高层次人才;可考虑与学校、MCN 机构、自媒体网红达成战略合作,针对特殊岗位/具体项目一事一议、一人一策,灵活应用兼职、特聘、特邀等多种方式。人才管理方面,委托第三方机构优化考核评估体系,将公司所得收入应用于绩效考核,尝试采取"一类属性、争取二类管理"模式,根据经营状况适度调整绩效工资系数,激发员工工作积极性。产业运营方面,在广告宣传、融媒课堂、直播带货等媒体衍生业务之外,借力智慧城市项目与数字乡村建设,与政府、企业之间达成深度合作关系,部署智慧农业、智慧教育、智慧医疗等多种行业,开拓智慧决策、技术平台搭建、云服务等多项业务,以群众需求为导向实现普惠性服务供给,从而削弱平台资本对公众日常生活的入侵与剥削,建设人人有责、人人尽责、人人享有的基层治理共同体。

(陶 艺)

宁夏回族自治区中卫市中宁县融媒体中心建设和运营案例

一、调研背景

中宁县位于宁夏回族自治区中部、宁夏平原南端,隶属中卫市,是国务院命名的"中国枸杞之乡"。近年来,在习近平新时代中国特色社会主义思想指引下,中宁县认真贯彻新发展理念,先后荣获"中国枸杞文化之乡""中国十佳最具投资竞争力县(市)""国家级农村产业融合发展试点示范县""国家外贸转型升级基地(枸杞制品)"等殊荣。中宁枸杞不仅推动地方经济产业高速发展,更从文化传播层面为"中宁地标品牌"建设奠定了物质基础,为媒体宣传报道提供了丰富的新闻素材。另一方面,中宁县拥有着悠久的历史底蕴和红色经典文化,不断给予中宁人爱国主义、集体主义、英雄主义的熏陶,使当代人以不屈不挠的精神投身乡村振兴的伟大事业。依托"红色枸杞"与"红色文化"两大"红色招牌",中宁县融媒体中心因地制宜,在经验维度迅速找准"地标品牌建设"这一独特优势,旨在以信息服务促宣传、塑品牌、聚收入,成为宁夏县级融媒体中心建设的标杆和典范。而落实到现实实践中,中宁县融媒体中心传播力、引导力、影响力、公信力有限,难以打通舆论引导的最后一公里,距离产业兴乡还有较远距离。为此,有必要对中宁县融媒体中心的建设概况、亮点经验、存在问题进行深入剖析,提出行之有效的对策建议,使县级融媒体中心充分发挥"引导群众、服务群众"的功用。

二、中宁县融媒体中心的建设概况

1. 机构转型稳步推进

2018年9月,中宁县融媒体中心建设项目启动,遵循"新闻+党建+政务+应用服务"建设思路,把媒体融合发展改革和融媒体中心建设作为政治任务全力推进。2018年12月,云计算融合媒体共享平台正式上线,该平台以"掌上中宁"App作为技术架构,致力于实现统一指挥调度的多媒体采编、多渠道多形态内容采集汇聚以及"一次采集、多种生产、多元传播"的新闻产制流程。2019年9月,对中宁综合频道进行播出系统的高清化改造,成为全区县级唯一一家实现采编播高清化的数字播出系统。2020年8月,对调频广播进行数字化升级改造,完成了无线发射设备及广播采编设备换代升级,实现媒介产品传播渠道的全域覆盖。至此,中宁县融合媒体共享平台搭建基本完成,经试运行后成功上线。

2. 内容生产流程再造

建立全媒体指挥调度中心,打造集策划、采访、编发为一体的数据平台,配备知识丰富、技能多元、运营专业的全媒体人才,构建一次采集、多元生成、多渠道发布的全媒体传播格局。

选题策划方面,中宁县融媒体指挥中心的工作人员通过媒体报道、政务发布、网民发言、用户爆料等渠道获取消息来源,秉承新闻真实性原则进行事实核查,结合用户喜好策划新闻选题。在此基础上,借助融媒体报道指挥系统调度采访资源,向外派记者及时指派相应采访任务,通过GIS地图与记者沟通地理位置,建立网格化管理长效机制。

新闻采访方面,围绕县域突发事件与大型文化活动,通过现场直播与素材回传两大途径营造用户在场性,使新闻真实无限趋近事件真实。前线记者借助融媒助手同指挥中心连线,将现场画面第一时间传送到前端素材库,以便实时调整报道计划及具体方向。

新闻编发方面,依据平台传播规律进行多样态编辑,融合文字、图片、音频、视频、H5等多媒体形式,创新新闻编辑形式。经逐级审核后,将新闻产品一键推送至"掌上中宁"客户端、"中宁广播电视台"微信公众号、"央视新闻"客户端等多个平台,打通全媒体矩阵横向传播力,纵向协同力。

此外,重视传播效果反馈环节,通过数据分析系统实时采集转、赞、评数据,分析用户题材偏好及信息使用习惯,以此为后续新闻策划及内容产制提供指导,形成双向循环的内容生产闭环。

3. 硬件软件双向驱动

加大硬件设备投入,建成指挥调度中心,利用"大数据"技术,全面对接区级、市级技术平台,将"融媒体大屏"作为显示终端。建成全媒体演播室、录音室、融媒体采编区、广播直播室、融合发布机房、数据中心机房、导播室、录音控制室、设备库等项目,满足融媒体中心各项业务需求。强化技术安全保障,做好网络系统安全二级等保工作,对供电系统、外电系统采用双回路供电,配置75千伏安UPS不间断电源;将万兆交换机等措施应用于核心机房,确保广播电视设备和数字信息系统安全运行。

升级信息产制流程,建成中宁县融媒体平台信息系统。该系统具备信息收集、策划采编、媒资管理、渠道分发、效果评估等多项功能,从采集、建模、存储、分析、智能应用等维度对受众信息需求进行精准分析,以便及时调整媒介产品的内容和形式。坚持移动优先策略,重点建设"掌上中宁"App,力争实现信息服务、网络直播、智慧城市、政务服务、网络问政、新时代文明实践志愿服务全覆盖;打造议题多样、形式灵活、渠道广泛的全媒体传播矩阵,释放多平台协同传播合力。

4. 运营收支基本平衡

通过中央、自治区专项资金、县财政资金和单位自筹等方式,获得建设资金520万元,在此基础上开展新闻传播、信息服务及衍生业务。资金收入方面,与中宁县各乡镇、部门(单位)积极开展合作,创建信息发布栏目40个以上,承接活动举办、专题片拍摄、宣传策划、网络平台代管等业务,共创制专题片、宣传片、MV、快闪、微电影200余部,创收700余万元,资金投入与运营收入基本平衡,实现社会效益与经济效益双丰收。

5. 人才改革初显成效

中宁县融媒体中心,为县委直属正科级事业单位,加挂中宁县广播电视台牌子,归口县委宣传部领导,领导职数一正两副,设办公室、新闻信息采集中心、编辑分发中心、播音中心和技术中心五大部门。现有工作人员64名,其中包括在编人员28名、聘用人员36名,新媒体从业者约占员工总数的80%。

顺应媒体融合趋势,融媒体中心变革"采编播管"岗位管理制度,按需设岗,以岗定薪,推动人员由身份管理向岗位管理转变,逐步实现同岗同工同待遇。在不占用机构领导干部职数的前提下,允许中宁县融媒体中心将专业素养过硬、工作业绩突出的临聘人员聘任为融媒中心副主任（总编辑），进而增强员工归属感与团队凝聚力。

激活人力资源潜能，实行全员绩效考核制度，以百分制作为计算标准，100分为基础工资，超出100分的部分按每分15元计薪，解决"干多干少一个样，干好干坏一个样"的老问题，不断激发员工内生动力和工作热情。此外，采取"走出去，引进来"战略，与宁夏大学人文学院共建培训基地，拓宽员工学习进修渠道，立足本土选拔人才，壮大融媒体中心采编力量。

三、中宁县融媒体中心的亮点经验

1. 内容技术深度交融

通过流程数据化与平台矩阵化，实现各项运营资源有机整合，促进媒介内容、技术应用、平台终端、人才队伍互融互通，打造"台、网、端、微"一体化发展的全媒体传播体系。

流程数据化。将内容、技术、平台多资源要素融为一体，从"策、采、编、发、馈"五大环节进行流程再造，实现"一次采写、多元生成、多平台发布"格局。顺应传播视频化、移动优先化、活动直播化的融媒体报道趋势，建立"融媒体统筹、新媒体首发、全媒体跟进"传播模式，确保市委市政府声音由融媒体中心独家发布，把握新闻舆论工作主导权，提升网络传播时、度、效。

平台矩阵化。将电视、广播、中宁网、微信公众号、"掌上中宁"客户端、微博、抖音、视频号、人民网客户端、新华网客户端、央视频、腾讯企鹅号、121新媒体平台、宁夏广电"黄河云"等平台融为一体，形成全媒体传播矩阵；将全县48个县直机关、乡镇社区、生活服务微信公众号纳入中宁县广播电视台微信平台，构建"全县一盘棋"的大宣传格局。

2. 舆论引导平战结合

新闻宣传方面，聚焦中央方针政策与地方经济社会发展，先后开设"学习宣传贯彻十九大精神""深入学习宣传贯彻习近平总书记视察宁夏重要讲话精神""致敬改革开放四十年""决战脱贫攻坚 决胜全面小康""庆祝中国共产党成立100周年""开局十四五 展现新作为"等100个专栏，播发新闻稿件20000余条，打通新闻舆论工作的最后一公里，为民众营造理性的政治信息生态。

舆情应对方面，协同政府各部门开展风险治理，发挥资源整合、舆情预警、指挥调度、矛盾化解等多重功用。一方面，将"宁夏回族自治区重点营运车辆公共服务平台""中宁县地下管线地理信息系统""中宁县公安交通监控系统""中宁县智慧安监系统"等数据后台接入融媒体中心指挥调度平台，为政府决策、日常监管和应急指挥提供技术支撑。另一方面，沿袭电视问政传统，在"掌上中宁"客户端开设网络问政模块，建立"一网留言、集中受理、分类处置、部门联动、跟踪督办"的运行机制，将矛盾化解在基层，走好网上群众工作路线。

3. 四维融合规划服务

在服务部署规划层面，以民众需求为导向，不断加大资源整合力度，与政务服务中心、新时代文明实践中心、"学习强国"平台、互联网平台深度融合，深化公共服务功能，打通基层治理的"最后一公里"，让党的声音传得更开、传得更广、传得更深入。

与政务服务中心融合。将政务服务、便民服务、教育健康等群众生产生活刚需服务融合到"掌上中宁"App客户端，打造指尖上的政务服务中心。

与新时代文明实践中心融合。在掌上中宁客户端搭建"新时代文明实践"模块，实现百姓"点单"、中心"派单"、志愿者"接单"、群众"评单"相贯通的工作模式，形成网上网下同频共振的工作机制，强化官方与民众的情感联结。

与"学习强国"平台融合。将党建、党史、扶贫、时评、慕课等栏目链接至"掌上中宁"客户端，推动重大政策、权威信息等向基层社会下沉。

与互联网平台融合。与中宁电商、121平台等对接，以直播带货等形式助推中宁枸杞、中宁红枣等县域特色农产品销售，增加农民经济收入，建构"中宁枸杞"地标产业文化维度。2020年，为减小疫情对消费市场的消极影响，中宁县融媒体中心在6·18中宁枸杞鲜果直销节、第三届枸杞产业（云）博览会暨全球网红大赛进行现场（云）直播，通过抖音平台和腾讯直播平台开展直播带货活动30场，累计参与人数5万人次，发布作品486部，累计获赞200万次。

4. 政治改革引领发展

2018年初，中宁县被确定为全区率先开展县级融媒体中心建设的五个试点县之一。对此，县委高度重视，把媒体融合发展改革和融媒体中心建设作为一项重要的政治任务全力推进。县委多次将《中宁县融媒体中心建设方案》《中宁县媒体融合改革实施方案》等相关事宜列入县委常委会、专题会进行研讨，确定了"新闻＋党建＋政务＋应用服务"的融合思路，并将融媒体中心建设同智慧中宁建设有机结合，高起点谋划，高标准打造。为进一步加强组织领导，确保融媒体中心建设方向不偏、力度不减，中宁县还成立了媒体融合发展改革工作领导小组,统筹部署改革建设中的重点工作,协调解决工作推进过程中出现的重大问题。在县委的坚强领导和大力支持下,中宁县融媒体中心建设进展迅速,初步实现了信息服务、公共服务、商务服务的三位一体布局。

5. 品牌思维构筑地标

地理标志是促进乡村振兴的重要驱动力,在实现农民增收、增加农民就业,进而推动农村地区发展方面有重要作用。[①] 在地标产业建设中,地标产业品牌形象会对消费者的认知、态度和行为产生影响,进而作用于品牌美誉度与区域经济收入。首先,为了增加中宁枸杞产品销量,融媒体中心围绕"中宁枸杞"进行全方位、垂直化宣传报道,从农业生产、产品属性、社会活动等方面凸显"中宁枸杞"的独特卖点;其次,通过聚焦枸杞产业中的红色历史与典型人物,使"中宁枸杞"的品牌内核超越食品营养价值,再造为以"为民服务"为宗旨的爱国主义精神,为乡村文化振兴提供精神引领;最后,借助新闻宣传为"中宁枸杞"品牌活动营造良好势头,通过互联网平台直播带货拉动县域经济增长,以"枸杞+文化"项目服务于乡村旅游产业蓬勃发展,使文化层面的符号资本转化为物质层面的经济资本,实现文化要素和经济要素的有机循环。

四、中宁县融媒体中心的现存问题

1. 融合理念有待深化

县级融媒体管理者对于"媒体融合"的理念认知不够深入,导致融媒体中心存在机构定位不清晰、重形式而轻实质等问题。2019年1月,中共中央宣传部和国家广播电视总局发布《县级融媒体建设规范》,对县级融媒体中心给出中英文命名范式,并将其定义为"整合县级广播电视、报刊、新媒体等资源,开展媒体服务、党建服务、政务服务、公共服务、增值服务等业务的融合媒体平台"[②]。中宁县融媒体中心将抖音平台命名为"中宁县融媒体中心",而将微信平台命名为"中宁县广播电视台",将微博平台命名为"中宁新闻",机构命名方式不一,英文表述用词不当,显露出以广电班子办融媒体的传统观念,不利于推进"你就是我,我就是你"的深层次转型。再次,将建设思路确定为"新闻+

---

① 张亚峰、许可、刘海波、靳宗振:《意大利地理标志促进乡村振兴的经验与启示》,《中国软科学》2019年第12期,第53页。
② 国家广播电视总局:《县级融媒体中心建设规范》,2019年1月15日,http://www.nrta.gov.cn/module/download/downfile.jsp?classid=0&filename=10d26ea5f19945729868edeb4555535d.pdf。

党建+政务+应用服务","应用服务"与其他服务类型在职能方面存在重合,且缺乏差异化定位思维,尚未在观念层面明晰枸杞产业发展为地域形象建构与融媒体品牌建设带来的助力。最后,重技术而轻内容、重形式而轻实质等问题较为突出。管理层将"大屏""演播室""无人机"等先进设备作为融媒体中心建设成就,但尚未将技术创新全面应用于新闻生产。尽管融媒体厨房在软件层面达成流程再造,但其生产模式仍然是对电视新闻的多媒体呈现,无法实现媒体融合政策内含的内容相融、技术相融与部门相融。

2. 内容生产行政导向

在政治把关与考核压力规训下,县级融媒体中心内容生产规律深受行政逻辑影响,表现为新闻选题政治化、内容呈现同质化、效果评估策略化三个维度。首先,县级融媒体中心记者数量优先,主要围绕领导活动与政府会议展开新闻报道,每天跑三四场党政活动的情况很常见,因而没有时间走进田间地头采访民生新闻,导致政治题材占比超过90%。其次,编辑团队由原广电班子转型而来,深受传统媒体思维桎梏影响,并未按传播平台特性对采访素材进行差异化加工,在微信平台投放电视新闻文字版,在抖音平台投放电视新闻剪辑版,造成多平台定位模糊、重复建设、竞争分流等问题。有学者提出,基层政权的行为呈现出"不出事逻辑",其具体表现就是地方政府在基层治理中的消极和不作为[1],这一逻辑同样可适用于县级融媒体中心。最后,面临上级条线部门施加的绩效考核压力,管理层形成了一套重形式而轻内容的应对策略。为了弥补新闻素材趣味性不足、传播力有限的缺陷,将跟进全国性热点新闻作为主要途径,保障多媒体平台更新频次常态化,在短时间内积聚起大量转、赞、评数据,建立刚性的数据化考核评估机制。

3. 服务效能两极分化

服务效能两极分化集中体现在商务服务与其他服务类型之间的差距。中宁县早在1995年被国务院评为"中国枸杞之乡",并将"中宁枸杞"作为战略性地标产业优先发展,不仅使农户个体增收致富,更对当地各部门发展起到了强有力的推动作用。在宣传成本有限的情况下,中宁县融媒体中心正是借力"中宁枸杞"的品牌价值开启直播带货业务,使媒体机构超越传播职能,成为县域经济高速发展的助推器。相比之下,中宁县融媒体中心政务服务与公共服务

---

[1] 贺雪峰、刘岳:《基层治理中的"不出事逻辑"》,《学术研究》2010年第6期,第32页。

仍处于起步阶段。一方面,政府各职能部门存在数据壁垒,信息共享机制尚未建立完善,中宁县融媒体中心只能将政务办理业务链接至服务界面,反而增强了使用流程的复杂性;虽然融媒体中心设置了网络问政功能,在实际工作中却缺乏相应行政权力介入社会矛盾跟进、化解与监督,无法履行媒体监督职能。另一方面,平台媒体巨头凭借庞大用户基础与技术优势,实现了对智慧城市与数字乡村的全方位渗透,培育出稳定的用户使用习惯。而中宁县融媒体中心各项资源要素处于缺位状态,尚未与当地民众实现紧密情感联结,难以同互联网巨头相抗衡。此外,现代社会蕴含着种种自然风险与人为风险,风险社会的知识化、网络化和媒介化的结构性特点,决定了新闻传媒居于风险社会的重要位置。① 从风险治理视角审视之,融媒体中心舆情监测系统技术滞后、新闻报道受政府机构制约、应急广播建设相对落后,难以发挥预警风险、实时发声、沟通协调、化解风险的作用。

4. 人才改革难以落地

人才资本在媒介经营管理中至关重要,物质性资本的保值增值必须依赖于媒介人才主观能动性的发挥。② 为了解决人员队伍老化、人才引进困难③等问题,中宁县融媒体中心尝试通过加大人才引进力度、改革岗位管理制度、实行全员绩效考核等方式激发员工工作潜能,但均未达致理想效果。融媒体中心目前主要借助事业单位招考这一途径引进人才,应聘者需为全日制本科及以上学历高校毕业生,学历门槛会过滤大批懂传播的职业技术类人才。而对于本科毕业生来说,融媒体中心薪资较低、发展前景有限,一般不会将其作为就业岗位的最佳选项。就业本是双向选择的过程,机械的招聘方式为融媒体中心带来巨大人才缺口。其次,岗位管理改革趋于保守,更偏向于观念上的话语转变。例如,虽然八成采编人员均以全媒体记者、全媒体编辑称呼,但他们对传播的理解仍停留于传统媒体阶段,将其视为"由上至下的信息传递过程"与"党媒承担的政治任务",以致缺少"为人民服务"的用户思维;虽然文件上提出"允许将专业素养过硬、工作业绩突出的临聘人员聘任为融媒中心副主任",但该条款难以在注重编制、论资排辈的事业单位晋升体系中实际生效。最后,

---

① 马凌:《新闻传媒在风险社会中的功能定位》,《新闻与传播研究》2007年第4期,第42页。
② 王国平、王方晖:《媒介资本运营与中国的现实进路》,《求索》2006年第8期,第79页。
③ 张宏邦、刘威、王佳倩、张江江:《整合与协同:县级融媒体的现实困境及本土化推进路径》,《西安交通大学学报(社会科学版)》2020年第3期,第136页。

绩效考核机制无法调动员工积极性。中宁县融媒体中心平均工资3500元,即使在100分的基础上按15元/分计薪,相较于基本工资提升数额不大。管理层表示,融媒体中心收入有限,主要来源于财政拨款,仅够维持聘用人员工资与五险一金,如果继续提升绩效工资所占比重,可能会出现难以支付员工工资总额的情况。此外,部分老员工学习能力有限,难以及时跟上互联网日新月异的变化,绩效改革中的"奖优罚劣"标准也相对缺乏人情味,会导致老员工的不平衡心态。究其根本,人才机制改革需要配套相应政策措施及资金支撑,消除当前公共权力运行中的过度人情化倾向,在科层理性与人情冲突中找到均衡点。[1]

五、总结

面临建设困境,管理层表示,中宁县融媒体中心将加强数据共享、强化服务供给、落实人才改革,引导媒介机构升级再造。一是整合公共数据,实现融媒体中心与智慧城市项目的一体化发展。确立数据开放制度,要求城乡治理相关部门将公共数据上载至融媒体中心数字化平台,使后者作为协同政府、企业、社会组织的中间节点,为服务功能建设打通数据接入渠道。二是深化服务功能,打通为民服务最后一公里。持续推进融媒体中心与新时代文明实践中心、网络问政平台深度融合,参与新时代文明实践中心的线下志愿服务,重点关照老年数字贫困群体,在面对面的人际传播中构筑基层情感认同,弥合数字乡村建设带来的数字鸿沟问题;与此同时,与政府各部门协同沟通,定期推出网络问政节目。三是推进人才改革,激发员工潜能。克服一切阻力出台长期政策,优化人才引进与职位晋升机制,授予融媒体中心自主招聘权,解决薪资待遇较低、福利保障薄弱、发展空间有限等现实问题,确保吸引人才、留住人才;此外,与陕甘宁地区省级媒体、高等院校建立长期合作关系,提高职工外出学习频次,搭建专业化实习基地,确保优化结构、用好人才。

中宁县融媒体中心管理层在战略规划上极具问题意识,认识到融媒转型中存在的"服务效能两极分化""人才改革难以落地"等现实问题,并就服务效能优化、人才机制改革提出可行性建议。但是,内容生产优化并未纳入未来发展战略,表明管理层对媒体融合的理解有待强化。县级融媒体建设是媒介逻辑与治国理政实践的交互再造过程,涉及引导功能与服务功能的内在平衡。具体而言,引导是通过内容制作传播、意见互动沟通形成构筑政治文化双重认

---

[1] 王自亮、陈洁琼:《科层理性与人情社会的冲突与平衡》,《浙江学刊》2016年第6期,第137页。

同;服务则是媒体通过嵌入、协同国家治理体系所进行的认同再造实践。① 两大功能均以"认同"作为价值归依,覆盖观念共享、沟通协调、物质行动等多个层面,是辩证统一的有机整体。融合发展应兼顾服务和传播,不能只做传播不做服务,也不能兼顾服务弱化传播。② 鉴于融媒体中心在服务建设方面已形成可行方案,在此特对内容生产机制提出优化策略。

一是转变传统宣传观念,从民众需求出发做新闻。将新闻传播由"政治任务"转变为"信息服务",找到国家大政方针与群众日常生活的结合点,凸显新闻报道议题的贴近性与人情味,从空间上达成传播议题的在地覆盖,从时间上维系地方文化的内生活力与国家政权的稳定在场。二是顺应网络传播规律,用短视频讲好中宁故事。社交媒体作为一项技术创新不断扩散,以其高开放性、强交互度深受用户喜爱,在长期使用过程中对用户思维习惯乃至行为逻辑产生累积性影响,强化了信息使用偏好的感性化、碎片化、娱乐化向度。与此同时,被社交媒体中介化的社会需求又会反向促进媒介的情感性功能,使文字社交媒体演进为短视频社交媒体,以其低门槛性、强感染力不断回应、激活基层民众潜在的信息消费需求。在构筑微博、微信阵地之余,县级融媒体全媒体矩阵建设重心应兼顾抖音、快手等短视频平台媒体,以生动活泼的形式建构中宁地标、再造中宁形象,使县域品牌传播超越地域限制,带来更广泛维度的符号资本变现。三是搭建公共沟通空间,促进社会整合。互联网的发展解构了传统媒体的中心地位,由多元主体共塑话语生态。囿于个人素养、群体诉求乃至社会阶层的分化,围绕公共议题的自由讨论并不一定带来真理的产生,相反可能会在话语交锋中造成社会共识的撕裂,如何引导公共讨论显得重要。在技术优势的加持下,县级融媒体中心应当从社情民意中挖掘公共性议题,动员社会公众与权威专家参与话题讨论,以认同为核心整合多元主体的利益、偏好、情绪,在尊重个体差异的基础上谋求最大公约数③,在流动的话语互动中重塑交往理性,促进社会整合。

(陶 艺)

---

① 倪琳:《国家治理视角下县级融媒体中心传播功能再解读》,《东岳论丛》2021年第6期,第189-190页。

② 谢新洲、石林:《嵌入基层治理:县级融媒体中心与基层网络政务服务的融合发展》,《传媒》2021年第8期,第33页。

③ 宋守山、李舒:《主流媒体新闻评论引导力的实践路径》,《中国编辑》2021年第8期,第17页。

江苏省淮安市盱眙县融媒体中心建设和运营案例

根据课题组部署,2020年4月28日,南京大学新闻传播学院课题组成员赴淮安市盱眙县融媒体中心开展了为期一天的实地调研。调研者在盱眙县融媒体中心负责人的陪同下参观了中心指挥大厅及各部门办公室;按照调研访谈提纲,分别与两名中心有关负责人和两名新闻采访业务负责人进行了深度交流,全面了解该县融媒体中心的建设情况;按照随机抽样的原则,在盱眙县内完成了15份受众调研问卷。

一、调研背景

1. 选择该调研点的缘由

将淮安市盱眙县融媒体中心选作调研点,主要原因有二:

第一,淮安位列"苏北四市",为江苏省经济欠发达地区。其在洪泽、盱眙、金湖三县设立融媒体中心,在全省范围内建设进展较快,就苏北地区而言,堪称具有代表性的研究样本。

第二,盱眙县是江苏省首批启动的县级融媒体中心试点县,市、县对融媒体中心给予较大支持。中心在平台建设、运营策划等方面也积极与江苏省广播电视总台开展全方位战略合作,其建设运营在省级层面具有一定的代表性。

2. 该调研点所在县(市、区)简介

盱眙是江苏省淮安市下辖县,地处长江三角洲地区,位于淮安西南部,淮河下游,洪泽湖南岸。1983年,江苏省实行市管县体制,盱眙县隶属于淮阴市。2001年"三淮一体"后,淮阴更名淮安,盱眙被划分至淮安市。总面积2497平方千米,下辖3个街道和10个镇,人口79.86万(2018年统计数据)。

盱眙拥有得天独厚的自然环境和文化旅游资源,历来就是农业大县,素有"龙虾之都"的美称。其曾先后荣获"中国旅游强县"(2008)、"全国休闲农业与乡村旅游示范县"(2014)、"全国森林旅游示范县"(2016)、"第二批国家全域旅游示范区"(2016)、"全国投资潜力百强县市"(2018)、"长三角最具网红特质旅游城市"(2019)等称号,并于2020年入选"全国县城新型城镇化建设示范名单"。

可见,盱眙在新型城镇化之路上拥有良好的发展潜力,该县在全省范围内也是较早完成融媒体中心建设第一阶段工作目标的试点。除此之外,盱眙也是淮安市面积最大的区县,常住人口数量(68.6万)也仅次于淮安(98.8万)、涟水(84.9万)、淮阴(78.4万),远超该市内其他两家融媒体中心洪泽(33.9万)、金湖(33.2万)的常住人口数,拥有较好的受众基础。

二、建设概况

1. 建设过程

该中心建设过程可大致分为组建准备期、深化融合期两个阶段。

(1) 组建准备期(2018年12月到2019年10月)。

2018年11月,中央全面深化改革委员会第五次会议审议并通过了《关于加强县级融媒体中心建设的意见》,将盱眙作为试点县之一。此后,县委县政府相关工作人员赴先进地区学习借鉴经验做法,结合本地实际情况形成有针对性的工作草案。2019年2月13日,盱眙县委常委会研究通过了《盱眙县融媒体中心建设实施方案》,成立了以县委、县政府主要领导为组长的融媒体中心建设领导小组,着力推进融媒体中心的全面建设。3月18日,中心正式挂牌。4月18日,县编办明确了中心的机构设置、单位性质、编制职数。9月28日,中心"荔枝云"指挥大厅正式投入运行。10月8日,原盱眙县广播电视台与原现代信息中心(即报社)人员正式合并,实现集中办公。至此,盱眙县融媒体中心已经从软硬件设施、工作制度、人员配备层面全面完成了统筹组建,实现了人事整合和机构融合,即将进入实质性运作阶段。

(2) 深化融合期(2019年10月至今)。

调研时该中心正处于此阶段。融媒体中心建成后,在建设工作领导小组的统筹推进下,以创新思路推进媒体深度融合,主要表现在以下两个方面:一是创新融合新闻产品,打造以新媒体传播矩阵为核心的主流新闻舆论阵地;二是创新"两个中心"统筹(即县级融媒体中心和县级新时代文明实践中心),做好"媒体+"综合功能。目前,中心已完成对《盱眙日报》、盱眙新闻网的全面改版,建成"掌上盱眙"移动端App,并对微信公众号"盱眙发布"和"盱眙TV"进行了全面整合,还注册了抖音号。在此基础上,中心按照"一次采集、多次生成、全媒传播"的要求,建立由指挥中心统一调度、采集中心统一采集、编制中心统一编辑、播发中心多元播发的全媒体内容管理体系,在移动传播方面取得了良好的成绩。

2. 机构编制

2019年2月,将原盱眙县广播电视台、原现代信息中心(即报社)整合为盱眙县融媒体中心,3月18日挂牌,为县委直属正科级公益一类全额拨款事业单位,同时中心设置党委,并派驻纪检组。

目前中心下设县融媒体中心和县传媒集团(为县管正科职一级企业),实行"一套班子、两块牌子"的运作机制。融媒体中心下设办公室、总编办、新闻采访部、编辑部、外宣部、新媒体部、文化活动部、技术部、广播节目部、社教部、播出部、创作部、新时代文明实践部等13个部门,用以深化推进融媒体新闻产品生产传播;传媒集团下设彩虹广告传媒公司、广告文化传媒公司、融媒体文化旅游公司、名特优产品营销公司等4个子公司,用以经营创收。

3. 人员配置

盱眙县融媒体中心领导班子设"两正六副",其中主任(党委书记)、总编各1名,副主任6名,同时各科室核定股级职数2名(正副各1名),共26名。中心目前在职人员195名,其中核定编制总数为134名(全额拨款编制55名、差额拨款编制20名、自收自支编制59名)。

4. 运作流程

中心建设方案强调要高标准高起点地做好现有媒体机构整合、创新采编机制、技术平台搭建和人才队伍建设四项主要工作。在媒体融合方面,重点强调组织架构、采编机制和新闻形态的融合性。

首先是组织架构层面的融合。中心着力推动传统报业集团(原现代信息中心)和新媒体(原县广播电视台)在机构体制、内容渠道、平台架构、人员管理、经营方式等方面的深度融合,并通过设置县传媒集团的方式,在体制运作之余,与市场经营接轨。

其次是采编机制层面的融合。中心注重强化互联网思维和一体化发展理念,建立全媒体采、编、发组织架构,并通过出台配套管理制度予以落地推行。目前已初步搭建起"中央厨房"式的采编机制,呈现出统筹策划(制定选题策划会制度,定期开展重大选题的统一策划)、一次采集(新闻信息的一次采集)、多种生成(各类新闻媒体根据自身需要,分别对采集的信息进行编辑制作)、多元传播(既在全媒体融合平台上集中发布,又通过各新闻媒体多渠道发布)、科学评价(定期对宣传效果及社会舆情进行评估分析)、有效应用(为党委、政府决策和各部门开展工作提供智库支持)的业务模式。

最后是新闻形态层面的融合。中心坚持"移动优先",目前主推的新闻产品有二,一是集新闻、政务、服务等多重功能于一体的移动端 App"掌上盱眙";二是以原盱眙新闻网(县广播电视台官网)为基础改造而成的融媒体中心网站。

5. 经费投入

根据《盱眙县融媒体中心建设实施方案》,项目总投入约 2000 万元。其中,300 万元用于"荔枝云"平台的技术运维费用;400 万元用于新闻采编器材硬件采购;700 万元用于中心平台系统开发;300 万元用于中心建设启动经费;另有 300 万元用于广播电视台装修。

6. 技术平台

该中心技术支持来自江苏省广播电视总台打造的"荔枝云"融媒体服务平台,该平台也被江苏省委宣传部指定为全省县级融媒体中心建设唯一的技术支撑平台。2019 年 3 月 4 日,盱眙县正式与江苏广播电视总台"荔枝云"平台签署了关于融媒体中心共建的战略合作协议,依托云平台建设本地新媒体客户端。其中,中心负责内容的生产、审核与分发,平台则提供技术支撑和运营维护。

7. 经营状况

中心的主要收入来源是财政补助与广告发行。2019 年以来,广告发行收入共计 705.96 万元,财政补助共计 1371.34 万元,上级补助收入共计 61.75 万元。但总的来说仍存在 120 余万元的赤字缺口,在营收的业务类型和用户市场方面还有较大的开拓空间。

8. 绩效考核

中心已初步建立了绩效管理制度和考核评价体系,主要内容包括三个方面:一是实行人员编制总量管理和"同岗同工同待遇"的激励约束机制;二是分部门制定成文的考核办法（包括新闻采访部、对外宣传部等），采取打分制的方式，量化制定相应的奖惩标准、加分细则和奖励方式；三是通过定期开展"中心好稿评选"、人员培训计划等活动，激发员工积极性，增强团队凝聚力。

三、亮点经验

1. 融合传播方面

中心着力打造包括报纸、广播电视、网站微信、微博、移动客户端于一体的全媒体传播矩阵，旨在形成分众传播和分类覆盖的媒体格局。目前，已经建立了由指挥中心统一调度、采集中心统一采集、编制中心统一编辑、播发中心多元播发的全媒体内容管理系统。具体而言，工作亮点包括四个方面：

第一，坚持技术为魂，与省台开展战略合作，借助电信网速优势，整合局域网，打通媒体壁垒。

第二，坚持移动优先，突出新媒体和移动终端的价值，致力于打造本地移动互联网综合平台。

第三，坚持内容为王，紧紧围绕党的十九大、庆祝新中国成立70周年、习近平新时代中国特色社会主义思想等重点工作做好内外宣工作，增强内容影响力。

第四，坚持发展为本，2019年以来主办承办市县活动20多场，参与活动50多场，筹办微信、电视直播近80场，所举办的多个活动关注度、点击量高，得到中新网、新华社等主流媒体报道和全国十几家媒体的转载报道。

2. 舆论引导方面

打造新媒体传播矩阵，壮大主流新闻舆论阵地。中心全面落实意识形态工作责任制，成立盱眙县融媒体中心意识形态工作领导小组，切实形成党组统一领导、党政齐抓共管，相关部门分工负责的工作格局。在盱眙日报、盱眙新闻联播、"盱眙TV"和"盱眙发布"微信公众号、"掌上盱眙"App、盱眙新闻网等平台开设了"庆祝新中国成立70周年""爱国情·奋斗者""新时代文明实践""弘扬向上文化，构建善道盱眙"等专栏、专题30多个，强化了意识形态工作主导权和话语权，加强了舆论引导和意识形态工作导向。

3. 公共服务方面

中心依托移动客户端"掌上盱眙"，主打"媒体＋"融合理念拓展面向公众的综合服务，主要内容包括三个方面：

其一,"媒体+政务":整合政务服务资源,打造县域网上服务前端窗口。将"掌上盱眙"手机 App 与各类政务系统联通,构建畅通的民意传达渠道。

其二,"媒体+服务":实现民生全方位保障。目前已在"掌上盱眙"App 开设公共服务栏目,对接居民生活缴费,下一步将实现居民水电费、有线电视费、客运购票、旅游、购物等生活功能线上一体化。

其三,"媒体+文明实践":强化志愿多形式服务。盱眙是全国新时代文明实践试点县,现已成立文明实践部统筹融媒体中心文明实践,还充分利用媒体资源,开设"新时代文明实践板块",通过融媒体传播展示盱眙在新时代文明实践中心试点建设工作中的先锋示范作用、志愿服务风采,做到文明实践网上网下同步、线上线下互动。

4. 建设模式方面

(1) 县里高度重视融媒体中心的建设运营,政府扶持力度大。

在组织保障方面,成立了以县委书记为组长,县委副书记和县长为第一副组长的融媒体中心建设工作领导小组,统筹推进融媒体中心建设工作。除此之外,还将中心的硬件设备购置、人员人头经费纳入年度财务预算,由政府财政拨款解决。与此同时,政府统筹推进宣传部、深改办、组织部、编委办、财政局、人社局、现代信息中心、广播电视台、文广旅局、信访局、国联集团、江苏有线盱眙分公司等多个部门积极配合,协同推进融媒体中心建设;并鼓励中心主动承接、承办县级重大活动,在做好营收的基础上增强社会影响力。

(2) 与江苏省广播电视总台开展战略合作。

借助总台"荔枝云"平台技术,按照"一地一端"的原则合作入驻,依托云平台建设本地移动新媒体客户端。其中,融媒体中心负责内容生产和审核分发,"荔枝云"负责提供技术支撑和运营维护工作。中心入驻"荔枝云"平台后,隶属关系和运营主体不变,"荔枝云"平台依据统一技术标准,实行统一建设、分级运营、融合联动、分头输出,实现覆盖全省、互联互动和"省市县"三级共享。

5. 其他亮点:已出台较为完整全面的配套管理制度

为了加强统一管理,中心根据工作的具体情况和实践经验,制定了相应的工作规范和审校制度。与此同时,该中心还采用了较有独创性的绩效激励方式和培训办法,以提高员工的积极性和专业度。在目前调研的案例中,该中心的配套制度是最为全面规范的。具体而言:

（1）该中心在工作规范和制度上的创新举措。

第一，出台选题策划会制度，实现电视新闻、广播新闻、报刊头条、互联网节目的信息资源共享，及时传递县委县政府各阶段的重点工作信息，以达到加强重点选题策划、强力保障组织实施、提升宣传效果的目的。第二，出台《融媒体采访团队工作规范》和《融媒体采访团队人员岗位分工》，对新闻从业人员的基本素质、工作纪律和工作要求进行明确规定，进一步提升工作团队的专业度和合规性。第三，制定《融媒体中心节目三审三校、重播重审制度》《融媒体中心新闻发布审核制度》，对所有公开发布的信息内容进行严格把关、责任到人，确保官方媒体的公信力和权威性。第四，高度重视网络信息安全与舆情监控，出台《融媒体中心公共信息巡查制度》《融媒体中心网络信息安全投诉、举报制度》和《融媒体中心网络安全应急处置制度》，做好信息监察、管理工作。

（2）该中心在绩效激励和培训办法上的亮点做法如下。

第一，出台《融媒体中心好稿评选激励办法》，每季度定期举办好稿评选活动，以点击量3000为基准，以"点击量＋互动*10"的量化数据为依据进行排名，前十名均有相应的现金奖励。第二，以月为单位，制定《融媒体中心人员培训计划》，培训内容包括全媒体新闻采编、广播电视节目制作、网页设计制作、短视频制作等，培训方式包括授课、讲座、跟班学习等，以便全方位提高中心工作人员的业务水平。第三，重要业务部门（采访部、外宣部等）根据具体情况分别落实相应的考核办法，制定具体的奖励标准、奖惩细则与考核程序，作为各成员绩效打分的重要依据。

四、存在问题

盱眙县融媒体中心的工作虽已初有成效，但仍存在不足之处，主要可概括为经营管理和融合进程两个方面的问题。

1. 经营管理方面

（1）建设经费短缺和营收乏力。

中心聘用人员较多，仅工资、福利等人头支出每年就需近1000万元，而各类创收实际到账不足700万元，仅此一项缺口就近400万元。在营收方面，中心盈利能力不强，广告收入从10年前的1000万元一路下滑到如今的200万元，且其中有一半是联办节目的收入，纯广告不足三成。为了改善这一情况，县里在成立融媒体中心的同时也成立了盱眙县传媒集团，但毕竟是初创，人员、资源、项目等方面尚未配套齐全,起步维艰。

(2) 融媒体人才缺乏,员工福利待遇偏低。

受城市条件和发展空间的局限,该中心作为基层新闻媒体,吸引优质人才的能力较弱。目前,团队现有成员的新闻采编能力有限,难以适应融媒体新闻生产的需要。与此同时,新媒体工作强度越来越大,中心员工待遇却仍处于较低水平。据估算,所有员工的平均档案工资在5000元左右,平均打卡工资在4000元左右。部分非在编的一线采编播专业人员的平均工资还要更低,这在一定程度上也更加削弱了基层媒体的吸引力,极大影响了员工的工作积极性。

2. 融合进程方面

(1) 媒体融合的基本面已铺开,但缺少主打平台和主打产品。

中心力争打造全媒体传播矩阵,旗下融媒体产品包括微信公众号、网站、抖音、手机App等多种新闻终端,看似面面开花,实则入口分散,极大分散了受众流量和注意力,也并未针对不同媒体形态制定有区分度的传播策略。总的来说,是只实现了渠道上的"打通"和新闻生产形式的"融合",而仍欠缺对受众分层的思考和融合新闻产品形态的创新。

(2) 中心的"品牌效应"尚未打响。

笔者按照随机抽样的原则,在盱眙县抽取了15名受众进行调研,其中性别比例为男女比7∶8,年龄从20岁到60岁不等,学历涵盖高中、中专、大专、本科、硕士,具有一定代表性。其中60%(9人)的被访者认为日常生活与工作中接触本县融媒体中心的频率较少或很少,大多被访者对"融媒体中心"这一名词没有概念,直到提及其所运营的微信公众号或网站方有印象。这表明,中心尚未在用户心中建立"品牌印象",以致其在本地的知名度和认可度仍在一个较低的水准,其在融媒体新闻发展方面所做的努力尚未被公众完全认识了解。

五、总结

1. 该中心对下一步发展的考虑

就调研情况而言,盱眙县融媒体中心在机构融合、融合媒体传播等方面已经取得了一定的进展,但在经营创收、机制创新层面尚有进步的空间。据悉,该中心下一步将集中力量推进媒体深度融合发展,具体举措主要包括以下四个方面:

(1) 深化媒体融合进程。

目前中心虽已在内容、渠道、技术、平台和经营管理等方面实现了一定程度的融合,但仍有进步的空间。下一步旨在完善以广播电视、报纸等传统媒体为依托,微博、微信、移动客户端为生力军的全媒体宣传平台,并实现在舆论引导、栏目策划、内容创新等方面的优化和突破。

(2) 创新机制激发活力。

中心现已按照《盱眙县融媒体中心建设实施方案》制订了以绩效为核心的管理模式,未来将在此基础上继续健全考核评价体系,实行协议薪酬、专项奖励等灵活的薪酬分配办法,以期进一步激发体制内外员工的创新活力。

(3) 加强人才队伍建设。

一方面,在人才引进时更加注重"融媒体"思维和专业人才的引进;另一方面,从政治理论学习和专业技能培训两个方面着手,加强已从业人员的业务培训,改进新闻报道文风,提高新闻报道质量。

(4) 加强意识形态阵地建设。

在现有的各项安全生产制度基础上,认真履行意识形态工作责任制的要求,严格执行节目、栏目"三审制",严把政治导向关,加强新媒体的管理,确保舆论导向正确。

2. 调研者对部分问题的思考和对策建议

第一,针对创收不足的问题,要着重发挥县传媒集团作为创收部门的作用。广告市场正在萎缩是所有媒体单位面临的常规问题,在"移动优先"的新型传播时代,受众与广告客户的分类化、多元化传播需求越来越大,这也意味着新闻和广告要不断作出符合观众视听习惯的形态转变,树立整体营销观念。一味坚守传统广告市场,只会把蛋糕越做越小。作为事业单位的融媒体中心在营收方面或许有一定的限制,但其下属的县级传媒集团则拥有较大的市场自由度,在县级大型活动直播、商业联动、县级旅游/文创品牌的创新和传播方面大有可为。可先争取与县内各部处的项目合作实现"政府服务"职能,再借由不断增强的县域公信力完成商业化转型,提升融媒体中心自身的品牌影响力。

第二,针对体制创新的问题,要在实践中检验激励机制和人才培养计划的可行性,更要在顶层设计上下功夫。在调研中,笔者意识到一个隐含的矛盾,即在编人员与编外聘用人员的分配不均问题:就工作强度上看,一线精兵强将往往是非在编人员,而他们的福利待遇较编制内人员相差甚远。面对这一问题,加强激励诚然是一个解决之道,但最根本的做法,还是要提倡"按劳分配""同工同酬"的分配政策,从根本上强化"经营能力"与"市场标准",为中心工作注入新的活力。

第三,针对深化融合的问题,要明确媒体融合的本质,从理念和形态两方面进一步强化对"融合"的讨论。目前中心的媒体"融合"主要体现在组织架构层面、技术层面和新闻生产制作流程层面,在观念上还有更多可盘活的空间,这主要体现在融媒体人才观念层面"产品思维"的树立,和融媒体新闻产品实用性、公信力、思想力和传播力的统一上。因此,中心可通过机构合作、同业学习、实务研讨等方式进一步深化对"媒体融合"层次的追求,以优秀案例为可借鉴的方法论,持续进步。

(赵一桑)

江苏省镇江市扬中市融媒体中心建设和运营案例

一、调研背景

1. 选择该调研点的缘由

选择扬中市融媒体中心作为调研点,基于两点考虑:一是扬中市是全省首批县级融媒体中心建设试点市,扬中市融媒体中心是镇江市首家成立的县级融媒体中心,2019年6月28日正式挂牌成立,其建设运营在江苏省内具有一定代表性;二是扬中市作为江苏省人口最少的县级市,其媒体受众数量少的特征对其融媒体中心的建设同样具有影响,而扬中市在建设融媒体中心的过程中突出"八大平台"功能定位,全力打造新闻信息资讯平台,公共服务嵌入平台、社区社交互动平台,视、音频播报平台、舆情监测服务平台、网络问政咨政平台,增值服务运营平台和文明实践公益平台,对人口少、体量小的其他县市具有参考价值。

2. 该调研点所在县(市、区)简介

扬中位于镇江市东部江心,地处长江中下游地区,在苏南现代化建设示范区内,目前是地级市镇江市下辖县级市,全市总面积331平方千米,其中陆地面积243平方千米。下辖4个镇、2个街道、扬中经开区和扬中高新区,总人口34万。

扬中位列2019年度"全国中小城市综合实力百强县(市)"第23位,经济发展较好,2019年人均地区生产总值14.15万元,先后荣获"国家卫生城市""国家生态市"和"国家园林城市"称号,"国家环保模范城市"通过国家级考核验收。扬中市连续两年位列镇江市高质量发展考核一等奖第一名。

扬中市整体经济情况较好,同时也是镇江市第一个建成县级融媒体中心的,虽然人口总量在江苏省内最少,但是其受众体量小对于其发展融媒体恰是一个契机。

二、建设概况

1. 建设过程

该中心建设截至目前分为启动筹备、试点建设两个阶段。

2019年3月至6月是启动筹备阶段。2019年初,扬中被确定为全省首批县级融媒体中心建设试点,随后,该市正式启动融媒体中心筹建工作,3月底,扬中市新闻中心和广电中心正式实现合署办公,4月9日,扬中正式与"荔枝云"技术平台签订战略合作框架协议,启动"掌上扬中"App定制工作,布局构建以扬中发布、微扬中、无限扬中微信公众号、魅力扬中微博"四微"、今日头条号、企鹅号、百家号、抖音号"四号"为主体的新媒体矩阵,两大中心及相关平台初步实现物理融合。在筹备过程中,按照省试点要求,扬中市起草中心建设实施方案、职能配置、内设机构、人员编制规定、平台建设等方案。

2019年6月底至今是试点建设阶段。自6月28日扬中市融媒体中心正式揭牌成立开始,扬中市融媒体中心加快对接省级"荔枝云"技术平台,高标准、高起点建设"中央厨房",并建立完善统一指挥调度中心及全媒体内容管理系统,推动信息内容、技术应用、平台终端、人才队伍全面共享融通,努力实现"多来源汇聚、多媒体生产、多渠道分发"的新闻业态。

2. 机构编制

2019年6月28日,扬中市融媒体中心正式挂牌成立,新组建的融媒体中心整合了原来的扬中市新闻中心和扬中市广电中心两家新闻单位,为市委直属事业单位,机构规格为正科级,归市委宣传部领导,设"两正四副"领导班子,目前领导班子共9人。

该中心按照新要求新流程,打破过去按媒体属性划分部分的设置,下设党政办、人事教育科、总编办、采集部、编发部、播音主持部、创意产品部、外宣部、电视专题部、信息技术部、广播技术部、电视技术部、用户服务部、新媒体部、经管办、市场运营部、教育培训部等17个部室。

3. 人员配置

融媒体中心有事业编制121名,经费渠道为财政差额拨款。设主任(正科级)1名,总编辑(正科级)1名,副主任(副科级)4名。内设机构领导职数42名,其中正科长(主任,正股级)17名,副科长(副主任,副股级)24名。

4. 运作流程

扬中市融媒体中心充分整合扬中日报、扬中电视台、扬中广播电台、扬中新闻网、微扬中、扬中发布等媒体资源,打破原有平台界限,依托省级"荔枝云"技术平台,重构"报、网、台、微、端、屏"新型融媒体矩阵,形成"一体策划、一次采集、多元生成、全网覆盖"的融合媒体传播新格局。

目前,扬中市融媒体中心正在加快市域公共媒体资源重组步伐,包括政府部门、各镇街区所办政务信息网站、微信公众号等新媒体资源,参与智慧城市建设,解决老百姓"衣食住行娱乐购"等民生问题,成为主流声音的传播平台、网络问政的议事平台、便民利民的服务平台和文明实践的展现平台。

融媒体中心施行选题策划(编前会)规章制度,坚持问题导向,着力研究、解决新闻报道策、采、编、发具体问题;落实融媒体采访团队工作规范,从线索来源、采访过程、采访内容选择、作风建设、文风建设、监督与惩罚等方面作出了要求;对中心采编人员的岗位分工明确化,使每位员工明晰自己承担的岗位角色。

总体而言,该中心在组织架构上已经实现了"物理融合",但实际运行中仍然是传统媒体(报纸、电视、网站)与新媒体(公众号、客户端等)按照各自的流程运行,策、采、编、发等环节并没有一体化运行,并未在真正意义上实现融合。

5. 经费投入

该中心为差额拨款事业单位。融媒体中心在新办公大楼上概算投资5800余万元,目前已着手投标工作。中心委托城投公司代建的新广播电视发射塔坐落于滨江公园内,户外大屏1500平方米,工程总投资4800余万元。

6. 技术平台

该中心技术支持主要依托省级"荔枝云"技术平台。根据扬中市融媒体中心整体规划,应具备采集汇聚、指挥策划、内容生产、内容审核、融合发布、数据分析、综合服务、网络安全、运维监管等多种功能。如上述所有功能都由扬中市融媒体中心自建,将花费巨大的代价,对时间成本、技术储备、运行维护都有很高的要求。因此扬中市融媒体中心系统依托省级融合媒体云平台的服务能力进行构建,江苏省级融合媒体云平台——"荔枝云"平台,作为江苏省县级融媒体中心建设的唯一技术支撑平台,具备可靠、弹性的技术架构,丰富、灵活的产品服务。"荔枝云"平台能够为扬中市融媒体中心提供以下多种类型的服务支撑:宣传管理与媒体协作、服务提供与资源提供。

7. 经营状况

收入来源分为两块,一是财政拨款,市财政只负责拨付在编人员基本工资,其余年终奖励性绩效工资、政府目标奖、公休假和单位运转费用自筹。2019年度融媒体中心全年财政拨款大约1100万元;另外一块是创收收入、房租收入和网络公司分红,2019年度广告实际到账收入1700万元,房租30万元,分红50万元,全年完成1780万元,同比增长近200万元,实现收支基本平衡。

融媒体中心致力于打造媒体+政务服务与媒体+公共服务,服务扬中市民。中心下设的用户服务部负责"掌上扬中"App的运行和推广,短视频类、政务民生服务类板块内容的编辑、制作、发布,用户内容提供者的审核、制作、编辑分发等工作,做好用户交流培训服务工作;负责面向人口聚集的大型社区、村镇,提供精准化的生活资讯,建设社区信息枢纽;负责部分录播宣传片的后期合成包装等工作。

8. 绩效考核

融媒体中心制定人事改革及绩效考核工作方案,秉持事业管理、企业运作、定岗定责,推行双选、以岗定薪、按绩计酬,效率优先、兼顾公平的基本原则。所有员工的薪酬由月固定工资、月度考核绩效(相当于奖励性绩效)、年终综合考评(相当于政府目标奖)等组成。其他奖励薪酬主要包括十三个月工资、未休公休假补贴、主任基金奖励、商业广告业务提成等。

三、亮点经验

1. 融合传播方面

(1) 抓好多个平台融合,着力构建传播矩阵。

2019年3月29日,市新闻中心和广电中心正式实现合署办公,4月9日正式与"荔枝云"签订战略合作框架协议,启动"掌上扬中"App定制工作,布局构建以四微(扬中发布、微扬中、无限扬中微信公众号、魅力扬中微博)、四号(今日头条号、企鹅号、百家号、抖音号)为主体的新媒体矩阵,初步形成了"一报一网两台、两微一端一屏"八位一体和多号的传播矩阵。

(2) 再造策采编发流程,打造"多元传播"报道。

融媒体中心为准确、全面地宣传党的路线、方针、政策,及时报道各类新闻事件、组织好各类主题报道,坚持正确的舆论导向,不断提高新闻产品质量,促进"强富美高"新扬中建设,制定选题策划(编前会)工作制度。编前会的内容主要包括:听取各宣传部门宣传工作事项汇报;分析、研究、会商当日、本周及月度新闻报道线索;确定重点选题;下达采集、编辑、制作指令,明确任务分工、完成时限和采编发协同动作要求;对昨日、上(本)周、上(本)月采编发工作及宣传报道、具体稿片进行检查、综合分析、研判,肯定成绩、总结经验,指出问题、提出改进意见建议,明确改进措施和努力方向;点评新闻稿片、节目质量,研究确定月(季、年)度优秀稿片(节目);协调、解决采编发工作中遇到的问题,必要时提交中心相关部门或提请中心党委解决。

融媒体中心着力打造"多元传播"报道。在以"不忘初心、牢记使命"为主题的报道中,展现了一心为民的社区书记郭玉妹的工作事迹、当一辈子理论教员的扬中市老年大学校长郑云的教学事迹,相关报道同时在纸媒《扬中快报》、微信公众号"微扬中"、网站"扬中新闻网"、电视"扬中电视台"以及手机App"掌上扬中"呈现。除此之外,融媒体中心紧随时政策划全媒体新闻行动方案并配合上级媒体协同报道,共同致力于融媒体建设。

(3) 坚持移动优先战略,全面提升传播能力。

融媒体中心坚持移动优先战略,进一步加强与"荔枝云"技术团队的对接、交流工作,围绕融媒体大楼基建工作,设计融媒体软硬件生产环境,高标准、高起点建设"中央厨房",建立完善统一指挥调度中心及全媒体内容管理系统,推动信息内容、技术应用、平台终端、人才队伍全面共享融通,努力实现"多来源汇聚、多媒体生产、多渠道分发"新闻业态;搭建完成"荔枝云"融媒体采编平台,并与省平台成功对接,原有的《扬中日报》采编系统也已完成数据端口的对接工作,基本做到了平稳过渡。移动云报道App平台全面使用,扬中融媒体中心的综合性App"掌上扬中"9月中旬上线使用,初步展现了融媒体的特色与作用。

2. 舆论引导方面

(1) 主题宣传有声有色,正确进行舆论引导。

扬中市融媒体中心的影响力、传播力和社会认可度日益提升,认真履行党媒职责,传播扬中好声音、展示扬中好形象。紧扣全市经济社会高质量发展主线,圆满完成了一系列重大主题宣传、成就宣传、典型宣传和民生宣传。截至目前,"学习强国"累计采用文章超过 100 篇,其中 14 篇被全国平台采用。去年在《人民日报》《新华日报》等中央、省级报刊用稿 106 篇;央视用稿 8 条(含《新闻联播》3 条),中央广播电台用稿 15 条(含全国联播 2 条),省电视台用稿 190 条,省电台用稿 160 篇次。

今年新冠肺炎疫情发生以来,融媒体中心闻令而动,迅速行动,全体采编播一线人员放弃休假,紧急集合,投入共同抗疫战斗中。我们的采访记者无畏"逆行",用手中的笔和镜头,报道疫情最新动态、传播疫情防控知识、回应居民群众关切、讲好抗疫扬中人故事,用一篇篇深入人心的新闻报道凝聚起共同战"役"的磅礴力量。疫情期间,融媒体中心通过电视、电台、报纸、微信、掌上扬中客户端、今日头条等平台,以图片、文字、短视频、H5 等形式,全方位、全媒体、全景式宣传各地疫情防控以及后期复工复产工作。特别是新媒体平台,推送微信稿件近 400 篇,单篇阅读量最高超过 4 万人次达到 20 余篇,大量稿件被新华社、人民日报、央视《新闻联播》以及"学习强国""交汇点"(180 余篇)、"荔枝新闻"采用,充分展示了主流媒体融合传播的及时性、权威性、影响力和公信力。

(2) 设立多方审查制度,落实信息安全管理。

扬中市融媒体中心重视对新闻的审查,制定《扬中市新闻信息发布审查制度》,明确了对三审三校和重播重审制度的要求,规定未经审核通过的内容不得对外发布。三审三校中,规定所有拟发布新闻稿片、信息须经与初审、复审、终审并行的三级校对,确认无误后方可正式在融媒体中心发布、付印、上线。重播重审中,规定需要重新播出的各类视频类节目和重新刊载的信息均需要重新审查和校对,未经重审重校的内容,不得在融媒体中心任何平台发布。

融媒体中心为了确保发布信息的安全,设立了一套信息安全管理制度,主要包括新闻发布审核制度、公共信息巡查制度与应急处置制度。在涉及网络安全的板块中,中心拟定了网络信息安全投诉、举报制度,以加强对网络信息的安全保护。

3. 公共服务方面

(1) 探索媒体+服务模式,助力政务民生工程。

融媒体中心拓展"媒体+"综合功能,主要包括媒体+政务服务与媒体+公共服务,在这一板块下,市民可通过融媒体中心知晓在线政务、交通出行、医疗卫生、生活服务与教育考试等最新资讯,并在线进行相关手续的预约或办理,为市民提供不间断、均等化的综合服务。

(2) 主动贴近市场受众,加强干群互动交流。

融媒体中心依托自身新闻宣传和媒体公信力,主动贴近市场,承接文化、演艺、庆祝、庆典等各类活动,先后成功策划组织了"扬中市少儿春晚"、"少儿春晚优秀节目"评选、"幸福舞起来"广场舞大赛、"五彩星光"少儿才艺大赛、吾悦广场杯扬中市系列群众文艺大赛等一批影响大、市民参与度高的活动,从过去单一的新闻宣传、发布广告逐步向创意策划、会展活动、户外传媒等传媒领域转变,实现了经济效益和社会效益双丰收。

除此之外,为加强与群众的互动,融媒体中心在各平台开放了留言评论区,以加强干群互动交流。"互联网+"理念的加入使得融媒体中心打造市民与政府互动交流新手段,提高政府信息公开水平,提升政府的公信力、亲和力。

4. 建设模式方面

(1) 党委政府高度重视,绘就中心建设蓝图。

当地主要领导对中心建设运营高度重视。接到县级融媒体中心试点任务后,扬中市领导迅速行动、务实推进。2019年春节前夕,市委书记带队赴新闻中心、广电中心,与干部职工亲切交流,传达上级精神、摸清一线家底、掌握思想状况。2019年3月和4月,面向两个中心的干部职工,开展了"我为融媒体中心建设献一策"活动,围绕融媒体中心单位性质、组织架构、运行模式等方面的内容,深入学习研讨。

为提高顶层设计的科学性、实效性,去年5月初由市委宣传部牵头,组织相关职能部门,赴金湖、如皋等地学习考察,并加强省内外先行地区的沟通联系,充分吸收借鉴先进经验和特色做法。随后,中心又多次召开专题座谈会,广泛征集编办、人社、财政等相关单位,以及社会各界的意见建议,听取了大量建议,确保建设方案更加符合扬中市情、体现扬中特色。

考察调研结束后,中心在充分领会省市相关精神,认真学习《县级融媒体中心建设规范要求》《县级融媒体中心运行维护规范要求》等政策文件的基础上,拿出了初步方案。同时,中心还邀请中国传媒大学融媒体智库和省内专家,来扬实地调研指导、强化先进理念、超前谋划布局、精准靶向施策,进一步优化提升了方案。市委常委会和党政联席会,两次听取专题汇报、提出明确要求、指明具体方向,特别是从资金渠道、编制数量等方面,给予了最大程度的政策支撑。

(2) 开展人才培训工作,打造精英激励机制。

融媒体中心设置了人才引进培养的总体目标。中心计划通过两年时间,引进紧缺人才、深入开发现有人才、培育留用精英人才、提升队伍整体素质。到 2022 年,引进中心急需的 20 名以上的基础型和高层次人才;贯彻实施全员培训制度,让学习成为干部职工的生活习惯和兴趣爱好;未来两年计划开设"融创讲坛"20 期,适时选送优秀的中青年骨干外派进修学习。在具体措施方面,中心计划点面结合,突出重点,稳步推进全台培训工作、平台搭建,多措并举,创新人才培养模式、培养师资、规范管理,切实保障各类人才队伍建设计划展开。

充分调动中心全体职工的工作积极性、创造性,发挥职工的智慧和才能,打造高效率、高绩效、高目标达成率的优秀团队,形成"能者上,平者让,庸者下"的优胜劣汰用人机制,建设适应全媒体发展需要的优秀人力资源队伍,提高新闻舆论传播力、引导力、影响力,融媒体中心制定人才激励制度。

(3) 建设技术支撑平台,基础设施优化更新。

融媒体中心按照"一地一端"原则,对接省广电总台"荔枝云"技术平台,建设扬中市融媒体中心"云平台",搭建由文字数据库、图片数据库、音频数据库、视频数据库和历史资料库、成品稿库等组成的多媒体数据库;全面启用"荔枝云"采编平台,着力解决媒体融合发展面临的关键技术问题;加强网络安全技术保障,全面提升技术治网能力和水平。

在基础设施和硬件维护这一板块,技术中心负责融媒体中心技术支持,对所有硬件设施和设备进行采购、维护;负责"掌上扬中"客户端的技术维护和开发升级;对中心关键基础设施进行实时监控、风险分析和模拟攻防对抗。

四、存在问题

1. 物理融合具备,化学反应欠缺

(1) 缺乏生产环节,多平台内容同质化。

从组织架构来看,扬中市融媒体中心目前已经具备了物理融合的条件,但是各组织机构内部、各组织机构之间并没有产生融合的化学反应。扬中市融媒体中心致力于使策、采、编、播、发、评形成统一的整体,但是从现实状况来看,内容生产的环节仍然欠缺,多平台之间的内容并没有反映平台的特点,反而一个素材、一篇报道多平台通用的情况屡见不鲜。作为一家融媒体中心,纸媒、网站、手机 App 的内容几乎一模一样,且主要是以文字的形式进行传播,并未根据平台特性、受众需求进行呈现形式的转换,一稿多用的现象导致中心

的内容生产能力不足,所以用户的黏性较弱。

(2) 技术壁垒明显,部门员工各行其是。

技术壁垒导致中心媒体融合的进程只停留于表层,始终无法触及媒体融合的深层。在目前的组织架构中,技术中心掌握着中心最为核心的技术,某种程度上意味着技术中心与其他人员间存在着很高的技术壁垒,那么这样的融合在技术层面只是少部分人的融合。技术中心下属的电视技术部、广播技术部、信息技术部三个部门并行的模式同样不利于这些人员具备全媒体思维,表面上他们同属于技术中心,但是他们仍然仅为自己负责的部门服务,并不触及其他媒体。在采编人员中,编发部、新媒体部、用户服务部都有各自体系的编辑,负责不同的板块,有些编辑负责网站,有些编辑负责移动端,有些编辑负责报纸,编辑之间的工作互不影响,这就导致他们自身对彼此的工作不熟悉甚至一无所知,那么所谓的培养全媒体人才就更无从谈起。

(3) 优先传统媒体,互联网思维较薄弱。

媒体融合讲求的是互联网思维,移动优先是首先需要考虑的,但是融媒体中心现在仍然是优先为报纸、电视等传统媒体供稿,而新媒体如两微一端只能从报纸、电视已经刊发的报道中选取并摘录发布在平台上,这一做法使得新媒体平台空有形式,内容陈旧。这反映出融媒体中心从上到下的思维尚停留在传统媒体的那一套体系,还未形成新媒体运营的思维与体系。

2. 专业人才紧缺,全媒技能受限

(1) 全媒体型人才紧缺,优惠政策待遇缺乏。

扬中市融媒体中心作为县级融媒体中心,本身规模小、人员少,这也导致媒体融合过程中人才的紧缺和流失。扬中市目前十分缺乏播音员、主持人、全媒体记者、融媒体技术人员以及经营管理人员,形成了严重的人才断层。在对外招聘方面,能采、能写、能编、能拍、能发的人才更是难以遇到。

由于县级融媒体中心的先天局限,员工获得高级职称的难度很大,工资待遇偏低,目前尚无对特殊人才的优惠政策待遇,近几年已很难招聘到优秀专业技术人才,即使招过来也留不住、用不长,现有的优秀职工,部分也会寻求外面更好的平台发展,故而人才流失率非常高。体制机制僵化、观念滞后、改革内生动力不足等问题,是阻碍融媒体中心发展的主要因素。这和长期以来体制机制的不活有很大关联,囿于现行政策规定,在编辑记者的稿酬发放、外宣经费使用、临时工待遇等方面存在较多束缚,这也导致无法吸引人才。

(2) 现有职工瓶颈制约,知识技能难以提升。

正如上文所述,职工们不具备融媒体思维,仍然在传统媒体的运作中故步自封。现有职工习惯于传统媒体的运作方式,各自负责不同的事务,而对没有安排给自己的事务则漠不关心,知之甚少。职工自身不愿意转型,或者说转型的效率低、成功率低,这样即使有针对性的培训也并不能打破职工们从传统媒体到新媒体的瓶颈制约。现有职工的知识、技能达不到融媒技术的标准和要求,制约和影响了媒体融合发展。

3. 资金缺口较大,创收压力空前

与传统媒体不同的是,媒体融合需要大量的资金投入,转型改革更需要增量资金的注入。当前形势下,靠传统媒体平台搞创收日子已越来越难过,保吃饭、保运转是融媒体中心面临的最大难题,资金从何而来是一个很现实的问题。虽然中心有财政拨款,但是只能覆盖在编人员基本工资,其他各类费用均需要中心自筹。目前搬迁新大楼需要几千万元的资金,除此以外,融合之前各单位的机器设备若想满足新媒体的要求,亟须更新换代,这又是一大笔资金。然而,目前融媒体中心在政府财政支持和自身盈利的共同支持下差不多能维持收支平衡,运转尚且艰难,若要满足融媒体中心的进一步资金投入,无疑是困难重重。

目前融媒体中心的创收主要来源为广告,但是随着网络媒体强劲发展态势的威胁,融媒体中心的竞争力与之相比愈来愈微弱。一方面是越来越多的融媒体中心建设的资金投入需求,另一方面是逐渐下滑的创收收入趋势,融媒体中心的创收压力空前巨大。

4. 传受互动较少,内容审核欠缺

传统媒体与新媒体的一个区别就在于传统媒体往往是单方面的传播,受众与媒体之间无法发生交流与反馈,媒体融合为传播者和受众之间的反馈带来了新的要求和挑战,这需要媒体建立传受双方的互动机制,这对保持稳定上升的用户数量和活跃量大有裨益,同时亲民的传播方式更能塑造媒体在受众群体中良好的形象。就扬中市融媒体中心而言,目前开放了两微一端的互动区,但是无论是互动的频率还是程度都不尽如人意,既然融媒体中心主要是为公众服务,那么也就需要开放为政务和公共服务建言献策的渠道,并且及时地对公众的留言进行回复,为他们提供更好的服务。

鉴于网络信息安全的要求,媒体融合中主流媒体尤其应当重视内容传播之前的审核过程,无论是针对需要发布的信息还是公众的留言评论,均需要对其进行审核,通过审核后方可发布。直接不审查加以搬运或将审查形式化均是不可取的,确保网络信息安全才能在媒体融合的道路上走得远、行得稳。

五、总结

1. 该中心下一步工作举措

笔者通过调研发现,扬中市成立融媒体中心目前只是迈开了万里长征第一步,构建真正具有"新闻传播力、媒体服务力、用户聚合力"的新型融媒体平台,依然任重道远。扬中市融媒体中心认为,2020年,是扬中市融媒体中心的"改革发展攻坚年"。市融媒体中心要重点围绕生命线、检验线、生存线这"三条线"进行系统改革。始终坚持正确的舆论导向,牢牢守住生命线;始终坚持移动优先,保证日模日活用户,牢牢守住检验线;始终培育持续盈利的能力,牢牢守住生存线。计划将着力在四个方面下功夫:把牢导向,内容为王;移动优先,融合传播;深化改革,流程再造;强化服务,经营转型。

2. 调研者对部分问题的思考和对策建议

（1）调整部门架构,打破技术壁垒。

融媒体中心现有的部门架构下仍然存在不同部门间的技术壁垒,这对媒体的融合发展极为不利,形式上的融合并不等同于真正的融合,全媒体人才也不可能得以培养。现有机制在本质上仍然是传统的思维理念,首先融媒体中心需要打破传统思维,用全新的互联网思维发展,移动优先不是口头和书面上的,而是实际行动层面的,对各部门的架构进行重新整合,使得部门间的交流和融合率先展开,这才能使整个单位的融合得以实现。

在具体操作层面,由于不同岗位的职员仅对自己负责的工作熟悉,久而久之又会走回传统的运行路径,可以通过职员间轮岗的方式以训练他们的全媒体技能,通过周期化、固定化的技术培训课程使得中心的员工具备技术上的专业优势。只有让媒体融合的理念和实践在每位职工身上成功显现,才是融媒体中心可持续发展的正确路径。

（2）加大政策支持,延揽各方人才。

目前融媒体中心专业人才缺乏的主要原因是政策扶持力度不够,扬中市融媒体中心本身由于缺乏与市级、省级、中央级媒体竞争的优势,必须加大对人才的政策扶持力度,例如通过签订合同的方式确立工作年限并一次性发放人才奖金和项目经费,这样可以避免人才流失、工作积极性弱的状况出现。同时,在进行社会招聘的基础上,可以通过民间征集的形式挖掘本地区的专业性人员,以短期项目制或临时工作制对他们进行聘用,以缓解中心人员紧张的问题。

(3) 外部寻求资金,内部拓宽市场。

在资金需求方面,融媒体中心靠财政差额拨款的方式还远远不够,这可以通过两条路径来解决:一方面向政府提交融媒体中心建设规划,列出具体的款项申请财政支持,例如在覆盖在编人员基本工资的基础上,申请购入新设备的经费,以缓解巨大的硬件设备的更换压力;另一方面,需要内部主动借助市场的力量增加创收渠道,例如通过与其他大企业合作,承办与媒体相关的活动,以缓解创收压力。外部渠道主要目的是保证融媒体中心能够正常运转,内部渠道则是为了融媒体中心能够更快更好地发展。

(4) 关注受众需求,打造品牌形象。

县级融媒体中心的受众落脚点还是本市市民,融媒体中心各平台的所有信息和资源都是针对市民的,但是现在很多市民对融媒体中心的概念一无所知,这就需要在宣传融媒体中心的同时,以调研的方式了解市民受众的需求,更好地将媒体＋政务＋服务的模式运行下去,为民服务功能的广泛应用将为融媒体中心带来数量稳定增长的受众群体,同时有利于打造融媒体中心在市民群体中的良好形象。

(姜　雪)

江苏省扬州市高邮市融媒体中心建设和运营案例

一、调研背景

1. 选择该调研点的缘由

选择高邮市融媒体中心作为调研点,基于两点考虑:一是高邮市是首批县级融媒体中心建设县市,2019年6月5日正式挂牌成立,2019年底通过省验收组验收,其建设运营在江苏省内具有一定代表性;二是就调研样本的选取来看,高邮市属于苏中地区融媒体中心建设较有代表性的县级市,将县级媒体融合发展工作作为全面深化改革的重点项目,积极整合资源,高效推动融媒体中心建设,融"一体指挥、协调运转、舆情监测、分析研判、及时应对、协同办公"等多重功能于一体,打通了"报台网端微屏"等各个端口,实行全业务融合、全流程再造,有利于"策、采、编、发、控"等流程重构,最终形成"一次采集、多次生成、多元发布、多平台互动"的全方位、立体化发布体系,对于江苏的其他县市具有参考价值。

2. 该调研点所在县(市、区)简介

高邮地处江苏省地理几何中心,地处江淮平原南端,属于长江三角洲,东邻兴化,南连扬州江都区、邗江区、仪征,西接天长、金湖,北接宝应。高邮目前是地级市扬州市下辖县级市,下辖2个街道、10个镇、1个乡和1个国家级科技园、1个省级开发区、1个省级高新区、1个准省级开发区。总面积1963平方千米,其中陆地面积1175平方千米,水域面积788平方千米,分别占总面积的59.9%、40.1%。总人口80.82万人。

高邮先后荣获中国县域经济百强市第47位、国家生态市、中国最美生态旅游示范市、国家园林城市、国家卫生城市、中国综合竞争力百强市、中国综合实力百强市、中国县级市全面小康指数百强、中国投资潜力百强市、中国新型城镇化质量百强市、中国创新创业百强市、中国工业百强市、中国制造业百强市、中国新能源产业百强市、中国营商环境百强市、中国全面小康成长型百佳市、中国发展改革试点城市等称号。2018年入选中国幸福百市榜第21位、中国美食百佳市。

二、建设概况

1. 建设过程

该中心建设截至目前分为启动筹备、试点建设两个阶段。

2019年1月至6月是启动筹备阶段。2019年初,高邮被确定为全省首批县级融媒体中心建设试点,随后,该市正式启动融媒体中心筹建工作。市委、市政府高度重视,把县级媒体融合发展工作作为全面深化改革的重点项目,积极整合资源,高效推动融媒体中心建设,于2019年6月5日正式挂牌运营。自挂牌以来,市融媒体中心按照《县级融媒体中心建设规范》要求,聘请专业团队进行规划设计,经过5个月紧张施工,市融媒体指挥中心于2019年12月18日正式落成。该指挥中心建筑面积约360平方米,融"一体指挥、协调运转、舆情监测、分析研判、及时应对、协同办公"等多重功能于一体,打通了"报台网端微屏"等各个端口,实行全业务融合、全流程再造,有利于"策、采、编、发、控"等流程重构,最终形成"一次采集、多次生成、多元发布、多平台互动"的全方位、立体化发布体系。

2019年6月至今是试点建设阶段。自6月5日高邮市融媒体中心正式揭牌成立开始,融媒体中心积极顺应媒体变革大势全力发展移动端,立足"新闻+政务+服务+N"的功能定位,借智借力省"荔枝云"技术平台,设计开发了独具高邮特色、具有高邮气派的"今日高邮"App,"今日高邮"App也于2019年12月18日上线运营。该款App内含新闻发布、政务、文明实践、服务等4大板块,每个大板块下设10多个子栏目,可以满足广大群众读报、爆料、直播、看电视、听广播等多样化需求,真正让"一机在手便知天下事"成为现实,让党的创新理论飞入寻常百姓家。

2. 机构编制

2019年6月5日,高邮市融媒体中心正式挂牌成立,新组建的融媒体中心整合了原来的高邮市新闻信息中心和高邮市广电台两家新闻单位,为市委直属全额拨款事业单位,机构规格为正科级,归市委宣传部领导。设"一正四副"领导班子,设主任一名,副主任四名,目前领导班子共5人。

高邮市融媒体中心内设机构按照全媒体指挥、新闻生产、技术研发、后勤保障、经营服务等五大工作板块的功能,内设总编办、全媒体部、报纸部、广播部、电视部、信息采集一部、信息采集二部、创意策划部、数据开发部、技术保障部、微波站、办公室、人力资源部(党办)、财务计划部、传媒运营部、用户服务部等16个部室,下辖直属广电站和新闻书画院2个下属事业单位。

3. 人员配置

融媒体中心有核定事业编制82名,经费渠道为财政全额拨款。设主任(正科级)1名,副主任(副科级)4名。高邮市融媒体中心由原高邮市广电台和高邮市新闻信息中心合并而成,目前实有人员164人。另有去江苏有线高邮分公司工作、人事关系保留在市广电台直属广电站的事业编制人员64人。按照人员性质分类,编内人员91人(行政及参公编制4人、全额编制29人、差额编制24人、自收自支34人)、人事代理7人、编外聘用66人。

4. 运作流程

高邮市融媒体中心通过整合资源、科学布局、优化环节,构建高效的"统筹策划、一次采集、多样生成、多元传播、精准研判"的工作模式,确定"线索挖掘、选题确定、任务分发、现场采集、产品制作、产品推送、落地反馈"等关键流程,形成"策采编、播发控"业务流程总图。融媒体中心施行选题策划(编前会)规章制度,坚持问题导向,着力研究、解决新闻报道策、采、编、发具体问题;坚持问题导向,着力研究、解决新闻报道策、采、编、发具体问题,坚持开短会,创新会议形式,务求实效、高效,切忌空洞、形式主义。

该中心对接党政部门平台,参与智慧城市建设,开展"一站式"受理服务和网上党建、干部培训、党务政务公开,关注和推动民生热点问题解决。强化为民服务意识,为社区、村镇群众提供精准化生活资讯服务、全方位生活服务。开展舆情监测、民意收集、数据分析、建言资政等工作,提供党委政府决策参考。

同时,融媒体中心加大人员培训和引进力度,增强新闻从业人员"脚力、眼力、脑力、笔力",实现从单一文字、摄影记者、主持人向综合运用图文、音视频、H5、VR等现代传播手段的全能型人才转变,鼓励新闻骨干走向融媒体平台施展拳脚、一显身手。破除传统媒体体制机制固化的藩篱,强化严管厚爱、激励约束,构建适应全媒体格局、适应现代传播要求,规范高效灵活的运行机制、管理体系、激励机制,激发队伍活力。

5. 经费投入

该中心为全额拨款事业单位。每年的刚性支出包括非编人员的工资发放与员工的绩效奖励等。

6. 技术平台

该中心技术支持主要依托"荔枝云"平台,打通报纸路特采编平台、电视东方盛行高清制播系统、今日高邮网站以及"两微一端"等原有的本地化部署系统和商业网络平台,实现报纸、广播电视和新媒体人员统一指挥、统一调度、一体运作,初步形成了"统筹策划、一次采集、多种生成、多元传播"的高效工作模式。

融媒体中心保留现有本地部署的视频剪辑用的非编网络,和"荔枝云"云端系统通过安全交互系统实现内容数据的可控互联;设计了高邮市融媒体中心技术方案,包括融媒体中心系统设计、业务流程设计和整体方案设计等;设计了高邮融媒体调度指挥中心大屏系统,包括大屏、控制系统、信号处理器等设备的系统化设计;提供基于"荔枝云"平台包含多来源汇聚、多媒体生产及多渠道发布的应用服务,实现基于互联网和移动化的采编发业务流程;协助建设融媒体新闻生产平台,将"荔枝云"采编发应用服务与本地制作系统排版系统对接,实现广播、电视、新媒体以及报纸业务的全面融合生产发布;建设高邮融媒体中心客户端,建成包含新闻资讯、视音频、互动、政务服务、公共服务等模块的移动内容发布渠道;提供融媒体新闻产品、新媒体报道产品、政务信息、政策解读、精品公益宣传片、新闻类节目的收录及智能拆条等内容的共享服务。

7. 经营状况

2019 年以来,高邮市融媒体中心多方拓展经营领域,先后举办了一批影响大、市民参与度高的文艺活动,从过去单一的新闻宣传、发布广告逐步向创意策划、会展活动、户外传媒等传媒领域转变,实现了经济效益和社会效益双提升。2019 年度总收入为 3160 万元,其中年财政定额补助 1390 万元、广告经营收入 1200 万元、其他产业收入 570 万元,收支基本持平。

8. 绩效考核

融媒体中心制定人事改革及绩效考核工作方案,事企分开,事业人员及人事代理人员由融媒体中心管理,非编人员统一转入传媒集团管理,与传媒集团重新签订正式聘用合同,人员为中心、集团混编使用。未在融媒体中心岗位工作的传媒集团人员按照传媒集团薪酬标准执行。定岗定责,推行"双选",让合适的人才到合适的岗位上,优化人力资源合理配置。以岗定薪,根据业务需要和工作流程,对岗位进行分类,依据不同岗位管理要求,确定岗位浮动薪酬。按绩计酬,统一考核标准,以工作量和质考核为依据确定员工的浮动薪酬待遇,多劳多得,优劳优酬,奖勤罚懒。

三、亮点经验

随着内容生产、传播平台、人员队伍的深度融合,高邮市融媒体中心的影响力、传播力和社会认可度日益提升,一批融媒体"爆款"产品不断涌现,主流媒体融合发展成效凸显。

(一)总体要求方面

1. 强化顶层设计,有力有序推进

今年2月高邮市成立了市委书记任组长、市长任第一副组长、市委分管领导任执行副组长的融媒体中心建设工作领导小组,制订了《高邮市融媒体中心建设工作方案》,从市级层面对融媒体中心的建设步骤、人员安排、经费保障、机构设置、运行体制进行通篇谋划,确保各项工作高标准、高水平、高质量推进;3月7日,与省广电总台签订了战略合作协议;4月24日高邮市广电台与高邮市新闻信息中心合署办公;5月31日高邮市融媒体中心一正四副的领导班子到位;6月5日高邮市融媒体中心党委和融媒体中心挂牌;7月底完成《高邮市融媒体中心三定方案》编制并上报编委会;8月底完成指挥中心项目立项;9月初高邮市传媒集团挂牌,并完成工商注册登记;9月底指挥中心竣工。

2. 强化宣传策划,有力引导舆论

今年以来高邮市融媒体中心围绕社会主义核心价值观宣传、庆祝新中国成立七十周年、乡村振兴、"不忘初心、牢记使命"主题教育、全国文明城市创建、十九届四中全会精神宣传等重大主题、重点题材、重要活动,通过媒体矩阵开展了全方位、立体式、全媒体的宣传。

3. 强化矩阵建设，拓展传播空间

融媒体中心巩固传统媒体阵地，抢占互联网宣传制高点，主动融入中央、江苏省、扬州市等上级全媒体平台，分别进驻央视移动新闻网客户端、新华社现场云、江苏省广电总台"荔枝云"、扬州市广电扬帆 App 客户端等。上级主流媒体云上平台，借力今日头条、抖音、腾讯等网络商业平台，同时集聚本地乡镇部门宣传信息，实现本地新闻资讯多平台传播、多渠道发布的上下联动、垂直化传播路径，形成立体式、多声部、全方位的传播格局，更好地适应了差异化、分众化、社交化、视频化的网络传播趋势，让县域的声音在更大范围、更广场域内传播，实现地方新闻宣传效果的最大化。目前已初步形成了"两台"（高邮电视台、高邮人民广播电台）、"三报"（《高邮日报》、数字报、手机报）、"三号"（高邮发布今日头条号、视听高邮企鹅号、今日高邮抖音号）、"三网"（今日高邮网站、今日高邮手机版网页、高邮广电网）、"两微"（今日高邮微信平台、视听高邮微信平台、视听高邮微博）、"一平台"（三美三名新媒体联盟智能平台）、一端（今日高邮手机 App 客户端）和应急广播的传媒矩阵。

4. 强化流程再造，构建高效模式

坚持移动优先，将新闻传播的第一落脚点由传统的报纸、广播、电视向手机移动转移，加大移动端发稿权重，重设内部机构，重构策采编播发控流程，建立以指挥中心为采编决策中心、以信息采集部为信息采集中心的一体化新闻策划、信息采集、编辑制作体系，依托"荔枝云"平台，打通报纸路特采编平台、电视东方盛行高清制播系统、今日高邮网站以及"两微一端"等原有的本地化部署系统和商业网络平台，实现报纸、广播电视和新媒体人员统一指挥、统一调度、一体运作，初步形成了"统筹策划、一次采集、多种生成、多元传播"的高效工作模式。

5. 强化队伍建设，创新体制机制

深入学习习近平总书记关于推进媒体融合以及县级融媒体中心建设的重要指示精神、省八部委《关于加强县级融媒体中心建设的实施意见》等文件精神，切实增强全体人员的政治责任感、历史使命感。同时，通过"走出去、请进来"等形式，组织业务骨干赴长兴、余杭、常熟、通州、如皋、尤溪等省内外先行县市参观学习，邀请广电总台技术专家、福建省尤溪县融媒体中心主任张敏等专家来邮举办融媒体培训班 20 场次以上，通过专题培训、实战演练、业务研讨、观摩交流等，推动新闻从业队伍统一思想、提高认识、更新观念、提升能力，扎实建设好县级融媒体中心,全面接轨全媒体时代。创新内部管理体制和绩效考核机制,按照流程再造的要求,统一考核标准,统一资源调配,统一薪酬发放,出台了《融媒体中心人事及分配制度改革方案》等绩效考核制度,逐步确立以岗定薪、岗变薪变的人力资源管理及薪酬分配体系,实现媒体"深融"和"真融"。同时,进一步加大专才、人才引进力度,通过进编考试引进5名采编人员,通过跟班培训引进4名新媒体从业人员。下一步将通过传媒集团开展校招,面向社会公开招聘再引进10名主播和新媒体从业人员,并通过进编公开招考4名广播电视工程员和计算机信息工程人员。

6. 强化使命意识,夯实意识形态责任

市融媒体中心党委高度重视意识形态工作,切实履行主体责任,成立了以党委书记为组长,其他班子成员为副组长,各科室负责人为成员的意识形态工作领导小组。坚持"一盘棋"思想,在突出党委书记是"第一责任人"的同时,强调其他班子成员"一岗双责",划分责任区,充分发挥各部室负责人抓意识形态工作的积极性、主动性,各司其职、各负其责、共同履责,切实形成党委书记带头抓、班子成员直接抓、各部室负责人具体抓的工作格局,层层压紧压实责任,防止出现"边际效应递减"现象。坚持牢固树立抓意识形态工作是本职、不抓是失职、抓不好是渎职的理念,把意识形态工作作为年度党建工作的重要内容,纳入重要议事日程,纳入党风廉政建设责任清单重点事项,纳入领导班子、党员干部考核目标管理,坚持把意识形态工作与业务工作相结合,做到一同研究、一同部署、一同落实、一同检查、一同考核,真正把责任扛在肩上、放在心上、落实在行动上,确保意识形态工作责任制落细落小落实。作为基层新闻单位,在严格贯彻落实党的宣传纪律的基础上,结合自身实际,不断强化内部各个传播平台的监督和管理,认真制定完善了新闻采编考核制度、新闻稿件三级审查制度、安全刊播制度、突发事件应急预案制度以及差错问责制度等各项规章制度,确保把安全刊播各个环节做严、做细、做深、做实,确保节目内容导向正确、健康向上,决不给错误思潮和主张提供传播渠道,做到守土有责、守土负责、守土尽责。

(二) 具体实践方面

1. 主题宣传有声有色

2019年以来,市融媒体中心紧紧围绕社会主义核心价值观、庆祝中华人民共和国成立70周年、乡村振兴、"不忘初心、牢记使命"主题教育、十九届四中全会、高邮市委十一届六次全会提出的"四个定位"总目标,充分发挥舆论宣传主阵地、主声音、主渠道作用,综合运用"报台网微端屏"等多种传播平台,精心组织策划了新中国成立70周年系列报道,及时准确传达了纪念五四运动100周年、市委全会、市两会、企业家大会、经济表彰大会、党建工作会、机构改革、融媒体中心暨新时代文明实践服务中心成立大会等重要会议精神,进一步统一思想、凝聚共识;深入跟踪报道了最贫困家庭帮扶、文明城市创建、"263"专项行动、三服务、禁放烟花爆竹、"两集中三开放三控减六禁止"等长期性工作取得的阶段性成效,进一步总结经验、提升水平;精心组织策划了乡村振兴、扫黑除恶、"三美三名"等系列重大主题宣传战役,进一步提振精神、推动发展;认真组织报道了工业20强颁奖、中国双黄鸭蛋节、环湖自行车赛、"双十新闻"评选等重大赛事活动,进一步展示形象、提升内涵,为奋力开创高邮高质量发展新局面营造了浓厚舆论氛围。

2. 融合效应日益显现

"寻找救火英雄"系列报道走上央视《新闻联播》;"12345政府服务热线"荣获了江苏省"媒体融合创新优秀单项案例奖",并作为江苏省广电系统融合经典案例向国家广电总局申报;组织第二届"邮驿路运河情"全国美术作品展开幕式、2019大运河半程马拉松比赛等全媒体多场景多机位直播20多场次,实现了网络视频直播常态化;"我和我的祖国"MV全网传播近30万次;"壮丽七十年飞悦新高邮""高邮情米脂行"等一批全媒体项目得到了各级领导和社会各界的高度肯定和大力点赞。

3. 服务功能不断增强

2019年以来先后举办了"不忘初心、牢记使命——争做新时代先锋"典型事迹报告会、"瑞沃十年庆、弘盛再启航"庆典、第二届高邮市农民丰收节、"好事成双在高邮"湖上花海开园、工业20强颁奖典礼、"球王"大赛、五一车展、扬州慈善总会来邮义演、扬剧《鉴真》、少儿达人秀、房交会、车展、掼蛋比赛等一批影响大、市民参与度高的活动,从过去单一的新闻宣传、发布广告逐步向创意策划、会展活动、户外传媒等传媒领域转变,实现了经济效益和社会效益双丰收。

4. 全媒理念得到强化

2019年以来,进一步强化"走转改",深入开展了"四力"教育活动,大力开展全媒体实战和操作培训,现有新闻从业人员逐步更新了工作观念和作业方式,逐渐实现了从单一文字、摄影、摄像记者、主持人到图文、音视频、H5 运用及制作全能型记者的转变,一批新闻业务骨干走向了融媒体平台施展拳脚,练就"十八般武艺",成为新闻业务多面手。

四、存在问题

1. 经费保障亟须强化

县级融媒体中心不但是县域内的舆论宣传阵地,更是新形势下基层治国理政的新平台,公益性是融媒体中心的最重要属性。由于行政职能的剥离、台网分设的实施,原来以网养台的格局被打破,县级广电台失去了赖以生存的经济命脉,特别是互联网和自媒体的崛起,县级台的经营创收空间受到进一步挤压,收入出现断崖式下滑,仅靠微薄的广告收入无法保开门、保吃饭、保运作,虽然高邮市财政每年定补 1390 万元,仍然无法保证当年收支平衡。今后无论是融媒体中心建设、广电设备升级改造,无论是硬件投入,还是软件开发,都需要很大的资金投入。如果光靠融媒体中心自身微弱的创收能力,没有强有力的财力支撑、经费保障、政策支持,今后发展难以维系。

2. 融合传播基础薄弱

目前的大趋势是媒体走向融合,这意味着新闻要重新定位,融媒体的样态与传统媒体的样态不同,新闻的形态被颠覆,现在是全息媒体的形态,万物皆媒,新闻信息是在场景化的氛围中传播和接收的。融合的过程可能要持续较长一段时间,要面对的问题和要克服的困难都不少。尤其是融媒体中心建设非一日之功,需要精准发力、持之以恒、久久为功。一方面,从全国来看,融媒体中心建设是一项开创性的全新工程,没有现成的经验可以借鉴;另一方面,从基层实际情况来看,传统媒体普遍存在视野不够宽、思维不够活、方法不够多、技术水平低等现实问题,推进融媒体中心建设的基础比较薄弱,目前只能摸着石头过河。融媒体中心目前的采编播人员长期从事传统媒体工作,对新媒体、新技术、新流程的运作还不太熟练,特别是对全媒体理念的理解和移动优先策略的实施还没有真正从心理上适应,对全媒体采编平台的运用熟练程度还不高,需要一定时间的磨合和培训。

3. 功能落地有待加强

目前融媒体中心平台和客户端建设过程中,着力点还在主流舆论阵地的打造上,服务群众的功能未能同步推进,特别是政务数据接入、社区信息交互、智慧城市建设涉及省市和本地政府部门数据的开放共享,电子商务、政务服务、新时代文明实践等平台建设没有统一规划,各地各部门存在各建各号、各唱各调的情况,没有真正落实中央一地一端的要求。同时,由于江苏省各县级融媒体中心手机客户端的建设统一由省广电"荔枝云"平台实施,县级融媒体中心的平台建设缺乏自主性、功能开发没有主动性、数据沉淀无法有效落地。此外,虽然在媒体+政务+服务等方面做了些尝试,但对照更好服务群众的要求,还有待提高,特别是在手机客户端新时代文明实践和便民、为民服务功能的开发和运用上需要进一步拓展。

4. 全媒人才严重缺乏

虽然高邮日报、高邮市广播电视台都是新闻单位,但在工作职能、机构设置、新闻业态、运营机制、采编流程等方面存在着一定差异,工作人员长期处于单打独斗、缺少联通的工作状态,加之新闻从业人员年龄偏大,业务骨干缺失,特别是具有互联网思维、适应全媒体要求,集策采编、摄制播于一身的全能型人才尤少,融媒体中心成立后,真正达到人融、事融、媒融、心融的最佳状态,尚需时日。高邮融媒体中心现有队伍的年龄、知识结构不合理等问题比较突出,人员平均年龄近 50 岁、中层干部平均年龄 49 岁,特别是由于长期从事传统媒体实务,从业人员中具有互联网思维、适应全媒体要求,集策采编、摄制播于一身的全能型人才尤少,能独立开发客户端功能的网络技术人才更少。

除了新闻采编部位人才缺乏外,技术、执机、信息传输、设备维护等部位也后继乏人。加之,用人体制机制等方面存在壁垒,工作压力较大、人员收入偏低,难以引进和留住具有较强"脚力、眼力、脑力、笔力"的专才骨干。

必须注意的是,在班子配备时,融媒体中心不能等同于党政机关、事业单位机构改革时领导班子的职数和岗位设置,而应该根据业务需要、专业需要,增设总编、总工师等专业性岗位。根据扬州市编办的规定,高邮市融媒体中心核定领导职数为"一正四副"。由于融媒体中心涉及行政管理、专业技能、经营创收、技术维护、安全保障等多个领域,目前一正四副的班子设置,缺少总编辑、总工程师等专业技术岗位安排,专业性领导班子配备迫在眉睫。

五、总结

1. 该中心下一步工作举措

笔者通过调研发现,高邮市融媒体中心目前刚刚起步,今后发展任重道远。高邮市融媒体中心表示,今后工作中将在五个方面力求突破:一是在深化融合上求突破。坚持在上下融合、内外融合、功能融合、主媒融合这四个融合上持续发力、久久为功,实现在内容、渠道、平台、经营、管理以及体制机制等方面深度融合,真正变"物理整合"为"化学融合"。二是在平台打造上求突破。在巩固现有"一报两台"媒体阵地的同时,大力实施移动优先策略,运行好指挥中心和手机客户端,以抢占互联网宣传制高点,形成全方位、立体式、精准化的传播路径。三是在内容创优上求突破。坚持内容为王,坚持创新创优,围绕高邮文化特色、生态底色、发展亮色,不断创作符合时代要求、群众喜闻乐见、市民爱看爱读、社会关注欢迎的融媒体"爆款"产品。四是在体制创新上求突破。坚持从理念再造、平台再造、流程再造、队伍再造、机制再造五大方面着手,高度重视人才引进和培养,破除传统媒体体制机制固化的藩篱,改革绩效管理,激发队伍活力,切实把互联网最大变量转化为事业发展最大增量。五是在功能拓展上求突破。进一步强化用户意识、服务意识、市场意识,积极提供融理论学习、志愿服务、网络问政、电子商务、民生服务等为一体的一站式服务,真正把融媒体中心建设成为高邮域内主流舆论阵地、综合服务平台和社区信息枢纽,为县级融媒体中心建设贡献高邮智慧。

2. 调研者对部分问题的思考和对策建议

(1) 出台保障政策制度,加大经费支持力度。

在中央省市级层面出台融媒体中心建设专项资金扶持政策和兜底保障政策,一方面按照上级要求和技术规范保障融媒体中心建设所需的经费,另一方面从制度层面确保财政为县级融媒体提供基本运行保障,包括运行经费和基本人员工资,解决长期以来主要依靠自筹资金的问题,使其能专注于内容生产用户服务。同时,进一步理顺上级新闻单位与地方新闻单位台网等关系,寻求当地党委和政府的支持,让融媒体中心的发展后顾无忧。

(2) 推进各类资源集聚,强化服务功能开发。

按照"更好引导群众、服务群众"的功能定位,彻底打通省市和县级层面的政务信息通道,将各类政务资源、便民资源、信息资源、商务资源向县级融媒中心手机客户端平台集聚,按照融媒体中心和新时代文明服务中心"两个中心"一起转的要求,强化县级融媒体中心新时代文明实践功能的开发,不断增加客户端黏性,增强党媒引导力、影响力、传播力、公信力。县融自身建设的重心应该是坚持互联网思维,将资源真正向移动端集聚,让 App 成为新闻和信息的第一落脚点。县融平台的生活服务和政务服务功能的开发,是中心未来发展的重要支撑。

(3) 强化顶层制度设计,大力培养业务专才。

人才是事业发展的最大保证,也是县级融媒体中心活力所在。建议中央、省市级层面,出台县级融媒体中心人才引进、分配考核、绩效激励的指导性意见,实行以岗定薪,帮助县级融媒体中心突破现有体制机制的障碍。省市新闻主管部门、上级新闻媒体定期举办培训班,让县级融媒体中心骨干赴上级新闻单位跟班学习活动。同时,进一步加强总编、总工师等专业性领导岗位的配备,确保班子成员各司其职、各展其能。

(4) 拓宽传媒运营空间,聚力发展文化产业。

融媒体中心不仅是县级新闻舆论主阵地、服务群众主平台,还是地方文化产业发展的关键一环。建议借力 5G、4K 等现代高科技成果,提升县级新闻单位的平台传播技术,参与地方智慧城市布局和建设,进一步加大各种资源整合力度,对县域内户外广告、政务活动资源进行归总整合,交由传媒集团集中运营、统一管理,既可让公共资源社会效益、经济效益"双丰收",也可增强融媒体中心造血功能,实现事业和产业互补,为县级融媒中心发展提供财力保障。

(姜 雪)

江苏省无锡市江阴市融媒体中心建设和运营案例

2020年6月18日上午,笔者随项目组成员前往江阴市融媒体中心实地调研。在融媒体中心,几位负责人带领项目组参观了各部门工作环境,包括高清新闻播报台、综合调度平台等,途中还展示了疫情期间的融媒体产品。访谈过程中,围绕融媒体建设与运营现状,项目组与总编辑刘志刚、党政办主任徐钰、总编室主任刘永红以及技术部负责人进行了深度交流。

一、调研背景

1. 选择该调研点的缘由

选择江阴市融媒体中心(传媒集团)作为调研点之一,理由有二:第一,江阴市融媒体中心(传媒集团)在全省范围内表现突出,多项数据喜人。目前,中心(集团)拥有包括"最江阴""江阴发布"在内的7个10万+微信公众号,形成了报、台、网、微、端、屏"六位一体"的现代传播体系,其融合建设在省内颇具代表性;第二,江阴市地处苏南,经济实力雄厚,县政府给予本地融媒体中心一定的发挥空间以及多方位的支持,可供借鉴经验丰富。

2. 该调研点所在县(市、区)简介

江阴市由无锡市行政代管至今,属江苏省辖县级市。"山之北水之南为阴",江阴表江南,其地处长江咽喉,是大江南北的交通枢纽和江海联运的良港城市。全市占地987平方公里,2019年常住人口165万。

2016年,江阴市实现全国县域经济与县域基本竞争力榜单"十四连冠",在各项数据上持续领跑。2019年,江阴全市完成地区生产总值4001.12亿元,仅次于江苏昆山市。2019年度全国综合实力百强县市榜单,江苏江阴市位列第二。2019年,江苏江阴市凭借强大的实体经济硬实力,再次位列中国工业百强县(市)榜单第一名,从而实现了该榜单的"三连冠",又一次擦亮了"中国制造业第一县"的金字招牌。

由此可见,江阴市经济实力雄厚。作为全省首批县级融媒体中心建设试点城市,江阴先发优势明显。

二、建设概况

1. 建设过程

目前,该中心建设过程可形象地分为蓄能起跑、有机融合,未来将遵循定位谋划增长点。

2019年是江阴市融媒体中心建设的蓄能起跑之年。2019年4月,该中心确定为市委直属全额拨款事业单位,传媒集团与市融媒体中心实行"两块牌子、一套班子"管理;6月,江阴日报社(主体部分)完成搬迁,队伍集结到位;8月,在全市19个镇街园区设立记者站,形成了市镇两级的全覆盖采编网络;10月,中心(集团)部门架构和职能设置全面完成,完成新闻、经营、人力资源管理改革。12月,全体员工双选到位,13个基层党支部和群团完成组建。

自2020年初春,面对突发的新冠疫情,该中心在有机融合的同时检验自身。依托全媒体生产指挥平台,该中心24小时联动展开"四级传播"。防疫期间,该中心还发挥集成改革优势,致力于打造综合服务平台,承包63个部门单位、2000多项政务服务和便民服务,创新"前端集成、后端不变、配套到位"的融合方式。

展望未来,该中心建设将继续遵循"主流舆论阵地、综合服务平台、社区信息枢纽"的定位,谋划产业布局、优化服务平台,创造自身的新优势、增长点。

2. 机构编制

2019年4月,《江阴市融媒体中心(传媒集团)组建工作实施意见》出台,确定江阴市融媒体中心为市委直属全额拨款事业单位,相当于正科级建制,归口市委宣传部领导。

江阴传媒集团与市融媒体中心实行"两块牌子、一套班子"管理。中心设正职2名,其中主任1名、总编辑1名,副职5名。集团设董事长1名、总经理1名,副总经理根据实际需要配备。中心下设23个部门,党委会、董事会内设编委会、经委会、运委会、技委会,成立13个基层党支部。

3. 人员配置

中心(集团)现有干部员工549人,其中公务员1人,事业人员160人,企业人员348人,劳务派遣员工40人。男女比例为141,平均年龄39岁,大专、大学学历474人,占比863‰;硕士16人,博士1人;采编人员228人,占比41.5%。

4. 运作流程

该中心已经打破部门划分。组建之初,中心分设4个委员会:编委会、经委会、院委会、技委会。编委会下设4个核心部门:全媒体新闻中心(主要负责新闻类节目,尤其是时政类)、报刊中心、广电中心、新媒体中心。

在学术观点上,该中心努力推进媒体融合的学理性和实践性相统一。正是基于对"策、采、编、发"融合的现实考虑,该中心仍保留报刊中心、广电中心。以电视新闻与广播新闻为例,实践表明,两者"策、采、编、发"四个环节之间联系紧密,很难分割。因此全媒体新闻中心全权负责电视与广播新闻的生产、发布。但报纸新闻与电视、广播新闻不同之处在于,编发与策采容易分离,且影响甚微,因此报刊中心只负责策划与采集,编发由全媒体新闻中心完成。

该中心认为尊重理论指导是必然的,但实事求是、因地制宜同样重要。此举不仅节约耗费在单个产品上的人力物力,还为该中心的整体运作腾出了手。

5. 经费投入

该中心属于市委直属全额拨款事业单位。目前,中心建设累计投入约7亿元,政府提供2亿元,其余由该中心自筹,整个项目中分段招标。其中,大楼建设花费5.8亿元,其初衷是服务于广电集团,后用于融媒体中心建设。指挥中心建设方面,市政府提供3500万元作为专项资金,主要用于中央厨房建设与报社搬迁,而大多数投入前者。软件花费1270万元,高清大屏花费160万元,9楼建设花费200多万元,各项硬件设备花费700多万元,硬件设备涵盖整套三级等保安全设备、存储、服务器等。

6. 技术平台

该中心技术部分来自江苏省广播电视总台打造的"荔枝云"平台。"荔枝云"作为省总台的创新项目之一,对地方县市收取更新费、维护费等。因此,该中心主要利用它的热点新闻收集功能,其余自主开发。

7. 经营状况

2019年,中心(集团)收支平衡,全口径收入1.8亿元,在财政专项拨款创下新高的同时,经营收入完成1亿元。

该中心采取移动优先策略,不断巩固本地受众。建设之前,江阴市广电集团实力强劲,掌握着丰富的广告资源。从2012年开始,抛去所有的人力物力的投入等,广电每年的净效益达8000万元。因此,该中心专注本土化特色,着力打造本土品牌吸引广告投资。目前广播发展平稳,以江阴汽车广播电台为例,2018年单一频实际到账最高峰靠近2000万元。即使电台数量减半,广告单价仍居全国县级媒体中心前列。

现下,该中心正在布局优化积蓄产业支撑力,计划深耕产业,通过全平台运作、拉长媒体产业链,重点在智慧城市建设、户外资源整合、大数据资源开发、教育信息化建设、电商产业等方面,打造融媒品牌。目前,市政府将全市范围内户外所有的户外广告资源交由融媒体中心规划和整合建设。该中心计划向传媒教育领域集中发力,成立教育中心,利用得天独厚的优势深耕产业。

另外,市委市政府授权该中心为唯一可以对全市大数据资源进行产业开发的单位。目前,该中心正在组建江阴市大数据服务股份有限公司,积极助力智慧城市建设。以"最江阴"App为平台,推动"媒体＋教育""媒体＋医疗""媒体＋金融"等服务,吸引更多人、更多资源汇聚到平台中来,为流量变现蓄力,寻找未来新的增长点。大数据公司初定注册资本为1亿元,该中心出资6000万,占股60％,部分国资企业加盟。若经营妥当,后续计划搭载新闻传播,进行主流舆论分析。

8. 绩效考核

调研时,该中心已统一建立激励先进、鼓励创新的考核导向,实行以岗定薪、岗变薪变、动态管理的分配机制,具体在下文详述。

三、亮点经验

1. 融合传播方面

(1) 媒体融合基础良好,平台、技术齐全。江阴市融媒体中心(传媒集团)整合了江阴日报社、江阴广播电视集团及其下属企事业单位,经过一年多时间的实践和探索,在传播上有机融合。合并后,目前中心(集团)拥有《江阴日报》、江阴人民广播电台、江阴电视台江阴网、"最江阴"App以及"最江阴""江阴发布"等7个10万＋微信公众号,形成了报、台、网、微、端、屏"六位一体"的现代传播体系。《江阴日报》日发行量达5万份,江阴电视台在全国县级市率先实现全高清一体化制播，江阴电台 FM907 市场份额达到 50，"最江阴"App 下载量超 80 万，高峰期日活跃度 15 万人次。

（2）全媒体矩阵传播，传播平台无缝"嫁接"。依托全媒体生产指挥平台，秉持"移动优先"的策略，该中心 24 小时联动展开"四级传播"：第一层级，新闻事件在最江阴 App 首发，抢占信息第一落点；第二层级，7 个 10 万+微信公众号矩阵发声，同向发力、同频共振；第三层级，电视、广播在固定时间段给观众带去鲜活的资讯报道；第四层级，报纸进行深度报道，次日送到读者手中，实现了 24 小时梯度推送、全面覆盖。同时，该中心对各传播平台实行"无缝"嫁接，推出诸如"可扫码的报纸""看得见的广播""能交流的电视"，实现发行量、收听率、收视率同步上升。

（3）追求媒体融合的学理性和实践性相统一。从学理上讲，策采编发的融合一定程度上否定了报刊中心、广电中心等的存在意义。

依据具体实践，该中心对部门融合做出调整。编委会下设 4 个核心部门：全媒体新闻中心（主要负责新闻类节目，尤其是时政类）、报刊中心、广电中心、新媒体中心。该中心仍保留报刊中心、广电中心。全媒体新闻中心全权负责电视与广播新闻的生产、发布，报刊中心仍独立完成其策、采两环节。

2. 舆论引导方面

该中心坚守主流舆论阵地，坚持做好舆论宣传主责主业，为党和政府发声。

2019 年 4 月，启动了"大江潮起竞风流"庆祝新中国成立 70 周年大型融媒体新闻行动，浓墨重彩展示时代巨变。开展"我和我的祖国"主题活动暨"喜欢江阴的理由"城市形象推介活动，营造出了爱祖国、爱江阴的浓厚氛围。

目前，"最江阴"微信公众号粉丝超 65 万，稳居全国县级媒体微信号百强榜首。"江阴发布"微信公众号粉丝超 35 万，领跑全省县市政务公号榜。防疫期间，90% 市民通过融媒体中心平台获取本地权威信息。

3. 公共服务方面

该中心打破部门壁垒，整合全市原有平台功能、数据信息等资源，提供包括信息服务、政务服务、生活服务等多项便民服务，强化本土特色，打通了与群众互动的"最后一公里"。这一点，在疫情期间尤为明显。

作为融合转型的拳头产品，"最江阴"App 已囊括 63 个部门单位、2000 多项政务服务和便民服务，共接入数据信息总量超过 12.7 亿条，实现了全市基础信息数据的互联互通。围绕吃穿住行、24小时响应,让市民群众足不出户解决民生百事。截至目前,"最江阴"App下载量超80万,累计服务用户1000万人次,功能模块访问总量超3000万。全市原有平台功能、数据信息等资源统一并入"最江阴"App。防疫期间,该中心还顺利承接江阴市保障性口罩购买、3000万电子消费券全民送等各类政府民生工程,打通了联系群众的"最后一公里"。

4. 建设模式方面

(1) 市委市政府领导重视中心建设,给予多方位支持。

建设最初,一系列推动思想破冰、制度破壁的措施应运而生,领导班子专项指挥。当地成立由市委书记、市长任组长的县级融媒体中心建设工作领导小组,领导小组下设融媒体中心筹备工作办公室,办公室设在市委宣传部,强力推动融媒体中心建设工作。

(2) 财政拨款慷慨,资金保障后盾坚实。

建设之前,江阴市广播电视总台已经通过多年的行业实践,积累了丰富的成功经验,获得了市委市政府的全面肯定,这也为后续融媒体中心的建设做好了铺垫。该中心建设总计花费7亿元,2019年财政专项拨款再创新高。

(3) 考核机制鼓励创新,分配机制动态管理。

2020年中心(集团)招聘18个岗位,报名人员达5081人,大多数考生都来自"双一流"高校,以及国外知名大学,硕士研究生及以上学历达到16%,最终录取了1名博士生、6名硕士生和10名本科生。

无论来自哪家媒体,无论是什么身份,中心全员统一建立激励先进、鼓励创新的考核导向,实行以岗定薪、岗变薪变、动态管理的分配机制。中心特设岗位津贴,引进PHP软件工程师,通过加强现有人员能力提升、基因转换,立足实战,让人这个"最大存量"成为"最大增量",把德才兼备的优秀人才、领军人才选准用好,促进队伍持续发展和人才梯队建设,吸引全国媒体专业人才全面激发中心(集团)的创新动力和发展活力。

5. 其他亮点:目标受众清晰,重视地域贴近性

该中心作为县级融媒体中心,清楚自身传播力的辐射范围有限,无法与省级国家级融媒体中心相比较。因此,作为一个地方性媒体,该中心将地域贴近性、本土化特色作为指向标之一。这一点,在广播电台节目制作中表现尤其突出。在刘志刚担任台长期间,他把主频道直接改成江阴汽车电台。为了尽可

能增加本地贴近性、地域贴近性,每档节目中主持人至少用方言说两个本地单词,每人发一组发一本无方言词典。尽管江阴市行政隶属于无锡市,但两地语言仍存在明显差异。按此道理,增加贴近性有利于提升它的收益率和影响。

四、存在问题

调研显示,江阴市融媒体中心的薄弱环节主要在人才方面,且囿于行政区划"一刀切"的限制,发展空间严重压缩。一些问题亟待机制调整,需要较长时间来调整。

1. 人数庞大,新媒体阵地急需人手。

(1) 技术部人员严重饱和,负担过重。

该中心职工总计约 600 人,还包括大剧院、文艺集团等员工。调研显示,中位数值在 250 到 300,该中心在全省范围内人数最多。该中心人员架构中,包含原属于广电的技术维护和保障人员约 50 人,实际减少一半并不会影响中心的日常运作。但因为中心市委直属事业单位的特殊性质,严重饱和的现状很难改变。

(2) 新媒体技术人才紧缺。

移动互联网时代,新媒体是融媒体中心的主攻阵地,要办就办互联网。中心内部,管理者曾试图将超需的技术人员转移至新媒体阵地,但事实证明收效甚微。中心外部,新媒体技术人才一直是中心招贤纳士的主要对象,但综合待遇竞争、未来发展空间等多项因素,招人难,留人更难。

2. 行政区划"一刀切",发展空间遭约束

2017 年及之前,广播电台原有两个频道,单频年均创收 800 至 1000 万,净创收至少 500 万。2018 年,根据最新县级台调频标准,频道减半,仅剩一个。广播的发展相比报纸和电视,发展是相对稳。一是它主要依靠移动收听,二是受互联网影响较少,三是本土性无可替代。行政区划"一刀切",不仅忽视了江阴市区域经济的发达,低估了该中心的创收潜力,还实际压缩了发展空间。

五、总结

1. 该中心对下一步发展的考虑

一是流程优化,提升舆论传播力。坚定不移地实施移动优先策略,坚持不

懈地进行移动首发探索,在移动传播上探出一条新路。通过重新设计新闻生产流程,一方面进一步巩固提升报纸广播电视影响力,把传统平台做到位、做到极致,另一方面大力拓展新兴阵地,扩大在新媒体领域的影响力。

二是布局优化,积蓄产业支撑力。最大限度挖掘潜在市场,最深程度渗透和占领市场,不断升级媒体产业布局,通过全平台运作、拉长媒体产业链,重点在智慧城市建设、户外资源整合、大数据资源开发、教育信息化建设、电商产业等方面布好局、下好棋,通过确立目标客户,用好受众资源,打造融媒品牌,获取更多发展机遇和更宽阔的发展空间。

三是服务优化,扩大平台影响力。作为市委市政府授权的唯一可以对全市大数据资源进行产业开发的单位,我们正在组建江阴市大数据服务股份有限公司,积极助力智慧城市建设。以"最江阴"App为平台,推动"媒体＋教育""媒体＋医疗""媒体＋金融"等服务,吸引更多人、更多资源汇聚到平台中来,为流量变现蓄力,不断扩大平台影响力,寻找未来新的增长点。

四是队伍优化,凝聚发展向心力。该中心将继续加强现有人员能力提升、基因转换,让人这个"最大存量"成为"最大增量"。同时,吸引全国媒体专业人才全面激发中心(集团)的创新动力和发展活力。

2. 调研者对部分问题的思考和对策建议

(1) 体制机制上的"一刀切",有待调整。

按照行政区划,设计各融媒体中心媒体体量,一方面有其现实合理性,行政区划与当地经济确有密切关联;另一方面,江苏省情况特殊,许多县域经济以及媒体发展情况甚至远超部分省市。所以"一刀切"的不足,亟待顶层设计者正视现实机动调整。

(2) 新媒体技术人才可考虑定向培养。

江阴市及其融媒体中心在江苏乃至全国境内都赫赫有名,但新媒体人才问题始终困扰不断,"招人难,留人更难"的困境并不是个例。在移动互联网时代,技术人才短缺无疑是融媒体建设的致命短板,制约了传统媒体的转型之路。

对此,定向培养政策可被纳入考虑。参考乡村医生、教师等政策,通过学费补贴等措施,为融媒体中心培育专项人才,输送源源不断的后备力量,从源头创造人才智库。

(3) 考核体制创新将事业编制纳入考虑,警惕"虚位"侥幸。

由于事业单位这一性质,中心一方面以编制吸引人才、稳定队伍;另一方面,也让薪酬激励和绩效考核实施难上加难,部分岗位严重饱和囿于事业编制难以开刀。这一问题并非一家之难,调研显示大部分融媒体中心都遇到这样的困扰。解决方式上,主要分为两派。一派采取温和式改革,设立动态管理机制,以岗位流动的方式推动内部"存量"自觉转型;另一派相对来说则更加激进,大刀阔斧。以长兴传媒集团为例,2020年初至今,集团已以绩效不合格为由开除2个事业编制员工,中层领导竞选设置严格年龄限制,避免"占其位,无其能"。

(陈惠娟)

江苏省苏州市昆山市融媒体中心建设和运营案例

2020年7月9日,课题组成员赴昆山市融媒体中心进行实地调研,观看中心宣传片,参观该中心全媒体指挥中心,并与该中心负责人就融媒体中心建设问题进行了深入交流。

一、调研背景

1. 选择该调研点的缘由

选择昆山作为调研点主要基于以下三点考量:第一,昆山市融媒体中心是全国首批县级融媒体中心建设试点之一,在2020年通过了验收,其运营有一定的代表性。第二,昆山经济发达,有"中国第一县"之称,政府给予的财政支持大,融媒体中心的建设进展较快。第三,昆山在疫情期间发出了多篇优秀报道。2020年以来在人民日报、央视新闻、新华社、中新社等国家级媒体发稿三十多篇。

2. 该调研点所在县(市、区)简介

昆山地处我国东部长江三角洲太湖平原,现为江苏省辖县级市,由苏州市代管,自秦代置县已有2200多年。全市面积931平方千米,截至2019年户籍人口为98.13万人。

2019年,昆山先后被评为年度全国综合实力百强县市、年度全国绿色发展百强县市、年度全国新型城镇化质量百强县市、全国营商环境百强县,全国综合经济竞争力排名第一,全国制造业百强县(市)排名第一。2020年7月28日,由赛迪顾问县域经济研究中心编制的《2020中国县域经济百强研究》正式发布,昆山市再登榜首。

昆山现辖于历史文化悠久的苏州,是联合国教科文组织宣布的第一批"人类口头和非物质遗产代表作"之一的昆曲艺术发源地,基础设施完善,文化事业和科教事业发达。

昆山作为全国第一县,其雄厚的经济实力有目共睹。同时,于 2019 年 8 月 12 日揭牌的昆山市融媒体中心也是全国首批县级融媒体中心建设试点之一,其在媒体融合上也有了一定的探索和经验。

二、建设概况

1. 建设过程

昆山市融媒体中心建设分为启动整合、调整优化、品牌打造三个阶段。

(1) 启动整合阶段。

2018 年启动实施传媒集团(融媒体中心)组建工作,成立组建工作领导小组,制定传媒集团(融媒体中心)组建工作计划,细化重点工作任务,明确时间节点;逐步整合昆山日报社、市广播电视台、江苏有线"智慧昆山"客户端等资源;初步制定机构、人员、绩效考核等框架,基本实现新闻采编流程的重构再造,传统媒体和新兴媒体融合发展迈出实质性步伐;启动传媒大厦建设。

(2) 调整优化阶段。

2019 年,根据机构调整和深化改革需要,调整完善传媒集团(融媒体中心)组织架构,实现人员集中、资源整合、管理统一、指挥一体;进一步理顺工作机制,优化考核分配方案,构建经营服务体系,提升硬件设施功能,重点建设传媒集团(融媒体中心)"中央厨房",真正实现新闻采编流程的重构再造,真正构建全媒体传播体系,推动传统媒体和新兴媒体实现深度融合,推进传媒大厦建设。

(3) 品牌打造阶段。

围绕广泛传播力和强大实力这两个核心指标,用 3 年时间(2020 年—2022 年),在重点工作、重点领域和重大项目上顺利布局,形成媒体融合发展的成熟业务模式,高质量建设全程媒体、全息媒体、全员媒体、全效媒体,成为在国内有一定品牌知名度和影响力的新型主流媒体,力争在全国县级融媒体中心建设中领先一步。

2020 年 5 月 13 日,江苏省县级融媒体中心试点建设验收工作领导小组对中心进行了线上验收考察,中心顺利通过验收。

2. 机构编制

2018年,昆山日报社和昆山市广播电视台整合组建昆山市融媒体中心,同时成立昆山传媒集团,该中心于2019年8月12日正式揭牌。中心为中共昆山市委直属事业单位,归口市委宣传部领导,机构规格为相当于正科级,分类定性为公益二类,经费渠道为差额拨款。

按照媒体融合要求,昆山市融媒体中心分为行政中心、全媒体指挥中心、技术中心、公共服务中心、产业发展中心五大中心,共28个部门。

3. 人员配置

单位领导职数为主任1名、总编辑1名,副主任4名。共有28个内设机构,内设机构职数59名,其中主任28名,副主任31名。目前在职人员总数为442人。其中,事业编制人员105人,企业编制人员337名。

4. 运作流程

建设方案强调,按照打造主流舆论阵地、综合服务平台、社区信息枢纽的功能定位,推进平台再造和传播流程、组织管理体系重塑,探索建立规范、高效、灵活的运行机制。一方面,整合报社、广播电视台宣传资源,打通广播、电视、报纸、网站、移动端各平台,重构"策采编发"流程,使"报、台、网、端、微、屏"做到差异化传播,初步形成"一次采集、多次生成、多元发布、全媒体传播"的流程格局。另一方面,打造科学高效的融媒体指挥中心,搭建自主可控的融媒体分发平台,构建"报、台、网、端、微、屏"全媒矩阵,打造综合业务技术平台,加强移动客户端建设,突出"新闻+政务+服务",更好地引导群众,服务群众。

5. 经费投入

该中心分类定性为公益二类,经费渠道为差额拨款。截至目前,昆山市融媒体中心广告经营创收到账6109.75万元,其他产业收入为1932.80万元;财政补助为4382.69万元;年度支出为1.4亿元。

6. 技术平台

该中心技术支持来自江苏省广播电视总台打造的"荔枝云"平台。2019年4月,昆山市融媒体中心揭牌之前,已经开始与省台相关部门进行交流,展开业务平台对接工作,并于12月5日正式与"荔枝云"签订合同,开展系统测试与联调工作,目前已经全面投入使用。

7. 经营状况

该中心为差额拨款,收入包括财政资金和经营收入。

开拓政务合作新模式,实现经营条线的"三个转型"。在稳固原有广告资源不流失、少流失的前提下,电视、报纸、新媒体一起共同开拓政务主题活动合作对接。打好融合经营攻坚战,实现经营服务产品多样化。面对竞争激烈的广告市场,在稳固现有广告投放基础上,根据客户需求完善平台整合策划的执行能力。依托经营宣传优势、实现经营深度服务。基于融媒体自身平台优势,根据需求协调宣传平台、宣传资源,实现新闻宣传优势向经营创收潜力的有效转化。

截至目前,昆山市融媒体中心广告经营创收到账6109.75万元,其他产业收入为1932.80万元;财政补助为4382.69万元;年度支出为1.4亿元。

中心将进一步整合资源,有效推进融合传播。如通过加强移动客户端建设,通过采编流程再造,真正实现新闻资讯、融媒体产品在新媒体平台的"第一落点"。按照媒体+政务、媒体+服务等模式,探索优化其更为广泛的智慧应用和功能,进一步做大平台、拓展用户。

8. 绩效考核

截至调研时,该中心报纸、电视及新媒体分别按融合前各自原有考核方案考核,目前已经制定出台《员工绩效与薪酬管理办法》(讨论稿),根据岗位特点采取分级和差异化的绩效考核模式,市委宣传部会同相关部门考核中心(集团)领导班子,中心(集团)考核部门和中层干部,部门负责人考核员工。岗位的阶段性绩效考核模式包含目标责任制考核、关键绩效指标考核(KPI)、工分考核、计时/计量考核、业务量考核、关键绩效行为考核(KPB)以及项目工分制考核等。

三、亮点经验

1. 融合传播方面

(1) 优化传播平台。

按照"融为一体、合而为一"目标,构建科学高效的融媒体指挥中心,搭建自主可控的融媒体分发平台。组建融媒体中心时,整合昆山日报社、市广播电视台、江苏有线"智慧昆山"客户端等资源,并且受市政府委托,运营政府官方微信平台账号。通过重构策采编发体系,已初步实现广播、电视、报纸、移动端各平台之间和"荔枝云"平台之间的互联互通、资源共享,基本做到"报、网、端、微、屏"差异化传播。

中心使用的"荔枝云"平台，为其业务的开展提供了坚实的技术支持。如县级融媒体平台规划、设计服务；提供计算、存储、网络等云平台基础资源；提供多来源的互联网信息采集、数据分析推荐、移动采编、内容管理、舆情分析服务；提供报题策划、融合新闻、文字编辑、图片编辑、排版审核等功能；提供快捷视音频图片编辑、字幕制作、图形渲染等功能；提供互动直播、多渠道发布等功能；提供党建、政务、民生、电商、增值等业务接入服务。

（2）打造全媒矩阵。

突出"新闻＋政务＋服务"，实施移动优先战略，及早布局 5G 时代，重点提升智慧昆山 App 功能体验，整合昆山发布、第一昆山、昆山视听等微信公众号，推动采编力量向新媒体集中、向移动端聚合。按照客户端要"快"、微博微信要"精"、广播电视做"活"、报纸做"深"，移动直播贯穿一体的功能定位，最大限度地提升传播效果。新媒体宣传强化移动优先理念，从资源配置、编审流程、发布时序、创新形式等方面进行全方位优化再造，在做精做优内容的同时，提高策采编审发各环节效率，提升新媒体平台的快速响应能力。

（3）加快项目建设。

积极主动对接江苏广电总台，高点定位，高标准建设集采、编、审、播、管于一体的自主可控的综合业务技术平台，做精做强媒体主业；建设对接全市政务服务、市民公共服务的技术支撑平台，从新闻宣传向公共服务领域拓展。

2. 舆论引导方面

（1）实行策划会、采前会、编前会制度。

中心下属全媒体指挥中心实行三级新闻策划制度，做到个人天天有策划、部门周周有策划、中心月月有策划。严格要求，确保策划质量，从策划抓起，提高新闻报道的质量。采访组组长需要与编辑之间保持沟通，如遇突发状况，可及时调整内容安排。编前会上，需要各平台值班人员汇报当日稿件情况，采访部门主任则需要汇报次日稿件情况，同时传达上级对新闻宣传的要求，并且分析近期差错情况，提出解决方法并落实。

（2）从人员架构、发布流程，特别是团队职责、内容审核等方面进行严格把控。

进一步强化工作纪律，一方面，新闻舆论工作要坚持党性原则，坚持马克思主义新闻观，坚持正确舆论导向，坚持正面宣传为主；另一方面，来源非党报党刊的政务类信息要与事件对应部门核实；服务类便民类信息要与专业人士或单位、团体核实；突发事件类发布，第一时间报相关领导审核。

(3) 贯彻落实网络意识形态工作责任制度。

严格审核制度,加强平台管理。按照"融为一体、合而为一"目标,通过再造策采编发流程,整合互联网和传统广播电视、报业新闻生产各要素,实现集中统一策划、统一调度、统一运营,加强日常管理,提升舆论引导和内容供给能力,营造健康向上的网络舆论环境。

(4) 根据《中华人民共和国计算机信息系统安全保护条例》《中华人民共和国计算机信息网络国际互联网管理暂行规定》等有关法律、行政法规的规定,制定了用户举报和投诉处理制度。

举报、投诉中心设在行政服务中心监察审计室,举报投诉的受理和回复工作统一由监察审计室设专人负责,并向社会公开投诉举报电话号码,设置举报箱。统一由网络信息安全小组集中处理并备案。相关负责人员接到举报事件后应及时处理,处理结果及时反馈给举报投诉处理中心,并由中心反馈给举报人。对需要紧急办理的较重大的有害信息事件,立即上报主管领导;需要紧急处理的重大信息安全事件可先处理后登记。

3. 公共服务方面

(1) 全面整合"媒体+"资源,实现立体式传播。

通过发展和探索,当前,已逐步形成传统媒体和新兴媒体的融合发展,在"一报"即《昆山日报》、"两台"昆山电视台、昆山广播电台传统媒体基础上,"多微多端",包括"昆山发布"政务微博、政务微信,"第一昆山"媒体微博、媒体微信,"昆山视听"新闻客户端等在内的立体化传播已搭建完成,实现了政务服务、民生服务、经营创收等方面的多渠道拓展。如在疫情期间,通过"昆山发布"等公众号,发布防护指南以及昆山疫情相关情况,给群众提供了一定的指导和参考。

(2) 积极探索"媒体+"合作模式,拓展服务功能。

通过与网易 App 平台合作开辟昆山页卡,强化综合服务的外宣功能,重点推出新闻推广、网络直播等功能,对市委、市政府中心工作,重点项目进行直播发布,成为昆山对外宣传的重要平台窗口。昆山市融媒体中心与腾讯网合作开发"昆山发布"企鹅号功能,及时抓取本地媒体最新报道,通过腾讯网向全网辐射,也进一步发挥了"媒体+"的宣传优势。

(3) 拓展新闻发布、政务公开、政务办理、服务评价等"媒体+政务服务"功能。

"昆山视听"App 开发了政务公开、政务办理、投诉咨询功能。拓展民生服务、文化服务、教育服务等"媒体＋公共服务"功能。"昆山视听"App开设教育服务,用于发布教学新闻;开设民情面对面板块,发布民生新闻,设置民生服务功能;开设文化昆山版面发布文化新闻;设置用户评价和反馈功能;在移动新媒体客户端设置新时代文明实践中心服务模块,推进服务信息资源数字化、网络化。

4. 建设模式方面

昆山市委、市政府高度重视媒体融合改革发展工作,从机构、人事、财政、薪酬等方面制定各项改革措施,推出了创新体制机制、打破人员身份限制、创新绩效考核机制、传媒资源整合利用等一系列具体举措。特别是拿出不少于1.5亿元的财政资金支持传媒事业和传媒产业发展,为中心建设提供了有力的支持和充分的保障。

昆山市融媒体中心十分重视人才队伍的建设。一方面,引进和培养融媒体内容生产、技术开发和经营管理等紧缺型人才,利用昆山紧缺专业人才引进政策,面向全国公开招聘。另一方面,制定学习计划,分级分层展开人才培训,派遣人员前往苏州、张家港等地开展交流学习,邀请学界和业界专家授课、开讲座,培养能灵活掌握现代传媒手段的全媒体人才。

管理和考核方面,昆山市委在《关于昆山市传媒集团(融媒体中心)组建工作的实施意见》中明确,在推进改革中,根据事业发展需要适当增加编制名额、不减领导职数、增加必要投入。在管理机制上,定为公益二类、差额拨款事业单位,实行全员竞聘上岗。再分配上,采用"企业管理、按岗定薪、量化考核、多劳多得"的思路,建立合理管用分配制度,以岗定薪、岗变薪变、动态管理、同岗同责、同工同酬。在考核机制上,按新闻资讯岗位突出生产新闻资讯的数量质量、经营岗位突出经营创收任务的完成情况、技术岗位突出技术保障和安全的模块分类考核,实行个人收入与单位效益直接挂钩,根据集团经济效益计发奖励性绩效,实现发展成果由集团与职工分享。这样就明确了融媒体中心的运作机制,有利于制度运行透明和公正,激发积极性。

5. 其他亮点:具备经营意识,能实现自我"造血"

中心紧紧抓住县级媒体融合发展的有利时机,积极整合传媒资源,拓展融合经营。一方面致力于打通业态,拓展市场,增加价值,获取可持续发展的动力。整合、梳理、搭建一批市场化的经营服务平台,利用市内外传媒资源,打造新闻传媒、数字娱乐、智慧服务和文化产业投资多元化大传媒经营服务平台,进一步增强"造血"功能。另一方面,着手建立与市场相适应的精准化运营机构和管理运作机制,制定并组织实施集团产业发展规划和市场经营战略,逐步建成一个有活力、可持续发展的现代传媒集团。

四、存在问题

1. 人才上存在短板

融媒体中心实行"一次采集、多次生成、全媒分发",需要执行力、奉献精神、协作意识都较强,并集多种技能于一身的全能型记者。现有的工作人员大多来自报刊、广电等传统媒体,知识结构普遍老化,业务技能单一,专业化程度低,缺乏互联网思维与实际操作经验,对于新媒体快速、长时间的工作节奏还不适应。新媒体采编人员大部分存在于编辑岗位而非记者岗位。真正的全媒体人才少之又少,报纸、电视、广播和新媒体之间,技术壁垒明显,工作时间不同,也难以相互替换。熟悉新媒体策划和互联网新技术领域的专业人才引进困难,数量稀少,兼职、兼岗的多,流动性大,稳定性差。

同时,媒体融合正处于从"相加"向"相融"加速奔跑的阶段,部分传统采编人员对拥抱"融媒体"还带有半推半就的心态,这既有主观上对往日情形眷念带来的惰性,也有客观上"本领恐慌"引发的排斥心理、畏难心理,不愿意进行真正融合,在求新图变上不够积极主动。人心的凝聚和融合还存在难题。

2. 策采编发融合模式上存在疑虑

目前中心采访一线真正实现了融合,但是编辑一线"融"是否合适,中心仍在探索。在采访上,可以将原来报纸、电视、电台、所有的新媒体作为一个整体,重新分配,重新划分部门,目前中心采访部分为了四个部门,采访一部、二部、三部由原来的报纸、广电、电台的人员重新分工而成,分工明确,一部负责市委书记,二部负责市长,三部则专注民生新闻;摄影摄像部因为专业性较高,由原来的摄像和摄影人员组成。但在编发上,因为报纸、广播、电视、移动端的表达形式是不同的,侧重点也会有所不同,在分发上电子电视编辑部、报纸编辑部,新媒体编辑部还是各行其是。

3. 薪酬制度和考核激励机制需要落地后继续探索

中心目前在职人员总数为442人,其中事业编制人员仅105人,为差额编制单位。虽然在改革政策文件上,已经明确中心作为企业化运作的事业单位,允许在突破事业编制绩效考核这一关键性问题上先行先试,但在具体操作过程中，在落实政策上还需相关部门和上级部门给予更多的具体支持。

昆山市融媒体中心由昆山日报社、市广播电视台整合而来，在薪酬标准上两个单位存在差异，以原昆山日报社为例，人员身份复杂，有事业编制、社聘、部门招聘、合同工、临时工等，是一个比较复杂的体系。总体上原报社相较于电视台来说，人数少，收入高，在这样的一个局面下，两个单位合并，制定新的统一的薪酬标准也成为一个难题。同时，新的考核机制中，既要考虑编制问题，同时要综合考虑职称、职务、工龄、忠诚度、业务能力等因素。一方面需要考虑到编外人员，这就需要缩小体制内与体制外的差距，推动薪酬向一线倾斜，岗位责任与工作业绩相统一，激发新进员工的积极性。另一方面还要兼顾老同志的利益，突然实行同岗同酬了，相较于年轻人缺少一定竞争优势，一下子将他们和年轻员工统一考核也欠妥。

4. 移动端服务用户体验上欠佳

虽然中心自建设以来便宣传和强化"移动优先"理念，但真正实现还需要从内容生产、形式表达和技术层面继续努力，经过一定的时间实现。目前融媒体中心下属的网站、微信、客户端等平台，在界面友好度、用户体验、产品活力、内容丰富性和趣味性等方面都缺乏吸引力，普遍存在资源少、空间小、黏性差等问题，加上互动性弱、传播策略比较简单，平台影响力和传播效果有限。同时，移动端提供的服务缺少代表性，涵盖范围不够广，针对性也不够强。

五、总结

1. 昆山市融媒体中心的下一步工作规划

中心认为，在接下来的建设中还需要市委市政府在政策上予以支持。虽然中心有一定的收入，但在现阶段仍然需要政府给予充足的财政资金，需要市委、市政府"扶上马，送一程"，逐步提高自身盈利能力。在人才培养上，一方面要通过"走出去"，学习其他地区的融媒体建设经验，借助先进地区融媒体建设这个"外脑"来推进融媒体中心建设。另一方面，要经常"请进来"，通过与各类传媒高校合作，聘请高校专家教授为顾问，从学界的角度分析中心建设中存在的问题，以便随时改进。同时，在差额编制的现实情况下，将通过改革薪酬制度激发人员的积极性，促使其转变思维，真正实现本领和人心的融合。

2. 调研者对于部分问题的思考和对策建议

（1）人才引进和培养问题一直是困扰县级融媒体中心的问题之一。

昆山市融媒体中心在经营状况上相对来说较好,但仍然难吸引名校毕业生和高水平人才。建设县级融媒体中心,不仅需要相关领域的专业技术人才,还需要有着高水平站位和理论的媒体人才,做好党和政府的喉舌。人才引进难,一方面是平台建设上的限制,还有薪酬待遇上的因素。这就需要新的薪酬制度改革方案尽快落地,兼顾编内和编外人员利益,多劳多得,逐步实现同岗同酬。与高校合作,与昆山市本地以及江苏省内众多高校的相关学院达成长期合作,作为高校新传专业学生的实习合作单位,引进高校毕业生。

(2) 缺少代表性公共服务。

8月6日,由昆山市融媒体中心(昆山传媒集团)自主开发的"第一昆山"App正式上线,取代原来的"昆山视听"。平台提供的服务接入端口多,但缺少亮点。在社会治理上,仅推出"志愿昆山""法律援助"服务,涵盖范围不够广,缺少特色和亮点。这背后不仅涉及技术上的问题,还有各部门之间的融合程度和意愿、数据共享问题,这就需要市政府予以支持。在特色服务打造上,可以仿效苏州广电集团与交管部门达成合作后推出的违章查询服务,利用共享的数据,用户可以迅速查询到违章地点以及违章照片。立足"第一昆山",做通市政府的工作,与行政部门形成数据、资源共享,争取将"第一昆山"打造成具有昆山特色和智慧城市属性的App。

(3) 产业发展存在短板。

一方面以建设新传媒大厦为契机,打造现代文化广场,打造昆山商业和文化新地标。另一方面,扩展经营领域,专注本土市场,发展影视、教育等产业。

(董 安)

江苏省泰州市姜堰区融媒体中心建设和运营案例

根据课题组部署,课题组成员对姜堰区融媒体中心开展调研,通过实地考察、观看中心各类媒体平台演示、参与编前会和报道方案策划会等多种方式深入了解该区融媒体中心建设情况,并按照调研访谈提纲,分别与一位中心有关负责人和一位新闻采访业务负责人进行深度访谈。

一、调研背景

1. 选择该调研点的缘由

选择姜堰区融媒体中心作为调研点,主要基于两点考虑:一是报告人在姜堰区委宣传部新闻科工作,科室主要负责统筹指导协调全区对内对外新闻宣传及舆论引导工作,牵头研究制定融媒体中心建设实施方案,统筹融媒体中心推进工作,对融媒体中心建设各项情况掌握详细、了解深入;二是姜堰区属于第二批县级融媒体中心建设单位,采用的是由区委宣传部主导的以区广电台为建设主体的建设模式,具有一定代表性,有利于考察分析这种模式的利弊。

2. 该调研点所在县(市、区)简介

姜堰区位于江苏省中部,江淮之间,地跨长江三角洲和里下河平原,东邻海安县、东台市,西接泰州市海陵区、高港区,南北分别与泰兴市、兴化市接壤,为地级泰州市的东门户。2012年12月,撤销县级姜堰市,设立泰州市姜堰区。全区总面积858.3平方千米,人口74.35万,辖罗塘街道、三水街道、梁徐街道、天目山街道4个街道,溱潼镇、顾高镇、蒋垛镇、大伦镇、白米镇、娄庄镇、沈高镇、俞垛镇、张甸镇、淤溪镇10个镇,1个省级经济开发区——江苏省姜堰经济开发区,1个国家5A级旅游度假区——江苏省姜堰溱湖旅游度假区。

近年来,姜堰以"全面建成小康、全力争先赶超"为目标,大力实施产业强区、科技兴区、环境立区"三大战略",发展新能源、机械制造两大主导产业,大健康、电子信息两大战略性新兴产业,经济社会保持健康快速发展。荣获国家生态文明建设示范区、全国健康旅游示范基地、国家生态区、全国绿化模范区、全国休闲农业与乡村旅游示范区、中国建筑之乡、中国民间文化艺术之乡等国字号招牌。2018、2019 年,姜堰连续两年获评全国中小城市科学发展指数综合实力、投资潜力、新型城镇化、绿色发展、科技创新五个百强区称号。其中,在 2019 年度全国综合实力百强区中,排名第 68 位。

可见,姜堰区经济社会发展状况较好,旅游、生态、教育资源丰富,常住人口较多,融媒体中心发展具有广泛的受众基础。

二、建设概况

1. 建设过程

该中心建设分为启动筹建、初步融合、深化融合三个阶段。

2019 年 3 月—6 月是启动筹建阶段。调研、学习先进地区经验做法,成立以区委书记、区长为组长的区融媒体中心建设领导小组,领导小组多次召开专题会、推进会研究建设事宜,起草区融媒体中心建设实施方案(讨论稿),融合全区公共媒体资源,初步搭建区融媒体中心运行架构。

2019 年 6 月底至 2020 年 4 月是初步融合阶段。姜堰广电台与姜堰日报社已于 2019 年 6 月底实现初步整合,在报社原有工作人员中择优选留部分合同制人员,共划转编外人员 36 人充实融媒体中心采编队伍。2019 年 8 月 13 日,区委书记专题听取融媒体中心建设情况汇报,并作出指示,强调要解放思想、勇于克难,把融媒体中心打造成活力强、战斗力强的新闻舆论阵地,人社、财政、编办等相关部门要严格规范前期各项准备工作,确保稳步推进。初步整合后,融媒体中心(筹)在内容生产上,谋划探索新的策采编发工作框架和流程;在技术平台建设上,根据省委统一要求,对接省广电总台"荔枝云"技术平台,与省广电总台签订共建融媒体中心合作协议书,着手进行融媒体指挥中心的建设和培训,并对电视新闻综合频道进行高清化改造。

2020 年 4 月至 2020 年 12 月为深化融合阶段。调研时该中心正处于这个阶段。受疫情影响,挂牌时间向后推迟。4 月 24 日上午,姜堰区融媒体中心挂牌成立,姜堰区传媒集团同时成立。三定方案于 7 月报批通过,完成了部室和职能的重新划分、人员的划转。经过两个月的实践摸索,体制机制进一步理顺,内容生产效率提高、质量提升。目前,融媒体中心正在谋划建立新的绩效考核机制,把奖励向一线采编人员倾斜,实行"以岗定薪、岗变薪变、动态管理"。同时,完善"我的姜堰"App的板块设置,内测后也将正式上线运行,进一步做强媒体矩阵,拓展服务领域,推动深度融合,建成新型主流舆论阵地,打造综合服务平台。

2. 机构编制

按照统一部署要求,由姜堰区委宣传部牵头,整合区内新闻资源和现有媒体平台,组建姜堰区融媒体中心(挂泰州市姜堰区广播电视台牌子)。区融媒体中心明确为区委直属正科级公益一类事业单位,归口区委宣传部领导。将内刊姜堰日报,姜堰人民广播电台,姜堰电视台新闻综合频道、经济生活频道、姜堰教育频道、影视娱乐频道,"江苏姜堰""姜堰微视听"微信公众号,阅报栏等传播平台归并区融媒体中心,姜堰日报名称保留,姜堰广播电视台名称、频率、频道和呼号保留。同时,以广电台现有资产投资成立姜堰区传媒集团有限公司,作为区国投公司的全资子公司,按照"国有控股、两权分离"的工作思路,与区融媒体中心实行"两块牌子、一套班子"运作模式。

该中心按照新要求新流程,打破过去按媒体属性划分部门的设置,下设办公室(安全管理科)、党群工作部、财务资产部、技术开发部(广播电视安全播出调度中心)、采访部、制播部、媒资运维部、广播社教部、影视部、广告部、产业发展部、总编室、广播新闻部、电视新闻部、报刊部、新媒体部、发射部(广播电视微波站)等17个部室。

3. 人员配置(待确认)

4. 运作流程

设立统一的策划中心(总编室)、新闻信息采集中心(采访部)、编辑中心(广播新闻部、电视新闻部、报刊部、新媒体部),建立全媒体内容管理系统,实现"一次采集、多种生成、全媒传播"。把"移动优先"作为融媒体中心建设的首要战略,打造综合性移动新媒体客户端"我的姜堰"(内测未上线),保留融合已建的微信公众号"江苏姜堰""姜堰微视听",新增"姜堰区融媒体中心"官方抖音号、"江苏姜堰"官方微博,形成移动新媒体矩阵,扩大覆盖面和提高影响力。同时考虑不同职业、不同年龄段的受众需求,综合运用多个终端,形成分众传播、分类覆盖格局,实现传播效果最大化,最广泛地引导群众、服务群众。

5. 经费投入

该中心为全额拨款一类公益事业单位。目前,中心建设累计投入近600万元,用于融媒体中心调度平台建设及相应办公设施配套,对原报社部分资产评估按需作价收购。另外,该中心也承担一定经营任务。

6. 技术平台

根据省委统一要求,对接省广电总台"荔枝云"技术平台,已完成融媒体指挥中心的建设和培训,对电视新闻综合频道进行高清化改造。

7. 经营状况

中心收入无法覆盖运行成本,面临入不敷出的困境,全年经费缺口2000万元左右。经营的相关工作由一名班子成员主抓,专门有产业发展部、广告部负责经营。经营收入主要来源于以下几个方面:商业广告,承接部门、镇街大型活动的运维,依托"姜堰微视听"微信公众号进行活动直播,与镇街、部门合作推出报纸专版、电视联办节目、拍摄制作专题片等。中心主任分析认为客观上,当地广告市场开发较为成熟,开拓存在难度;主观上,工作人员缺乏主动拓宽市场的积极性。

8. 绩效考核

截至调研时,该中心按融合前电视台原有考核方案考核。目前正在拟定统一的融媒体考核方案,区政府专门拨款200万元用于考核奖励一线采编人员,激发一线工作人员的积极性,推动更多精品佳作的出现。具体在下文详述。

三、亮点经验

1. 融合传播方面

(1) 整合资源打基础,重构流程效率高。

该区融媒体中心由姜堰区委宣传部牵头,以姜堰区广电台为建设主体,主导单位明确、行动力较强,减少机构融合时所需的调度和磨合成本,效率较高。

该区着力整合区内新闻资源和现有媒体平台,积极推进策采编发流程的再造。根据"三定"方案,明确部门分工,合理配置人员,重新构筑融媒体中心运行架构。策划层面基本实现融合,建立健全编前会制度,实行"主任+策划+编辑"工作法,对选题、策划方案等进行集体商讨和研究,总编室负责统一制定宣传方案,"中央厨房"式大采访部负责安排记者落实,完成所有素材的采集,编辑根据不同平台、栏目的属性、特点、定位等对素材进行编辑刊发,打破原先各自为政的壁垒。例如,在实际采访活动中,采访部一般派出两名记者,一名负责文字新闻稿和图片拍摄,另一名负责视频拍摄,实现一次采集,资源共享,多种生成,及时发布。

(2) 坚持移动优先,打造移动传播矩阵。

中心现有新媒体平台 6 个:微信公众号"江苏姜堰""姜堰微视听"、官方抖音号、官方微博、姜堰新闻网、客户端(内测),围绕全区中心工作、民生热点等坚持每天更新,充分发挥新媒体的宣传优势,进一步增强传播力、影响力。其中,公众号"姜堰微视听"为抗击疫情做出重要贡献,第一时间公布疫情最新信息,宣传防疫常识,阅读量最多时达到 40 万+,成为百姓信任的媒体,粉丝量、阅读量大幅提升,现有用户 8 万多。

(3) 重视队伍建设,培养全媒体人才。

通过选送业务骨干到江苏省广播电视总台跟班学习,邀请江苏省广播电视总台技术专家进行业务操作培训,定期举办"姜堰|N"系列抖音大赛、融媒体知识培训等活动,产生了一批内容积极向上、视觉冲击力强、构思新奇精巧的融媒体作品,培养善用现代传播手段的全媒型人才。

2. 舆论引导方面

(1) 围绕中心,同频共振,氛围浓厚。

充分发挥融媒体优势,构建主流叙述,主动自觉地服务区委区政府中心工作,成立以来围绕疫情防控、复工复产、六保六稳、脱贫攻坚、项目建设、文明城市创建等重点,精心策划宣传报道方案,在所有媒体统一开设专题专栏,做到融合传播、全媒表达,全方位联动为中心工作的推进造势鼓劲,赢得群众的支持、理解、参与,牢牢把握新闻舆论的主动权、主导权、话语权。

(2) 内容丰富,形式多样,感染力强。

第一时间整合广播、电视、报纸、公众号、微博、抖音等平台资源,统一调度,统一指挥,协同作战。运用现场报道、视频连线、短视频、滚动字幕、文艺短片、海报、H5、互动答题等形式,多角度、全方位、权威性发布各类优质信息,加强宣传引导,充分体现"姜堰速度"和"姜堰温度",具有很强的传播力和感染力。

(3) 及时关注,迅速响应,化解舆情。

建立专人值班制度,掌握舆情动态,迅速响应,第一时间介入处置突发事件。充分利用新媒体传播快、覆盖广的特点,第一时间发布通稿,掌握舆情处置的主动权,后续再推出深度报道对事件处理与进展进行跟踪,回应群众关切,平息并化解舆情。

3. 建设模式方面

(1) 当地主要领导对中心建设运营高度重视。

融媒体中心建设工作启动以来,姜堰区成立了以区委书记、区长为组长的区融媒体中心建设领导小组,领导小组办公室设在区委宣传部,区纪委监委、区委办、政府办、区委组织部、区委宣传部、区委编办、区财政局、区人社局、区审计局、区国资办、区广电台、区国投公司、区新闻中心等部门共同参与,切实加强对改革工作的领导,保障改革顺利进行。领导小组办公室多次召开专题会、推进会研究建设事宜。区委书记多次专题听取融媒体中心建设情况汇报,并作出指示。

(2) 选人用人注重专业对口。

姜堰区融媒体中心多个领导都是广播电视新闻专业毕业,专业对口。很多记者都是文秘大类专业毕业,有较好的文字功底,有的从业数十年,具有丰富的新闻工作经验。此外,姜堰区委及组织部门在研究融媒体中心人事安排时,注重参考工作简历,专门调配专业对口人才到中心工作,壮大一线采编队伍。

(3) 标准化平台为中心提供了有力技术支持。

姜堰区融媒体中心采用"荔枝云"作为标准化平台,为其工作开展提供坚实基础。中心与"荔枝云"合作,可以节省开发 App、架设网站、移动直播技术等众多开发和学习的成本。这样既可以获得"荔枝云"上省市县的海量新闻资源,又可以上传本地新闻,增加在省市级媒体的曝光率,上下联通。

4. 其他亮点

姜堰区融媒体还承担外宣的功能,根据上级媒体平台的要求和"时令特色",策划推出一批主题新闻,积极向上供稿。截至 8 月底,今年在泰州电视台用稿用片合计 426 条(篇),位列泰州县市区台第二。在江苏省广播电视总台用片 122 条,位列泰州县市区台第一。

四、存在问题

1. 被动改革,思想保守

县级融媒体中心建设是由中央到地方自上而下推动的,县区存在为按时完成任务而将媒体简单相加的心理,依然固守传统思维办媒体,缺乏媒体融合、移动优先、用户至上等理念,更不能做到跳出媒体从提升国家基层治理能力的高度看待中心建设,难以实现打造综合服务平台和社区信息枢纽的目标。自身转型慢,思想不够解放,改革不够彻底,推进不够及时,往往陷于被动。

2. "相加"容易"相融"难

自 2019 年 6 月报社和广电台合并办公后,实现了物理上的初步整合。2020 年 7 月三定方案获批后,中心内设部室、工作职能、人员分工又进行了大调整,融合程度在实际磨合中进一步加深,但依然缺乏深度融合,主要表现为:

(1) 缺少统筹,落实不力。

融合后,采编传播流程实现重构,总编室负责宣传报道方案拟定、采访部负责安排记者落实,广播新闻部、电视新闻部、报刊部、新媒体部、制播部等再对素材进行编辑刊播,但由于策划、采写、编发由不同的领导分管,缺乏统筹,衔接不畅,有时会出现落实上的"中梗阻",未能达到预期的策划效果。

(2) 简单搬运,内容同质。

融合后媒体相互之间的联系较为表面,主要体现在采访稿件的共享,但往往是同一内容在不同平台间的简单搬运,未能根据不同平台的属性、定位、特点、受众类型等进行再加工,内容同质化严重,让多种生成变成"一键生成"、多元传播变成"一键群发"。

3. 人手相对不足,全媒体记者紧缺

人才问题是较为突出的问题,引才难、用才难、育才难、留才难制约着融媒体中心的发展,阻碍着融媒体产品质量的提升。归纳起来主要有以下几点表现:

(1) 人手不足,主动性差。

目前一线采编记者 27 人,能承担摄像任务进行采编的记者不足 20 人,报道任务繁重,人手相对短缺。日常领导活动过多,记者被动听从分配安排,疲于应付报道领导活动,采写的会议报道套路化、模式化、千篇一律、枯燥乏味。缺乏主动报送选题、深入一线采写的积极性,内容缺乏广度、深度和温度,部分记者满足于闭门造车,简单改写各单位的工作总结,可读性差。

(2) 全媒体人才引进困难。

县级融媒体中心具有平台较低天然劣势,福利待遇方面也无吸引力,招录考试时偏理论轻实践,中心记者岗位难以招到业务熟练的高素质全媒体人才。

(3) 人才流失严重,队伍不稳定。

由于缺乏完善的考核激励制度,在编与编外人员的工资待遇差距大、工作量不均,许多编外人员纷纷参加各类公务员招考和企事业单位招聘,人才流失严重,据中心负责人介绍,近五年来,有20位业务熟练的记者离职。

4. 技术升级未能全覆盖,设备存在不兼容问题

由于经费有限,未能对所有设备进行升级,存在新旧设备不兼容的情况。如社教部和电视新闻部的设备不兼容,社教部不能直接调用电视新闻部的素材,需要增加烦琐的提取步骤,降低工作效率,与互联互通、资源共享的初衷相悖。

5. 运营短板较突出,"造血"功能缺失

区融媒体中心为区委直属正科级事业单位,财政给予相应保障,但这种保障实际上很难覆盖运行成本。运行经费中较大比重依靠经营创收,面临着入不敷出的困境,运营短板仍是县级融媒体中心建设的瓶颈问题。主要体现在:

(1) 市场有限。

姜堰区融媒体中心主要的营收渠道包括商业广告、合作专版、合办节目、拍摄制作专题片、负责活动直播或承接整个活动的运维等,市场狭窄,局限在全区,存在对政治资源的路径依赖。再加上受疫情冲击、经济下行、新广告法等影响,市场开拓存在难度。

(2) 竞争激烈。

市级以上媒体、传媒有限公司等都想在原本就有限的县域市场里"分一杯羹"。市级以上媒体具有平台更高、技术水平和创新能力更强等优势,传媒有限公司市场化程度高、商业嗅觉灵敏、思路更开阔,这些方面都是区级融媒体中心无法与之匹敌的。

6. 绩效考核机制滞后,内部活力丧失

区融媒体中心在用人、分配、激励等方面没有自主改革的权限,均需区委区政府或其他上级相关部门的授权或许可,而在上级部门的工作部署中,融媒体中心往往处在视野的边缘,导致改革较慢。用人机制、分配机制、考核激励

机制严重滞后。

未融合前,姜堰日报社一直采用稿件打分的模式,建立统一的评判标准,考核制度较为完善,记者工作积极性高涨,能者多劳、劳者多得,工资收入可观。但在姜堰日报以业务部门的规格归属区广电台管理后,便改为参照广电台原有模式接受考核管理,采用基本工资加平均绩效的方式计算,记者收入大幅缩水,一线编外采编记者每月到手工资均为2600元,存在干和不干一个样、干多干少一个样、干好干坏一个样的弊病,在编和编外人员的工资差距进一步拉大,滞后的考核激励机制极大挫伤了记者的工作积极性与主动性,影响内容生产质量。

五、总结

1. 该中心对下一步发展的考虑

中心负责人在访谈时表示,下一步,姜堰区融媒体中心将从四个方面入手,努力打造让党放心、让人民满意的新型主流媒体。

(1) 在推动深度融合上下功夫。

提高策划力、执行力、传播力、影响力,坚持移动优先战略,把资源向新媒体倾斜,尽快上线"我的姜堰"App,明确"江苏姜堰"的定位为政务信息类公众号,"姜堰微视听"的定位为社会民生类公众号,全力做大做强"江苏姜堰",形成渠道丰富、覆盖广泛、传播有效、可管可控的传播矩阵,打造具有较强新闻生产能力和传播力的新型主流媒体。

(2) 在提升政治素质、增强业务本领上下功夫。

定期组织培训,每月举行新媒体作品竞赛,在比学赶超中发现和使用人才。

(3) 在建立完善的绩效考核机制上下功夫。

将政府拨款的200万元用于奖励一线采编人员,实现同工同酬、多劳多得。

(4) 在补齐资金缺口上下功夫。

融媒体中心全额拨款人员经费由区财政承担;增强融媒体中心自身"造血"功能,提升经营创收能力;剩余资金缺口拟通过以所持江苏有线股份为质押向平台公司融资或财政借款予以解决;其他重大开支"一事一议"。

2. 调研者对部分问题的思考和对策建议

(1) 加强统筹调度,推动深度融合。

根据实际运行情况，对融媒体中心领导班子成员分工进行调整，明确专人牵头统筹策采编发，实现环节顺连，确保落实到位，推动人员队伍融合、部门职能融合，提高效率，避免重复劳动、资源浪费。

（2）"引进来"与"走出去"相结合破解人才难题。

一方面，注重"引进来"。一是完善人才选用机制。在事业编制考试中，给予一定的政策倾斜，在报考条件中，增加"有 2 年以上媒体工作经验、属地户籍"等报考要求限制，考试内容设置客观题和主观题，应聘技术岗的增加实践操作考试，在公开、公正、公平竞争中择优录用。提高福利待遇，打开上升通道，让优秀人才"引得进""留得住"。二是将区融媒体中心作为高校新闻传播学院的实习基地，常态化为中心注入新鲜血液，激发创新活力。三是邀请行业专家、资深媒体人上门培训，带来业界前沿指导，逐步推动传统媒体采编人员实现转型。

另一方面，注重"走出去"。组织负责人、编辑、记者外出学习调研，汲取先进经验，结合自身实际为我所用；派更多骨干力量赴省台跟班学习，参加培训班，去区委宣传部、镇街宣传科轮训调训等，以最大限度挖掘人的潜能，使其成为会采、写、摄、编、评的全能型人才，满足融媒体环境下多种传播形式需要。

（3）加大政策支持，保障运行经费，调动创收积极性。

加大部门预算财政负担比例，原单位自行负担的事业人员经费由财政全额负担，公用经费和项目经费经财政核定后按比例负担，单位经营创收非税收入用于解决聘用人员经费，以及公用经费和项目经费的补充等，解决运行经费不足的问题。

加大政策扶持，支持区融媒体中心积极参与本地区智慧城市、智慧政务建设，承办本地商务、会展、节庆等活动，用活动开发市场、吸引用户。

加大对超额创收的激励力度，激发一线职工干事创业热情，鼓励其主动开拓市场，调动创收积极性。

（4）坚持改革导向，完善激励考核机制。

创新激励机制，实现事业单位企业化管理，赋予单位在用人、分配、激励等方面更多的自主权。完善考核机制，设立统一、合理的考核标准，实行"以岗定薪、岗变薪变、动态管理"的分配机制。

（丁明玥）

江苏省徐州市邳州市融媒体中心建设和运营案例

根据课题组部署,2020年11月7日到11月8日,课题组部分成员赴江苏邳州市融媒体中心进行了为期一天半的调研。报告人在邳州广播电视台台长暨融媒体中心主任徐希之、邳州银杏融媒集团传媒公司总经理尹彦林、产业公司负责人王永梅等人的陪同下参观了邳州县融媒体中心并进行了座谈,全面了解邳州市融媒体中心建设和发展的现状。按照随机抽样的原则,在邳州市完成了20份受众调研问卷。

一、调研背景

1. 选择该调研点的缘由

选择邳州市融媒体中心为调研对象,主要有以下几点考虑:

第一,2017年,邳州广电被江苏省广播电视新闻出版局确定为"省融媒体改革试点单位"。其在机构设置、考核制度、激励手段、选拔人才等方面都制定了较为详尽、科学且成体系的标准,实施效果较为显著。其建设模式对其他县的融媒体中心的建设具有一定的示范性、代表性,值得学习借鉴。

第二,受其地理要素影响,银杏树为邳州市的一大特色。邳州更是被称为"银杏之乡",声名远扬。在此基础上,邳州市融媒体中心结合自身特色,以银杏为宣传点,发挥品牌效应,设立"银杏融媒",全力探索媒体融合转型发展的新引擎,颇有成效,走出了邳州银杏融媒特色发展之路,"银杏融媒"逐渐成为邳州广电对外的统一形象和主打品牌。如何立足自身禀赋优势,走出属于县(区)的一条特色融媒发展道路?在这个问题上,"邳州实践"有着较好的参考价值和借鉴意义。

第三,2020 年 6 月,报告人曾对邳州市融媒体中心进行了调研,了解其建设情况,并与融媒体中心的主要负责人保持了较为频繁的交流和联系。选择邳州市融媒体中心为案例,可以对邳州市融媒体中心的建设和发展情况进行历时的考察,从而更好地总结其建设经验,并剖析存在的问题。

2. 该调研点所在县(市、区)简介

邳州,简称"邳",徐州市下辖市,古称良城、邳国、下邳、邳县,位于苏鲁交界,东接新沂市,西连徐州市铜山区、贾汪区,南界睢宁县,北邻山东省兰陵县。1992 年撤县设市。

邳州市下辖 4 个街道和 21 个镇,490 个居委会和村委会,全户籍人口194.36 万人。2019 年 7 月,邳州入选国家知识产权强县工程试点县(区),位居全国综合实力百强县市第 37 位、经济竞争力百强县市第 40 位、全国投资潜力百强县市第 18 位、全国绿色发展百强县市第 33 位、全国科技创新百强县市第 36 位、全国新型城镇化质量百强县市第 51 位。

二、建设概况

1. 建设过程

2015 年 4 月,邳州广播电视台以习近平总书记在 2014 年 8 月 18 日中央全面深化改革领导小组第四次会议上的讲话为指导,正式将探索媒体融合的设想写入了年度工作报告,并出台了《打造新兴媒体与传统媒体融合发展的新型主流媒体三年规划纲要》,开启了邳州广电全力探索媒体融合转型发展的新引擎。

2015 年 7 月,邳州广电与南京一家咨询公司达成合作,正式启动邳州广电机制体制改革筹备工作,确立了对管理体制、用人制度、分配制度等方面进行全面改革的总目标。

2015 年 11 月 1 日,邳州广电改革后的新机制进入试运行阶段。自此,邳州广电翻开了历史的新篇章,从完全事业化管理正式转型,进入了"事企并轨"运作的新时代。

2016 年 12 月,全台网高清化数字升级改造暨融媒体平台项目按期竣工。建设成了包含高标清重播、高清制播网、融合媒体平台、媒资平台、全媒体直播间、App 客户端等七个分项目。在此期间各项融媒重点项目落地开花,"邳州新闻"微信公众号正式更名为"邳州银杏甲天下","邳州银杏甲天下"App 客户端 1.0 版正式上线。邳州广电媒体深度融合的技术支撑体系全面搭建完成,以"邳州银杏甲天下"App 客户端为核心的"两微一端"新媒体矩阵快速壮大。

2017 年 11 月,《"银杏融媒"品牌发展计划书》正式发布。12 月,"邳州银杏甲天下"客户端 2.0 版本正式发布,"银杏融媒"新 Logo 正式上线。自此,"银杏融媒体"逐渐成为邳州广电对外的统一形象和主打品牌。

2018 年,在中央关于县级融媒体中心建设的政策指引下,银杏融媒围绕体制机制改革、渠道平台融合、内容品牌打造、自我造血输血等继续开展大胆的改革、深度创新和科学总结,探索出一条符合县级媒体自身发展实际的新路径,并且将"邳州模式"推向全省乃至全国。

2. 机构编制

邳州县级融媒体中心,从组织架构的设置到管理体系的涉及、考核模式的重构,再到人员的配置,全部进行了颠覆性的创造。

在组织架构的设置上,按照业务内容不同成立了四个中心:全媒体新闻中心、经济发展中心、技术保障中心和行政服务中心。融媒体新闻中心负责各平台新闻产品制作发布。它以新闻一体化为突破口,内部组织结构根据策采编发的流程进行创新再造,使新闻传播转向"一次采集、多种生成、多元发布"的融媒体生产模式转变。融媒体经济中心的所有业务由精进文化传媒公司和精进商贸公司两个公司来运营管理,精进文化传媒有限公司负责集团各平台各渠道的广告经营、营销活动及项目创收;精进商贸公司负责产品代理营销及其他商贸流通领域的经营活动;技术保障中心负责集团技术平台的研发创新等;后勤保障中心负责集团的行政事务、车辆管理等工作。

在这种组织架构下,邳州融媒体中心形成了"产业反哺事业,事业支持产业"的良性发展格局。

3. 人员配置

邳州融媒的主要领导班子由"一正两副"构成,即"中心主任+副总编辑+副总经理"的人员配置。副总编负责内容生产发布的所有工作,副总经理负责集团各产业公司业务及运营。融媒体中心内部四个分中心以及集团四个子公司都分别设有负责人。集团目前有企聘员工 160 多人,占据员工总数的 60% 以上。

4. 运作流程

邳州银杏融媒在地方上打通了各类媒体形态,实现了集中管理,向下与老百姓重建联系,向上则与江苏广电"荔枝云"对接,确保宣传效果最大化。

邳州融媒体中心通过"中央厨房"实现"策采编发"一体化,建立了"邳州银杏甲天下"的微信公众号,并且充分利用新媒体技术,打造"邳州银杏甲天下"App,创建了自己的传播渠道和传播平台。通过"政务+服务+商务"的模式,吸引受众,提高了内容的影响力从而为经营创造好的条件。

5. 经费投入

2016年5月,全台网高清化数字升级改造暨融媒体平台项目获批立项,项目首期投资两千万元。其中,邳州市政府出资一千万元,广电自筹资金一千万元,建设周期7个月。

6. 技术平台

邳州融媒体中心于2015年1月完成了台网分离工作,11月改革后的新机制进入试运行。建设包括高标清重播、高清制播网、融合媒体平台、媒资平台、全媒体直播间、App客户端在内的七个分项目。2016年,融媒中心投入近800万采购八讯道高标清直播车并交付使用;2017年启动全台网暨融合媒体平台项目建设,同年6月完成高清制作网、高标清同播、融合媒体平台、虚拟演播室升级、数据中心、高清采访及配套周边、App客户端。2018年5月指挥调度中心升级,实现广播电视节目无线数字化播出。

7. 经营状况

邳州融媒体中心的经营围绕"融媒+政务""融媒+产业""融媒+活动""融媒+项目"四个维度展开。平台成立邳州市精进商贸有限公司,引进赣南脐橙、牡丹酒等第三产业产品,配套市场项目、活动创收等运作机制经营。2017年起,融媒体中心开设"银杏直播"平台,全年广告创收量500万元。次年,平台推出"政企云"服务,创收超过500万元。2019年度平台创收突破2000万,2020年"融媒+政务"单项维度创收破千万。

8. 绩效考核

在绩效考核上,邳州县级融媒体中心主要应用"事企并轨"的体制。在考核指标上,重新设计了部门和岗位"三定"工作,推出全员绩效考核体系、公开竞聘、员工"双向选岗"等制度。全员的全程绩效考核体系,按照工作重要性、劳动强度和难易程度衡定。同时,中层管理岗位面向全台员工公开竞聘。

三、亮点经验

邳州县级融媒体中心建设的亮点和经验主要体现在以下几个方面：

1. 以岗定薪，创新奖惩机制

首先，在考核标准上遵循以岗定薪、奖勤罚懒。《薪酬管理及考核办法》的出台对员工的薪酬构成、福利待遇、考核标准、考核办法都做了明确界定。由于每个岗位要完成的工作很多，只能挑选最关键的指标进行考核，所以就设置了关键绩效考评指标（KPI）。例如，在报纸编辑部主任的考核目标中，就设定了三项要完成的关键指标，第一是对量的要求，包括每天及每月《邳州日报》要编版的图文条数；第二是对质的要求，要求每月要完成 A 档版面的数量，控制 D 档版面的数量；第三是综合类考核。关键指标考核使各个岗位的重点工作更加明晰，整个系统进入良性互动的体系。在制定绩效标准时要遵循重要性和替代性原则，同时把绩效考核作为年终评先评优、晋级晋职的重要参考，充分调动员工的工作积极性和创造力，最终达到企业和员工的双赢。

其次，通过多措并举，激发员工工作积极性。开辟政策特区，推行"双特机制"，提出特殊要求，给予特殊政策，目的是解决重点领域重点岗位的关键问题。在融媒体新闻发布和中央厨房的打造中设立"工分制"，鼓励多劳多得。推行"项目制"集中优势兵力，完成各项任务。把一些不利于单个部门操作的较大活动或项目统一进行"项目制"管理，并制定了《邳州广电传媒集团项目制管理办法》。每一个项目都要由项目经理填写项目申报表报请项目审批委员会审核，项目经理对整个项目的运营过程及结果负责，与日常的部门负责制相比，项目制可以打破部门之间的壁垒，彰显的是一种人人平等、相互沟通、相互尊重、自愿组合的企业文化，更利于激发员工的主动性，使项目更加有序高效地进行，从而利于顺利完成目标任务。

2. 渠道制胜，打造多元化传播矩阵

随着信息传播渠道以及接收方式日益多样化，公众获取信息的途径也越来越广，且对信息的要求也更加个性化。要及时准确了解用户需求，构建适应新媒体技术发展的传播渠道，加快拓展多元化的平台传播矩阵。银杏融媒的新媒体平台构建了"两微一端一网多平台"的多元化矩阵模式，目前平台矩阵的用户总数已经超过 100 万。银杏融媒新媒体现阶段正在运营的三个微信公众号分别是"邳州银杏甲天下""无线邳州""银杏直播"。"邳州银杏甲天下"微信公众号立足新闻、主打政务服务,是市委、市政府唯一政务微信平台;"无线邳州"微信公众号立足民生、主打生活服务;"银杏直播"微信公众号立足活动,主打网络直播,与银杏直播平台技术互通。微博作为当前最为流行的网络社交工具之一,依然有着庞大的用户群体,平台依然拥有大量的用户。目前拥有"邳州新闻"和"邳州新闻网"两个官方认证微博,邳州新闻微博号主打政务内容,邳州新闻网主要是作为网站官方的微博号。"邳州银杏甲天下"客户端是银杏融媒出品的集新闻资讯、手机电视、智慧城市、民生服务等于一体的新媒体平台,是智慧城市发展的重要平台,目前装机量已达40万,连续两年获得全国县域广电最强 App 冠军。银杏融媒于 2004 年创建邳州政府网,并获得江苏省优秀政府网站的荣誉,2016 年与南京厚建集团开展技术合作,目前正在进行 3.0 的升级改版。关注新媒体运营,银杏融媒从 2016 年开始陆续开通头条号、企鹅号、凤凰号、大鱼号、百家号等平台号,2018 年年底进驻抖音平台。在做好新媒体运营的渠道发展过程中,还与电视、报纸、电台等传统媒体平台实现资源互补、渠道互动、内容互通。

3. 内容为王,开创融合运营新局面

内容是支撑媒体行业发展的基础,是媒体的核心竞争力。银杏融媒加强内容资源的整合,将传统媒体和新媒体的内容资源高效统一利用,通过五个方面做到"内容为王":一是抓住热点,更具实效性;二是坚守底线,确保真实性;三是多个角度,注重服务性;四是多屏联动,增强互动性;五是融合创新,抓住用户黏性。在内容创新方面新媒体平台内容的采、编、审、发等全流程融入中央厨房和融媒体指挥调度中心。以文、图、短视频等多样化形式和编排实现丰富的表方式。加大微电影、航拍、直播、短视频等原创优质内容的创作;开展 H5、VR 小程序等技术创新手段。融合互动方面的成功案例包括将新媒体与短视频结合的"银杏视频"、与电视节目结合的《有融有度》《搭把手》新闻栏目、与直播问政结合的《政风热线》直播问政栏目、与电台融合的节目互动与直播、与报纸结合的数字报,目前银杏融媒生产的所有内容产品已全部实现融媒体化。

4. 整合营销,融合变现

县级媒体融合的当下,传统媒体的经营创收断崖式下滑,银杏融媒的市场业务从平台宣传向内容服务转型,从广告业务向创意策划转型,从利用平台向运营平台转型,从劳动密集向技术创新转型。通过银杏融媒培训学院加强员工对新媒体平台相关业务的学习,统一思想认识;对新媒体平台进行统一管理,在平台、形式、位置、频次等方面对新媒体广告进行统一的设定;借助传统媒体的公信力和新媒体的传播力进行整合营销,采用服务打包的形式供客户选择,为客户带去效益也为平台增加收入。

在第二轮改革中,银杏融媒在融媒+政务、融媒+服务、融媒+产业、融媒+活动、融媒+项目五个方面进行拓展。在政务方面依托"邳州银杏甲天下"手机App推出"政企云"服务项目,一方面整合全市政务信息资源,另一方面对接智慧城市。通过影视专题及联办节目制作、活动策划及组织、全市政务平台搭建使收入不断增加。在服务方面做实做细,通过"邳州银杏甲天下"客户端加强与用户的联系,为做好增值服务打下坚实的基础。搭建融合化服务平台,进驻江苏有线、中国电信、中国移动、中国联通四家运营商数字电视节目,电台信号覆盖邳州、新沂、枣庄、连云港等周边县市约300万人口。提供多维度服务产品,分层次的曝光,让声、光、电、图等多元素组合,使广大消费者能够真正地接收宣传内容。增强全方位服务意识,一切以用户需求为导向,激发员工提供优质服务的动力。在产业方面依托少儿产业部成立银杏融媒培训中心,为少儿提供培训,为小记者提供展示平台,为台内增加了收入,锻炼了师资队伍;依托产业营销部注册商贸公司,尝试赣南脐橙、山西小米、东阿阿胶、牡丹酒等产品的分销,将融媒的影响力变成创收额,盘活了银杏融媒原有的场地资源;依托与地方商良好的关系做零售尝试,将商超广告费转化为营销场所,在本地商超内开设零售专柜,打造"云上购"线上、线下平台。在开发项目方面,银杏融媒以"项目制"为抓手,鼓励员工自主立项,自由组队,完成阶段性创新性项目操作,成立专门的项目管理办公室,对项目进行全程的监管和协调,吸引许多年轻职工发起项目。成果包括承接了某镇的"形象展厅设计"工作、徐州地区水上应急演练工作,开展"砥砺奋进的五年"大型宣传活动。自项目制实施以来,创收额度高达500万元。在活动推广方面,通过线下活动加强单位与客户的联系,覆盖房产、汽车、家居建材、文艺演出等方面。以市委市政府主办的文艺活动为抓手,塑造品牌,树立形象,包括"梦想的翅膀""今又重阳""大爱邳州""邳州之春"等大型活动。随着技术的普及,自媒体必将进入活动领域,但是主流媒体依旧具有人才优势、专业优势,只要不断创新,不断进取,就必将立于不败之地。

四、存在的问题及建议

1. 在体制机制方面,存在体制冗杂问题,有待精简

2015年邳州广电开始改革,历时三至四年全盘改革成为银杏融媒集团,尤其是在体制机制上下了狠功夫。因江苏省政策调整进行台网分离,邳州广电原有线网络部分被分离出去,划归江苏有线邳州分公司,使得三分之二的收入锐减,人员流失超过半数。为此2016年进行企业化运作,正式更名为"邳州广播电视台",并增挂"邳州广电传媒集团"牌子,开始向现代化媒体迈进,尝试走融媒体之路。党的十八大以来,以习近平同志为核心的党中央高度重视传统媒体和新兴媒体的融合发展,提出采编发流程再造。在咨询南京某公司后,邳州广播电视台成立了四个中心:全媒体新闻中心、经济发展中心、技术保障中心和行政服务中心。同时,还成立了精进文化传媒有限公司、精进文化传媒商贸公司等负责相应业务的发展,两种划分体制的彼此重叠并存导致体制机制不清晰,以致进行收入核算、绩效考核时存在交叉以及计算不清晰的问题,都需要处理。以新媒体部门为例,编辑部属于新闻中心,而运营部属于经济发展中心,但是部门又属于传媒公司,这便会导致机制上存在冗余且不便于管理,在核算年终收入时容易存在重复算、漏算情况。另外在四中心下共设有37个部室,整体结构冗余,运作效率有待进一步考察。

此次调研发现,邳州广播电视台积极打破原有格局进行体制机制改革,是较为彻底全面的。然而在改革的具体过程中,有待更加精简地确定集团整体架构、各中心、各子公司的权责,破除部门壁垒,真正实现"一次采集、多种生成、多元发布"。推进媒体融合是一项系统工程,需要顶层设计和体制机制改革的强有力支撑。这就要求县级融媒体中心在党和政府的强力支持下,从上到下建立完善的内部机制,再与外部建立良好的协商机制,提供所需资源,进一步实现内部资源的整合和高效利用,输出高质量内容。

2. 在融合传播与服务方面,仍需进一步贴近百姓生活

媒体走向融合是大势所趋,技术的渗透颠覆传统媒体的传播形态,需要重塑融媒体的样态。因此,全媒体不断发展的当下,更提出了"全程媒体、全息媒体、全员媒体、全效媒体"的"四全媒体"要求,信息无处不在、无所不及、无人不用,导致新闻工作面临新的挑战。因此融合本身需要解决两大问题:一是资源的综合利用问题;二是服务的深度问题。

一方面,在资源的融合上,邳州广播电视台主要进行了"媒体+政务"的融合,与全市政府机关等各个部门进行业务合作,提供相应的网络接口,从而在"邳州银杏甲天下"App 上提供相应的政务服务。在调研访谈过程中发现,部分市民运用"邳州银杏甲天下"App 多是出于工作或政务需要,因为容纳了政务端的接口从而需要借助 App 进行使用,但此类 App 功能重叠,但又有所差异,因此需要有统一的 App 满足用户绝大部分需求而简化使用方法。目前,邳州银杏 App 中网上服务大厅已经投入运营和使用,许多接口虽已显示,但并未实际接通,会出现找不到接口的情况,说明仍需要进一步的深度合作,获取对应接口及资源权限,才能使得服务更加具体与落地,例如房产查询、阳光招生等相关服务仍未开通,公积金查询等民众呼声高的服务也仍未纳入。从这一方面而言,需要县级融媒体中心与政府部门进行进一步的协商与深度合作,明晰双方提供服务的范围与形式,以及为彼此提供的资源范围。不少县级融媒体中心负责人强调县级融媒体中心的建设是"一把手"工程,必须由县委书记这个一把手来抓,不然很多工作根本无法开展。按照"更好引导群众、服务群众"的功能定位,不仅县级层面需要相互协作,更需要打通省市和县级层面的政务信息通道,将各类政务资源、便民资源、信息资源、商务资源向县级融媒体中心手机客户端平台集聚。只有进行融合传播,尤其是资源的深度融合,才能够提供实实在在的百姓服务。

另一方面,在服务的深度上,信息服务的形式有待丰富,并需要更贴近百姓的实际生活。新媒体的发展使得大众对新闻内容本身的注意力转移至娱乐等碎片化信息内容。融媒体中心发展需要适应互联网逻辑,打破信息服务的原有形态,建立有互动特色、有时代特色和热点风向的综合新闻内容,时刻牢记增强党媒引导力、影响力、传播力、公信力。在提供高质量信息服务的同时,进一步开展"新闻创新"活动,如邳州融媒体中心开通了"短视频"栏目报道新闻事件,重新梳理新闻叙事逻辑,服务于大众需求。除了信息服务之外,县级融媒体更应发展为平台媒体,提供生活服务功能。以阿里巴巴及 58 同城的本地生活服务为例,其优势在于信息资源的广泛覆盖,而县级融媒体中心有地理距离上的快速优势,通过为市民提供同城的电商服务、招聘服务及社区互联等,能够在用户黏性上纳入新元素使得用户聚集。这正是邳州融媒体发展的下一步目标,如何实现以及效果如何,将会成为未来的关注重点。提升用户体验,构建互动机制,形成市场生活服务产品的供给与需求侧的良性循环,将使生活服务成为中心未来发展的重要支撑。

3. 人才方面,人才吸纳与培养存在问题,需要破局

媒体竞争的关键是人才竞争,媒体的优势核心是人才优势。我们通过调研发现,县级广播电视台普遍面临人才难留、人才不进、人才不足的问题。这是由于县级广电在薪酬体系、激励政策等方面缺少竞争力,原有优秀人才部分选择跳槽,使得当前县级融媒体中心缺少综合型、复合型人才。总体调研发现,融媒集团现还处于人员超编、人才匮乏的状态,尤其是在运营方面,缺少经营管理、营销策划、活动执行的人员。以邳州融媒体中心在新闻中心的新媒体部门为例,尤为强调吸纳年轻人才,整体大多为85后,这样的年轻团队更适宜做新媒体。该部门在实际服务中却更多为政府提供政企云服务平台,通过提供内容服务获得收入,实质上是为政府部门提供内容、传播、策划的外包服务。相关负责人表示,仅有20人左右的团队在工作任务强度上较重,任务集中时很可能出现忙不过来的情况。因此吸纳人才,尤其是掌握多种技术、多样采编技巧的综合性人才,更重要的是充分利用其所长开展业务,让业务吸引人才,用发展吸引人才。事业编制是其中一个重要筹码,但更需要树立"以人为本"的管理理念:事业引人、待遇留人、制度用人,为优秀人才提供相应的平台和发展空间,提供资源与待遇的有力保障,完善晋升机制,全面吸引优质人才。

在吸纳人才后,更重要的是培养人才,以科学的机制激励人才发展,进行绩效管理。现邳州融媒集团主要对员工工作内容多种生成和多端发布量以及完成质量进行打分,并将内容生产的绩效考核与创收能力直接挂钩,员工的个人收入和集团创收相关,使员工以更认真负责的态度对待工作。但是员工在工作中一次采集三篇稿件,单位对每篇稿件都根据传播效果等进行打分,会造成员工较大的工作压力,可在绩效和奖金方面寻找更科学的激励方式进行鼓励。除此之外,培训也是人才发展的重点。邳州融媒集团主要通过与其他融媒集团的交流,请学界、业界专家举办讲座为员工提供培训机会,整体缺少系统化的培训。因此可以增强系统化培训,尤其是在数字信息传播技术上与互联网思维上进行培训,增强员工对数字化平台和工具的运用能力以及新媒体思维的策划能力。

4. 在技术方面,现有技术较为简单,缺乏深层次技术逻辑

邳州市融媒体中心未采用江苏省广播电视总台统一研发的"荔枝云"服务平台,而是选择与南京厚建软件有限责任公司进行第一批试点合作,建构专属的网络融合系统并建立全媒体融合资源库,研发个性化的平台进行使用。根据调研,笔者发现,独立的平台优势在于能够掌握大量原始后台数据,有数据就容易从中进行挖掘,找到突破点,但同时也会导致许多功能、接口都需要进行自主研发,难度相对更大。多种业务端口的互联互通使得项目实施有些困难,不同业务体系之间的端口协议不统一便会导致平台与应用之间无法正常联通,降低了协作效率。另外由于融媒体大多进行了政务+的合作,需要将融合资源平台部署在办公网和生产网之间,就需要通过高安全区接入互联网来进行数据安全的保障。因此需要采用安装防火墙、隔离网关等网络安全设备与设置来进行多重保障,技术上需要解决较多风险问题。

因此,总体而言现有县级融媒体的技术发展处于解决接口介入和安全保障等基本层次阶段,缺少深层次技术逻辑的探索。互联网时代,技术已经逐渐改变了新闻生产、消费的逻辑,以"今日头条"平台媒体为例的互联网媒体利用技术优势打造个性化推荐内容,使得用户与信息之间产生更接近的匹配效果,更容易将信息提供给相应的用户。在这一层面上,仍需要县级融媒体中心极大程度的努力,在吸引技术人才的同时,努力掌握相关技术,并与自身特点融合。同时,移动互联的高速发展使得5G时代已然来临,5G+4K直播、VR全景、云导播等都是新型信息传播场景,而大数据新闻、人工智能新闻也都将重塑媒体业态。只有掌握前沿技术,才能更好地践行媒体融合发展。

5. 在政策保障方面,需要建立基础保障以顺利适应过渡期

县级融媒体中心的发展,在依靠政府部分"输血"的同时,更需要培育自身持续"造血"的能力,从而实现长期发展。邳州市融媒体中心以"银杏传媒"作为品牌,在"两微一端多平台"方向发展较为成功,有亮点和借鉴价值。尤其是2019年整体收入核算中,新媒体平台传播矩阵整体收入超过一千万元,主要包含活动营收、政务服务内容营收和传统媒体内容制作营收,带来了可观的经济效益。在去除人力成本、技术成本等各项成本后,总体为正向盈利状态,体现出较好的融媒体改革局面。但访谈中融媒体中心负责人表示,虽然拥有正向利润,但是总体面临较大开支,尤其是在人才引进、技术设备引进等方面,需要有更大的资金支持以实现更为彻底的改革发展。因此总体而言现阶段融媒体的建设与发展处于过渡时期,在政府"输血"的同时,开始形成了一定的"造血"功能,但仍未完善,因此仍需要一定的"输血"进行发展保障。省市级或县级层面出台相关政策,例如提供融媒体中心建设专项资金扶持,保障融媒体中心所需的基础建设经费和运营资金,更专注于内容生产和用户服务,提升自己的输出与造血能力。相应地,政府部门应建立一套融媒体中心建设考核指标,

对融媒体建设的发展阶段、目标、完成情况进行考察,结合特殊时间段进行相应的政府支持,全力促成县级融媒体中心的建设,稳步扶持县级融媒体中心的长期可持续发展。

(潘雨荷　孔令博文　张婕　张小芳　郭治权)

后　记

随着信息技术的不断革新,以互联网和移动终端为代表的新媒体迅速崛起,对原本处于主导地位的传统媒体带来了巨大的挑战。一方面,越来越多的受众更倾向于从新媒体获取新闻,传统媒体的受众群体大量流失;另一方面,传统的新闻信息生产模式和传播模式已不能满足受众的需求,传统媒体的生产流程、传播流程和组织形态都面临再造。在这样的大背景下,走与新兴媒体的融合发展之路成为传统媒体适应时代需要的必然选择。从二十世纪九十年代后期起,一批传统媒体便通过种种与互联网联姻的方式开始了媒体融合的自主性探索。到二十一世纪第二个十年,国家管理层和传媒业界都越来越重视媒体融合工作,不断加大资金、技术和人力资源的投入,相关部门出台了一系列政策,政策与实践进入密切互动的阶段。

党的十八大以来,以习近平同志为核心的党中央高度重视媒体融合工作。2014年8月18日,中央全面深化改革领导小组第四次会议审议通过《关于推动传统媒体和新兴媒体融合发展的指导意见》,这标志着媒体融合被提升为国家战略。2018年8月21日,在全国宣传思想工作会议上,习近平总书记指出:"要扎实抓好县级融媒体中心建设,更好引导群众、服务群众。"当年9月,中宣部对在全国范围推进县级融媒体中心建设作出安排;11月14日,中央全面深化改革委员会第五次会议审议通过《关于加强县级融媒体中心建设的意见》,在制度层面对建立县级融媒体中心作出总休设计。2019年1月15日,中宣部和国家广电总局联合发布了《县级融媒体中心建设规范》,规定了县级融媒体中心的总体架构、功能要求、基础设施配套、关键技术指标及验收要求等。由此,县级融媒体中心建设工程进入实际操作和快速推进阶段。2020年9月,中共中央办公厅、国务院办公厅印发《关于加快推进媒体深度融合发展的意见》,提出"完善中央媒体、省级媒体、市级媒体和县级融媒体中心四级融合发展布局",要求给予县级融媒体中心充足的技术、资金、政策支持。从肇始到现在,全国已建成两千多家县级融媒体中心,这一工程也从平台搭建的探索期进入深化发展的新阶段。县级融媒体中心作为国家传播体系的"最后一公里",身兼主流舆论阵地、百姓服务平台、社区信息枢纽等多重角色和功能,在我国众多符合条件的县(市、区)已普遍完成了机构组建和挂牌、传播平台搭建的基础上,如何在体制机制、运作流程、运营模式等各方面进一步改革创新,通过深度融合达到建强用好的目标,就成为县级融媒体中心今后可持续发展的关键。

机缘巧合的是,江苏明确县级融媒体中心省级技术平台由江苏广电总台负责搭建,本书主编之一卜宇教授时任江苏广电总台台长,又兼任南京大学新闻传播学院院长,是江苏县级融媒体中心省级技术平台搭建工作的主要负责人。而本书另一主编丁和根教授的研究兴趣之一正是媒体融合问题。2019年上半年,当后者向前者建议,可以充分利用这些有利条件,理论联系实际,深入研究县级融媒体中心建设的重点和难点到底是什么、建成之后怎么办等问题时,得到了前者的积极回应。为此,我们在当年的下半年以"县级融媒体中心建设与运营路径研究"为主题设计论证了一个课题,向省社科规划办提出申请,得到省委宣传部领导和省社科规划办的大力支持,被立项为省社科基金重大委托项目。

本项目的研究目标是:既立足于江苏,希望通过我们的研究能提炼出江苏在县级融媒体中心建设中的亮点、碰到的问题以及解决的办法;又放眼于全国,以全国县级融媒体中心建设中比较有代表性的个案为参照系,两相比较分析,旨在总结我国县级融媒体中心建设中的共性和特殊性问题,从而为这项重大工程的推进特别是县级融媒体中心今后的可持续发展提供学术依据和经验借鉴。

项目立项后,课题组经过多次开会讨论,不断修改和完善研究思路与研究框架,形成了"区域性云平台建设管理运维模式创新研究""县级融媒体中心发展动态考核评价体系研究""县级融媒体中心助推基层社会治理建设研究""县级融媒体中心可持续发展路径研究""地市级媒体融合发展的困境和对策研究"五个子课题。其中,第五个子课题是以地市级媒体的融合发展问题为讨论对象的,这是受江苏紫金传媒智库主任、中宣部舆情信息局原局长李晓军先生的启发而设立的。他认为,研究县级媒体不能孤立地看问题,应该联系地市级媒体来讨论,更何况现在地市级媒体正处于融合的艰难时期,理应将我国四级媒体的后两个层次结合起来进行观察研究。我们接受了他的这一建设性建议。

从项目启动到项目调研报告的形成,课题组对江苏省内近四十家县级融媒体中心和十多家地市级广播电视台与报社、江苏以外十多个省份的十多家县级融媒体中心和五家地市级主流媒体进行过实地调研。课题组通过收集相关资料、实地观察运作流程、与被调研媒体的领导和一线骨干进行面对面访谈等方式,对县级融媒体中心以及地市级媒体融合的体制机制、生产流程、人员配备、技术水平以及经营状况等,有了较为充分的体验和认知,掌握了大量的第一手材料。在此基础上,各子课题组负责人又多次召集组内小型研讨,调整调研报告的写作思路并反复修改文稿,形成了现有的研究成果。

本书由"调研报告"和"案例汇编"两大部分构成。其中"调研报告"的各章由本书的两位主编统一拟定写作框架,卜宇教授牵头负责第一章、第四章,第一章的课题组成员包括吴昊、毛敏明、许敏球、李折、邬金刚、吴阳、黄元、许辰铭,第四章的课题组成员包括何可一、顾敏霞、涂有权、邬金刚;丁和根教授牵头负责第二章、第三章、第五章,第二章的课题组成员包括马俊、姜雪、潘雨荷、张婕,第三章的课题组成员包括田莺、陶俊宝,第五章的课题组成员包括陈袁博、马俊、孔令博文。"案例汇编"各案例的篇末则由各位作者本人分别署名。最后由本书主编进行全书的统稿工作。

这份研究成果的形成,得到很多人的帮助和关心。感谢省委宣传部领导和省社科规划办的立项支持,感谢李晓军先生和江苏紫金传媒智库执行主任张红军先生等领导及相关工作人员在项目管理和项目推进过程中的优质服务和无私奉献,感谢中国人民大学新闻学院栾轶玫教授和复旦大学新闻学院朱春阳教授在项目申报过程中给予的支持,还要感谢南京大学出版社社长助理蔡文彬先生和责任编辑高军先生在本书出版方面提供的诸多便利。

本书主编于南京大学
2022 年 9 月 15 日